LANGENSCHEIDTS
PRAKTISCHE LEHRBÜCHER

LANGENSCHEIDTS PRAKTISCHES LEHRBUCH UNGARISCH

von

IVÁN ÉRSEK

LANGENSCHEIDT

BERLIN · MÜNCHEN · WIEN · ZÜRICH · NEW YORK

Ein Schlüssel zu diesem Lehrbuch ist gesondert lieferbar. Er enthält die Übersetzung der Lesestücke und gibt die Lösungen zu den deutsch-ungarischen Übungen.

Auflage :	10.	9.	8.	7.	6.	Letzte Zahlen
Jahr:	1991	90	89	88	87	maßgeblich

© 1977 by Langenscheidt KG, Berlin und München
Druck: Druckhaus Langenscheidt, Berlin-Schöneberg
Printed in Germany / ISBN 3-468-26380-5

Vorwort

Das durch die Wirtschaft, den Tourismus usw. bedingte rege und ständig wachsende Interesse an der ungarischen Sprache gab den Anlaß zur Abfassung dieses Lehrbuches. Dem Lernenden soll damit ermöglicht werden, sich in den Situationen des täglichen Lebens ohne Mühe verständigen zu können und sich die dazu notwendigen Kenntnisse in relativ kurzer Zeit anzueignen. Nach den Erfahrungen des Verfassers, der etwa vier Jahre mit Deutschen verlebte, die beruflich längere Zeit in Ungarn verbrachten, lernt man im Lande lebend zwar die fremden Wörter erstaunlich schnell, die Anwendungsmöglichkeiten dieser Wörter sind aber durch ungenügende grammatische Kenntnisse gewöhnlich sehr begrenzt. Aus dieser Erkenntnis heraus wurde die Grammatik der gesprochenen Sprache in den Mittelpunkt des Buches gestellt. In den Lektionen geht es daher in erster Linie nicht nur darum, dem Lernenden einen bestimmten, für unentbehrlich gehaltenen Wortschatz beizubringen, sondern den Gebrauch verschiedener konjugierter und deklinierter Formen und Funktionswörter (z. B. Bindewörter, Pronomen usw.) zu veranschaulichen und zu üben. Der Lernende soll zugleich auch mit den wichtigsten Gesetzmäßigkeiten der Wortbildung vertraut gemacht werden.

Beim Selbstunterricht bedeutet die korrekte *Aussprache* eines der größten Probleme. Die Aussprache der einzelnen ungarischen Laute ist zwar für einen Deutschen nicht besonders schwierig, da die überwiegende Anzahl dieser Laute auch im Deutschen vorkommt, die Lautgruppierungen weichen allerdings stark voneinander ab. Das sicherste Mittel zum Erlernen der annähernd richtigen Aussprache ist das Nachahmen. Der Verfasser kann deshalb dem Lernenden nur empfehlen, sich die Texte und die Mustersätze der Übungen von jemandem vorsprechen zu lassen, der Ungarisch beherrscht, und später nach Möglichkeit ungarische Rundfunksendungen zu hören.

Die „*Vokabeln*" im Anschluß an die Lesestücke enthalten die zum Verständnis der ungarischen Texte erforderlichen Wörter und Übersetzungshilfen. Das Wörterverzeichnis im Anhang umfaßt den vollen Wortschatz der 20 Lektionen. Es ist jedoch nicht dafür bestimmt, ein gutes Wörterbuch zu ersetzen.

In den Abschnitten zur *Grammatik* werden die einzelnen sprachlichen Erscheinungen unter dem Gesichtspunkt der praktischen Anwendung erklärt. An grammatischer Fachterminologie wird dabei nur das Notwendigste benutzt. Bei komplizierteren Fällen hat sich der Verfasser bemüht, die gegebene grammatische Erscheinung lieber mit einleuchtenden Beispielen als mit langen Kommentaren zu erläutern. – Beim Lernen einer Fremdsprache fällt es einem gewöhnlich am schwersten, sich Strukturen anzueignen, die sich von der Muttersprache unterscheiden. Solche Strukturen kommen daher in den Lehrbüchern im allgemeinen erst später vor, auch wenn sie in der gelernten Sprache sehr oft benutzt werden. Nach Ansicht des Verfassers ist in einer Fremdsprache vielmehr das schwierig, was selten gebraucht wird. Deshalb erscheinen in diesem Buch auf den ersten Blick schwierige Formen (wie z. B. der Akkusativ, die transitive Konjugation, das Besitzzeichen usw.) bereits in den ersten Lektionen und werden dann laufend und vielseitig geübt. Aus diesem Grund müßte auch die Anrede mit „du" früh gebracht werden. Sie erscheint jedoch verhältnismäßig spät, in der Annahme, daß ein Ausländer in seinen ersten Kontakten die höfliche Anrede mit „Sie" vorziehen wird.

Die *Übungen* zur Grammatik bilden einen organischen Teil des Lehrmaterials. Die überwiegende Anzahl der Übungen besteht aus Sätzen gleicher Struktur, die bezwecken, daß der Benutzer die erworbenen Kenntnisse in der Grammatik vertieft. Die Übersetzung des Mustersatzes ist bei diesen Übungen angegeben. Ein kleinerer Teil der Übungen dient vorwiegend der Selbstkontrolle, wo laut Anweisung konjugierte, deklinierte oder abgeleitete Formen in vollständige Sätze eingesetzt werden sollen. Die Übungen bieten weitere Beispiele für die Anwendung des in den Lektionen benutzten Wortschatzes. Sie enthalten auch einige zusätzliche Wörter, deren Verstehen jedoch mit Hilfe eines Wörterbuches keine besonderen Schwierigkeiten macht. Alle Übungen sollten im annähernd normalen Sprechtempo laut oder wenigstens halblaut gelöst werden.

Das Praktische Lehrbuch Ungarisch ist in erster Linie für den Selbstunterricht gedacht. Deshalb wird auf Wiederholungen verzichtet. Der Lernende hat die Möglichkeit, jederzeit die eine oder andere noch nicht ganz verstandene Erläuterung noch einmal zu lesen, ohne daß dafür spezielle Wiederholungslektionen nötig wären. Ein Überblick über die wichtigsten grammatischen Erscheinungen findet sich in Form von Tabellen im Anhang. Die Übersetzungen der einzelnen Lektionen sowie die Lösung der Übungen und Aufgaben sind in dem getrennt erhältlichen „Schlüssel zum Praktischen Lehrbuch Ungarisch" enthalten.

In 20 Lektionen kann man freilich keine Sprache vollständig erlernen. Das vorliegende Lehrbuch versucht jedoch, eine ausreichende Grundlage zu bieten, auf der sich ohne größere Schwierigkeiten weitere Kenntnisse aufbauen lassen.

Iván Érsek

Inhaltsverzeichnis

Erklärung der grammatischen Fachausdrücke 10
Abkürzungsverzeichnis 12

LEKTIONEN

1. Die wichtigsten Abweichungen in der grammatischen Struktur des Ungarischen vom Deutschen / Wortarten / Postposition / Verb / Substantiv / Adjektiv / Pronomen / Kongruenz / Wortstellung / Das ungarische Alphabet / Die Grundregeln der Aussprache / Wortbetonung / Vokale / Konsonanten 13

2. Begrüßung – Besuch 20
Grammatik: Die höfliche Anrede / Intransitive Konjugation der 1. u. 3. Pers. Singular im Präsens / -ik- Verben / Verben mit n – sz Stammwechsel / lenni (sein) / Nominativ und Akkusativ der Substantive / Verneinung mit nem 23
Übungen 26

3. Vor dem Weggehen – Vor einer Reise............................. 28
Grammatik: Der bestimmte und unbestimmte Artikel / Der Plural der Substantive / Intransitive Konjugation der 1. u. 3. Pers. Plural im Präsens / menni (gehen), jönni (kommen), lenni (sein) / Die Kasussuffixe -ba/-be, -ban/-ben, -ból/-ből und -val/-vel 30
Übungen, Ländernamen.. 33

4. Ankunft in Budapest – Empfang eines Geschäftspartners 36
Grammatik: Das Besitzverhältnis / Das Besitzzeichen in der 1. u. 3. Pers. des Singulars / lenni in der Funktion von haben / Die Verneinung von van / Kasussuffixe -hoz/-hez/-höz, -nál/-nél, -tól/-től, -ig 39
Übungen 41

5. Tagesprogramm eines Geschäftsmannes 44
Grammatik: Das Suffix -kor / Die Uhrzeit / Die Kasussuffixe -ig, -tól/-től, -ra/-re in Zeitbestimmungen / Infinitiv mit Besitzzeichen, kell (müssen) .. 46
Übungen, Zahlwörter 1–20 50

6. Wohnung, Einrichtung / Völkernamen............................. 54
Grammatik: Das Besitzzeichen in der 1. u. 3. Pers. Plural / Der Plural der mit Besitzzeichen versehenen Substantive / Der Plural von nincs / Kasussuffix -n/-on/-en/-ön / Ableitungssuffixe -ék, -s, -ul/-ül / Das Adjektiv als Attribut und Prädikat / Der Nominalsatz 58
Übungen 62

7. **Lebensmitteleinkauf – Vorbereitung einer Party** 66
   Grammatik: Das Futur von **lenni** (sein) / Die transitive Konjugation / Das bestimmte Objekt / Die 1. u. 3. Pers. des Singulars der transitiven Konjugation / **tenni** (tun), **venni** (nehmen, kaufen), **vinni** (bringen, tragen) / **aludni** (schlafen), **feküdni** (liegen) 69
   Übungen 71

8. **Einladung zum Mittagessen – Im Restaurant** 76
   Grammatik: Verbalpräfixe in trennbarer und untrennbarer Position / Das Verbalpräfix als Bejahung / Das Kasussuffix **-ról/-ről** / Postpositionen in Ortsbestimmungen / Das Kasussuffix **-nak/-nek** / Ableitung von Adverbien aus Adjektiven 79
   Übungen 84

9. **Auf dem Bahnhof – Paß- und Zollkontrolle** 89
   Grammatik: Transitive Konjugation: 1. u. 3. Pers. Plural / Imperativ: 3. Pers. des Singulars und Plurals der transitiven und intransitiven Konjugation / **-nak/-nek** als Dativsuffix / Die Ableitungssuffixe **-ú/-ű, jú/-jű** und **-i** / **milyen? – melyik?** 93
   Übungen 98

10. **Vor dem Ausgehen (Monolog einer jungen Dame)** 105
    Grammatik: Imperativ: 1. Pers. des Singulars in der intransitiven und transitiven Konjugation / Verbot – **ne** / Verneinung mit **sem** / Demonstrativpronomen **ez, az** / Pronominaladverbien / Zurückverweisung auf ein vorher genanntes Objekt mit Hilfe der intransitiven Konjugation / Körperteile, Kleidungsstücke 108
    Übungen 112

11. **Besorgungen in der Stadt (I)** 118
    Grammatik: Imperativ: 1. Pers. Plural in der transitiven und intransitiven Konjugation / Das Verbalableitungssuffix **-hat/-het** / Das Kasussuffix **-ért** / Personalpronomen: der Akkusativ von **ő** und **ők)** / Das Ableitungssuffix **-s** nach Zahlwörtern 122
    Übungen 125

12. **Besorgungen in der Stadt (II)** 131
    Grammatik: Steigerung der Adjektive / Komparativ und Superlativ als Adverb / Vergleich gleicher und verschiedener Stufen / Ausdruck des Maßunterschiedes beim Vergleich verschiedener Stufen / Das Partizip des Präsens als Attribut und Prädikat / Das Ableitungssuffix **-ás/-és** / Objektsätze mit **hogy** und ohne Bindewort / Der Imperativ von **hinni** 135
    Übungen 140

13. **Ein Brief aus dem Urlaub** 145
    Grammatik: Das Präteritum / **lenni** – Bedeutungsunterschied zwischen **volt** und **lett** / Das Partizip des Perfekts / Die Postposition **óta** und das Besitzzeichen in Zeitbestimmungen / Zeitbestimmungen ohne Suffix / Die Postposition **ezelőtt** / Die Ordinalzahlen / Das Datum, Monatsnamen / Mit **-v-** erweiterte Substantivstämme 148
    Übungen 153

14. **Bekanntschaft beim Angeln – Eine Familie auf dem Lande** 159
    Grammatik: Das unbestimmte Subjekt / Postpositionen mit einem deklinierten Kasus / Der Akkusativ des Personalpronomens in der 1. Person /

Das Reflexivpronomen maga / Das reziproke Pronomen egymás / Das Possessivpronomen / Das Besitzsuffix -é / Pronomen und Pronominaladverbien mit negativer Bedeutung / Verwandtschaftsverhältnisse 162
Übungen 167

15. **Erwerbsverhältnisse und Lebenshaltungskosten in Ungarn** 173
Grammatik: Kardinalzahlen / Bruchzahlen / Wiederholungszahlwörter / Vervielfältigungszahlen / Verteilungszahlwörter / Fragewörter bei Zahlwörtern / Artbestimmungen aus Zahlwörtern / Das hinweisende Wort und die Bildung des Bindewortes bei adverbialen und attributiven Nebensätzen 176
Übungen 180

16. **Die erste Reise mit dem neuen Auto** 185
Grammatik: Die 2. Pers. Singular im Indikativ und Imperativ / Das Verbalsuffix -lak/-lek / Das Personalpronomen in der 2. Pers. Singular / Das Reflexivpronomen in der 2. Pers. Singular / Das Besitzzeichen und das Possessivpronomen in der 2. Pers. Singular / Das Ableitungssuffix -való / Die abhängige Entscheidungsfrage 188
Übungen 191

17. **Unter Studenten – Besuch deutscher Freunde in Budapest – Im Theater** ... 196
Grammatik: Die 2. Pers. Plural im Indikativ und Imperativ / Personal-, Reflexiv- und Possessivpronomen und das Besitzzeichen in der 2. Pers. Plural / Das Futur / Die Relativsätze 199
Übungen 203

18. **Über den Dichter Attila József** 208
Grammatik: Das adverbiale Partizip / Das Kasussuffix -ként / Die Ableitungssuffixe -ság/-ség, -ható/-hető, -talan/-telen, -tlan/-tlen und -ik / Die Finalsätze 213
Übungen 217

19. **Gesundheitszustand – Ärztliche Visite – Beim Zahnarzt** 222
Grammatik: Der Konditional / Die faktitiven Verbformen / Wunschsätze und irreale Bedingungssätze / Bedingte Vergleiche 226
Übungen 230

20. **Über den Schriftsteller Emil Kolozsvári-Grandpierre – Ausschnitt aus seinem Kurzroman „Die Glückshaut"** 234
Grammatik: Das Kasussuffix -vá/-vé / Verbbildung aus Adjektiven / Bedeutungsmodifizierung von Verben durch Ableitungssuffixe / Zusammenhang zwischen Verbalpräfixen und Kasussuffixen 238
Übungen 241

ANHANG

Übersicht über die wichtigsten Erscheinungen der Grammatik 245
– Das Verb 245
– Das Substantiv 251
– Das Personalpronomen 252
– Das Adjektiv 253
Ungarisch-deutsches Wörterverzeichnis 254
Sachregister 270

Erklärung der grammatischen Fachausdrücke

Adjektiv	Eigenschaftswort: der *bunte* Papagei
adjektivisch	als Eigenschaftswort gebraucht
Adverb	Umstandswort: er spricht *richtig*
Adverbialpartizip	als Umstandswort verwendetes Mittelwort der Gegenwart: *lesend*
Akkusativ	4. Fall, Wenfall: Er pflückt *den Apfel* für *seinen Bruder*.
Aktiv	Tätigkeitsform: Der Mann *öffnet* die Tür.
Artikel	Geschlechtswort: *der* Mann, *die* Frau, *das* Kind
Aspekt	Hinweis auf den Verlauf der Handlung (Wiederholung, Abschluß usw.) blicken, *er*blicken
Assimilation	Lautangleichung
Attribut	Beifügung, Eigenschaft: der *alte* Mann hat es nicht leicht.
Dativ	3. Fall, Wemfall: Er verspricht *ihr* goldene Berge.
Deklination	Beugung des Hauptwortes: *der Vater, des Vaters, dem Vater, den Vater*
deklinieren	Die Beugung durchführen, beugen
Demonstrativpronomen	hinweisendes Fürwort: *dieser, jener, solcher*
Diphthong	Zwielaut: *au, ei, eu, äu*
Femininum	weiblich(en Geschlechtes)
Futur	Zukunft(sform): ich *werde kommen*
Genitiv	2. Fall, Wesfall: die Erzeugnisse *des Landes*
Genus	grammatisches Geschlecht
Imperativ	Befehlsform: *geh(e)!*
indefinit	unbestimmt
Indikativ	Wirklichkeitsform: Der Mensch *denkt*, Gott *lenkt*.
Infinitiv	Nennform, Grundform: *backen, arbeiten*
Infix	eingeschobene Silbe
Interjektion	Empfindungswort, Ausruf: *ah!, oh!*
Interrogativpronomen	Fragefürwort: *wer, wessen, wem, wen*
intransitiv	vom Zeitwort: kein Objekt bei sich habend, z. B.: *grübeln, fließen*
irreal	unwirklich (in bezug auf Bedingungssätze)
Kasus	Fall: *Nominativ, Genitiv, Dativ, Akkusativ*
Komparation	Steigerung des Eigenschaftswortes: schön, schön*er*, *am* schön*sten*

Komparativ	I. Steigerungsstufe: schön*er*, größ*er*
Konditional	Bedingungsform: Unter Umständen *würden* wir es *versuchen*.
Konjugation	Beugung des Zeitwortes: *ich* geh*e*, *du* geh*st* ... usw.
konjugieren	die Beugung des Zeitwortes durchführen
Konjunktion	Bindewort: Er ist unglücklich, *weil* er keine Post bekommt.
Konjunktiv	im Deutschen: Möglichkeitsform: er *sei gekommen*
Konsonant	Mitlaut: *b, d, s* usw.
Maskulinum	männlich(en Geschlechtes)
Modalität	die Art und Weise des Geschehens; z. B. Notwendigkeit, Möglichkeit, Bedingtheit usw.
Modalverb	Hilfsverben, die eine bestimmte Modalität (s. o.) bedingen, z. B.: *sollen, müssen*
Neutrum	sächlich(en Geschlechtes)
Nominativ	I. Fall, Werfall: *Der Mann* kauft ein Buch.
Objekt	Satzergänzung: Der Mann öffnet *die Tür*.
Orthographie	Rechtschreibung
Partizip	Mittelwort: *gebacken, backend*
Passiv	Leideform: Die Tür *wird* von dem Mann *geschlossen*.
Perfekt	Vollendung in der Gegenwart: ich *bin weggegangen*
Personalpronomen	persönliches Fürwort: *er, sie, wir* usw.
phonetisch	die Laute betreffend
Plural	Mehrzahl: *die* Kirsch*en*
Positiv	Grundstufe des Eigenschaftswortes: *schön, schmutzig*
Possessivpronomen	besitzanzeigendes Fürwort: *mein, dein, euer* usw.
Präfix	Vorsilbe: *ab*fahren, *an*kommen, *ver*kommen
Präposition	Verhältniswort: *auf, gegen, mit* usw.
Präsens	Gegenwart: *ich gehe*
Präteritum	Vergangenheit: *ich ging*
Pronomen	Fürwort: *er, sie, es* usw.
reflexiv	rückbezüglich: *er* wäscht *sich*
Reflexivpronomen	rückbezügliches Fürwort: *mich, dich, sich* usw.
Rektion	Beziehungsmittel zwischen Zeit- und Hauptwort: sich *über den* Regen freuen
Relativpronomen	bezügliches Fürwort: Wo ist das Buch, *das* ich gekauft habe?
Singular	Einzahl: *die, eine* Kirsche
Subjekt	Satzgegenstand: *Das Kind* spielt mit der Katze.
Substantiv	Hauptwort: *der Tisch*
substantiviert	zum Hauptwort gemacht
substantivisch	als Hauptwort gebraucht
Suffix	Endung, Ableitungssilbe: Acht-*ung*
Superlativ	Höchststufe bei der Steigerung des Eigenschaftswortes: *am* schön*sten, am* schmutzig*sten*

transitiv		vom Zeitwort, das den 4. Fall bei sich hat: *den Schüler* loben, *das Geheimnis* verraten
Verb		Zeitwort: *gehen, kommen*
Vokal		Selbstlaut: *a, e, i, o, u, ä, ö, ü*

Abkürzungsverzeichnis

Adj.	Adjektiv		*P., Pers.*	Person
Adv.	Adverb		*Part.*	Partizip
adv.	adverbial		*Perf. part.*	Perfektpartizip
Akk.	Akkusativ		*Pers. pron.*	Personalpronomen
Art.	Artikel		*Pl., Plur.*	Plural
As.	Ableitungssuffix		*Pos.*	Positiv
Attr.	Attribut		*Poss. pron.*	Possessivpronomen
attr.	attributiv		*Präd.*	Prädikat
Dat.	Dativ		*präd.*	prädikativ
Dem. pron.	Demonstrativpronomen		*Präs.*	Präsens
e-n	einen		*Prät.*	Präteritum, Vergangenheit
etw.	etwas		*Pron.*	Pronomen
Fut.	Futur		*Prp.*	Präposition
Gen.	Genitiv		*Pr. part.*	Präsenspartizip
Imp.	Imperativ		*Ps.*	Personalsuffix
Ind.	Indikativ		*Psp.*	Postposition
Inf.	Infinitiv		*Refl. pron.*	Reflexivpronomen
Interj.	Interjektion		*Rel. pron.*	Relativpronomen
intr.	intransitiv		*Sg., Sing.*	Singular
j-m	jemandem		*Subj.*	Subjekt
j-n	jemanden		*Subst.*	Substantiv
Komp.	Komparativ		*Sup.*	Superlativ
Kond.	Konditional		*tr.*	transitiv
Konj.	Konjugation		*vki*	valaki (jemand)
Ks.	Kasussuffix		*vmi*	valami (etwas)
Nom.	Nominativ		*Vp.*	Verbalpräfix
Obj.	Objekt			

1. Lektion

Die wichtigsten Abweichungen in der grammatischen Struktur des Ungarischen vom Deutschen – Die Grundregeln der Aussprache

A

Die Sprache der Ungarn weicht genetisch und typologisch erheblich von der deutschen Sprache ab. Das Deutsche gehört zur indoeuropäischen, das Ungarische zur finnisch-ugrischen Sprachfamilie. Das Deutsche ist ferner, wie die meisten indoeuropäischen Sprachen, eine flektierende Sprache, in der die Beziehungen der Wörter im Satz vorwiegend durch Partikel und die Wortstellung festgelegt werden, das Ungarische ist dagegen eine im wesentlichen agglutinierende Sprache, d. h. die Beziehungen der Wörter im Satz werden durch **Kasussuffixe** festgelegt. Auch neue Wörter werden vielfach durch Ableitungssuffixe gebildet. Diese grundlegenden Unterschiede zwischen den beiden Sprachen machen es notwendig, die wichtigsten Abweichungen gleich in der ersten Lektion bekannt zu machen.

Die Wortarten – Die Postposition **B**

Im Ungarischen sind alle Wortarten vorhanden, die auch das Deutsche kennt, ausgenommen die Präpositionen. Statt Präpositionen verwendet das Ungarische die schon erwähnten **Kasussuffixe,** bzw. **Postpositionen,** die auch im Deutschen nicht völlig unbekannt sind (dem Haus **gegenüber,** dem Schneefall **zufolge** usw.). Die Postpositionen regieren im Ungarischen – von einigen wenigen Ausnahmen abgesehen – keinen bestimmten Kasus, sondern stehen einfach nach der Nominativform des Substantivs:

az autó **előtt**	[ɔz ˈɔuto: ˈɛløːt:]	**vor** dem Auto
az autó **mögött**	[ɔz ˈɔuto: ˈmøgøt:]	**hinter** dem Auto

Das Verb **C**
Konjugation

Wie in den meisten Sprachen verursacht das Verb auch dem Ungarischlernenden die meisten Schwierigkeiten. Die transitiven Verben werden nämlich, je nachdem ob ein bestimmtes oder unbestimmtes Akkusativobjekt nach ihnen steht, verschieden konjugiert. Die **transitive** Konjugation er-

1. Lektion

möglicht zugleich die Rückverweisung auf eine vorher genannte Person oder Sache, die im gegebenen Satz als Akkusativobjekt fungieren:

> „Hol van a pohár?" [ˈhol vɔn ɔ ˈpohaːr] – „Már hozom." [maːr ˈhozom]
> „Wo ist das Glas?" – „Ich bringe es schon."

Im zweiten Satz bedeutet **már** *schon*, und das Suffix **-m** in **hozom** trägt nicht nur die Funktion des Personalpronomens im Nominativ (**ich**) in sich, sondern auch die des Personalpronomens im Akkusativ (**es**).

Die **intransitive** Konjugation hat zum Teil andere Endungen als die transitive, z. B.
    írok ich schreibe
dagegen: írom ich schreibe es (s. oben).

Eine weitere Schwierigkeit besteht darin, daß viele und gerade die am häufigsten gebrauchten Verben ihren Stamm bei der Konjugation wechseln. Sie können aber wegen ihres häufigen Gebrauchs verhältnismäßig schnell und richtig erlernt werden.

Zeiten

Das heutige ungarische Verb hat nur eine, ebenfalls durch ein Suffix gebildete **Vergangenheitsform** und nur eine **Zukunftsform**, die – dem Deutschen ähnlich – mit einem Hilfsverb gebildet wird. Statt dieser zusammengesetzten Zukunftsform wird jedoch wesentlich häufiger als im Deutschen die **Gegenwartsform** gebraucht.

Modi

Auch das ungarische Verb hat drei Modi (**Indikativ, Konjunktiv, Imperativ**), deren Funktionen aber von denen im Deutschen teilweise abweichen. Der wichtigste Unterschied ist dennoch ein formaler: der Imperativ wird in allen 3 Personen des Singulars und Plurals konjugiert, und zwar in der transitiven und intransitiven Konjugation.

Zustandspassiv

Im heutigen Ungarischen fehlt das im Deutschen durch das Hilfsverb *werden* gebildete Handlungspassiv. Gebraucht wird nur das **Zustandspassiv**, also die Passivform, die im Deutschen durch das Hilfsverb *sein* gebildet wird: Der Tisch **ist** gedeckt.

Das Substantiv   D

Das Ungarische kennt kein grammatisches Geschlecht, in diesem Punkt ist der Gebrauch des ungarischen Substantivs leichter als der des deutschen. Die Substantive werden im Ungarischen – ausgenommen natürlich am Satzanfang und die Eigennamen – klein geschrieben.

Das Adjektiv E

Es wird in attributiver Funktion nicht dekliniert. Falls ein Adjektiv für ein vorher genanntes Substantiv benutzt wird, bekommt es das dem Kasus entsprechende Substantivsuffix.
Die ungarischen Adjektive können ohne Ableitungssuffix in adverbialer Funktion nicht gebraucht werden.

Die Pronomen F

Der Nominativ und Akkusativ der **Personalpronomen** werden nur in **betonter** Stellung verwendet, da das Personalsuffix des Verbs – wie schon erwähnt – auf die handelnde Person und das Objekt der Handlung eindeutig hinweist.
Die ungarischen **Possessivpronomen** erscheinen nur in **prädikativer** Funktion, da das Besitzverhältnis sonst mit Besitzsuffixen bezeichnet wird, zu denen sich in betonter Stellung nicht das Possessiv-, sondern das Personalpronomen gesellt.

> a ház [ɔ haːz] – das Haus
> a házam [ɔ ˈhaːzɔm] – **mein** Haus; az én házam [ɔz eːn ˈhaːzɔm] – **mein** Haus

Én [eːn] ist das Personalpronomen in der 1. Person des Singulars (= ich). Das Possessivpronomen in der gleichen Person ist **enyém** [ˈɛɲeːm] (= **mein**) und wird wie folgt verwendet (prädikativ):

Ez a ház az enyém. [ˈɛzɔ haːz ɔz ˈɛɲeːm] Dieses Haus ist **mein(s)**.

Bei den sonstigen Wortarten begegnen Ihnen keine grundlegenden Abweichungen vom Deutschen.

Die Kongruenz (Übereinstimmung) H

Die Übereinstimmung erfolgt in der Zahl und der Person; eine Übereinstimmung im Geschlecht entfällt sinngemäß.
Nach Zahlen und Adjektiven, die eine unbestimmte Menge bezeichnen (sok *viel;* néhány *einige* usw.), gibt es keine Übereinstimmung, d. h. das Substantiv steht nach ihnen im **Singular**. Das Verb stimmt dann mit dem Substantiv überein, d. h. es steht ebenfalls im Singular. Im Singular steht das Verb gewöhnlich auch, wenn sich das Subjekt des Satzes aus mehreren, einzeln im Singular stehenden Substantiven zusammensetzt:

> A fiú és a lány tanul. – Der Junge und das Mädchen lernen.
> [ɔ ˈfiuː eːʃ ɔ ˈlaːɲ ˈtɔnul: (tanul = er/sie lernt, *also 3. Person des Singulars*)

1. Lektion

Die Wortstellung

Da die Funktion der einzelnen Wörter im Satz mit den Suffixen eindeutig bezeichnet ist, braucht die Wortstellung nicht mit zur Verdeutlichung der Funktion beizutragen, wie z. B. im folgenden deutschen Satz: *Ich gebe Ilse ein Glas Wasser.*
In diesem Satz weist nur die Stellung der beiden Objekte darauf hin, welches das Dativ- und welches das Akkusativobjekt ist. (Die Wahrscheinlichkeit spielt im richtigen Verstehen natürlich – wie in jeder sprachlichen Äußerung – auch hier eine sehr große Rolle.)
Die Wortstellung wird im Ungarischen weitgehend vom textlichen oder situativen Zusammenhang bzw. vom Gefühlsinhalt der Aussage bestimmt.
Eine Faustregel: der logisch betonte Satzteil steht immer vor dem Prädikat.

Das ungarische Alphabet und die Grundregeln der Aussprache

Das Ungarische benutzt das lateinische Alphabet mit einigen diakritischen Zeichen. In seiner Schreibweise herrscht das phonetische Prinzip vor.

Das ungarische Alphabet

Buchstabe	Name	Lautzeichen	Ausspracheerklärung
A, a	a [ɔ]	ɔ	etwa wie in Sport, doch ohne Lippenrundung*
Á, á	á [aː]	aː	wie in Italien*
B, b	bé [beː]	b	wie in Bach
C, c	cé [tseː]	ts	wie z in Zeit
Cs, cs	csé [tʃeː]	tʃ	wie tsch in Tscheche, deutsch
D, d	dé [deː]	d	wie in dort
E, e	e [ɛ]	ɛ	wie ä in Hände, e in fest*
É, é	é [eː]	eː	wie e in Thema*
F, f	ef [ɛf]	f	wie in fest
G, g	gé [geː]	g	wie in gut
Gy, gy	gyé [ɟeː]	ɟ	wie dj in Madjare*
H, h	há [haː]	h	wie in Hand*
I, i	rövid i ['røvid 'i]	i	wie in Minute
Í, í	hosszú í ['hosːuː 'iː]	iː	wie in Lied
J, j	jé [jeː]	j	wie in Jahr
K, k	ká [kaː]	k	wie in kalt
L, l	el [ɛl]	l	wie in laut
Ly, ly	ely [ɛj]	j	wie j in Jahr*
M, m	em [ɛm]	m	wie in Mann
N, n	en [ɛn]	n	wie in Nacht

Buch-stabe	Name	Laut-zeichen	Ausspracheerklärung
Ny, ny	eny [ɛɲ]	ɲ	wie gn in Kognak*
O, o	rövid o [ˈrøvid ˈo]	o	wie in Politik
Ó, ó	hosszú ó [ˈhosːu: ˈoː]	oː	wie o in Kohle
Ö, ö	rövid ö [ˈrøvid ˈø]	ø	wie in Ökonomie
Ő, ő	hosszú ő [ˈhosːu: ˈøː]	øː	wie ö in Föhn
P, p	pé [peː]	p	wie in Post
R, r	er [ɛr]	r	Zungenspitzen-r
S, s	es [ɛʃ]	ʃ	wie sch in schon
Sz, sz	esz [ɛs]	s	wie ß in naß
T, t	té [teː]	t	wie in Tag
Ty, ty	tyé [tʲeː]	tʲ	wie tj in tja*
U, u	rövid u [ˈrøvid ˈu]	u	wie in Union
Ú, ú	hosszú ú [ˈhosːu: ˈuː]	uː	wie in Ruhm
Ü, ü	rövid ü [ˈrøvid ˈy]	y	wie y in Physik
Ű, ű	hosszú ű [ˈhosːu: ˈy]	yː	wie ü in müde
V, v	vé [veː]	v	wie w in Wetter
X, x	iksz [iks]	ks	wie x in Max (nur in Fremdwörtern)
Y, y	ipszilon [ˈipsilon]	i	wie i in Minute (nur in alten Familiennamen und Fremdwörtern)
Z, z	zé [zeː]	z	wie s in Hase
Zs, zs	zsé [ʒeː]	ʒ	wie j in Journal*

*siehe auch die Bemerkungen unter „Vokale" und „Konsonanten".
rövid = kurz − hosszú = lang

K

Die Wortbetonung liegt immer auf der ersten Silbe; das gilt auch für Fremdwörter, deren fremder Ursprung trotz der magyarisierten Schreibweise leicht zu erkennen ist: tradíció [ˈtrɔdiːtsioː] *Tradition* aus lateinischem traditio oder generáció [ˈgɛnɛraːtsioː] *Generation* aus lateinischem generatio usw. Auch die unbetonten Vokale werden voll artikuliert. Reduzierte Vokale wie im Deutschen (gehen, kommen usw.) gibt es im Ungarischen nicht. Das erleichtert das Verstehen der gesprochenen Sprache.

Vokale

L

Es gibt offene und geschlossene, kurze und lange Vokale. Die Kürze oder Länge des Vokals ist oft bedeutungsunterscheidend:

bór [ˈboːr] *Bor* − bor [ˈbor] *Wein*
örült [ˈørylt] *er freute sich* − őrült [ˈøːrylt] *verrückt, irre*

1. Lektion

Selbst da, wo die Kürze oder Länge nicht bedeutungsunterscheidend ist, wirkt falsch gesprochener kurzer oder langer Vokal kommunikationsstörend.

Diphthonge gibt es im Ungarischen nicht (nur in Mundarten), nebeneinanderstehende Vokale bilden immer selbständige Silben und verschmelzen nicht ineinander: fi-ú [ˈfiuː] *Junge,* di-ó [ˈdioː] *Nuß* usw.

Bemerkungen zu einigen ungarischen Vokalen

a	[ɔ]	ist im Deutschen nicht vorhanden. Es ähnelt dem offenen deutschen o in Sport, wird jedoch immer kurz, mit weiter geöffnetem Mund, ohne Lippenrundung gesprochen und unterscheidet sich um so mehr vom ungarischen **o**, als letzteres immer geschlossen ist: **alma** [ˈɔlmɔ] *Apfel;* **apa** [ˈɔpɔ] *Vater;* **bab** [bɔb] *Bohne.*
á	[aː]	ist immer lang, etwa wie in Staat, Vater, Straße: **már** [maːr] *schon;* **lát** [laːt] *er/sie sieht;* **bár** [baːr] *Bar, Nachtlokal.*
e	[ɛ]	ist immer kurz und offen, aber nie reduziert: **este** [ˈɛʃtɛ] *Abend;* **emel** [ˈɛmɛl] *er/sie hebt;* **keres** [ˈkɛrɛʃ] *er/sie sucht.*
é	[eː]	ist immer lang und geschlossen: **kés** [keːʃ] *Messer;* **bér** [beːr] *Miete;* **kér** [keːr] *er/sie bittet.*

Der Strich oder Doppelstrich über dem Vokal bezeichnet immer die Länge.

Vokalharmonie

„Vokalharmonie" bedeutet, daß sich die Vokale der Suffixe nach der Vokalordnung des Stammes richten. Enthält der Stamm helle (palatale) Vokale, muß auch das Suffix einen hellen Vokal haben; enthält er dunkle (velare) oder gemischt helle und dunkle Vokale, muß auch das Suffix einen dunklen Vokal erhalten. Demgemäß besitzt fast jedes Suffix zwei Varianten: -ban/ -ben (in *mit Dativ*); -nál/-nél (bei) usw.

Helle (palatale) Variante: kert [kɛrt] *Garten*
    a kertben *im Garten;* a kertnél *beim Garten*
Dunkle (velare) Variante: ház [haːz] *Haus*
    a házban *im Haus;* a háznál *beim Haus*
Gemischte Variante: fiú [ˈfiuː] *Junge*
    a fiúnál *beim Jungen*

Helle (palatale) Vokale: e, é, i, í, ö, ő, ü, ű
Dunkle (velare) Vokale: a, á, o, ó, u, ú

In Wörtern mit gemischt velaren und palatalen Vokalen kommen von den palatalen Vokalen nur e, é, i und í vor. Fremdwörter bilden hier eine Ausnahme, z. B. sofőr [ˈʃoføːr] *Chauffeur*. Auf die Zusammensetzung der Wörter übt diese Regel keinen Einfluß aus: fürdő | szoba [ˈfyrdøːsobɔ] *Badezimmer*.

Konsonanten M

Alle Konsonanten können auch lang sein, wobei der Kürze oder Länge ebensooft eine bedeutungsunterscheidende Rolle zukommt, wie bei den Vokalen:

hal [ˈhɔl] *Fisch* – hall [ˈhɔlː] *er/sie hört*
megyek [ˈmɛɟɛk] *ich gehe* – meggyek [ˈmɛɟːɛk] *Sauerkirschen*

Lange Konsonanten werden in der Rechtschreibung durch verdoppelte Buchstaben (siehe obige Beispiele) bezeichnet. Bei Doppelbuchstaben (cs, gy, ly, ny, sz, ty und zs) wird nur der erste Buchstabe verdoppelt: meggyek [ˈmɛɟːɛk] *Sauerkirschen;* asszony [ˈɔsːoɲ] *Frau*. Zweimal wird jeder Buchstabe des Doppelkonsonanten geschrieben, wenn die Verdoppelung durch Zusammensetzung entsteht: jegy | gyűrű [ˈjɛɟːyːryː] *Trauring*.

Wie im Deutschen gibt es auch im Ungarischen **Assimilation,** wenn ein stimmhafter und ein stimmloser Konsonant aufeinanderfolgen. Während im Deutschen nur eine Teilassimilation erfolgt, ist die Assimilation im Ungarischen immer vollständig und rückwirkend, d. h. der erste Konsonant wird unter der Wirkung des zweiten stimmhaft oder stimmlos: fogkefe [ˈfokːɛfɛ] *Zahnbürste;* cukrászda [ˈtsukraːzdɔ] *Konditorei*. Die Laute m, n, ny, j, l und r bewirken keine Assimilation (vgl. *dt*. weg [vɛk], aber wegbleiben [ˈvɛɡblaibən]).

Bemerkungen zu einigen ungarischen Konsonanten

gy	[ɟ]	Diesen Laut gibt es im Deutschen nicht. (In slawischen Sprachen kommt er dagegen häufig vor.) Er ist eine innige Verschmelzung von d und j: magyar [ˈmɔɟɔr] *Ungar, ungarisch;* megyek [ˈmɛɟɛk] *ich gehe;* **Gy**őr [ˈɟøːr] *Name einer Stadt in Ungarn*.
h	[h]	wird im Auslaut nicht gesprochen: juh [ˈju] *Schaf;* méh [ˈmeː] *Biene;* düh [ˈdy] *Wut*.
ly	[j]	Zwischen j und ly gibt es in der Aussprache des heutigen Ungarischen keinen Unterschied mehr; die zwei verschiedenen Zeichen für ein und denselben Laut gehen auf historische Gründe zurück.

2. Lektion

ny	[ɲ]	Dieser Laut kommt im Deutschen nur in einigen Fremdwörtern vor, ist dagegen in den slawischen und in einigen romanischen Sprachen (im Französischen, im Italienischen) häufig. Er ist eine innige Verschmelzung von n und j: nyár ['ɲaːr] *Sommer;* nyugodt ['ɲugotː] *ruhig.*
ty	[c]	Dieser Laut kommt im Deutschen ebenfalls nur in einigen Fremdwörtern vor, ist dagegen in den slawischen und in einigen romanischen Sprachen (im Französischen) häufig. Er ist eine innige Verschmelzung von t und j: gyertya ['dɛrcɔ] *Kerze;* tyúk [cuːk] *Huhn.*
zs	[ʒ]	Wie die zwei vorangegangenen Laute wird auch dieser Laut nur in einigen Fremdwörtern französischen Ursprungs gesprochen, z. B. Journalist. Er ist die stimmhafte Variante von [ʃ].

Zusammenfassend kann festgestellt werden, daß die Aussprache der einzelnen ungarischen Laute für die deutsche Zunge nicht allzu schwer ist. Die ungarische Rechtschreibung ist ebenfalls nicht kompliziert, die Texte lassen sich bald mit der ungarischen Schrift leichter und einfacher lesen als in Lautschrift. Deshalb werden nur die 2. und 3. Lektion in Lautschrift angegeben, und von der 7. Lektion an wird auch im Wörterverzeichnis darauf verzichtet, die Wörter – ausgenommen einige mit schwierigerer Aussprache – in Lautschrift anzugeben.

2. Lektion

Begrüßung – Besuch

1. – Jó reggelt kívánok, tanácsos úr! Hogy van?
   ['joːrɛgːɛlt 'kiːvaːnok 'tɔnaːtʃoʃ uːr   'hod vɔn]
   – Jó reggelt kívánok, titkár úr!
   ['joː 'rɛgːɛlt 'kiːvaːnok 'titkaːr uːr]
   Köszönöm, jól vagyok.   És ön hogy van?
   'køsønøm 'joːl 'vɔɟok   'eːʃ øn 'hod vɔn]
   – Köszönöm, jól.   Mit csinál, tanácsos úr?   Dolgozik?
   ['køsønøm 'joːl   'mitʃinaːl 'tɔnaːtʃoʃ uːr   'dolgozik]

- Igen, dolgozom. És ön mit csinál, titkár úr?
['igɛn 'dolgozom 'eːʃ øn 'mitʃinaːl 'titkaːr uːr]
- Én is dolgozom. Írok.
['eːn iʃ 'dolgozom 'iːrok]
- Mit ír? Jelentést?
['mitiːr 'jɛlɛnteːʃt]
- Igen, jelentést írok.
['igɛn 'jɛlɛnteːʃt 'iːrok]

2. - Jó napot kívánok, mérnök úr!   Zavarok?
['joːnɔpot 'kiːvaːnok 'meːrnøk uːr   'zɔvɔrok]
- Nem, nem zavar, Kovács úr.   Újságot olvasok.
['nɛm 'nɛm zɔvɔr 'kovaːtʃ uːr   'uːjʃaːgot 'olvɔʃok]
- Itt van a jelentés, mérnök úr.
['itː vɔn ɔ 'jɛlɛnteːʃ 'meːrnøk uːr]
- Köszönöm, Kovács úr.
['køsønøm 'kovaːtʃ uːr]
- Nagyon szívesen.   Viszontlátásra.
['nɔɟon 'siːvɛʃɛn   'visontˈlaːtaːʃrɔ]

3. - Kezicsókolom, nagyságos asszony.
['kɛziˈtʃoːkolom 'nɔtʃːaːgoʃ 'ɔsːoŋ]
- Jó estét kívánok, doktor úr.   Foglaljon helyet!
['joːɛʃteːt 'kiːvaːnok 'doktor uːr   'foglɔljon 'hɛjɛt]
Iszik valamit?
'isik 'vɔlɔmit]
- Szívesen.
['siːvɛʃɛn]
- Mit parancsol? Konyakot, vermutot, sört?
['mit 'pɔrɔntʃol 'koɲɔkot 'vɛrmutot 'ʃørt]
- Konyakot kérek.
['koɲɔkot 'keːrɛk]
- Ásványvizet is kér?
['aːʃvaːɲvizɛt iʃ keːr]
- Köszönöm, igen.
['køsønøm 'igɛn]
- Tessék. Egészségére, doktor úr!
['tɛʃːeːk 'ɛgeːʃːeːgeːrɛ 'doktor uːr]

Erläuterungen

Die Begrüßung „**Jó reggelt kívánok**", „**Jó napot kívánok**" usw. gilt Frauen gegenüber als nicht besonders höflich. Mit dem „**kezicsóko-**

2. Lektion

lom" wird der tatsächliche Handkuß allerdings verhältnismäßig selten verbunden. Mit „kezicsókolom" grüßen übrigens auch Kinder die Erwachsenen.

In Ungarn ist es üblich, nach dem Kognak (und auch nach anderen Spirituosen) ein kleines Glas Mineralwasser zu trinken. In Gaststätten, Cafés usw. werden Spirituosen auch ohne besondere Bestellung fast immer mit einem Glas Mineral- oder Sodawasser serviert.

Vokabeln

In Klammern stehen bei den ungarischen Substantiven die Akkusativform und bei den Verben die 3. Person des Singulars im Präsens.

1.
jó	[jo:]	gut *(Adj.)*	
reggel (-t)	['rɛgːɛl]	Morgen, am Morgen	
jó reggelt kívánok!	['jo: rɛgːɛlt 'kiːvaːnok]	Guten Morgen (wünsche ich)!	
tanácsos (-t)	['tɔnaːtʃoʃ]	Rat *(Person)*	
úr (urat)	[uːr, 'urɔt]	Herr	
hogy van?	['hoɟ vɔn]	wie geht es Ihnen? *(an eine Person gerichtet)*	
titkár (-t)	['titkaːr]	Sekretär	
köszönöm	['køsønøm]	danke	
jól vagyok	['joːl 'vɔɟok]	mir geht es gut	
és	[eːʃ]	und	
ön (-t)	[øn]	Sie	
jól	[joːl]	gut *(adv.)*	
mit csinál?	['mitʃinaːl]	was machen Sie? *(an eine Person gerichtet)*	
dolgozni (dolgozik)	['dolgozni]	arbeiten	
igen	['igɛn]	ja	
is	[iʃ]	auch *(steht nach dem Wort, auf das es sich bezieht)*	
én	[eːn]	ich	
írni (ír)	['iːrni]	schreiben	
mi? (-t)	[mi]	was?	
jelentés (-t)	['jɛlɛntɛːʃ]	Bericht	

2.
jó napot kívánok!	['joːnɔpot 'kiːvaːnok]	Guten Tag (wünsche ich)!	
nap (-ot)	[nɔp]	Tag	
mérnök (-öt)	['meːrnøk]	Ingenieur	
zavarni (zavar)	['zɔvɔrni]	stören	
nem	[nɛm]	nein; nicht; kein(e)	
újság (-ot)	['uːjʃaːg]	Zeitung	
olvasni (olvas)	['olvɔʃni]	lesen	
itt	[itː]	hier	
nagyon	['nɔɟon]	sehr	
szívesen	['siːvɛʃɛn]	gern	
viszont- látásra!	['visont-'laːtaːʃrɔ]	auf Wiedersehen!	

3.
kezicsókolom!	['kɛziˈtʃoːko-lom]	küß die Hand!	
nagyságos asszony	['nɔtʃːaːgoʃ 'ɔsːoɲ]	gnädige Frau	
este (estét)	['ɛʃtɛ, 'ɛʃteːt]	Abend, am Abend	
doktor (-t)	['doktor]	Doktor, Arzt	
foglaljon helyet!	['foglɔljon 'hɛjɛt]	nehmen Sie Platz! *(an eine Person gerichtet)*	
inni (iszik)	['inːi]	trinken	
valami (-t)	['vɔlɔmi], Abkürzung: vmi(t)	etwas	
mit parancsol?	['mit pɔrɔntʃol]	was wünschen Sie? *(wörtl. was befehlen Sie?)*	
konyak (-ot)	['koɲɔk]	Kognak	
vermut (-ot)	['vɛrmut]	Wermut	
sör [-t]	[ʃør]	Bier	
kérni (kér) vmit	['keːrni]	bitten um etw.	
ásványvíz (-vizet)	['aːʃvaːɲviːz 'vizɛt]	Mineralwasser	
víz	[viːz]	Wasser	
tessék	['tɛʃːeːk]	bitte *(wenn man etwas überreicht oder jemanden nicht versteht)*	

egészségére!	[ˈɛgeːʃːeːgeːrɛ]	auf Ihr Wohl! *(an eine Person gerichtet)*	asszonyom	[ˈɔsːoŋom]	meine Dame *(als Anrede)*
			kisasszony (-t)	[ˈkiʃɔsːoŋ]	Fräulein
ő (-t)	[øː]	er, sie, es *(Akk.)* ihn, sie, es	maga lenni, van ki? (kit?)	[ˈmɔgɔ] [ˈlɛnːi, vɔn] [ki]	Sie sein, ist wer? (wen?)

Grammatik

Die höfliche Anrede   A

Bei der höflichen Anrede von Männern steht **úr** *Herr*
1. nach dem Namen: Kovács **úr** *Herr Kovács,*
2. nach dem Titel: tanácsos **úr** *Herr Rat,*
3. nach der Berufsbezeichnung: mérnök **úr** *Herr Ingenieur.*

Bei der Anrede von Frauen gibt es im Ungarischen keine wirklich höfliche Anredeform mit Nennung des Namens. Gewöhnliche Anreden sind: **asszonyom** *meine Dame* oder etwas altmodisch **nagyságos asszony** *gnädige Frau*. **Kisasszony** *Fräulein* für unverheiratete Frauen ist praktisch ganz aus der Mode gekommen. Mit **kisasszony** ruft man nur noch Serviererinnen, freilich ohne den Namen hinzuzufügen. Frauen werden bei etwas näherer Bekanntschaft oft mit dem Vornamen angeredet, was man in Ungarn gut mit dem „Sie" verbinden kann.

Auch Frauen können mit der Berufsbezeichnung angeredet werden, dabei wird an die Berufsbezeichnung das Wort **nő** (etwa: *Frau*) angehängt: doktor**nő** etwa: *Frau Doktor* usw.

Das **Verb** steht bei der höflichen Anrede in der 3. Person des Singulars oder des Plurals, je nachdem ob man sich an eine oder an mehrere Personen wendet: Olvas, mérnök úr? *Lesen Sie, Herr Ingenieur?*

Als **Pronomen** wird bei der höflichen Anrede **ön** oder etwas weniger formell, gegebenenfalls auch weniger höflich **maga** verwendet, aber – wie bei den Personalpronomen üblich – nur bei besonderer Hervorhebung: És **ön** mit csinál? *Und was machen Sie?*

Intransitive Konjugation der 1. und 3. Person Singular im Präsens   B

1. **Regelmäßige Verben**
   Im Infinitiv endet das Verb immer auf **-ni:**

kíván-**ni** *wünschen*	dolgoz-**ni** *arbeiten*
ír-**ni** *schreiben*	in-**ni** *trinken*

Wenn der Stamm auf **-ít** oder zwei Konsonanten endet, wird **-ni** mit einem Bindevokal an den Stamm angehängt. Wenn man die Endung **-ni** (und den eventuellen Bindevokal) wegstreicht, erhält man den Konjugationsstamm, der gleichzeitig die 3. Person des Singulars ist: **kíván** *wünscht*, **ír** *schreibt*.

2. **-ik-Verben**
Eine Gruppe von Verben nimmt auch in der 3. Person des Singulars ein Personalsuffix an. Dieses Personalsuffix ist immer **-ik**: dolgoz-**ik** *arbeitet*. Die Konjugation dieser Verben weicht auch in der 1. Person des Singulars von den regelmäßigen Verben ab (siehe nachstehende Tabelle).

3. **Verben mit n – sz Stammwechsel**
Eine kleine Gruppe von Verben hat im Präsens einen vom Infinitivstamm abweichenden Konjugationsstamm, der auf **-sz** endet: enni *essen* – esz-ik *ißt;* inni *trinken* – isz-ik *trinkt*. Diese Verben sind manchmal auch gleichzeitig -ik-Verben.

C

Das Personalsuffix der 1. Person **-k** bzw. bei -ik-Verben **-m** wird mit einem nach den Regeln der Vokalharmonie veränderlichen Bindevokal **-o-** oder **-e-** (seltener **-ö-**) an den Konjugationsstamm angehängt. Bei einsilbigen -i-Stämmen ist der Bindevokal wider Erwarten dunkel: ír-o-k *ich schreibe*, sz-o-m *ich trinke*.

D

Das Personalpronomen (1. Person: **én**, 3. Person: **ő**) wird nur bei besonderer Hervorhebung oder Betonung verwendet, da das Personalsuffix immer eindeutig die Person, Zahl, Zeit und den Modus bezeichnet:

Én is dolgozom.   Auch **ich** arbeite.
Ő ír, én olvasok.   **Er** schreibt, **ich** lese.

Zusammenfassung   **E**

1. **Regelmäßige Verben:**

	mit **hellen** Vokalen	mit **dunklen** Vokalen	mit **gemischten** Vokalen
Inf.	ebédel-**ni** *zu Mittag essen*	tárgyal-**ni** *verhandeln*	kíván-**ni** *wünschen*
1. P.	(én) ebédel-**e-k** *ich esse zu Mittag*	tárgyal-**o-k** *ich verhandele*	kíván-**o-k** *ich wünsche*
3. P.	(ő) ebédel *er (sie, es) ißt zu Mittag*	tárgyal *er (sie, es) verhandelt*	kíván *er (sie, es) wünscht*

2. Lektion

2. Unregelmäßige Verben:

	-ik-Verben		Verben mit n – sz Stammwechsel
Inf.	reggeliz-ni *frühstücken*	dolgoz-ni *arbeiten*	en-ni *essen*
1. P.	(én) reggeliz-e-m *ich frühstücke*	dolgoz-o-m *ich arbeite*	esz-e-m *ich esse*
3. P.	(ő) reggeliz-ik *er (sie, es) frühstückt*	dolgoz-ik *er (sie, es) arbeitet*	esz-ik *er (sie, es) ißt*

lenni (sein)   F

Wie in den meisten indoeuropäischen Sprachen ist die Konjugation von „sein" (**lenni**) auch im Ungarischen unregelmäßig. Der Konjugationsstamm des Präsens wird **nicht** vom Infinitivstamm abgeleitet.

1. P.	(én) vagyok	*ich bin*
3. P.	(ő) van	*er ist*

Nominativ und Akkusativ der Substantive   G

1. Die meisten Kasussuffixe und Ableitungssuffixe werden an den Nominativstamm der Substantive angehängt. Eine Ausnahme bilden nur diejenigen Substantive, die auf -a oder -e enden. Diese Vokale werden vor jedem Suffix zu langem -á bzw. -é.
Nach dem Nominativ wird mit **mi?** *was?* oder **ki?** *wer?* gefragt, je nachdem ob es sich um eine Sache oder eine Person handelt.
2. Das Suffix des Akkusativs ist **-t**. Ein -t nehmen alle Wörter im Akkusativ an, die auf einen Vokal enden, und ein geringer Teil der auf einen Konsonanten endenden Substantive. Das -a und -e im Auslaut wird auch vor dem Akkusativsuffix lang:

    este *Abend* – estét *den Abend*   paprika *Paprika* – paprikát

Das -t des Akkusativs wird an die auf einen Konsonanten endenden Substantive nur dann ohne einen Bindevokal angehängt, wenn es bei der Aussprache keine Schwierigkeit bedeutet:

    sör *Bier* – sört   jelentés *Bericht* – jelentést

Sonst tritt ein Bindevokal zwischen den Auslautkonsonanten und das -t des Akkusativs. Der Bindevokal kann **-e-** oder **-ö-** bei Substantiven mit **hellen** Vokalen, bzw. **-a-** oder **-o-** bei Substantiven mit **dunklen** oder **gemischten** Vokalen sein:

2. Lektion

tej *Milch* – tejet   mérnök *Ingenieur* – mérnököt
vaj *Butter* – vajat   nap *Tag* – napot
vermut *Wermut* – vermutot

Der Akkusativstamm kann vom Nominativstamm geringfügig abweichen, auch wenn das Substantiv auf einen Konsonanten endet. Diese Abweichung besteht gewöhnlich in der Verkürzung oder dem Ausfall des Vokals der letzten Silbe:

    kenyér *Brot* – kenyeret   étterem *Restaurant* – éttermet

Auf Grund der aufgezählten Unregelmäßigkeiten wird in den Vokabellisten und im Wörterverzeichnis im Anhang auch der Akkusativ aller auf einen Konsonanten endenden Substantive angegeben.

Auch die Fragewörter **mi** und **ki** sowie das Personalpronomen **ő** und die Pronomen der höflichen Anrede **ön** und **maga** erhalten ein **-t** im Akkusativ:

mit?	was?	őt	*ihn, sie, es*
kit?	wen?	önt, magát	*Sie*

Die Verneinung mit „nem"   H

Mit **nem** kann sowohl ein Aussagesatz als auch nur ein Satzteil verneint werden, d. h. **nem** bedeutet **nein** und **nicht**:

    Nem, nem zavar.   **Nein**, sie stören **nicht**.

Wird mit **nem** ein Satzteil verneint, so steht es immer **vor** dem Wort, auf das es sich bezieht.

Nem kann in bestimmten Fällen auch **kein** bedeuten:

    Nem kérek ásványvizet. *wörtlich:* Ich bitte um **kein** Mineralwasser.

Übungen

1. **Bilden Sie Fragen und Antworten mit den angegebenen Verben nach folgendem Muster:**

írni
→Mit csinál? Ír? — Igen, írok.
Was machen Sie? Schreiben Sie? — Ja, ich schreibe.

    a) Regelmäßige Verben:
        olvasni — pihenni — telefonálni — tárgyalni — ebédelni — tanulni.
    b) Unregelmäßige Verben (mit **-ik** und mit **n — sz** Stammwechsel):
        reggelizni — enni — vacsorázni — dolgozni — inni.

2. Lektion

2. Bilden Sie Fragen und Antworten mit den angegebenen Verben nach foldendem Muster:

> írni — olvasni
> →Mit csinál? Ír? — Nem, nem írok. Olvasok.
> *Was machen Sie? Schreiben Sie? — Nein, ich schreibe nicht. Ich lese.*

a) olvasni — tanulni
b) tanulni — pihenni
c) telefonálni — tárgyalni
d) pihenni — olvasni
e) tárgyalni — ebédelni

f) ebédelni — pihenni
g) dolgozni — tanulni
h) enni — inni
i) vacsorázni — pihenni
j) reggelizni — olvasni

3. Bilden Sie Fragen und Antworten mit den angegebenen Substantiven nach dem Muster:

> kávét — teát
> →Mit parancsol? Kávét? Teát? — Kávét kérek.
> *Was wünschen Sie? Kaffee? Tee? — Ich bitte um Kaffee.*

a) tejet — kakaót
b) bort — sört
c) sört — ásványvizet
d) konyakot — rumot
e) vajat — dzsemet

f) sót — paprikát
g) paprikát — borsot
h) kakaót — kávét
i) ásványvizet — tejet
j) újságot — könyvet
k) kenyeret — zsemlét

4. Bilden Sie Fragen und Antworten mit den angegebenen Substantiven nach dem Muster:

> kávé — tea
> →Parancsol kávét? — Köszönöm, nem kérek. Teát iszom.
> *Wünschen Sie Kaffee? — Nein, danke (wörtl. Danke, ich bitte um keinen)! Ich trinke Tee.*

a) tea — tej
b) rum — vermut
c) konyak — rum

d) sör — bor
e) kakaó — kávé
f) ásványvíz — sör

Vokabeln

1.
pihenni ['pihɛnːi] sich ausruhen, sich erholen
(pihen)
telefonálni ['tɛlɛfonaːlni] telefonieren
(telefonál)
tárgyalni ['taːrɟɔlni] verhandeln, eine Besprechung haben
(tárgyal)
ebédelni ['ɛbeːdɛlni] zu Mittag essen
(ebédel)

tanulni	['tɔnulni]	lernen, studieren	tea (teát)	['tɛɔ, 'tɛaːt]	Tee
(tanul)			tej (-et)	[tɛj]	Milch
reggelizni	['rɛgːɛlizni]	frühstücken	kakaó (-t)	['kɔkɔːː]	Kakao
(reggelizik)			bor (-t)	[bor]	Wein
vacsorázni	['vɔtʃoraːzni]	zu Abend essen	rum (-ot)	[rum]	Rum
(vacsorázik)			vaj (-at)	[vɔj]	Butter
			dzsem (-et)	[dʒɛm]	Marmelade
2.			só (-t)	[ʃoː]	Salz
enni (eszik)	['ɛnːi]	essen	paprika (paprikát)	['pɔprikɔ]	Paprika
3.			bors (-ot)	[borʃ]	Pfeffer
kávé (-t)	['kaːveː]	Kaffee	könyv (-et)	[køŋv]	Buch

3. Lektion

Vor dem Weggehen – Vor einer Reise

1. – Elmegy, tanácsos úr?
   ['ɛlmɛɟ 'tɔnaːtʃoʃ uːr]
   – Igen, elmegyek.
   ['igɛn 'ɛlmɛɟɛk]
   – Hová megy?
   ['hovaː mɛɟ]
   – A városba.
   [ɔ 'vaːroʒbɔ]
   – Megy a nagyságos asszony is?
   ['mɛɟ ɔ 'nɔtʃːaːgoʃ 'ɔsːoŋ iʃ]
   – Igen, ő is jön.
   ['igɛn øː 'iʃ jøn]
   – Mivel mennek? Autóval?
   ['mivɛl 'mɛnːɛk 'ɔutoːvɔl]
   – Igen, autóval megyünk. Vásárolunk az áruházban.
   ['igɛn 'ɔutoːvɔl 'mɛɟyŋk 'vaːʃaːroluŋk ɔz 'aːruhaːzbɔn]
   – Mikor jönnek vissza a városból?
   ['mikor 'jønːɛk 'visːɔ ɔ 'vaːroʒboːl]
   – A feleségem kora délután jön vissza.
   [ɔ 'fɛlɛʃeːgɛm 'korɔ 'deːlutaːn jøn 'visːɔ]
   Én ebéd után az irodába megyek, és csak később jövök.
   'eːn 'ɛbeːd 'utaːn ɔz 'irodaːbɔ mɛɟɛk eːʃ tʃɔk 'keːʃøːbː 'jøvøk]
   – A városban ebédelnek?
   [ɔ 'vaːroʒbɔn 'ɛbeːdɛlnɛk]

- Igen, étteremben ebédelünk.
 ['igɛn 'eːtːɛrɛmbɛn 'ɛbeːdɛlyŋk]
- Mikor jönnek a gyerekek az iskolából?
 ['mikor 'jønːɛk ɔ 'ɟɛrɛkɛk ɔz 'iʃkolaːboːl]
- Délben. Ők itthon esznek.
 ['deːlbɛn øːk 'itːhon 'ɛsnɛk]

2. - Hol van a feleségem?   A konyhában?
 ['hol vɔn ɔ 'fɛlɛʃeːgɛm   ɔ 'koɲhaːbɔn]
- Nem, a nagyságos asszony a szobában van. Rádiót hallgat.
 ['nɛm ɔ 'nɔtʃːaːgoʃ 'ɔsːoɲ ɔ 'sobaːbɔn vɔn 'raːdiøːt 'hɔlːgɔt]
- Nem csomagol?
 ['nɛm 'tʃomɔgol]
- Nem, már készen van.   Még ma indulnak, tanácsos úr?
 ['nɛm maːr 'keːsɛn vɔn   'meːg mɔ 'indulnɔk 'tɔnaːtʃoʃ uːr]
- Nem, csak holnap reggel indulunk.
 ['nɛm tʃɔk 'holnɔp 'rɛgːɛl 'induluŋk]
- Hová utaznak?
 ['hovaː 'utɔznɔk]
- Svájcba, a hegyekbe.   Pihenni megyünk.
 ['ʃvaːjdzbɔ ɔ 'hɛɟɛgbɛ   'pihɛnːi 'mɛɟyŋk]
- Repülőgéppel mennek?
 ['rɛpyløːgeːpːɛl 'mɛnːɛk]
- Nem, vonattal megyünk.   Sajnos hajóval nem lehet.
 ['nɛm 'vonɔtːɔl 'mɛɟyŋk   'ʃɔjnoʃ 'hɔjoːvɔl 'nɛm 'lɛhɛt]
- Mikor érkeznek Svájcba?
 ['mikor 'eːrkɛznɛk 'ʃvaːdzbɔ]
- Holnap este érkezünk.
 ['holnɔp 'ɛʃtɛ 'eːrkɛzyːŋk]
- Jó pihenést kívánok.
 ['joː 'pihɛneːʃt 'kiːvaːnok]

Vokabeln

1.
elmenni	['ɛlmɛnːi,	weggehen	áruház (-at)	['aːruhaːz]	Warenhaus
(elmegy)	'ɛlmɛd]		vissza	['visːɔ]	zurück
menni	['mɛnːi,	gehen,	a feleségem	[ɔ 'fɛlɛʃeːgɛm]	meine Frau
(megy)	mɛd]	fahren	kora délután	['korɔ	am frühen
város (-t)	['vaːroʃ]	Stadt		'deːlutaːn]	Nachmittag
autó (-t)	['ɔutoː]	Auto	ebéd (-et)	['ɛbeːd]	Mittagessen
jönni (jön)	['jønːi, jøn]	kommen	után	['utaːn]	nach
vásárolni	['vaːʃaːrolni]	kaufen, *hier:*			*(Psp. mit dem Nom.)*
(vásárol)		einkaufen,	iroda	['irodɔ,	Büro
		Einkäufe	(irodát)	'irodaːt]	
		machen	csak	[tʃɔk]	nur, erst
			később	['keːʃøːbː]	später

3. Lektion

étterem	[ˈeːtːɛrɛm,	Restaurant
(éttermet)	ˈeːtːɛrmɛt]	
gyerek (-et)	[ˈdɛrɛk]	Kind
iskola	[ˈiʃkolɔ,	Schule
(iskolát)	ˈiʃkolaːt]	
délben	[ˈdeːlbɛn]	zu Mittag
itthon	[ˈitːhon]	zu Hause
		(itthon *sagt*
		man, wenn
		man zu
		Hause ist.)
2.		
hol?	[hɔl]	wo?
hová?	[ˈhovaː]	wohin?
honnan?	[ˈhonːɔn]	woher?
konyha	[ˈkoɲhɔ]	Küche
(konyhát)		
szoba	[ˈsobɔ]	Zimmer
(szobát)		
rádió (-t)	[ˈraːdio]	Radio
hallgatni	[ˈhɔlːgɔtni]	hören
(hallgat)		
csomagolni	[ˈtʃomɔgolni]	packen
(csomagol)		einpacken
már	[maːr]	schon
készen van	[ˈkeːsɛn vɔn]	ist fertig
kész, készen	[keːs, ˈkeːsɛn]	fertig
még	[meːg]	noch
ma	[mɔ]	heute
indulni	[ˈindulni]	abfahren,
(indul)		aufbrechen,
		losgehen
holnap	[ˈholnɔp]	morgen
Svájc	[ʃvaːjts]	Schweiz
utazni	[ˈutɔzni,	reisen
(utazik)	ˈutɔzik]	
hegy (-et)	[hɛd]	Berg
a hegyekbe	[ɔ ˈhɛdɛgbɛ]	ins Gebirge
repülőgép	[ˈrɛpyløːgeːp]	Flugzeug
(-et)		
vonat (-ot)	[ˈvonɔt]	Zug
sajnos	[ˈʃɔjnoʃ]	leider
hajó (-t)	[ˈhɔjoː]	Schiff
lehet	[ˈlɛhɛt]	möglich
mikor?	[ˈmikor]	wann?
érkezni	[ˈeːrkezni,	ankommen
(érkezik)	ˈeːrkɛzik]	*(das unga-*
		rische Verb
		antwortet
		auf die Frage
		„hová?")
pihenés (-t)	[ˈpihɛneːʃ]	Erholung

Grammatik

Der bestimmte und unbestimmte Artikel A

1. **Der bestimmte Artikel** ist **a** oder **az,** je nachdem ob der Anlaut des folgenden Wortes ein Konsonant oder ein Vokal ist:

a vonat **der** Zug	**az** ebéd **das** Mittagessen
a város **die** Stadt	**az** étterem **das** Restaurant

Der bestimmte Artikel wird im Ungarischen im allgemeinen so gebraucht wie im Deutschen. Die Namen der Verkehrsmittel werden jedoch ohne Artikel benutzt:

Vonattal megyek.   Ich fahre **mit dem Zug.**
Autóval jövök.   Ich komme **mit dem Auto.**

2. **Der unbestimmte Artikel** ist auch im Ungarischen mit dem Zahlwort identisch: **egy** *ein.* Der unbestimmte Artikel wird im Ungarischen seltener gebraucht als im Deutschen:

Étteremben ebédelek.   Ich esse **in einem Restaurant** zu Mittag.
Jelentést írok.   Ich schreibe **einen Bericht.**

Die Artikel werden nicht dekliniert.

Der Plural der Substantive   B

Das Zeichen des Plurals ist **-k**.

-e und **-a** im Auslaut werden auch vor dem Pluralzeichen **-k** — wie vor jedem Suffix — lang:

este *Abend*	esték *Abende*
konyha *Küche*	konyhák *Küchen*

Wenn der Auslaut ein Konsonant ist, wird das **-k** des Plurals immer mit einem Bindevokal (**-a-**, **-o-**, bzw. **-e-**, **-ö-**) angefügt. Dieser Bindevokal ist identisch mit dem des Akkusativs:

ház *Haus*	— házat	— házak *Häuser*
vonat *Zug*	— vonatot	— vonatok *Züge*
kert *Garten*	— kertet	— kertek *Gärten*
mérnök *Ingenieur*	— mérnököt	— mérnökök *Ingenieure*

Vor das Pluralzeichen tritt bei Wörtern mit konsonantischem Auslaut auch dann ein Bindevokal, wenn sich das Akkusativsuffix ohne Bindevokal anschließt:

város *Stadt*	— várost	— városok *Städte*
jelentés *Bericht*	— jelentést	— jelentések *Berichte*

Der Pluralstamm der Substantive ist im übrigen mit dem Akkusativstamm identisch:

kenyér *Brot*	— kenyeret	— kenyerek *Brote*
étterem *Restaurant*	— éttermet	— éttermek *Restaurants*

Intransitive Konjugation der 1. und 3. Person Plural im Präsens   C

Im Plural gibt es keinen Unterschied in der Konjugation der regelmäßigen und der **-ik**-Verben. Bei den Verben mit **n — sz** Stammwechsel bleibt der Konjugationsstamm auch im Plural **-sz-**. Die Personalsuffixe sind in der 1. Person **-unk/-ünk**, in der 3. Person **-nak/-nek** nach den Regeln der Vokalharmonie:

	olvas-ni *lesen*	kér-ni *bitten*	dolgoz-ni *arbeiten*	en-ni *essen*
1. P.	(mi) olvas-**unk** *wir lesen*	kér-**ünk** *wir bitten*	dolgoz-**unk** *wir arbeiten*	esz-**ünk** *wir essen*
3. P.	(ők) olvas-**nak** *sie lesen*	kér-**nek** *sie bitten*	dolgoz-**nak** *sie arbeiten*	esz-**nek** *sie essen*

3. Lektion

Redet man mehrere Personen mit „Sie" an, wird die 3. Person des Plurals verwendet. Das nur bei besonderer Hervorhebung verwendete Pronomen ist **önök** bzw. **maguk**.

Die Konjugation der unregelmäßigen Verben „menni" (gehen), „jönni" (kommen) und „lenni" (sein)   D

Inf.	menni		jönni		lenni	
Sing.						
1. P.	(én) megyek	*ich gehe*	jövök	*ich komme*	vagyok	*ich bin*
3. P.	(ő) megy	*er geht*	jön	*er kommt*	van	*er ist*
Plur.						
1. P.	(mi) megyünk	*wir gehen*	jövünk	*wir kommen*	vagyunk	*wir sind*
3. P.	(ők) mennek	*sie gehen*	jönnek	*sie kommen*	vannak	*sie sind*

Die Kasussuffixe -ba/-be, -ban/-ben, -ból/-ből   E

Ihrer Grundbedeutung nach werden alle drei Suffixpaare vorwiegend in Ortsbestimmungen gebraucht.

1. **-ba/-be** (in + *Akk*.) antwortet auf die Frage **hová?** *wohin?*:
   A kert**be** megyek.   Ich gehe **in den** Garten.
   Svájc**ba** utazunk.   Wir fahren **in die** Schweiz.

2. **-ban/-ben** (in + *Dat*.) antwortet auf die Frage **hol?** *wo?*:
   A kert**ben** ebédelünk.   Wir essen **im** Garten zu Mittag.
   A szobá**ban** olvasok.   Ich lese **im** Zimmer.

3. **-ból/-ből** (aus) antwortet auf die Frage **honnan?** *Woher?*:
   A kert**ből** jövünk.   Wir kommen **aus dem** Garten.
   Svájc**ból** írok.   Ich schreibe **aus der** Schweiz.

   Alle drei Suffixe treten ohne Bindevokal an den Nominativstamm.

Das Instrumentalsuffix -val/-vel   F

-val/-vel entspricht der Präposition **mit**, und die mit diesem Kasussuffix versehenen Substantive antworten auf die Frage **mivel?** *womit?* oder **kivel?** *mit wem?*:

Autó**val** megyünk.   Wir fahren **mit dem** Auto.
A szerelő**vel** utazom.   Ich fahre **mit dem** Monteur.

Wenn das Substantiv auf einen Konsonanten endet, gleicht sich das v diesem Konsonanten an und längt ihn:

A teát **rum**mal iszom.   Ich trinke den Tee **mit** Rum.
A mérnök**kel** érkezem.   Ich komme **mit dem** Ingenieur an.

Übungen

1. Bilden Sie Sätze mit den angegebenen Verben nach dem Muster:

> írni
> →Mit csinálnak? Írnak? — Igen, írunk.
> *Was machen Sie (Plur.)? Schreiben Sie? — Ja, wir schreiben.*

a) olvasni
b) pihenni
c) telefonálni
d) tárgyalni
e) ebédelni
f) tanulni
g) reggelizni
h) dolgozni
i) vacsorázni
j) enni
k) csomagolni
l) inni

2. Bilden Sie Sätze mit den angegebenen Verben nach dem Muster:

> írni — olvasni
> →Mit csinálnak? Írnak? — Nem írunk. Olvasunk.
> *Was machen Sie (Plur.)? Schreiben Sie? — Wir schreiben nicht. Wir lesen.*

a) olvasni — tanulni
b) tanulni — pihenni
c) pihenni — olvasni
d) telefonálni — tárgyalni
e) tárgyalni — ebédelni
f) ebédelni — pihenni
g) dolgozni — tanulni
h) enni — inni
i) vacsorázni — pihenni
j) csomagolni — elmenni

3. Bilden Sie je eine Frage und Antwort mit den angegebenen Wörtern nach dem Muster:

> szoba
> →Hová megy? A szobába? — Igen, a szobába megyek.
> *Wohin gehen Sie? Ins Zimmer? — Ja, ich gehe ins Zimmer.*

a) konyha
b) étterem
c) város
d) iroda
e) áruház
f) iskola
g) kert
h) park
i) garázs

4. Bilden Sie je eine Frage und Antwort mit den angegebenen Wörtern nach dem Muster:

> szoba — kert
> →A szobába mennek? — Nem a szobába. A kertbe megyünk.
> *Gehen Sie (Plur.) ins Zimmer? — Nicht ins Zimmer. Wir gehen in den Garten.*

a) szoba — konyha
b) étterem — áruház
c) kert — garázs
d) park — város
e) iskola — étterem
f) garázs — park
g) iroda — iskola

3. Lektion

5. **Bilden Sie Sätze mit den angegebenen Wörtern nach dem Muster:**

> dolgozni — iroda
> →Hol dolgozik? Az irodában? — Igen, az irodában dolgozom.
> *Wo arbeiten Sie (Sing.)? Im Büro? — Ja, ich arbeite im Büro.*

a) csomagolni — konyha
b) ebédelni — étterem
c) vásárolni — áruház
d) pihenni — park
e) tanulni — szoba

f) dolgozni — garázs
g) tárgyalni — iroda
h) vacsorázni — város
i) olvasni — kert
j) írni — szoba

6. **Bilden Sie Satzreihen mit den angegebenen Wörtern nach dem folgenden Muster! Die wechselnden Teile sind fett gedruckt.**

> konyha — csomagolni
> →Hová indul? — A konyhába. — A konyhában csomagol?
> — Igen, a konyhában csomagolok.
> *Wohin gehen (wörtl. starten) Sie (Sing.)? — In die Küche.*
> *— Packen Sie in der Küche? — Ja, ich packe in der Küche.*

a) iroda — dolgozni
b) étterem — ebédelni
c) áruház — vásárolni
d) park — pihenni
e) szoba — tanulni

f) garázs — dolgozni
g) iroda — tárgyalni
h) város — vacsorázni
i) kert — olvasni
j) szoba — írni

7. **Bilden Sie Sätze mit den angegebenen Wörtern nach dem folgenden Muster! Achten Sie dabei auf die Übereinstimmung des Subjekts und des Prädikats in der Zahl!**

> gyerekek — iskola
> Honnan jönnek a gyerekek? Az iskolából? — Igen,
> a gyerekek az iskolából jönnek.
> *Woher kommen die Kinder? Aus der Schule?*
> *— Ja, die Kinder kommen aus der Schule.*

a) tanácsos úr — iroda
b) asszonyok — áruház
c) titkár — város
d) sofőrök — garázs
e) igazgató — étterem

f) gyerek — park
g) jelentés — Svájc (ohne Artikel!)
h) mérnökök — város
i) tanár — iskola
j) kollégák — iroda

8. **Bilden Sie Satzreihen mit den angegebenen Wörtern nach dem folgenden Muster! Achten Sie dabei auf die Übereinstimmung des Subjekts und des Prädikats in der Zahl!**

3. Lektion

> a titkár — Olaszország — Csehszlovákia
> Honnan érkezik **a titkár**? — **Olaszországból.**
> — És hová indul holnap? — **Csehszlovákiába.**
> *Woher kommt der Sekretär (an)? — Aus Italien.*
> *— Und wohin fährt er morgen (ab)? — In die Tschechoslowakei.*

a) a mérnökök — Csehszlovákia — Ausztria
b) a nagyságos asszony — Svájc — a Szovjetúnió
c) a tanácsos úr — az NSZK — Jugoszlávia
d) a tisztviselők — Görögország — Anglia
e) a sofőrök — az NDK — Románia
f) a titkár — Franciaország — Bulgária
g) a gyerekek — Lengyelország — Olaszország
h) a doktor úr — Anglia — Görögország
i) a tanárok — Olaszország — Franciaország
j) a kolléga — a Szovjetúnió — az NDK

9. **Bilden Sie Satzreihen mit den angegebenen Wörtern nach dem Muster:**

> villamos — taxi
> →**Villamossal** megy? — Nem, nem **villamossal** megyek.
> — Hát mivel megy? — **Taxival** megyek.
> *Fahren Sie mit der Straßenbahn? — Nein, ich fahre nicht mit der Straßenbahn. — Womit fahren Sie denn? — Ich fahre mit dem Taxi.*

a) autóbusz — metró
b) metró — villamos
c) troli — autóbusz
d) taxi — troli

e) vonat — hajó
f) autó — metró
g) repülőgép — vonat
h) autóbusz — repülőgép

10. **Bilden Sie Satzreihen mit den angegebenen Wörtern nach dem Muster:**

> villamos — a város — taxi
> →**Villamossal** megy **a városba**? — Igen, **villamossal** megyek.
> — És mivel jön vissza **a városból**? — **Taxival** jövök.
> *Fahren Sie mit der Straßenbahn in die Stadt? — Ja, ich fahre mit der Straßenbahn. — Und womit kommen Sie aus der Stadt zurück? — Ich komme mit dem Taxi.*

a) autóbusz — az áruház — metró
b) metró — az iskola — villamos
c) troli — az iroda — autóbusz
d) taxi — az étterem — troli
e) vonat — Ausztria — hajó
f) autó — a park — metró
g) repülőgép — az NSZK — vonat
h) autóbusz — Jugoszlávia — repülőgép

Vokabeln

kert (-et)	[kɛrt]	Garten	autóbusz (-t)	[ˈɔutoːbus]	Autobus
park (-ot)	[pɔrk]	Park	metró (-t)	[ˈmɛtro]:	Untergrundbahn,
garázs (-t)	[ˈgɔraːʒ]	Garage			U-Bahn
sofőr (-t)	[ˈʃoføːr]	Fahrer, Chauffeur	villamos (-t)	[ˈvilːɔmoʃ]	Straßenbahn
igazgató (-t)	[ˈigɔzgotoː]	Direktor	troli (-t)	[ˈtroli]	Obus,
tanár (-t)	[ˈtɔnaːr]	Lehrer			Trolleybus
kolléga (kollégát)	[ˈkolːeːgɔ]	Kollege	taxi (-t) hát	[ˈtɔksi] [haːt]	Taxe denn
tisztviselő (-t)	[ˈtizdviʃɛløː]	Beamte(r), Angestellte(r)	ország (-ot)	[ˈorsaːg]	Land

Ländernamen:

Anglia	[ˈɔŋgliɔ]	England	Demokratikus Köztársaság	ˈdɛmokrotikuʃ ˈkøstaːrʃɔʃaːg]	Demokratische Republik
Ausztria	[ˈɔustriɔ]	Österreich			
Bulgária	[ˈbulgaːriɔ]	Bulgarien			
Csehszlovákia	[ˈtʃɛslovaːkiɔ]	Tschechoslowakei	az NSZK Német Szövetségi Köztársaság	[ˈɛnɛskaː] [ˈneːmɛt ˈsøvɛtʃːeːgi ˈkøstaːrʃɔʃaːg]	BRD Bundesrepublick Deutschland
Franciaország	[ˈfrɔntsiɔˈorsaːg]	Frankreich			
Görögország	[ˈgørøgˈorsaːg]	Griechenland			
Jugoszlávia	[ˈjugoslaːviɔ]	Jugoslawien	Olaszország	[ˈolɔsˈorsaːg]	Italien
Lengyelország	[ˈlɛnɟɛlˈorsaːg]	Polen	Románia Svájc	[ˈromaːniɔ] [ʃvaːjts]	Rumänien Schweiz
az NDK Német	[ˈɛndeːkaː] [ˈneːmɛt	DDR Deutsche	a Szovjetunió	[ˈsovjetuːnioː]	Sowjetunion

Merke: Die mit dem bestimmten Artikel angegebenen Ländernamen werden immer mit dem bestimmten Artikel gebraucht.

4. Lektion

Ankunft in Budapest – Empfang eines Geschäftspartners

1. Josef Brauer úr, a Bosch cég képviselője, repülőgéppel érkezik Budapestre. A repülőtér épületében van az útlevélvizsgálat. Brauer úr a tisztviselőhöz megy.
   – Jó napot kívánok, – köszön a tisztviselő. – Honnan jön, uram?
   – Az NSZK-ból [ˈɛnɛskaːboːl].
   – Beszél magyarul?
   – Igen, beszélek egy kicsit.
   – Szabad az útlevelét?
   – Tessék, itt van az útlevelem. Vízumom sajnos még nincs.
   – Fénykép van önnél?

4. Lektion

- Igen, van két fényképem.
- Rendben van. Itt van az űrlap, tessék kitölteni.
- Sokáig tart a vízumkiadás?
- Nem, nem tart sokáig. Ma nincs sok utas. Van már szállása?
- Igen, a Royal szállóban van szobám. De pénzt akarok beváltani.
- Akkor tessék addig ott a hölgynél pénzt váltani. Ha kész a vízuma, szólok.
2. Brauer úr a repülőtér előcsarnokában találkozik Szabó Istvánnal. Szabó István a MOGÜRT külkereskedelmi vállalat üzletkötője. Gyakran tárgyal Brauer úrral. Ő Brauer úr partnere a MOGÜRT-nél.
- Szabó úr Brauer úrhoz lép. Kezet fognak.
- Jó napot kívánok, Brauer úr. Hogy van? Nem fáradt?
- Köszönöm, jól vagyok. Nem vagyok fáradt. És ön hogy van, Szabó úr?
- Köszönöm kérdését, én is jól vagyok. Hol van a bőröndje?
- Ott, a hordárnál. Mivel megyünk a városba? Autóbusszal?
- Nem, kocsival vagyok. Itt van a kocsi, tessék beszállni!
- Mikor van az első tárgyalás a MOGÜRT-nél?
- Holnap délelőtt Kovács igazgató úrnál.
- Akkor ma délután sétálok egy kicsit a városban. A Royal szálló a város központjában van, ugye?
- Igen, a központban van. Nincs messze a MOGÜRT-től.
- Hogy van a felesége, Szabó úr?
- Köszönöm kérdését, jól.
- És a fia mit csinál?
- Az idén már iskolába megy.
- Az én fiam az idén érettségizik.
- Van egy lánya is, ugye, Brauer úr?
- Igen. Ő már dolgozik. Titkárnő egy kereskedelmi vállalatnál.
- Itt vagyunk a Royal szállónál. Viszontlátásra holnap délelőtt Kovács igazgatónál.

Vokabeln

Da der Akkusativ der auf einen Vokal endenden Substantive gesetzmäßig gebildet wird, wird von dieser Lektion an nur der Akkusativ der auf einen Konsonanten endenden Substantive angegeben.

1.
cég (-et)	['tseːg]	Firma	repülőtér (-teret)	['rɛpyløːteːr]	Flughafen, Flugplatz
képviselő	['keːbviʃɛløː]	Vertreter	épület (-et)	['eːpylɛt]	Gebäude
érkezik Budapestre		(er, sie) kommt in Budapest an	útlevélvizsgálat (-ot)	['uːtlɛveːlviʒ-gaːlɔt]	Paßkontrolle
			tisztviselő	['tizdviʃɛløː]	Beamte(r)

4. Lektion

Hungarian	IPA	German
köszönni (köszön)	[ˈkøsønːi]	Angestellte(r) grüßen
beszélni (beszél)	[ˈbɛseːlni]	sprechen
magyarul	[ˈmɔɟɔrul]	ungarisch (nur Adv.)
egy kicsit	[ˈɛɟ ˈkitʃit]	ein wenig, ein bißchen
útlevél (útlevelet)	[ˈuːtlɛveːl]	Paß
szabad az útlevelét?		darf ich Ihren Paß (sehen)?
levél (levelet)	[ˈlɛveːl]	Brief
vízum (-ot)	[ˈviːzum]	Visum
sajnos	[ˈʃɔjnoʃ]	leider
nincs	[ˈnintʃ]	ist nicht, es gibt nicht (Verneinung von „van")
fénykép (-et)	[ˈfeːŋkeːp]	Foto
rendben van	[ˈrɛndbɛn ˈvɔn]	ist in Ordnung
űrlap (-ot)	[ˈyːrlɔp]	Formular
kitölteni (kitölt)	[ˈkitøltɛni]	ausfüllen
tessék kitölteni!	[ˈtɛʃːeːk ˈkitøltɛni]	bitte ausfüllen! (Aufforderung, die nur mit der höflichen Anrede verbunden gebraucht wird)
sokáig	[ˈʃokaːig]	lange (nur Adv.)
tartani (tart)	[ˈtɔrtɔni]	dauern
vízumkiadás (-t)	[ˈviːzumˈkiɔdaːʃ]	Visaerteilung
sok	[ˈʃok]	viel (das Subst. danach steht im Sing.)
utas (-t)	[ˈutɔʃ]	Passagier, Reisende(r)
szállás (-t)	[ˈsaːlːaːʃ]	Unterkunft
szálló	[ˈsaːlːoː]	Hotel
pénz (-t)	[peːnz]	Geld
pénzt váltani (beváltani), vált		Geld umtauschen
akarni (akar)	[ˈɔkɔrni]	wollen
hölgy (-et)	[høld]	Dame
akkor	[ˈɔkːor]	dann
addig	[ˈɔdːig]	solange
ha kész a vízuma	[ˈhokeːsɔ ˈviːzumɔ]	wenn Ihr Visum fertig ist
szólni (szól)	[ˈsoːlni]	Bescheid geben
2.		
előcsarnok (-ot)	[ˈɛløːtʃɔrnok]	Vorhalle
találkozni (találkozik)	[ˈtɔlaːlkozni]	sich treffen mit
vkivel		
külkereskedelmi vállalat	[ˈkylkɛrɛʃkɛdɛlmi ˈvaːlːɔlɔt]	Außenhandelsunternehmen
vállalat (-ot)	[ˈvaːlːɔlɔt]	Unternehmen
üzletkötő	[ˈyzlɛtkøtøː]	Sachbearbeiter bei Handelsunternehmen (üzlet = Geschäft)
gyakran	[ˈɟɔkrɔn]	oft
partner (-t)	[ˈpɔrtnɛr]	Partner
lépni (lép)	[ˈleːpni]	treten
kéz (kezet)	[ˈkeːz]	Hand
kezet fognak	[ˈkɛzɛt ˈfognɔk]	(sie) geben sich die Hand
fáradt	[ˈfaːrɔtː]	müde (nur Adj.)
kérdés (-t)	[ˈkeːrdeːʃ]	Frage
köszönöm kérdését		danke für die Nachfrage
bőrönd (-öt)	[ˈbøːrønd]	Koffer
hordár (-t)	[ˈhordaːr]	Gepäckträger
kocsi	[ˈkotʃi]	Wagen, Kraftwagen
beszállni (beszáll)	[ˈbɛsaːlːni]	einsteigen
ma	[ˈmɔ]	heute
sétálni (sétál)	[ˈʃeːtaːlni]	spazierengehen
központ (-ot)	[ˈkøspont]	Zentrum
messze vmitől	[ˈmɛsːɛ]	weit von
fiú	[ˈfiuː]	Junge
fiam — fia	[ˈfiɔm ˈfiɔ]	mein Sohn — sein Sohn
az idén	[ɔz ˈideːn]	dieses Jahr
az idén már iskolába megy		dieses Jahr schon in die Schule
érettségi	[ˈeːrɛtːʃeːgi]	Abitur
érettségizni (érettségizik)	[ˈeːrɛtːʃeːgizni]	Abitur machen
lány (-t)	[ˈlaːɲ]	Mädchen
a lányom		meine Tochter
titkárnő	[ˈtitkaːrnøː]	Sekretärin
kereskedelmi vállalat	[ˈkɛrɛʃkɛdɛlmi ˈvaːlːɔlɔt]	Handelsunternehmen
délelőtt	[ˈdeːlɛløːtː]	Vormittag, am Vormittag

Grammatik

Das Besitzverhältnis   A

Das ungarische Besitzverhältnis unterscheidet sich in zwei wichtigen Punkten vom Deutschen:
1. Der Besitzer steht **vor** dem Besitz. Im Deutschen steht der „Besitz" im Genitiv.
2. Das Besitzverhältnis wird nicht am Besitzer, sondern **am Besitz** mit einem Personalsuffix bezeichnet. *Eine ähnliche Konstruktion gibt es dialektisch im Deutschen, z. B. Herrn Brauer sein Partner.*

Brauer úr partner**e**	Partner **von** Herrn Brauer
a vállalat tisztviselő**je**	Angestellter des Unternehmens
a repülőtér előcsarnok**a**	Vorhalle des Flughafens
a város központ**ja**	Zentrum der Stadt

Wenn der Besitzer vor dem Besitz steht, bekommt der Besitz keinen Artikel. Erhält das mit einem Besitzzeichen versehene Wort noch ein Kasussuffix, so steht das Besitzzeichen **vor** dem Kasussuffix:

Brauer úr partner**é**nél	beim Partner **von** Herrn Brauer
a város központ**já**ból	aus dem Zentrum der Stadt

Auch das **-a-** oder **-e-** des Besitzzeichens wird vor den Kasussuffixen lang.

Die Besitzzeichen in der 1. und 3. Person des Singulars   B

Die Besitzzeichen entsprechen dem Possessivpronomen im Deutschen.

1. Person: -m

teá**m**	**mein** Tee	sörö**m**	**mein** Bier
igazgató**m**	**mein** Direktor	vaja**m**	**meine** Butter
könyve**m**	**mein** Buch	vízumo**m**	**mein** Visum

Das **-m** wird an den Auslautkonsonanten mit einem veränderlichen Bindevokal (-e-, -ö-, -a-, -o-) angefügt.

3. Person: -a, -e, -ja, -je

vízum**a**	**sein** Visum	teá**ja**	**sein** Tee
sör**e**	**sein** Bier	esté**je**	**sein** Abend

Wenn das Wort auf einen **Vokal** endet, lautet das Besitzzeichen in der 3. Person immer **-ja/-je**; wenn es auf einen **Konsonanten** endet, gewöhnlich **-a/-e**. Hier gilt aber die Regel nicht immer:

     ebéd**je**   **sein** Mittagessen   űrlap**ja**   **sein** Formular

4. Lektion

Bei besonderer Hervorhebung wird das mit dem Besitzzeichen versehene Wort mit dem entsprechenden Personalpronomen zusammen benutzt:

az **én** ebédem   **mein** Mittagessen;   az **ő** űrlapja **sein** Formular

Da bei der höflich-formalen Anrede die 3. Person verwendet wird, haben die obigen Beispiele auch die Bedeutung: **Ihr** Visum, **Ihr** Bier usw., natürlich nur, wenn der Besitzer **eine** Person ist.

Das Besitzzeichen tritt **immer an den Akkusativstamm**:

```
útlevél Paß      - útlevel-em mein Paß, útlevel-e sein Paß
étterem Restaurant - étterm-em mein Restaurant, étterm-e sein Restaurant
```

„lenni" in der Funktion von „haben"   C

Für das deutsche *haben* hat das Ungarische kein entsprechendes Verb. In dieser Bedeutung erscheint die 3. Person von „**lenni**" (**van**) und der Nominativ des Substantivs, der mit dem entsprechenden Besitzzeichen versehen wird:

Van két fényképe**m**.   Ich **habe** zwei Fotos.
Van már szállása?   **Haben** Sie schon (eine) Unterkunft?

Die Verneinung von „van"   D

Die 3. Person von „**lenni**" wird verneint durch **nincs** (im Sing.):

Az igazgató az irodában **van**.   Az igazgató **nincs** az irodában.
Der Direktor **ist** im Büro.   Der Direktor **ist nicht** im Büro.
Van só a konyhában.   **Nincs** só a konyhában.
Es ist Salz in der Küche.   **Es ist kein** Salz in der Küche.
Van bőröndöm.   **Nincs** bőröndöm.
Ich **habe** einen Koffer.   Ich **habe keinen** Koffer.

Die Kasussuffixe -hoz/-hez/-höz, -nál/-nél und -tól/-től   E

Ihrer Grundbedeutung nach werden auch diese Suffixe vorwiegend in Ortsbestimmungen gebraucht.

1. **-hoz/-hez/-höz** *zu* antwortet auf die Frage **hová?** *wohin?* bzw. **mihez?** *wozu?* und **kihez?** *zu wem?*. Stämme mit **hellen** Vokalen haben **-hez** oder **-höz**, je nachdem ob die letzte Silbe einen Vokal ohne Lippenrundung (**e, é, i, í**) oder mit Lippenrundung (**ö, ő, ü, ű**) enthält.

A szállóhoz megyünk.   Wir fahren / gehen **zum** Hotel.
Holnap megyek a Bosch céghez.   Morgen gehe ich **zur** Firma Bosch.
Mikor megy a mérnökhöz?   Wann gehen Sie **zum** Ingenieur?

2. **-nál/-nél** *bei* antwortet auf die Frage **hol?** *wo?* bzw. **minél** *wobei?* und **kinél?** *bei wem?*

Délután az igazgató**nál** vagyok.   Am Nachmittag bin ich **beim** Direktor.
Az étterem**nél** találkozunk.   Wir treffen uns **am (beim)** Restaurant.

3. **-tól/-től** *von* antwortet auf die Frage **honnan?** *woher?*, bzw. **mitől?** *wovon?* und **kitől?** *von wem?*

Most jövök a doktor**tól**.   Jetzt komme ich **vom** Doktor.
Az igazgató holnap érkezik   Der Direktor kommt morgen **von**
vissza a Bosch cég**től**.   der Firma Bosch zurück.

Das Kasussuffix -ig   F

Da der Vokal **i** in Wörtern mit hellen und dunklen Vokalen vorkommen kann, hat dieses Kasussuffix keine Varianten.

-ig *bis* ist der Grundbedeutung nach auch ein Ortssuffix, kommt jedoch oft in Zeitbestimmungen vor:

Öt nap**ig** maradok.   Ich bleibe fünf Tage.

Das mit **-ig** versehene Substantiv drückt also eine Zeitdauer aus. **-ig** antwortet auf die Frage **meddig?** *wie lange?*

Meddig marad itt?   **Wie lange** bleiben Sie hier?

Übungen

1. **Bilden Sie Sätze mit den angegebenen Wortgruppen nach dem folgenden Muster! Das Besitzzeichen ist immer -ja/-je.**

> utas bőrönd-
> → Itt van az utas bőröndje.
> *Hier ist der Koffer des Passagiers.*

a) a vállalat tisztviselő-   g) MOGÜRT üzletkötő-
b) ház kert-   h) gyerekek ebéd-
c) titkár újság-   i) doktor autó-
d) utas űrlap-   j) vendég kávé-
e) vállalat igazgató-   k) hordár rum-
f) cég képviselő-   l) tanácsos úr tea-

2. **Bilden Sie Sätze mit den angegebenen Wortgruppen nach dem folgenden Muster! Das Besitzzeichen ist immer -a/-e.**

> tisztviselő feleség-
> → Ott van a tisztviselő felesége.
> *Dort ist die Frau des Beamten.*

4. Lektion

a) tanácsos fénykép-
b) mérnök jelentés-
c) fiam tanár-
d) hordár sör-
e) lányom vendég-
f) igazgató sofőr-

g) tanácsos úr titkár-
h) nagyságos asszony útlevél-
i) repülőtér épület-
j) ország határ-
k) autó utas-
l) tanár úr könyv-

3. Bilden Sie Fragen und Antworten nach dem Muster:

A.
bőrönd — hordár
→ Hol van a bőröndöm? — A bőröndje a hordárnál van.
Wo ist mein Koffer? — Ihr Koffer ist beim Gepäckträger.

a) űrlap — titkárnő
b) jelentés — igazgató
c) útlevél — Kovács kolléga
d) újság — nagyságos asszony
e) lány — tanár

f) vendég — tanácsos úr
g) rádió — gyerekek
h) feleség — doktor
i) sofőr — mérnök
j) útlevél — hölgy

B.
bőrönd — autó
→ Hol van a bőröndöm? — A bőröndje az autóban van.
Wo ist mein Koffer? — Ihr Koffer ist im Auto.

a) vacsora — konyha
b) lány — szoba
c) vendég — étterem
d) feleség — város
e) útlevél — bőrönd

f) autó — garázs
g) titkár — iroda
h) tanár — iskola
i) igazgató — szálló
j) szállás — központ

4. **Bilden Sie Fragen und Antworten nach dem folgenden Muster! Achten Sie darauf, ob das Kasussuffix in der Antwort -ban/-ben oder -nál/-nél ist!**

cég — Frankfurt
→ Hol van a cége? — A cégem Frankfurtban van.
Wo ist Ihre Firma? — Meine Firma ist in Frankfurt.

a) lány — a Bosch cég
b) titkárnő — az áruház
c) rádió — a gyerekek
d) bőrönd — a hordár
e) feleség — a szoba

f) iroda — Stuttgart
g) útlevél — a hölgy
h) kolléga — a MOGÜRT
i) titkár — az iroda
j) vendég — Kovács igazgató

4. Lektion

5. Bilden Sie Fragen und antworten Sie darauf verneinend nach dem Muster!

> bőrönd
> → Van bőröndje? — Nem, nincs bőröndöm.
> *Haben Sie einen Koffer? — Nein, ich habe keinen Koffer.*

a) gyerek
b) feleség
c) útlevél
d) vízum
e) rádió
f) autó

g) sofőr
h) titkárnő
i) fénykép
j) iroda
k) tanár
l) bor

m) szállás
n) újság
o) titkár
p) sör
r) só
s) kert

6. Bilden Sie je zwei Sätze mit den angegebenen Wörtern nach dem folgenden Muster!

> bőrönd
> → Ez az én bőröndöm. Az ön bőröndje nincs itt.
> *Dies ist mein Koffer. Ihr Koffer ist nicht hier.*

a) bor
b) újság
c) rádió

d) jelentés
e) űrlap
f) hordár

g) útlevél
h) sör
i) taxi
j) konyak

7. Bilden Sie Fragen und Antworten mit den angegebenen Wörtern nach dem folgenden Muster! Das Kasussuffix in der Antwort ist sinngemäß -ban/-ben oder -nál/-nél.

> útlevél — titkárnő
> →Hol van az útlevelem? — Az útlevele a titkárnőmnél van.
> *Wo ist mein Paß? — Ihr Paß ist bei meiner Sekretärin.*

a) jelentés — titkár
b) útlevél — iroda
c) szállás — barát
d) lány — feleség

e) vendég — szoba
f) sofőr — kolléga
g) feleség — ház
h) bőrönd — kocsi

8. Ersetzen Sie die fett gedruckten Satzteile mit den angegebenen Wörtern! Achten Sie darauf, daß das erste Wort Besitzzeichen und Kasussuffix erhält!

> A **fiamhoz** megyek. — Sokáig marad a **fiánál**?
> *Ich gehe zu meinem Sohn. — Bleiben Sie lange bei Ihrem Sohn?*

a) feleség
b) kolléga
c) partner
d) cég
e) barát
f) titkárnő
g) lány
h) tanár
i) titkár
j) barátnő

9. **Ersetzen Sie die fett gedruckten Satzteile mit den angegebenen Wörtern!**

> A **Bosch cégtől** jövünk. — Kivel kívánnak beszélni?
> — A vállalat igazgatójával.
> Wir kommen von der Firma Bosch. — Wen möchten Sie sprechen?
> (wörtl. Mit wem wünschen Sie zu sprechen?) — Mit dem Direktor des Unternehmens.

a) a MOGÜRT vállalat — cég képviselője
b) a mérnök úr — tanácsos úr titkára
c) a tanácsos úr — igazgató titkárnője
d) az áruház — doktor úr sofőre
e) Szabó igazgató — tanár úr felesége
f) az útlevélvizsgálat — a tanácsos úr vendége
g) a titkárnő — mérnök fia
h) a nagyságos asszony — igazgató úr lánya
i) a titkár — taxi utasa
j) Brauer úr — vállalat mérnöke

Vokabeln

vendég (-et)   [ˈvɛndeːg]   Gast   vacsora   [ˈvɔtʃorɔ]   Abendessen

5. Lektion

Tagesprogramm eines Geschäftsmannes

1. Brauer úr sétálni indul. Másfél órát sétál a városban. Este a szálló éttermében vacsorázik. Vacsora után a portáshoz megy.
   – Jó estét kívánok, Brauer úr! – köszön a portás. – Tessék a kulcsa. Parancsol ébresztést?
   – Igen, fél nyolckor. Mettől meddig lehet reggelizni?
   – Hét órától tíz óráig.

- Most hány óra van pontosan?
- Öt perc múlva kilenc.
- A bár hány órakor nyit?
- Tízkor. A műsor fél tizenkettőkor kezdődik.
- És meddig tart?
- Körülbelül fél egyig.
- Akkor ma nem megyek a bárba. Holnap korán kell kelnem, és sokat kell dolgoznom. Van holnap este valami hangverseny Budapesten?
- Igen, a cseh filharmónikusok zenekara játszik az Erkel színházban.
- Lehet még jegyet kapni?
- Talán igen.
- Hánykor kezdődik a hangverseny?
- A hangversenyek Budapesten mindig fél nyolckor kezdődnek.
- Holnap valószínűleg a MOGÜRT igazgatójával vacsorázom. Nem tudok fél nyolcra az Erkel színházba menni.
- A hangverseny után is lehet vacsorázni.
- Meddig tart a hangverseny?
- Körülbelül fél tízig.
- Önnél lehet jegyet rendelni?
- Délelőtt a kollégámnál, délután nálam.
- Köszönöm a felvilágosításokat. Jó éjszakát kívánok.

2. Brauer úr telefonál. Kovács igazgatóval beszél.
- Jó reggelt kívánok, igazgató úr. Itt Brauer a Bosch cégtől.
- Jó reggelt kívánok, Brauer úr. Ma tízkor találkozunk, ugye?
- Igen, tíz órakor önnél vagyok.
- Van más programja is délelőtt?
- Nem, csak délután háromra kell a Csepel Autógyárba mennem.
- Akkor tárgyalás után együtt ebédelünk, jó?
- Köszönöm a meghívást. Este van ideje, igazgató úr?
- Sajnos nincs. Este az Erkel színházba megyek. Hangversenyjegyem van.
- Akkor este a színházban találkozunk. Én is most akarok hangversenyjegyet rendelni. Együtt vacsorázunk a hangverseny után?
- Örömmel.
- Nagyszerű. De előbb persze még tárgyalunk. Fél óra múlva indulok önhöz. A viszontlátásra!

5. Lektion

Vokabeln

1.

másfél	[ˈmaːʃfeːl]	anderthalb
után	[ˈutaːn]	nach
	(Psp. mit dem Nom.)	
portás (-t, -ok)	[ˈportaːʃ]	Portier
kulcs (-ot)	[kultʃ]	Schlüssel
ébresztés (-t)	[ˈeːbresteːʃ]	Wecken
mettől	[ˈmɛtːøːl]	von wann
meddig?	ˈmɛdːig]	bis wann?
lehet	[ˈlɛhɛt]	möglich, kann sein
hány?	[haːɲ]	wieviel?
Hány óra van?		Wieviel Uhr ist es?
pontosan	[ˈpontoʃɔn]	genau, pünktlich
	(adv.)	
múlva	[ˈmuːlvɔ]	siehe gramm. Erläuterungen
bár (-t, -ok)	[baːr]	Bar, Nachtlokal
nyitni (nyit)	[ˈɲitni]	aufmachen, öffnen (tr. und intr.)
műsor (-t, -ok)	[ˈmyːʃor]	Programm
kezdődni (kezdődik)	[ˈkɛzdøːdni]	beginnen, anfangen (intr.)
körülbelül	[ˈkørylbɛlyl]	ungefähr
korán	[ˈkoraːn]	früh
	(adv.)	
kelni (kel)	[ˈkɛlni]	aufstehen
kell	[kɛlː]	muß, nötig
hangverseny (-t, -ek)	[ˈhoŋgvɛrʃɛɲ]	Konzert
valami hangverseny		irgendein Konzert
Budapesten	[ˈbudɔpɛʃtɛn]	in Budapest
cseh (-et)	[tʃɛ, ˈtʃɛhɛt]	Tscheche; tschechisch
filharmónikusok	[ˈfilhɔrmoːnikuʃok]	Philharmoniker (nur Plur.)
zenekar (-t, -ok)	[ˈzɛnɛkɔr]	Orchester
játszani (játszik)	[ˈjaːtsːɔni]	spielen
színház (-at)	[ˈsiːnhaːz]	Theater

(Das Erkel-Theater ist die zweite Oper von Budapest, in dem auch Konzerte veranstaltet werden)

jegy (-et)	[jɛd]	Karte
kapni (kap)	[ˈkɔpni]	bekommen
talán	[ˈtɔlaːn]	vielleicht
hánykor?	[ˈhaːŋkor]	um wieviel Uhr?
mindig	[ˈmindig]	immer
valószínűleg	[ˈvɔloːsiːnyːlɛg] (adv.)	wahrscheinlich
tudni (tud)	[ˈtudni]	wissen, können
rendelni (rendel)	[ˈrɛndɛlni]	bestellen
nálam	[ˈnaːlɔm]	bei mir
felvilágosítás (-t, -ok)	[ˈfɛlvilaːgoʃiːtaːʃ]	Auskunft
éjszaka	[ˈeːjsɔkɔ]	Nacht
jó éjszakát kívánok!		gute Nacht!

2.

más (-t)	[maːʃ]	ander
program (-ot)	[ˈprogrɔm]	Programm
Csepel	[ˈtʃɛpɛl]	Csepel Autofabrik
Autógyár	ˈɔutoːɟaːr]	

(Csepel ist ein wegen seiner Industrie bekannter Bezirk von Budapest)

együtt	[ˈɛɟytː]	zusammen
	(adv.)	
meghívás (-t, -ok)	[ˈmɛkhiːvaːʃ]	Einladung
idő	[ˈidøː]	Zeit
Van ideje?	[vɔn ˈidɛjɛ]	Haben Sie Zeit?
öröm (-et, -öt)	[ˈørøm]	Freude
nagyszerű	[ˈnotsːɛryː]	großartig, ausgezeichnet
előbb	[ˈɛløːbː]	vorher
	(adv.)	
persze	[ˈpɛrsɛ]	freilich

Grammatik

Das Suffix -kor   A

Dieses Suffix hat nur eine Form und wird allein in Zeitbestimmungen gebraucht. Vor **-kor** werden das **-a-** und **-e-** im Auslaut **nicht** lang.

Ebéd**kor** találkozunk.   Wir treffen uns **beim Mittagessen**.
Vacsora**kor** beszélek a feleségemmel.   **Beim Abendessen** spreche ich mit meiner Frau.

Die Uhrzeit B

Zur Zeitbestimmung werden die Zahlwörter nur bis zwölf gebraucht. In Zweifelsfällen steht ein Zeitadverb vor der Uhrzeit:

Délután **öt óra** van.	Es ist **fünf Uhr** nachmittags.
Reggel **hét óra** van.	Es ist **sieben Uhr** früh.
Fél négy van.	Es ist **halb vier**.
Háromnegyed öt van.	Es ist Viertel vor fünf (**drei Viertel fünf**).
Negyed hat van.	Es ist Viertel nach fünf (**Viertel sechs**).

Nach den Zeitangaben mit *halb, Viertel* usw. steht im Ungarischen nie das Wort **óra** *Uhr*.

Wenn die genaue Uhrzeit mit Minuten angegeben wird, geht man gewöhnlich von der nächststehenden Viertelstunde aus. Das Wort **perc** *Minute* ist in diesen Fällen immer zu gebrauchen:

Három perccel múlt fél hat.	Es ist drei Minuten nach halb sechs.
Négy perc múlva háromnegyed hét.	Es ist vier Minuten vor dreiviertel sieben.

Nach der Uhrzeit wird wie folgt gefragt:

Hány óra van?	Wieviel Uhr ist es?
Mennyi az idő?	Wie spät ist es (*wörtlich*: Wieviel ist die Zeit)?
Hánykor? Hány órakor?	**Um** wieviel Uhr?

Wenn die Uhrzeit nicht Subjekt, sondern Zeitbestimmung im Satz ist, wird sie mit dem Suffix **-kor** benutzt:

A vendégek háromnegyed kilen**ckor** érkeznek.	Die Gäste kommen Viertel vor neun an.
Negyed egy**kor** ebédelünk.	Wir essen Viertel nach zwölf zu Mittag.
Nyol**ckor** (nyolc óra**kor**) indulok.	Ich gehe um acht (*um acht Uhr*) weg.

Das Wort **óra** wird auch in diesem Fall nur bei vollen Stunden, allerdings nicht immer gebraucht.

Wird der Zeitpunkt mit Minuten bestimmt, so verwendet man die Postpositionen **előtt** *vor* bzw. **után** *nach*. Das Wort **perc** *Minute* bekommt zugleich das Kasussuffix **-vel**:

Öt per**ccel** kilenc **előtt** jövök.	Ich komme fünf Minuten **vor** neun.
Tíz per**ccel** fél öt **után** indulunk.	Wir brechen zehn Minuten **nach** halb fünf auf.

5. Lektion

Das Kasussuffix -ig   C

Wie **-kor** hat auch **-ig** *bis* keine weiteren Lautvarianten. In Zeitbestimmungen kann das mit **-ig** versehene Substantiv

a) den Zeitpunkt des Endes:
   Ebé**dig** visszajövök.
   Bis zum Mittagessen komme ich zurück.

b) eine Zeitdauer ausdrücken:
   Öt nap**ig** maradok Budapesten.
   Ich bleibe **fünf Tage** in Budapest.

In beiden Fällen antwortet das mit **-ig** versehene Substantiv auf die Frage **meddig?** *bis wann?*, *wie lange?* Soll jedoch die Zeitdauer betont werden, kann die Frage auch lauten: **mennyi ideig?** *wie lange?* Da das mit **-ig** versehene Substantiv eine Zeitdauer nur ausdrücken kann, wenn das Substantiv selbst schon eine Zeitdauer ausdrückt (z. B. nap *Tag*, perc *Minute*), kann es gewöhnlich nicht zu Mißverständnissen kommen. Eine Ausnahme ist der Fall, wo in der Zeitbestimmung **óra** *Uhr*, *Stunde* vorkommt, wegen der Doppelbedeutung des Wortes.

| A műsor **két óráig** tart. | Das Programm dauert **bis zwei Uhr**. *oder* Das Programm dauert **zwei Stunden**. |

Falls die Situation beide Auslegungen ermöglicht, wird die Zeitdauer mit der Postposition **hosszat** ausgedrückt:

A műsor **két óra hosszat** tart.   Das Programm dauert **zwei Stunden**.

Bestimmung des Beginns und des Endes   D

Zur Bestimmung des Beginns wird das aus Ortsbestimmungen schon bekannte Kasussuffix **-tól/-től** verwendet:

Hét**től** (Hét órá**tól**) lehet reggelizni.
Frühstücken ist **von** sieben (von sieben Uhr) **an** (*od.* ab sieben) möglich.

Nach dem Beginn wird mit **mikortól?** oder **mettől?** *von wann (an)?*, *ab wann?* gefragt.

Zur Bestimmung des Endes werden – mit einem Unterschied in der Bedeutung – **-ig** oder **-ra/-re** gebraucht. **-ig** wird benutzt, wenn man die bis zu diesem Zeitpunkt verlaufene Zeitdauer hervorheben will:

A hangverseny fél nyolc**tól** negyed tíz**ig** tart.
Das Konzert dauert **von** halb acht **bis** Viertel nach neun.
Délután öt**ig** pihenek.
Ich ruhe **bis** fünf (Uhr) nachmittags.

-ra/-re ist der Grundbedeutung nach ein Ortssuffix (auf + *Akk.*, an + *Akk.*) und wird benutzt, wenn man hervorheben will, in welchem Zeitpunkt die Handlung zu Ende geht oder zu Ende gehen muß:

A vízuma holnap**ra** készen van.   Ihr Visum ist **(für)** morgen fertig.
Három**ra** a Csepel Autógyárba   **Um** drei muß ich in der Csepel
kell mennem.   Autofabrik (gehen) sein.

Zum besseren Verständnis des Unterschieds stelle man die Zeitbestimmung im zweiten Beispielsatz „három**ra**" der Zeitbestimmung „három**ig**" gegenüber. „Három**ig** a Csepel Autógyárba kell mennem" bedeutet, daß ich auch schon um zwei Uhr dort sein kann, aber spätestens bis drei dort sein muß, d. h. der genaue Zeitpunkt der Ankunft ist nicht festgesetzt. Mit dem Kasussuffix **-ra/-re** wird also ausgesagt, daß die Handlung gerade in diesem Zeitpunkt und nicht irgendwann in der bis dahin verlaufenen Zeit zu Ende geht.

Nach dem Ende wird mit **meddig?** *bis wann?* bzw. **mikorra?** etwa: *für (zu) wann?* oder – wenn man nach der Uhrzeit fragt – mit **hányra? hány órára?** etwa: *für wieviel Uhr?* gefragt.

Infinitiv mit Besitzzeichen   E

Auch der Infinitiv kann in bestimmten Fällen – nach bestimmten hilfsverbähnlichen Verben – ein Besitzsuffix erhalten. In diesen Fällen drückt nicht das Verb (Hilfsverb), sondern das Besitzzeichen die Personenbezogenheit der Handlung aus.

Ein solches Verb ist das vorwiegend nur in der 3. Person des Singulars gebrauchte **kell** *müssen.*

Hol**n**ap sokat **kell** dolgoz**nom**.	Morgen **muß ich** viel arbeiten.
Most már menni**e kell**.	Jetzt **muß er (müssen Sie)** schon gehen.
Jegyet **kell** rendel**nem**.	**Ich muß** eine Karte bestellen.
Mikor **kell** indul**nia**?	Wann **muß er (müssen Sie)** (aufbrechen?) gehen?

In der 1. Person des Singulars wird das Besitzzeichen **-m** mit einem Bindevokal (**-o-** oder **-e-** nach dem Gesetz der Vokalharmonie) angehängt, der an die Stelle des **-i** des Infinitivs tritt.

In der 3. Person des Singulars ist das Besitzzeichen trotz des vokalischen Auslauts immer **-a** oder **-e**.

Wenn man **kell** nicht personenbezogen verwendet, sondern in allgemein gültigen, kategorischen Feststellungen oder Behauptungen, bekommt der Infinitiv kein Besitzzeichen (deutsch: *man* ...):

Itt sokat **kell** dolgozni.   Hier **muß man** viel arbeiten.

5. Lektion

Übungen

1. Bilden Sie Fragen und Antworten mit den angegebenen Wörtern nach dem folgenden Muster! Die wechselnden Teile sind fett gedruckt.

> Hánykor kezdenek **dolgozni**? — $^1/_2$9-kor kezdünk. — És meddig **dolgoznak**? — $^1/_2$12-ig dolgozunk.
> *Wann beginnen Sie zu* **arbeiten**? — *Wir beginnen um* $^1/_2$6. — *Und bis wann* **arbeiten** *Sie*? — *Wir arbeiten bis* $^1/_2$12.

a) tárgyalni — $^1/_2$11 — $^3/_4$ 1
b) ebédelni — $^1/_2$ 1 — $^1/_2$ 2
c) tanulni — 8 — 12
d) írni — $^3/_4$ 9 — $^1/_4$11
e) pihenni — 6 — $^3/_4$ 8
f) vacsorázni — 7 — 9
g) sétálni — $^3/_4$ 4 — 5
h) olvasni — 3 — $^1/_4$ 6
i) vásárolni — $^1/_4$11 — $^1/_2$ 1
j) csomagolni — $^3/_4$ 8 — $^1/_4$ 9

2. Bilden Sie Fragen und Antworten mit den angegebenen Wörtern nach dem folgenden Muster! Achten Sie auf das richtige Kasussuffix -hoz/-hez/-höz, -nál/-nél bzw. -ba/-be und -ban/-ben!

> Hová indul — A **mérnökhöz** indulok. — Hányra megy a **mérnökhöz**? — $^1/_4$3-ra megyek. — És meddig marad a **mérnöknél**? — Körülbelül 3-ig maradok. 3-kor indulok vissza.
> *Wohin gehen Sie? — Ich gehe zum Ingenieur. — Zu wieviel Uhr gehen Sie zum Ingenieur? (besser: Zu wann oder wann sollen Sie beim Ingenieur sein?) — Ich gehe um* $^1/_4$3. *— Und wie lange bleiben Sie* **beim** *Ingenieur? — Ich bleibe ungefähr* **bis 3**. *Um* 3 *kehre ich zurück.*

a) igazgató — $^1/_2$11 — $^1/_2$12
b) szálló — 7 — $^1/_4$10
c) tanácsos úr — $^1/_4$ 9 — 9
d) iroda — 8 — $^1/_2$ 1
e) doktor — $^3/_4$10 — 11
f) üzletkötő — 12 — $^3/_4$ 1
g) színház — $^1/_2$ 8 — $^1/_4$11
h) gyerekek — 3 — $^1/_2$ 5
i) város — $^1/_2$11 — $^3/_4$ 3
j) étterem — $^3/_4$ 1 — 2

3. Bilden Sie Fragen und Antworten mit den angegebenen Wörtern nach dem Muster:

> Van ideje **holnap 2-kor**? — Sajnos **holnap csak 3-tól** vagyok szabad.
> *Haben Sie* **morgen um 1 (Uhr)** *Zeit?* — *Leider bin ich morgen* **erst ab 3 (Uhr)** *frei.*

a) délután 4   — $1/2$ 6
b) délelőtt 10   — $3/4$ 11
c) ma $1/2$ 3   — 4
d) holnap $1/4$ 12   — $1/2$ 2
e) este $3/4$ 7   — $1/2$ 8
f) délelőtt $1/4$ 11   — $1/2$ 12
g) este $3/4$ 8   — $1/2$ 9
h) délután $1/4$ 4   — $3/4$ 5
i) ma 12   — $1/2$ 3
j) holnap $3/4$ 10   — $1/4$ 2

4. Bilden Sie Fragen und Antworten mit den angegebenen Wörtern nach dem Muster:

> Tud jönni **ma délután**? — **Ma délután** sajnos nincs időm.
> De **holnap 2-től 5-ig** szabad vagyok.
> *Können Sie* **heute nachmittag kommen**? — *Heute nachmittag habe ich leider keine Zeit. Aber* **morgen von 2 bis 5** *bin ich frei.*

a) holnap reggel — holnapután 8— / $1/2$ 11—
b) ma este — holnap délelőtt 9— / $1/4$ 12—
c) holnapután délután — holnap délután 3— / $1/2$ 5—
d) ma délben — holnap délben $1/2$ 1— / $1/2$ 2—
e) holnap délután — ma délután $1/4$ 3— / $3/4$ 6—
f) holnapután délben — holnap délelőtt $1/2$ 11— / $3/4$ 12—
g) holnap reggel — holnapután reggel 7— / $1/2$ 9—
h) holnap délelőtt — ma délelőtt $3/4$ 10— / $1/2$ 12—

5. Bilden Sie Fragen und Antworten mit den angegebenen Wörtern nach dem Muster:

> Hová megy **az igazgató**? — **Az igazgató** a **Bosch céghez** megy. — Mikorra jön vissza a **Bosch cégtől**? — **Holnapután délutánra**.
> *Wohin geht* **der Direktor**? — **Der Direktor** *geht zur* **Firma Bosch**. — *(Für) Wann kommt er von der* **Firma Bosch** *zurück?* — *(Für)* **Übermorgen nachmittag**.

5. Lektion

a) sofőr	— tanácsos úr	— este 7
b) üzletkötő	— Linde cég képviselője	— délután $1/_2 3$
c) lány	— mérnök felesége	— délelőtt 11
d) doktor	— fia	— holnap este
e) portás	— vállalat igazgatója	— dél
f) kolléga	— lánya	— holnap délután
g) mérnök	— igazgató titkárnője	— ma este
h) tisztviselő	— barátja	— délután 2

6. **Bilden Sie Fragen und Antworten mit den angegebenen Wörtern nach dem Muster:**

> Hová utaznak a **kollégák?** — A kollégák **Frankfurtba** utaznak. — Meddig maradnak **Frankfurtban?** — **Hat napig.** — Tehát **hat nap múlva** ismét Budapesten vannak.
> *Wohin reisen die* **Kollegen?** — *Die Kollegen reisen* **nach Frankfurt.** — *Wie lange bleiben Sie in Frankfurt?* — **Sechs Tage.** — *Also* **nach sechs Tagen** *sind sie wieder in Budapest.*

a) fiúk	— London	— négy hét
b) mérnökök	— Afrika	— három hónap
c) tanárok	— Debrecen	— öt nap
d) asszonyok	— a Szovjetúnió	— tíz nap
e) üzletkötők	— Olaszország	— két hét
f) gyerekek	— Csehszlovákia	— tizenkét nap
g) sofőrök	— Jugoszlávia	— egy hónap
h) tisztviselők	— Franciaország	— hat hét
i) urak	— Ausztria	— négy nap
j) hölgyek	— Zürich	— 8 nap

7. **Bilden Sie Fragen und Antworten mit den angegebenen Wörtern nach dem Muster:**

> **7-kor** kell **indulnia?** — Nem, csak $1/_2$**8-kor** kell **indulnom.**
> *Müssen Sie* **um 7 abfahren?** — *Nein, ich muß erst* **um** $1/_2$**8 abfahren.**

a) kezdeni	$1/_2$ 9	— 9
b) kelni	6	— $3/_4$ 7
c) vacsorázni	$1/_4$ 8	— 8
d) reggelizni	7	— $1/_4$ 9
e) telefonálni	4	— $1/_2$ 5
f) tárgyalni	11	— 12
g) menni	9	— $3/_4$ 10
h) játszani	$3/_4$ 6	— $1/_4$ 8
i) ebédelni	12	— 1
j) rádiót hallgatni	8	— $1/_2$ 10

8. Bilden Sie Aussagen und Fragen mit den angegebenen Wortgruppen nach dem Muster:

> Még bort kell vásárolnom. — Most kell bort vásárolnia?
> Ich muß noch Wein kaufen. — Müssen Sie jetzt Wein kaufen?

a) jelentést írni
b) szobát rendelni
c) pénzt beváltani
d) az űrlapot kitölteni
e) reggelit csomagolni
f) vizet inni
g) pénzt kérni
h) az igazgatóval tárgyalni
i) az üzletkötővel beszélni
j) a mérnökkel találkozni

9. Bilden Sie Fragen und Antworten mit den angegebenen Wörtern nach dem folgenden Muster! Beachten Sie dabei den Bedeutungsunterschied zwischen den Suffixen -ig und -ra/-re!

> A felesége még nincs itt? — A feleségem csak $1/_2$8-ra jön. 7-ig dolgoznia kell.
> Ist Ihre Frau noch nicht da? — Meine Frau kommt erst um $1/_2$8. Bis 7 muß sie arbeiten.

a) lány, $3/_4$5
b) sofőr, 9
c) igazgató, $1/_2$11
d) titkárnő, 12
e) barát, $1/_4$11
f) tanár, $1/_2$6
g) partner, $1/_2$1
h) feleség, 4

— $1/_4$5, tanulni
— $1/_4$9, pihenni
— 10, tárgyalni
— $1/_2$12, ír
— $1/_2$10, játszani
— 5, dolgozni
— $3/_4$12, tárgyalni
— $1/_2$4, sétálni

Aufgaben

1. Beantworten Sie anhand der Texte die folgenden Fragen!
   a) Mennyi ideig sétál Brauer úr a városban?
   b) Hol vacsorázik?
   c) Hányra kér ébresztést?
   d) Hánytól hányig lehet a szállodában reggelizni?
   e) Hánytól hányig tart a bár műsora?
   f) Hánytól hányig tart a hangverseny az Erkel színházban?
   g) Hánykor kezdődik a tárgyalás a MOGÜRT-nél?
   h) Kivel és hol ebédel Brauer úr a tárgyalás után?
   i) Hányra kell a Csepel Autógyárba mennie?
   j) Hová megy Kovács igazgató este?

6. Lektion

2. Übersetzen Sie folgende Sätze!
a) Das Konzert beginnt um ¹/₂8 und dauert bis ¹/₂10.
b) Die Bar des Hotels macht um 10 Uhr auf.
c) Das Programm dauert ungefähr eine Stunde.
d) Ich muß vor 11 beim Direktor sein.
e) (Für) Zu ³/₄4 bestellt Herr Breuer ein Taxi zum Hotel.
f) Ich muß 5 Minuten vor ¹/₂6 aufbrechen.

Vokabeln

holnapután	[ˈholnɔputaːn]	übermorgen	háromnegyed (-et)	[ˈhaːrom-nɛɟed]	drei Viertel
ismét	[ˈiʃmeːt]	wieder	perc (-et)	[pɛrts]	Minute
tehát	[ˈtɛhaːt]	also	fél	[ˈfeːl]	halb
pincér (-t, -ek)	[ˈpintseːr]	Kellner	óra	[ˈoːrɔ]	Stunde, Uhr
pénz (-t)	[peːnz]	Geld	hét (hetet)	[ˈheːt]	Woche
negyed (-et)	[ˈnɛɟed]	Viertel			

Zahlwörter von 1 bis 20:

1 egy [ˈɛɟ]
2 kettő *(als Attr.* két)
   [ˈkɛtːøː, ˈkeːt]
3 három [ˈhaːrom]
4 négy [ˈneːɟ]
5 öt [ˈøt]
6 hat [ˈhɔt]
7 hét [ˈheːt]
8 nyolc [ˈɲolts]
9 kilenc [ˈkilɛnts]
10 tíz [ˈtiːz]
11 tizenegy [ˈtizenɛɟ]
12 tizenkettő [ˈtizɛnketːøː]
13 tizenhárom [ˈtizɛnhaːrom]
14 tizennégy [ˈtizɛnːeːɟ]
15 tizenöt [ˈtizɛnøt]
16 tizenhat [ˈtizɛnhɔt]
17 tizenhét [ˈtizɛnheːt]
18 tizennyolc [ˈtizɛnɲolts]
19 tizenkilenc [ˈtizɛnkilɛnts]
20 húsz [ˈhuːs]

6. Lektion

Wohnung, Einrichtung

1. Szabó István és családja új, két és fél szobás lakásban lakik. A „fél" szoba is egész, de kicsi, nem egészen 12 négyzetméteres. A másik két szoba sem nagy, az egyik 18, a másik 16 négyzetméteres. A kis szoba a gyerekszoba, ott játszik és alszik a kisfiúk. A kisfiú, Gyurika, öt éves. A kisebb szoba a szülők hálószobája, a nagyobb szoba pedig a lakószoba és a dolgozószoba egyszerre. Szabóné esti iskolába jár, és itt készül a vizsgáira. A férje is sokszor tanul itt esténként. A külkereskedelemben a nyelvtudás nagyon fontos. Szabó István jól beszél angolul és oroszul, most pedig németül tanul.

6. Lektion

Az előszobából balról nyílnak a szobák, jobbról a mellékhelyiségek: a konyha, a fürdőszoba és a vécé. A pici éléskamra a konyhából nyílik. A szobák szép világosak, naposak. Ablakaik az utcára néznek. Csak a konyhaablak néz a világítóudvarra: itt csak villanyfény mellett lehet dolgozni. A lakás távfűtéses. A szobák falai tapétásak, a konyha és a fürdőszoba csempés. Az egész lakásban nagy rend és tisztaság van. Csak Szabó István könyvei és füzetei hevernek mindenütt a nagy szobában, amikor tanul, és Gyurika játékai a gyerekszobában, amikor játszik. Most azonban a játékok szép rendben a polcon vannak. Az idő ugyanis jó, és jó időben Gyurika estig a barátaival focizik a téren.

2. – Még mindig a szüleinél laknak, Szabó úr?
– Nem, már van lakásunk. Szép, modern lakás egy tízemeletes új házban.
– Hány szobás?
– Két és fél szobás. Mostanában sok másfél és két és fél szobás lakás épül. Igaz, a fél szoba kicsi, de mégiscsak egy külön helyiség.
– Milyen a berendezés?
– A konyhában beépített bútorok vannak: konyhaszekrény és asztal. A gáztűzhely is a konyha berendezéséhez tartozik. Van egy hűtőszekrényünk: ez is a konyha egyik sarkában áll.
– Milyen bútoraik vannak a lakószobában?
– A lakószoba egyben a dolgozószobánk is. Itt tanulunk a feleségemmel. Az ablakok előtt áll a közös íróasztal. Az ajtótól jobbra a falon nagy könyvespolc van.
– Sok könyvük van?
– Igen, már alig van szabad hely a könyvespolcon. Igaz, a könyvespolcon áll a rádiónk és a lemezjátszónk is.
– Mi van még a lakószobában?
– Van egy ülőgarnitúránk alacsony asztallal és kényelmes fotelekkel. Más bútorunk még nincs. A szobákban szőnyegpadló van. Szőnyegeket tehát nem kell vásárolnunk. Az ablakokon sárga függöny van: ez a lakáshoz tartozik. Csak csipkefüggönyt kell még vennünk.
– Mennyi a lakbér?
– A lakásunk nem bérlakás, hanem szövetkezeti, tehát öröklakás. Nem bért fizetünk, hanem OTP-részletet. Szövetkezeti lakásokra ugyanis az OTP magas hitelt ad. Csak a vételár egy kis részét kell készpénzben kifizetni. Az OTP részlet nem nagyon sok, de sokat kell még költenünk a berendezésre.

6. Lektion

Vokabeln

1.
család (-ot)	[ˈtʃɔlaːd]	Familie
új	[uːj]	neu
lakás (-t)	[ˈlɔkaːʃ]	Wohnung
lakni (lakik)	[ˈlɔkni]	wohnen
egészen	[ˈɛgeːsɛn]	ganz *(Adv.)*
egész	[ˈɛgeːs]	ganz *(attr.)*
kicsi	[ˈkitʃi]	klein *(nur als Präd.)*
kis	[kiʃ]	klein *(nur als Attr.)*
négyzetméter	[ˈneːdzɛtmeːtɛr]	Quadratmeter
sem	[ʃɛm]	auch nicht
egyik (-et)	[ˈɛɟik]	der eine
másik (-at)	[ˈmaːʃik]	der andere
Gyurika	[ˈɟurikɔ]	*(Kosename von György* [ˈɟørɟ]) Georg
év (-et)	[ˈeːvɛt]	Jahr
aludni (alszik)	[ˈɔludni]	schlafen
kisfiú	[ˈkiʃfiuː]	Knabe, kleiner Junge
kisebb	[ˈkiʃɛbː]	kleiner *(Komp.)*
hálószoba	[ˈhaːloːsobɔ]	Schlafzimmer
nagyobb	[ˈnɔɟobː]	größer
lakószoba	[ˈlɔkoːsobɔ]	Wohnzimmer
dolgozószoba	[ˈdolgozoːsobɔ]	Arbeitszimmer
pedig	[ˈpɛdig]	und *(steht in dieser Bedeutung nicht an der ersten Stelle im Satz)*
egyszerre	[ˈɛtsːɛrːɛ]	zugleich
esti iskolába jár	[ˈɛʃti ˈiʃkolaːbɔ ˈjaːr]	geht in die Abendschule; besucht die Abendschule
készülni (készül) vmire	[ˈkeːsylni]	sich vorbereiten für
vizsga	[ˈviʒgɔ]	Prüfung
férj (-et)	[feːrj]	Ehemann
sokszor	[ˈʃoksor]	oft, vielmals
esténként	[ˈɛʃteːnkɛːnt]	abends
külkereskedelem (-kereskedelmet)	[ˈkylkɛrɛʃkɛdɛlɛm]	Außenhandel
nyelvtudás (-t)	[ˈɲɛlftudaːʃ]	Sprachkenntnisse
fontos	[ˈfontoʃ]	wichtig
előszoba	[ˈɛløːsobɔ]	Flur, Vorzimmer
nyílni (nyílik)	[ˈɲiːlni]	sich öffnen
balról	[ˈbɔlroːl]	von links
bal	[bɔl]	link- *(attr.)*
mellékhelyiség	[ˈmɛlːeːkhɛjiʃeːg]	Nebenraum
fürdőszoba	[ˈfyrdøːsobɔ]	Badezimmer
jobbról	[ˈjobːroːl]	von rechts
jobb	[jobː]	recht *(attr.)*
vécé	[ˈveːtseː]	Toilette
pici	[ˈpitsi]	sehr klein, winzig
éléskamra	[ˈeːleːʃkɔmrɔ]	Speisekammer
világos	[ˈvilaːgoʃ]	hell
napos	[ˈnɔpoʃ]	sonnig
ablak (-ot)	[ˈɔblɔk]	Fenster
utca	[ˈutsːɔ]	Straße
Az ablak az utcára néz.		Das Fenster geht zur Straße.
nézni (néz)	[ˈneːzni]	schauen
világítóudvar (-t)	[ˈvilaːgiːtoːudvɔr]	Lichthof
udvar	[ˈudvɔr]	Hof
villanyfény (-t)	[ˈvilːɔɲfeːɲ]	elektrisches Licht
mellett	[ˈmɛlːɛtː]	neben *(Psp. mit dem Nom.)*
távfűtés (-t)	[ˈtaːfːyːteːʃ]	Fernheizung
fűtés	[ˈfyːteːʃ]	Heizung
fal (-at)	[fɔl]	Wand, Mauer
tapéta	[ˈtɔpeːtɔ]	Tapete
csempe	[ˈtʃɛmpɛ]	Kachel, Fliese
rend (-et)	[rɛnd]	Ordnung
tisztaság (-ot)	[ˈtistɔʃag]	Sauberkeit
füzet (-et)	[ˈfyzɛt]	Heft
heverni (hever)	[ˈhɛvɛrni]	liegen, herumliegen
mindenütt	[ˈmindɛnytː]	überall
amikor	[ˈɔmikor]	als *(Bindewort gleichzeitiger temporaler Nebensätze)*
játék (-ot)	[ˈjaːteːk]	Spiel, Spielzeug
azonban	[ˈɔzombɔn]	aber *(steht nie an erster Stelle im Satz)*
polc (-ot)	[polts]	Regal
idő	[ˈidøː]	Wetter
jó időben	[joː ˈidøːbɛn]	bei schönem Wetter
ugyanis	[ˈuɟɔniʃ]	nämlich
barát (-ot)	[ˈbɔraːtː]	Freund
focizni (focizik)	[ˈfotsizni]	Fußball spielen *(familiär)*
tér (teret)	[teːr]	Platz

2.
még mindig	[meːg ˈmindig]	noch immer
szülő	[ˈsyløː]	*wörtl.* eines der Eltern, ein Elternteil
szüleim	[ˈsylɛim]	meine Eltern
szép	[seːp]	schön

6. Lektion

Hungarian	IPA	German
tízemeletes	[ˈtiːzɛmɛlɛtɛʃ]	zehnstöckig
ház (-at)	[haːz]	Haus
mostanában	[ˈmoʃtɔnaː-bɔn]	neuerdings
épülni (épül)	[ˈeːpyːlni]	es wird gebaut
igaz	[ˈigɔz]	wahr, es ist wahr
mégiscsak	[ˈmeːgiʃtʃɔk]	doch, dennoch
külön	[ˈkyløn]	ein abge-
helyiség	ˈhɛjiʃeːg]	schlossener Raum
milyen?	[ˈmijɛn]	wie?, was für ein(e)?
berendezés (-et)	[bɛrɛndɛzeːʃ]	Einrichtung
beépített bútor (-t)	[ˈbɛeːpiːtɛt ˈbuːtor]	eingebautes Möbelstück
szekrény (-t)	[ˈsɛkreːɲ]	Schrank
asztal (-t)	[ˈɔstɔl]	Tisch
gáztűzhely (-t)	[ˈgaːstyːshɛj]	Gasherd
tartozni (tartozik) vmihez		gehören zu
hűtőszekrény	[ˈhyːtøːsɛk-reːɲ]	Kühlschrank
egyben	[ˈɛdbɛn]	in einem
közös	[ˈkøzøʃ]	gemeinsam
íróasztal	[ˈiːroːɔstɔl]	Schreibtisch
könyvespolc	[ˈkøːɲvɛʃ-polts]	Bücherregal
jobbra	[ˈjobːrɔ]	rechts
ajtó	[ˈɔjtoː]	Tür
lemezjátszó	[ˈlɛmɛz-jaːtsːoː]	Plattenspieler
lemez (-t)	[ˈlɛmɛz, ˈlɛmɛst]	Platte, Schallplatte
ülőgarnitúra	[ˈyløːgɔrni-tuːrɔ]	Sitzgarnitur
alacsony	[ˈɔlɔtʃoɲ]	niedrig
kényelmes	[ˈkeːɲɛlmɛʃ]	bequem
fotel (-t, -ek)	[ˈfotɛl]	Sessel
szőnyeg (-et)	[ˈsøːɲɛg]	Teppich
szőnyegpadló	[ˈsøːɲɛk-pɔdloː]	Teppichboden
sárga	[ˈʃaːrgɔ]	gelb
függöny (-t)	[ˈfygːøɲ]	Vorhang, Übergardine
csipke	[ˈtʃipkɛ]	Spitze
csipkefüggöny		Gardine
lakbér	[ˈlɔgbeːr]	Miete
bérlakás	[ˈbeːrlɔkaːʃ]	Mietwohnung
szövetkezeti lakás	[ˈsøvɛtkɛzɛti ˈlɔkaːʃ]	genossenschaftliche Wohnung
öröklakás	[ˈørøkloːkaːʃ]	Eigentumswohnung
részlet (-et)	[ˈreːslɛt]	Rate
fizetni (fizet)	[ˈfizɛtni]	zahlen
OTP	[ˈoteːpeː]	Landessparkasse
= Országos Takarékpénztár		
(die Bank, die u. a. auch Privatwohnungsbauten mit günstigen Krediten finanziert)		
magas	[ˈmɔgɔʃ]	hoch
hitel (-t, -ek)	[ˈhitɛl]	Kredit
adni (ad)	[ˈɔdni]	geben
vételár	[ˈveːtɛlaːr]	Kaufpreis
ár (-at)	[aːr]	Preis
rész (-t, -ek)	[reːs]	Teil
készpénz (-t)	[ˈkeːspeːnz]	Bargeld
költeni (költ) vmire	[ˈkøltɛni]	(Geld) ausgeben für

Völkernamen:

magyar (-t, -ok)	[ˈmɔɟɔr]	Ungar, ungarisch
német (-et)	[ˈneːmɛt]	Deutscher, deutsch
angol (-t, -ok)	[ˈɔŋgol]	Engländer, englisch
belga	[ˈbɛlgɔ]	Belgier, belgisch
bulgár (-t, -ok)	[ˈbulgaːr]	Bulgare, bulgarisch
dán (-t, -ok)	[daːn]	Däne, dänisch
finn (-t, -ek)	[finː]	Finne, finnisch
francia	[ˈfrɔntsiɔ]	Franzose, französisch
görög (-öt)	[ˈgørøg]	Grieche, griechisch
holland (-ot)	[ˈholːɔnd]	Holländer, holländisch
lengyel (-t, -ek)	[ˈlɛɲɟɛl]	Pole, polnisch
norvég (-et, -ot)	[ˈnorveːg]	Norwege, norwegisch
olasz (-t, -ok)	[ˈoloːs]	Italiener, italienisch
orosz (-t, -ok)	[ˈoros]	Russe, russisch
portugál (-t, -ok)	[ˈportugaːl]	Portugiese, portugiesisch
román (-t, -ok)	[ˈroman]	Rumäne, rumänisch
spanyol (-t, -ok)	[ˈspɔɲol]	Spanier, spanisch
svéd (-et)	[ʃveːd]	Schwede, schwedisch
szerb (-et)	[sɛrb]	Serbe, serbisch
török (-öt)	[ˈtørøk]	Türke, türkisch
nyelv (-et)	[ɲɛlv]	Sprache

6. Lektion

Grammatik

Das Besitzzeichen in der 1. und 3. Person des Plurals A

1. Das Besitzzeichen der 1. Person des Plurals lautet **-nk,** wenn der Auslaut ein **Vokal** und **-unk/-ünk,** wenn der Auslaut ein **Konsonant** ist.

> szoba — szobánk unser Zimmer   ház — házunk unser Haus
> sör — sörünk unser Bier

2. Das Besitzzeichen der 3. Person des Plurals lautet **-juk/-jük,** wenn der Auslaut ein **Vokal** und **-uk/-ük,** wenn der Auslaut ein **Konsonant** ist.

> szoba — szobájuk   **ihr/Ihr** Zimmer   ház — házuk   **ihr/Ihr** Haus
> reggeli — reggelijük **ihr/Ihr** Frühstück   sör — sörük   **ihr/Ihr** Bier

3. Das Besitzzeichen **-juk/-jük** richtet sich jedoch nicht konsequent nach dem Auslaut, da die auf einen Konsonanten endenden Wörter, die in der 3. Person des Singulars **-ja/-je** statt -a/-e haben, auch in der 3. Person des Plurals **-juk-/-jük** und nicht -uk/-ük annehmen:

> űrlap (*Sing.* űrlapja)   — űrlapjuk **ihr/Ihr** Formular
> bőrönd (*Sing.* bőröndje)   — bőröndjük **ihr/Ihr** Koffer

4. Wird das Besitzzeichen an einen **Infinitiv** angefügt, so wird in der 1. Person des Plurals immer **-unk/-ünk** an Stelle des letzten **-i** des Infinitivs und in der 3. Person des Plurals immer **-uk/-ük** (etwas gewählter: **-ok/-ök**) mit der vollen Infinitivform gebraucht:

> Este tanulnunk kell.   Abends müssen **wir** lernen.
> Már mennünk kell.   **Wir** müssen schon gehen.
> Tanulniuk kell?   Müssen **sie/Sie** lernen?
> Menniük kell már?   Müssen **sie/Sie** schon gehen?

Der Plural der mit Besitzzeichen versehenen Substantive B

Die mit einem Besitzzeichen versehenen Substantive erhalten im Plural nicht -k, sondern **-i**. Das Pluralzeichen **-i** steht **vor** dem Besitzzeichen. Die auf einen **Vokal** endenden Substantive hängen das **-i** unmittelbar an den Nominativstamm an (**-a** und **-e** im Auslaut werden auch in diesem Falle lang):

		Singular		Plural	
este	*1. P.*	estéim	**meine** Abende	estéink	**unsere** Abende
	3. P.	estéi	**seine** Abende	estéik	**ihre** Abende
kolléga	*1. P.*	kollégáim	**meine** Kollegen	kollégáink	**unsere** Kollegen
	3. P.	kollégái	**seine** Kollegen	kollégáik	**ihre** Kollegen

6. Lektion

Die auf **-i** und auf **Konsonanten** endenden Substantive nehmen vor dem **-i** des Plurals das Besitzzeichen der 3. Person des Singulars an:

		Singular		Plural	
ház	1. P.	házaim	**meine** Häuser	házaink	**unsere** Häuser
	3. P.	házai	**seine** Häuser	házaik	**ihre** Häuser
könyv	1. P.	könyveim	**meine** Bücher	könyveink	**unsere** Bücher
	3. P.	könyvei	**seine** Bücher	könyveik	**ihre** Bücher
kocsi	1. P.	kocsijaim	**meine** Wagen	kocsijaink	**unsere** Wagen
	3. P.	kocsijai	**seine** Wagen	kocsijaik	**ihre** Wagen

Die Besitzzeichen nach dem **-i** des Plurals in der 3. Person unterscheiden sich also von den Besitzzeichen des Singulars. Im Singular ist das **-i** zugleich auch das Besitzzeichen, im Plural ist das Besitzzeichen nur **-k** (das schon bekannte **-k** des Plurals der Substantive).
Bei besonderer Hervorhebung des Besitzers wird das entsprechende Personalpronomen gebraucht. In der 3. Person des Plurals aber wird – ob der Besitz im Singular oder im Plural steht – nicht **ők,** sondern **ő** benutzt:

az **ő** könyvük **ihr** Buch
az **ő** könyveik **ihre** Bücher

Der Plural von nincs   C

In der 3. Person des Plurals wird **vannak** *sie sind* mit **nincsenek** verneint:

Nincsenek lemezeim.   Ich habe **keine** Schallplatten.
A szobában még **nincsenek** bútorok. Im Zimmer sind noch **keine** Möbel.

Das Kasussuffix -n/-on/-en/-ön   D

In Ortsbestimmungen entspricht dieses Kasussuffix der Bedeutung der Präpositionen **auf** oder **an** mit dem Dativ. Die auf einen **Vokal** ausgehenden Substantive nehmen nur **-n,** die auf einen **Konsonanten** endenden Substantive **-on/-en/-ön** nach dem Gesetz der Vokalharmonie bzw. bei hellen Vokalen auch nach Lippenrundung (wie bei -hoz/-hez/-höz) an.

a rádió**n**	**auf dem** Radio	a tére**n**	**auf dem** Platz
az asztal**on**	**auf dem** Tisch	a könyv**ön**	**auf dem** Buch
a fal**on**	**an der** Wand	az ablak**on**	**am** Fenster

Die mit **-n/-on/-en/-ön** versehenen Substantive antworten auf die Frage **hol?** *wo?* bzw. **min?** *worauf?, woran?* und **kin?** *auf wem?, an wem?*
Ein Teil der ungarischen Ortsnamen erhält auf die Frage **hol?** an Stelle von **-ban/-ben** das Kasussuffix **-n/-on/-en/-ön:** Ajká**n,** Miskolc**on,** Budapest**en,** Balatongyörök**ön.** Dasselbe gilt auch für den Namen des Landes: Magyarország**on.** Im übrigen steht **ország** *Land* auf die Frage **hol?** immer mit dem

6. Lektion

Kasussuffix **-ban**: ország**ban** = **im** Land. Auch sämtliche ausländische Ortsnamen erhalten auf die Frage *hol?* das Kasussuffix **-ban/-ben**: London**ban**, Frankfurt**ban**, München**ben**, Kijev**ben** usw.

Die Ableitungssuffixe E

Wie schon in der 1. Lektion erwähnt, können im Ungarischen mit Suffixen auch neue Wörter gebildet werden. Diese Suffixe, im folgenden Ableitungssuffixe genannt, wirken nicht so gesetzmäßig wie die Kasussuffixe; ihre Kenntnis bereichert daher in erster Linie den passiven Sprachschatz. Einen Teil dieser Ableitungssuffixe kann man jedoch auch aktiv verwenden, ohne Gefahr zu laufen, daß der ungarische Gesprächspartner das mit einem solchen Ableitungssuffix gebildete Wort nicht verstehen wird.

a) **-ék** leitet aus **Familiennamen** Sammelnamen ab:
Szabó – Szabó**ék** *die Szabós, die Familienangehörigen der Familie Szabó.*
-ék kann auch aus **Vornamen** Sammelnamen ableiten, wenn die Angehörigen der Familie gewöhnlich mit ihrem Vornamen erwähnt werden:
István – István**ék** *István und seine Familienangehörigen.*
Die mit **-ék** abgeleiteten Substantive gelten als Plural (pluralia tantum), d. h. das auf ein solches Substantiv bezogene Verb wird in der 3. Person des Plurals gebraucht:
Szabó**ék** új lakásban laknak. *Szabós wohnen in einer neuen Wohnung.*

b) **-s** leitet aus Substantiven **Adjektive** ab. Die Grundbedeutung dieser Adjektive ist: *habend, versehen mit, etwas enthaltend,* deutsch oft: *-ig, mit ...,* Partizip Perfekt. Die mit **-s** abgeleiteten Adjektive haben mehrere Bedeutungsnuancen, die von der Bedeutung des Stammes (des Substantivs) abhängen.

beépített bútoro**s** konyha	Küche **mit** eingebauten Möbeln, Einbauküche
csempé**s** fürdőszoba	**gekacheltes** (mit Kacheln belegtes) Badezimmer
rádiumo**s** viz	radiumhalt**ig**es Wasser

Wenn das Attribut eines Substantivs eine Maßeinheit ist, wird aus der Maßeinheit ebenfalls mit dem Ableitungssuffix **-s** ein Adjektiv gebildet:

12 négyzetméteres szoba	12 Quadratmeter **großes** Zimmer
5 éves fiú	5 Jahre **alter** Junge
10 kilós bőrönd	10 Kilo **schwerer** Koffer
3 szobás lakás	3-Zimmer-Wohnung (*eine Wohnung, die* 3 *Zimmer* **hat**)
hány szobás ...	wieviele Zimmer **hat** ...
6 emeletes ház	6-stöck**ig**es Haus

Auch das Ableitungssuffix **-s** wird an Substantive, die auf Konsonanten enden, mit einem Bindevokal (**-o-, -e-, -ö-,** seltener **-a-**) angefügt. Als Stamm gilt der Akkusativstamm.

c) **-ul/-ül** leitet aus Adjektiven **Adverbien** ab. Heute gibt es jedoch nur noch wenige solcher Adjektive bzw. Adverbien:

jó – jól *gut*   rossz – rossz**ul** *schlecht*

Mit dem Suffix **-ul/-ül** werden auch Adverbien aus Völkernamen gebildet:

A pincér **lengyel**.   Csak lengyel**ül** beszél.
Der Kellner ist **Pole**.   Er spricht nur **polnisch**.

Az **orosz** sofőr nemcsak orosz**ul** beszél, hanem franciá**ul** is.
Der russische Fahrer spricht nicht nur **russisch,** sondern auch **französisch.**

Nach den aus Adjektiven gebildeten Adverbien wird mit **hogy?, hogyan? wie?** gefragt. Will man aber ausdrücklich nach der Sprache fragen, so lautet die Frage: **milyen nyelven?** *in welcher Sprache?*

Milyen nyelven beszél a sofőr?   **In welcher Sprache** spricht der Fahrer?

Das Adjektiv als Attribut und Prädikat – Der Nominalsatz   F

Das attributive Adjektiv wird im Ungarischen nicht dekliniert:

A **lengyel** fiúhoz megyek.   Ich gehe zum **polnischen** Jungen.

Das Adjektiv nimmt aber das entsprechende Substantivsuffix an, wenn es für ein Substantiv steht:

Ma a lengyel fiú**hoz** megyek, holnap az orosz**hoz**.
Heute gehe ich zum polnischen Jungen, morgen zum **russischen**.

Wenn das Adjektiv in prädikativer Funktion steht, bekommt es im Plural ein **-k** nach denselben Regeln wie die Substantive:

Fáradt vagyok. *Ich bin müde.* — Fáradt**ak** vagyunk. *Wir sind müde.*

Sowohl nach dem attributiven als auch nach dem prädikativen Adjektiv wird mit **milyen?** *was für ein?, wie?* bzw. – wenn das Adjektiv eine Größenangabe bezeichnet – mit **mekkora?** *wie groß?* gefragt.

In der 3. Person des Präsens im Indikativ ist das Adjektiv allein (ohne verbale Ergänzung) Prädikat des Satzes (Nominalsatz):

| Brauer úr **fáradt**. | Herr Brauer **ist müde**. |
| A szobák **kicsik**. | Die Zimmer **sind klein**. |

Das Adjektiv **kicsi** *klein* erscheint nur als Prädikat, während in derselben Bedeutung **kis** als Attribut gebraucht wird: **kis** szoba *kleines* Zimmer.
Auf ähnliche Weise kann auch ein Substantiv Prädikat sein:

Brauer úr **igazgató**.   Herr Brauer **ist Direktor**.

6. Lektion

Übungen

1. Antworten Sie verneinend auf die Fragen nach dem Muster:

> Hol játszanak a gyerekek? Az udvaron?
> →Nem, a gyerekek nem az udvaron játszanak.
> *Wo spielen die Kinder? Auf dem Hof?*
> →*Nein, die Kinder spielen nicht auf dem Hof.*

a) Hol van a szálloda? A hegyen?
b) Hol áll az autó? Az utcán?
c) Hol van a könyv? A könyvespolcon?
d) Hol vannak az újságok? Az asztalon?
e) Hol vannak a lemezek? A rádión?
f) Hol fociznak a gyerekek? A téren?
g) Hol van az igazgató úr? A hangversenyen?
h) Hol van a portás? Az emeleten?
i) Hol vannak a bőröndök? A hajón?
j) Hol van a paprika? A polcon?

2. Antworten Sie auf die Fragen jeweils mit dem angegebenen Wort nach dem Muster:

> A kertben játszanak a gyerekek? (udvar)
> →Nem, a gyerekek az udvaron játszanak.
> *Spielen die Kinder im Garten?* →*Nein, die Kinder spielen auf dem Hof.*

a) A központban van a szálloda? (hegy)
b) A szekrényben van a könyv? (asztal)
c) A garázsban áll az autó? (utca)
d) A parkban fociznak a gyerekek? (tér)
e) Színházban van tanácsos úr? (hangverseny)
f) A hűtőszekrényben van a bor? (polc)
g) A szekrényben van a lemez? (lemezjátszó)
h) A szállodában beszél Kovács úr a mérnökkel? (repülőtér)
i) Az étteremben van a portás? (első emelet)
j) Debrecenben laknak Szabó úr szülei? (Budapest)

3. Setzen Sie die fehlenden Suffixe ein nach dem Muster:

> A ház ablak- / az utcára néz-
> →A ház ablakai az utcára néznek.
> *Die Fenster des Hauses gehen zur Straße.*

a) A cég partner- / holnap érkez-
b) A vállalat tisztviselő- / holnapután indul-

c) A szálloda szoba- / a térre néz-
d) Szabóné vizsga- / ma kezdőd-
e) Az étterem pincér- / most ebédel-
f) A mérnök gyerek- / a téren játsza-
g) Gyurika játék- / a polcon van-
h) A lányom füzet- / az asztalon hever-
i) A tanácsos úr vendég- / 7-kor jön-
j) A fiam barát- / a kertben focizk-
k) A feleségem szüle- / Debrecenben lak-
l) A Bosch cég képviselő- / délután elmen-
m) A férjem kolléga- / Párizsba utaz-
n) A fiam könyv- / a másik szobában van-

4. **Ergänzen Sie die Wörter in den folgenden Sätzen mit dem Pluralzeichen und dem entsprechenden Kasussuffix!**

a) Szabó úr a Bosch cég képviselő- tárgyal.
b) Szabóné a vizsga- készül.
c) A gyerek a feleségem szüle- utazik.
d) A szálloda szoba- nincs telefon.
e) Most jövök a fiam barát-.
f) Kovács kolléga holnap utazik vállalatunk partner-.
g) Beszélek a fiam kolléga-.
h) Az útlevelem még a határőrség tisztviselő- van.
i) A város szálloda- magasak az árak.
j) A vendégek Franciaország gyár- érkeznek.
k) A játékok a gyerekszoba polc- vannak.
l) A fiam a barát- lakik.

5. **Antworten Sie auf die Fragen nach dem Muster:**

> Van már füzetük? (könyv)
> →Füzetünk már van, de könyvünk még nincs.
> *Haben Sie schon ein Heft?*
> →*Wir haben schon ein Heft, aber noch kein Buch.*

a) Van már lakásuk? (bútor)
b) Van már szőnyegük? (függöny)
c) Van már rádiójuk? (lemezjátszó)
d) Van már bútoruk? (autó)
e) Van már útlevelük? (vízum)
f) Van már mérnökük? (titkárnő)
g) Van már gáztűzhelyük? (hűtőszekrény)
h) Van már lemezjátszójuk? (lemez)
i) Van már programjuk? (szállás)
j) Van már titkárnőjük? (sofőr)

6. Lektion

6. Bilden Sie Sätze mit den angegebenen Wörtern nach dem Muster:

> bőrönd
> →Ezek a mi bőröndjeink. Az önök bőröndjei nincsenek itt.
> *Das sind unsere Koffer. Ihre Koffer sind nicht da.*

a) fénykép
b) újság
c) függöny
d) vendég
e) könyv

f) lemez
g) füzet
h) űrlap
i) szőnyeg
j) kulcs

7. Bilden Sie Sätze aus den angegebenen Wortgruppen nach dem Muster:

> bort vásárolni
> →Még bort kell vásárolnunk. — Most kell bort vásárolniuk?
> *Wir müssen noch Wein kaufen. — Müssen Sie jetzt Wein kaufen?*

a) pénzt beváltani
b) szobát rendelni
c) az űrlapot kitölteni
d) az igazgatóval beszélni
e) a mérnökkel tatálkozni

f) a városba menni
g) ebédet csomagolni
h) pénzt kérni
i) bért fizetni
j) bútort vásárolni

8. Bilden Sie den zweiten Gliedsatz nach dem Muster:

> A vendégek csehek, ...
> →A vendégek csehek, csak csehül beszélnek.
> *Die Gäste sind Tschechen, sie sprechen nur tschechisch*

a) A tisztviselő lengyel, ...
b) A sofőrök görögök, ...
c) A mérnök német, ...
d) A hordárok magyarok, ...
e) A feleségem francia, ...
f) A tanácsos úr angol ,...
g) A cég képviselői olaszok, ...
h) A portás román, ...
i) A lány bolgár, ...
j) A fiúk svédek, ...

9. Geben Sie den Inhalt der folgenden Sätze mit anderen Worten wieder:

> A falon csempe van.
> →A fal csempés.
> *An der Wand sind Kacheln. — Etwa: Die Wand ist gekachelt.*

a) A lakásban három szoba van.
b) A hálószoba falán tapéta van.
c) A szekrényekben polcok vannak.
d) A lakószobában szőnyegpadló van.
e) A szobákban telefon van.
f) A rádióban nyolc tranzisztor van.
g) A házban kilenc lakás van.
h) A szállodában gázfűtés van.

Aufgaben

1. **Versehen Sie die Substantive in den folgenden Sätzen mit dem Pluralzeichen und dem fehlenden Kasussuffix nach dem folgenden Beispiel:**

> Elmegyek a gyerek-
> →Elmegyek a gyerekekhez.
> *Ich gehe zu den Kindern.*

a) Beszélek a portás-.
b) Elmegyünk az áruház-.
c) Készülünk a vizsga-.
d) Sétálok az utca-.
e) Sokat költünk lemez-.
f) Most jövök a sofőr-.
g) Most indulunk a tisztviselő-.
h) Könyvek hevernek a szőnyeg-.
i) Nagy rend van a szoba-.
j) Most érkeznek a jelentések az iroda-.

2. **Versehen Sie die Substantive in den folgenden Sätzen mit dem Pluralzeichen und dem fehlenden Kasussuffix nach dem folgenden Beispiel! Achten Sie darauf, daß es sich um Besitzverhältnisse handelt!**

> Elmegyek az igazgató gyerek- ...
> — Elmegyek az igazgató gyerekeihez.
> *Ich gehe zu den Kindern des Direktors.*

a) Beszélek a szálloda portás-.
b) Elmegyünk a cég áruház-.
c) Sétálok a város utca-.
d) Sokat költünk a fiam lemez-.
e) Most jövök a vállalat képviselő-.
f) Most indulunk a cég partner-.
g) Gyerekek fociznak a város tér-.

h) Szép bútorok vannak a szálloda szoba-.
i) Most érkeznek a jelentések a cég iroda-.
j) Tárgyalunk a vállalat mérnök-.

3. **Antworten Sie auf die folgenden Fragen!**
   a) Milyen lakásban laknak Szabóék? Hány szobás a lakás?
   b) Hol tanul Szabóné?
   c) Hány éves a gyerekük?
   d) Milyenek a szobák?
   e) Mit csinál Gyurika jó időben?
   f) Mire költenek sokat Szabóék?

4. **Übersetzen Sie den folgenden Text ins Ungarische!**
   Szabós wohnen in einer neuen genossenschaftlichen Wohnung. Die Zimmer sind nicht sehr groß, aber hell und sonnig. Die Fenster gehen zur Straße. Das Wohnzimmer hat Teppichboden. Das Wohnzimmer ist zugleich auch Arbeitszimmer, hier lernen abends oft Herr Szabó und seine Frau. Die Zimmerwände sind tapeziert, die Wände der Küche und des Badezimmers sind gekachelt. Szabós haben noch nicht viele Möbel, sie haben aber ein Radio, einen Plattenspieler, viele Schallplatten und Bücher.

7. Lektion

Lebensmitteleinkauf – Vorbereitung einer Party

1. Schneider műszaki igazgató több német gépgyárat képvisel Magyarországon. Ő vezeti a gyárak ügyfélszolgálatát, gondoskodik a gépek garanciális javításáról. Nagy lakást bérel Budapesten. Gyakran vannak vendégei. A hét végére is néhány üzleti partnerét várja koktélpartira. A partit Schneider úr felesége készíti elő. Először is a húsboltba megy.
   – Kezicsókolom, nagyságos asszony. Mivel szolgálhatok?
   – Jó napot kívánok, Széles úr. A hét végén vendégeink lesznek. Hideg büfét adunk. Bélszínt és csabai karajt szeretnék.
   – Gyönyörű friss karajom van. Azonnal átszúrom, és beleteszem a kolbászt. Mennyit parancsol?
   – Körülbelül három kilót. És milyen a bélszín?
   – Sajnos bélszínem jelenleg nincs. Esetleg szép hátszínt tudok adni.

- Mikor kap bélszínt?
- Talán holnap vagy holnapután.
- Akkor kérek másfél kiló hátszínt.
- Azonnal adom. Más egyebet szabad?
- Kötözött sonka van?
- Sajnos kötözött sonka nincs, de tudok adni szép, friss, sovány prágai sonkát. Szeletben vagy egészben parancsolja?
- Egészben. Háromnegyed kilót kérek. Füstölt nyelv van?
- Természetesen, nagyságos asszony.
- Abból is kérek háromnegyed kilót.
- Máris adom. Szalámit, kolbászt nem parancsol?
- Nem, köszönöm. Szalámi van otthon, a kolbász pedig benne van a csabai karajban.
- Igaz. Más valami lesz még, nagyságos asszony?
- Nem, ez minden.
- Azonnal összekészítek mindent. Tessék addig a pénztárhoz fáradni!

2. Schneiderné ezután a zöldségboltba megy. Ott is ismeri már a kiszolgálót.
- Jó napot kívánok, Győri úr. Mit tud ajánlani hideg büféhez?
- Mindenekelőtt zöldpaprikát és paradicsomot, kezicsókolom. De van gyönyörű, friss spárgám is. Szereti a spárgát, nagyságos asszony?
- Ó igen, nagyon szeretem. Mennyibe kerül kilója?
- 25 forint.
- Hát nem olcsó.
- De nem is drága, nagyságos asszony.
- Igaz, szép árut nem lehet olcsón venni. Kérek tehát egy kiló spárgát, két kiló zöldpaprikát és két kiló paradicsomot. Milyen az uborka?
- Sajnos az uborkám ma nem nagyon szép.
- Akkor uborkát nem veszek. Úgy látom viszont, az alma nagyon szép.
- Szép, és igazán olcsó, nagyságos asszony. 5 forint kilója. Mennyit parancsol?
- 5 kilót kérek.
- Más egyebet?
- Köszönöm, nem. Ez minden.
- 2 kiló zöldpaprika, 2 kiló paradicsom, 1 kiló spárga és 5 kiló alma, az kereken 80 forint. Kocsival van, nagyságos asszony?
- Igen.

7. Lektion

- Hol áll a kocsi?
- Itt mindjárt az üzlet előtt.
- Azonnal kiviszem az árut a kocsihoz.
- Köszönöm.

Vokabeln

1.

műszaki	technisch
több	mehr, mehrere
gépgyár (-at)	Maschinenfabrik
képviselni (képvisel)	vertreten
gép (-et)	Maschine
vezetni (vezet)	führen; leiten; fahren *(tr.)*
ügyfél (ügyfelet)	Kunde
ügyfélszolgálat (-ot)	Kundendienst
gondoskodni (gondoskodik) vmiről	sorgen für
garanciális	Garantie-
javítás (-t)	Reparatur
javítani (javít)	reparieren
bérelni (bérel)	mieten
a hét vége	Wochenende (das Ende der Woche)
üzleti partner (-t)	Geschäftspartner
várni (vár) vkire	erwarten, warten auf
előkészíteni (előkészít)	vorbereiten
hús (-t, *Plur.* husok)	Fleisch
húsbolt (-ot)	Fleischladen, Fleischerei
Mivel szolgálhatok?	Womit kann ich (Ihnen) dienen?
hideg	kalt
büfé	Büfett
bélszín (-t)	Filet (Rind), Lende
csabai karaj	Kotelett mit geräucherter Wurst gespickt.

„Csabai" ist eine ungarische Wurstmarke.

szeretnék	(ich)möchte
gyönyörű	wunderschön
friss	frisch
azonnal	sofort
átszúrni (átszúr)	durchstechen
beletenni (betesz)	hineinlegen
kiló	Kilo(gramm)

Pfund wird als Gewichtsangabe in Ungarn nicht gebraucht. Gewichte werden im Lebensmittelladen in Kilogramm oder Dekagramm (1 dkg = 10 g) angegeben.

jelenleg	zur Zeit, gegenwärtig
esetleg	eventuell *(adv.)*, unter Umständen
hátszín (-t)	Rumpsteak
más egyebet (szabad)?	darf es etwas anderes sein?
kötözött sonka szelet (-et)	Rollschinken Scheibe, Schnitzel
sovány	mager
prágai sonka	Prager Schinken
füstölt	geräuchert
nyelv (-et)	Zunge
abból	davon
máris	bereits, gleich
szalámi	Salami
kolbász (-t, -ok)	Wurst
más valamit	etwas anderes
ez minden	das ist alles
összekészíteni (összekészít)	fertig machen, zurechtlegen
fáradni	ermüden; sich bemühen (-hoz/zu, an)
Tessék a pénztárhoz fáradni!	Bitte bemühen Sie sich an die Kasse!
pénztár (-t, -ak)	Kasse

2.

ezután	danach
zöldségbolt (-ot)	Gemüseladen
zöldség (-et)	Gemüse
zöld	grün
ismerni (ismer)	kennen
kiszolgáló	Verkäufer
ajánlani (ajánl)	empfehlen
mindenekelőtt	vor allem
zöldpaprika	grüner Paprika
paradicsom (-ot)	Tomate
szeretni (szeret)	lieben, mögen
spárga	Spargel
mennyibe kerül?	wieviel kostet?
25 forintba kerül kilója	das Kilo (davon) kostet 25 Forint
olcsó	billig *(attr.)*

drága	teuer *(attr.)*	kereken	rund *(adv.)*
olcsón	billig *(adv.)*	mindjárt ['mindaːrt]	gleich
uborka	Gurke	üzlet (-et)	Geschäft
alma	Apfel	kivinni (kivisz)	hinausbrin-
viszont	dagegen		gen, hinaus-
	(Bindewort)		tragen
látni (lát)	sehen	áru	Ware
igazán	wirklich		
	(adv.)		

Grammatik

Das Futur von ,,lenni,, (sein) A

Als einziges ungarisches Verb hat **lenni** eine selbständige Futurform. Diese Form wird aus dem Infinitiv gebildet. Diese Bildungsweise ist identisch mit der der Verben mit n – sz Stammwechsel (enni, inni):

	Singular	*Plural*
1. P.	(én) **leszek** *ich werde sein*	(mi) **leszünk** *wir werden sein*
3. P.	(ő) **lesz** *er wird sein*	(ők) **lesznek** *sie werden sein*

Die transitive Konjugation – Das bestimmte Objekt B

Eine auch unter den finnisch-ugrischen Sprachen besondere Erscheinung ist die, daß die transitiven Verben auf ein **bestimmtes** Objekt bezogen (unter Objekt wird in der ungarischen Grammatik nur das **Akkusativobjekt** verstanden) anders konjugiert werden als bei einem **unbestimmten** Objekt. Bestimmte Objekte sind:

1. Substantive mit dem bestimmten Artikel:

   A Bosch-céget képviselem.   Ich vertrete **die** Firma Bosch.

2. Substantive mit Besitzzeichen:

   Egy barátomat várom.   Ich erwarte einen **meiner** Freunde.

3. Eigennamen:

   Jól ismerem **Brauer** urat.   Ich kenne Herrn **Brauer** gut.

4. Objektivsätze. Als Objektivsätze gelten auch Zitate:

   Látom, **szép a paprika.**   Ich sehe, **der Paprika ist schön.**

Mit der transitiven Konjugation kann man auf vorher genannte Personen, Sachen oder Sachverhalte zurückverweisen, die im gegebenen Satz als Objekt stehen, d. h. die transitive Konjugation übernimmt die Funktion eines im Akkusativ stehenden Personalpronomens:

Ott áll az autóm. **Látja?**
Dort steht mein Auto. **Sehen Sie es?**

7. Lektion

Készen van már a jelentés? – Most **írom**.
Ist der Bericht schon fertig? – **Jetzt schreibe ich ihn.**
Holnap érkezik a miniszter. – Éppen **olvasom** az újságban.
Morgen kommt der Minister. – Gerade **lese ich es** in der Zeitung.

Die 1. und 3. Person des Singulars der transitiven Konjugation   C

1. Person:
Das Personalsuffix lautet **-m** und wird mit einem veränderlichen Bindevokal (-o-, -e- oder -ö-) an den Stamm angefügt. Bei den **-ik**-Verben gibt es in dieser Person keinen formalen Unterschied zwischen der intransitiven und transitiven Konjugation.

Képvisele**m** a céget.	*Ich vertrete die Firma.*
Olvaso**m** az újságot.	*Ich lese die Zeitung.*

3. Person:
Das Personalsuffix ist **-ja** bei Verben mit dunklen oder gemischt dunklen und hellen Vokalen, **-i** bei Verben mit hellen Vokalen.

Hallgat**ja** a zenét.	*Er hört die Musik.*
Képvisel**i** a céget.	*Er vertritt die Firma.*

Wenn der Konjugationsstamm auf **-s, -sz** oder **-z** endet, gleicht sich das **-j-** des Personalsuffixes **-ja** dem Auslautkonsonanten an, der demzufolge lang wird:

Olva**ss**a az újságot.	*Er liest die Zeitung.*
I**ssz**a a kávét.	*Er trinkt den Kaffee.*
Ho**zz**a a lemezt.	*Er bringt die Platte.*

Im Ungarischen geht der logisch betonte Satzteil dem weniger oder nicht betonten voran. In den obigen Beispielsätzen ist das Objekt aus dem Vorgang schon bekannt, deshalb kann es mit dem bestimmten Artikel stehen. Neu, also logisch betont ist die Handlung, die sich auf das Objekt richtet. Deshalb steht das Verb davor.

Die Konjugation einiger wichtiger Verben mit n – sz   Stammwechsel in der 1. und 3. Person des Präsens   D

tenni *tun*

		intransitiv		*transitiv*	
Sing. 1. P.	(én)	teszek	*ich tue*	teszem	*ich tue das*
3. P.	(ő)	tesz	*er tut*	teszi	*er tut das*
Plur. 1. P.	(mi)	teszünk	*wir tun*		
3. P.	(ők)	tesznek	*sie tun*		

venni *nehmen, kaufen*

	intransitiv	transitiv
Sing. 1. P. 3. P. *Plur.* 1. P. 3. P.	(én) veszek *ich nehme* (ő) vesz *er nimmt* (mi) veszünk *wir nehmen* (ők) vesznek *sie nehmen*	veszem *ich nehme das* veszi *er nimmt das*

vinni *bringen, tragen*

	intransitiv	transitiv
Sing. 1. P. 3. P. *Plur.* 1. P. 3. P.	(én) viszek *ich bringe* (ő) visz *er bringt* (mi) viszünk *wir bringen* (ők) visznek *sie bringen*	viszem *ich bringe das* viszi *er bringt das*

Die Konjugation von aludni (schlafen) und feküdni (liegen)   **E**

Diese zwei intransitiven Verben sind mit den Verben mit **n – sz** Stammwechsel insofern verwandt, als auch ihr Konjugationsstamm auf **-sz** endet und nicht unmittelbar aus dem Infinitiv abzuleiten ist.

         aludni *schlafen*   **feküdni** *liegen*

Sing. 1. P. 3. P. *Plur.* 1. P. 3. P.	(én) alszom *ich schlafe* (ő) alszik *er schläft* (mi) alszunk *wir schlafen* (ők) alszanak *sie schlafen*	fekszem *ich liege* fekszik *er liegt* fekszünk *wir liegen* fekszenek *sie liegen*

Übungen

1. **Bilden Sie Sätze mit den angegebenen Wörtern nach dem Muster:**

> képvisel — képviseli
> Schneider igazgató / gépgyárak — a Bosch cég / Brauer úr
> →Schneider igazgató gépgyárakat képvisel. A Bosch céget
> Brauer úr képviseli.
> *Direktor Schneider vertritt Maschinenfabriken.*
> *Die Firma Bosch vertritt Herr Brauer.*

a) ajánl — ajánlja
   a kiszolgáló / karaj — a bélszín / a feleségem

7. Lektion

b) olvas — olvassa
   a tanácsos úr / újság — a könyv / a titkárnő
c) kap — kapja
   a férjem / könyv — a lemez / a fiam
d) iszik — issza
   a vendég / sör — az ásványvíz / a sofőr
e) javít — javítja
   a sofőr/ autó — a hűtőszekrény / Szabó úr
f) ad — adja
   az igazgató / koktélparti — az ebéd / a miniszter
g) vár — várja
   az igazgató / vendég — a mérnök / Kovács kolléga
h) hallgat — hallgatja
   a fiam / lemezek — a rádió / a lányom
i) bérel — bérli
   a sofőr / kis lakás — a nagy lakás / a műszaki igazgató
j) néz — nézi
   a vendég / fényképek — az újság / a fiam
k) rendel — rendeli
   a nagyságos asszony / tea — a kávé / az igazgató úr
l) vezet — vezeti
   Brauer úr / egy gyár — az ügyfélszolgálat / Schneider úr
m) kér — kéri
   a hölgy / zöldpaprika — a paradicsom / az úr
n) visz — viszi
   a mérnök / csak egy táska — a bőrönd / egy hordár
o) fizet — fizeti
   a titkár úr / csak egy konyak — a vacsora / a cég
p) eszik — eszi
   a férjem / uborka — a spárga / csak a lányom

2. **Antworten Sie auf die Fragen mit Hilfe der angegebenen Wörter nach dem Muster:**

> Ön vezeti a gyárat? (Brauer úr — az ügyfélszolgálat)
> →A gyárat Brauer úr vezeti. Én az ügyfélszolgálatot vezetem.
> *Leiten* Sie *die Fabrik? — Die Fabrik leitet Herr Brauer oder:*
> *Die Fabrik wird von Herrn Brauer geleitet.*
> **Ich** *leite den Kundendienst.*

a) Ön olvassa az újságot? (a titkár úr — a jelentés)
b) Ön várja a doktort? (a tanácsos úr — az igazgató)
c) Ön ismeri Schneider urat? (Kovács kolléga — csak a felesége)
d) Ön javítja a hűtőszekrényt? (a kollégám — a gázfűtést)
e) Ön kéri a könyvet? (a barátom — az újságot)

7. Lektion

f) Ön csomagolja a bútort? (Szabó úr — a szőnyegek)
g) Ön fizeti az ebédet? (a mérnök — a bor)
h) Ön ajánlja a spárgát? (a feleségem — az uborka)
i) Ön képviseli a Bosch céget? (Brauer úr — a Ford autógyár)
j) Ön adja az űrlapot? (a hölgy — a kész vízum)

3. **Ergänzen Sie das Verb im zweiten Satz mit dem transitiven Personalsuffix! Die transitive Konjugation des Verbs weist auf das im vorangegangenen Satz genannte Objekt hin.**

> A jelentés fél óra múlva kész. (A mérnök most ír-)
> →A jelentés fél óra múlva kész. A mérnök most írja.
> *Der Bericht ist in einer halben Stunde fertig.*
> *Jetzt schreibt ihn der Ingenieur.*

a) A kocsi már jön. (Szabó kolléga lát-)
b) Az autó 10 perc múlva készen lesz. (A sofőr most javít-)
c) A Bosch cég képviselője 5 perc múlva érkezik. (Az igazgató már vár-)
d) A vendég 20 perc múlva itt lesz. (A portás most ébreszt-)
e) A vízum negyed óra múlva készen lesz. (A tisztviselő már csinál-)
f) Az áru azonnal itt lesz. (A kiszolgáló most csomagol-)
g) A vacsora 8-kor lesz. (A miniszter ad-)
h) A sonka szép sovány. (Széles úr nagyon ajánl-)
i) Az újság fél óra múlva itt lesz. (A tanácsos úr most olvas-)
j) A tea készen van. (A nagyságos asszony már isz-)
k) A lakás nagy és kényelmes. (A műszaki igazgató bérel-)
l) Itt van az űrlap. (A portás azonnal kitölt-)

4. **Konjugieren Sie das im Infinitiv angegebene Verb dem Kontext entsprechend transitiv oder intransitiv! Das Verb soll immer in der 1. Person des Singulars stehen.**

a) A Bosch céget (képviselni).
b) Nem (ismerni) Brauer urat.
c) (ismerni) egy jó mérnököt.
d) (venni) néhány kiló almát.
e) Estére vendégeket (várni).
f) A vendégeket 8 órára (várni).
g) Nem (találni) a paprikát.
h) Hol (találni) borsot?
i) (zavarni) a tanácsos urat?
j) (beváltani) még 10 dollárt.
k) (rendelni) egy szobát a Hilton szállóban.
l) Most (írni) a jelentést.
m) Nem (ajánlani) a bélszínt.
n) Kötözött sonkát (ajánlani).

7. Lektion 74

5. Konjugieren Sie das im Infinitiv angegebene Verb dem Kontext entsprechend transitiv oder intransitiv! Das Verb soll immer in der 3. Person stehen.

a) A feleségem nem (szeretni) a szalámit.
b) A fiam nagyon (szeretni) focizni.
c) A sofőr most (javítani) az autót.
d) A kiszolgáló (átszúrni) a karajt.
e) Az igazgató úr most (kezdeni) tárgyalni.
f) A lakást a műszaki igazgató (bérelni).
g) A nagyságos asszony most (nézni) a fényképeket.
h) A tanácsos úr újságot (olvasni).
i) Szabóné lemezeket (hallgatni).
j) A portás most (ébreszteni) a vendégeket.
k) A kiszolgáló (kivinni) az árut az autóhoz.
l) A hordár két nagy bőröndöt (vinni).
m) Brauer úr egy gyárat (vezetni).
n) Az igazgató még nem (ismerni) Schneider urat.
o) A gyerek almát (enni).
p) Az üzletkötő most (látni) Brauer urat először.

6. Bilden Sie Sätze mit den angegebenen Wörtern nach dem Muster:

a tisztviselő — asztal — útlevél
→A tisztviselő az asztalra teszi az útlevelet. Az útlevél most már az asztalon van.
Der Beamte legt den Paß auf den Tisch.
Der Paß liegt jetzt schon auf dem Tisch.

a) a hordár — kocsi — bőrönd
b) Szabóné — asztal — füzet
c) az asszony — hűtőszekrény — hús
d) Gyurika — polc — játék
e) Szabó úr — lemezjátszó — lemez
f) Kovács kolléga — rádió — újság
g) a lány — ablak — függöny
h) a tanácsos úr — fotel — könyv

Nun ist das Prädikat im ersten Satz jeweils viszi statt teszi!

a) a sofőr — repülőtér — vendég
b) a hordár — hajó — bőröndök
c) az asszony — udvar — szőnyegek
d) a kiszolgáló — utca — áru
e) Szabóné — tér — fia
f) Szabó úr — emelet — lemezjátszó

7. Lektion

**7. Bilden Sie Sätze mit den angegebenen Wörtern nach dem folgenden Muster!
Achten Sie auf die richtige Wahl des Suffixes der Ortbestimmung: -ra/-re,
-ba/-be oder -hoz/-hez/-höz!**

> — titkárnő — a szoba — vezetni — a vendég
> →A titkárnő a szobába vezeti a vendéget.
> *Die Sekretärin führt den Gast ins Zimmer.*

a) az asszony — a hűtőszekrény — tenni — a hús
b) Szabó úr — hangverseny — menni
c) Szabóné — a vizsgái — készülni
d) az igazgató — a szobája — kérni — a mérnök
e) a tanácsos úr — a koktélparti — rendelni — a bor
f) a kiszolgáló — az autó — tenni — az áru
g) az asszony — a doktor — vinni — a gyerek
h) a mérnök — vacsora — várni — a partnervállalat képviselője
i) a portás — az emelet — vezetni — a vendég
j) a vendég — az étterem — indulni
k) a titkárnő — az igazgató — vezetni — a vállalat üzletkötője
l) a tanár — a bőrönd — tenni — a könyvek

**8. Bilden Sie Sätze mit den angegebenen Wörtern nach dem folgenden Muster!
Achten Sie auf die richtige Wahl des Suffixes der Ortbestimmung: -on/
-en/-ön, -ban/-ben oder -nál/-nél!**

> az igazgató — a szobája — várni — a partnervállalat képviselője
> →Az igazgató a szobájában várja a partnervállalat képviselőjét.
> *Der Direktor erwartet den Vertreter des Partnerunternehmens
> in seinem Zimmer.*

a) Brauer úr — a repülőtér — kapni — a vízum
b) a lányom — a kert — olvasni — az újság
c) a kiszolgáló — a bolt — összekészíteni — az áru
d) Szabó úr — az udvar — találni — a fia
e) a tanácsos úr — az igazgató — várni — a mérnök
f) a sofőr — a garázs — javítani — az autó
g) a feleségem — az emelet — hallgatni — a lemezek
h) a férjem — a vállalat — írni — a jelentés
i) a lányom — a konyha — készíteni — a reggeli
j) a hölgy — a tisztviselő — azonnal — kitölteni — az űrlap

Aufgaben

1. Übersetzen Sie folgende Sätze ins Ungarische
   — Gyurika trinkt in der Küche Wasser.
   — Mein Mann liest im Zimmer die Zeitung.

8. Lektion

— Meine Frau hört gern gute Musik.
— Der Verkäufer legt die Waren zurecht.
— Der Gast füllt das Formular aus.
— Frau Szabó kauft ein Kilo Kotelett.
— Mein Sohn mag die Salami nicht.
— Der Ingenieur schreibt seinen Bericht.

2. **Übersetzen Sie folgenden Text ins Ungarische!**

Herr Schneider gibt am Wochenende eine Cocktailparty. Die Party wird von seiner Frau vorbereitet. Frau Schneider kennt die Verkäufer im Fleischladen und Gemüseladen gut. Sie bekommt immer sehr schöne Ware. Jetzt will sie im Fleischladen Filet und Csabaer Kotelett kaufen. Herr Széles, der Verkäufer, bekommt aber erst morgen oder übermorgen Filet. Frau Schneider kann nicht bis übermorgen warten, sie kauft Rumpsteak. Der Verkäufer empfiehlt Prager Schinken. Der Schinken ist frisch und mager. Frau Schneider kauft auch $3/4$ Kilogramm geräucherte Zunge. Dann geht sie zur Kasse und zahlt. Herr Széles macht (solange) inzwischen die Waren fertig und bringt sie zum Wagen von Frau Schneider. Frau Schneider geht dann in den Gemüseladen. Dort kauft sie Paprika, Tomaten, Spargel und Äpfel. Sie hat jetzt schon alles für die Party. Für die Getränke (ital) muß ihr Mann sorgen.

8. Lektion

Einladung zum Mittagessen – Im Restaurant

1. Schneider műszaki igazgatónak beszélnie kell üzleti partnerével, Halász úrral. Halász úr a Szerszámgépipari Művek beruházási igazgatója. A Szerszámgépipari Művek gyáraiban már sok nyugatnémet gép van, és Halász úr most ismét gépeket akar rendelni. Schneider úr felhívja Halász igazgatót.
   – Jó napot kívánok, Halász úr. Itt Schneider. Hogy van?
   – Köszönöm, jól vagyok. Jól megy az üzlet, Schneider úr?
   – Köszönöm kérdését, van munkám. Jól működnek a német gépek?
   – Kitűnően.
   – Örülök neki. Mikor beszélünk az új rendelés részleteiről?
   – Minél előbb, annál jobb.
   – Én is úgy gondolom. Ráér holnap, Halász úr?
   – Rá, de csak 11 után. 9 órakor van egy tárgyalásom. Idejön az irodámba?

8. Lektion

- Délelőtt én is tárgyaláson vagyok. Nem tudok 11-re önhöz menni. De van egy javaslatom. Legyen a vendégem ebédre!
- Örömmel. Hol találkozunk?
- A János pincét ajánlom. Délben csendes, jó a konyha és a kiszolgálás, ott nyugodtan tudunk beszélgetni.
- Látja, én vagyok a budapesti, de nem tudom, hol van a János pince.
- Ismeri az Erzsébet szállót?
- Igen, az Erzsébet szállót ismerem.
- Nos, a szálló földszintjén van egy étterem, és az étterem alatt van a János pince.
- Az étteremből lehet lemenni?
- Nem, a pince ajtaja az étterem mellett nyílik.
- Biztosan megtalálom. Hánykor találkozunk?
- 1 órakor jó lesz?
- 3-ra vissza kell mennem az irodámba. $^1/_2$1-re nem tud jönni?
- Gondolom, a tárgyalás 12 előtt befejeződik. Talán már 12-re ott tudok lenni.
- Nagyon jó. Akkor holnap 12-kor a János pincében várom.
- Remélem, pontos tudok lenni, és én várom önt. A viszontlátásra!

2. Halász úr 12 után 5 perccel lép be a János pince ajtaján. A ruhatár előtt látja meg Schneider urat. Éppen most veszi át a ruhatári jegyet. Kezet fognak, aztán Halász úr is beadja a kabátját a ruhatárba. Lemennek a pincébe.
- Ott a lámpa alatt látok egy szabad asztalt.
- Itt az oszlop mögött is van egy.
Jön a főpincér, üdvözli a vendégeket.
- Jó napot kívánok. Itt az oszlop mögött van egy jó két személyes asztalom. Tessék parancsolni!
Az igazgatók leülnek, a pincér a kezükbe adja az étlapot.
A fehér terítős asztalon két teríték van: lapos- és mélytányér, a tányérok mellett jobbra kanál és kés, balra villa. A terítékhez kiskanál és desszertvilla is tartozik.
- Valami aperitifet parancsolnak? - kérdezi a pincér.
- Halász úr mit iszik? Nekem sajnos nem szabad innom, kocsival vagyok.
- Én egy kis cseresznyét kérek.
- Italt mit parancsolnak?
- Én sört iszom, - mondja Halász úr.
- Akkor egy üveg sört és egy üveg ásványvizet kérek.
A pincér elmegy. Schneider úr az étlapot nézi.

8. Lektion

- Szereti a hal-erőlevest Halász úr?
- Inkább gombalevest eszem. De csodálom önt, Schneider úr. Ön nemcsak budapesti éttermeket ismeri kitűnően, hanem a magyar konyhát is.
- Igen, tudok már egy keveset a magyar konyháról. A feleségem is sok magyar ételt főz. Mit eszünk a leves után?
- Én sertésbordát hentes módra.
- Látja Halász úr, a sertésbordát hentes módra nem ismerem.
- A sertésborda hentes módra natúr sertésszelet sonkás, szalonnás, savanyú uborkás raguval.
- Ez biztosan nagyon finom. Én is ezt rendelem.

Jön a pincér az italokkal, és felveszi az ebédrendelést. Kihozza a levest, sót, paprikát, borsot tesz az asztalra. Kis tálalóasztalt tesz a nagy asztal mellé, és meleg tányérra tálalja a tálról a hentesbordát.

Schneider úr és Halász úr jó étvággyal eszik. Közben beszélnek az új rendelésről is. Fél háromkor Halász úr feláll az asztaltól:

- Köszönöm a meghívást, Schneider úr. Sajnos most már mennem kell. Tudja, háromkor dolgom van az irodában.
- Örülök az eredményes megbeszélésnek, Halász úr. Az árakról mikor beszélünk?
- Árakról ilyen jó ebéd mellett nem lehet beszélni. Holnap vagy holnapután felhívom, és az irodámban a külkereskedelmi vállalat képviselőjével közösen beszélünk az árakról is.

Vokabeln

1.
szerszámgép (-et)	Werkzeugmaschine
Szerszámgépipari Művek	Werkzeugmaschinenwerke
(Name eines ungarischen Unternehmens)	
beruházás (-t, -ok)	Investition
beruházási igazgató	Investitionsdirektor
nyugatnémet	westdeutsch
ismét	wieder
felhívni (felhív)	anrufen
kérdezni (kérdez)	fragen
munka	Arbeit
működni (működik)	funktionieren, laufen *(Maschine usw.)*
működés (-t)	Funktion, Gang
kitűnő	ausgezeichnet
örülök neki	es freut mich
rendelés (-t)	Bestellung
részlet (-et)	Einzelheit, Detail
minél előbb, annál jobb	je eher, desto besser
úgy	so
ráérni (ráér) vmire	Zeit haben für
idejönni (idejön)	(hier)herkommen
javaslat (-ot)	Vorschlag
legyen a vendégem!	seien Sie mein Gast!
öröm (-et)	Freude
csendes	still, leise
kiszolgálás (-t)	Bedienung
nyugodt	ruhig
nyugodtan	in Ruhe
nos	nun
földszint (-et)	Erdgeschoß
a földszinten	im Erdgeschoß
alatt *(Psp.)*	unter (+ *Dat.*)

befejeződni (befejeződik)	zu Ende gehen	cseresznye	Kirsche; *hier:* Kirschwasser
remélni (remél) mit	hoffen auf	mondani (mond)	sagen
2		ital (-t, -ok)	Getränk
belép az ajtón	(er) tritt zur Tür herein	étel (-t, -ek)	Speise, Gericht
ruhatár (-at)	Garderobe	üveg (-et)	Flasche, Glas *(Material)*
meglátni (meglát)	erblicken	hal-erőleves	Fisch-Kraftbrühe
éppen most	gerade jetzt		
átvenni (átvesz)	in Empfang nehmen, übernehmen	leves (-t, -ek)	Suppe
		inkább	lieber
		gomba	Pilz
ruhatári jegy	Garderobenschein	csodálni (csodál) vkit, vmit	bewundern
aztán, azután	dann, danach	nemcsak	nicht nur
beadja a kabátját	(er) gibt seinen Mantel ab (an der Garderobe)	hanem	sondern
		kevés (keveset)	wenig
		tudni (tud) vmiről, vmit	wissen von, etw.
lámpa	Lampe	főzni (főz)	kochen
oszlop (-ot)	Säule	sertésborda hentes módra	Schweinerippchen nach Metzger Art
mögött *(Psp.)*	hinter *(+ Dat.)*		
főpincér	Oberkellner	natúr sertésszelet	Naturschnitzel
üdvözölni (üdvözöl, üdvözli)	begrüßen	szalonna	Speck
két személyes asztal	Tisch für zwei Personen	savanyú	sauer
		ragu	Ragout
		finom	fein
leülni (leül)	sich setzen	felvenni a rendelést	die Bestellung aufnehmen
kezükbe adja az étlapot	(er gibt ihnen die Speisekarte in die Hand =) er legt ihnen die Speisekarte vor	kihozni (kihoz)	hinaustragen, hinausbringen
		tálalóasztal (-t)	Anrichtetisch
		mellé *(Psp.)*	neben *(+ Akk.)*, an *(+ Akk.)*
étlap (-ot)	Speisekarte	meleg	warm
fehér	weiß	tálalni (tálal)	servieren, auftragen
terítő	Decke		
teríték (-et)	Gedeck	tál (-at)	Schüssel
lapostányér (-t, -ok)	flacher Teller	étvágy (-at)	Appetit
mélytányér (-t, -ok)	tiefer Teller, Suppenteller	közben	inzwischen
		felkelni (felkel)	aufstehen
kanál (kanalat)	Löffel	örülni (örül) vminek	sich freuen über
kés (-t, -ek)	Messer		
villa	Gabel	megbeszélni vkivel vmit	besprechen etw. mit jm
kiskanál	Teelöffel		
desszertvilla	Dessertgabel	megbeszélés (-t)	Besprechung
aperitif (-et)	Aperitif	eredményes	erfolgreich
nekem	mir	ilyen jó ebéd	so ein gutes Mittagessen
nekem nem szabad innom	ich darf nicht trinken		

Grammatik

Das Verbalpräfix in trennbarer und untrennbarer Position   A

Ein großer Teil der ungarischen Verbalpräfixe ist adverbialen Ursprungs und hat eine bis zum heutigen Tage klare Bedeutung: **be** *hinein, herein,* **ki**

8. Lektion

hinaus, heraus, **le** *hinunter, herunter,* **fel** *hinauf, herauf* usw. Weitere Verbalpräfixe werden auch heute entweder als Kasussuffixe oder häufiger als Postpositionen gebraucht. Das Verstehen der mit diesen Präfixen versehenen Verben verursacht also – wenn sie nicht in übertragener Bedeutung gebraucht werden – keine Schwierigkeit.

Hauptsächlich weisen die Verbalpräfixe **meg** und **el** (letzteres hat auch die konkrete Bedeutung: *weg*) auf die Vollendung, seltener auf den Beginn der Handlung oder des Geschehens hin. Werden diese Präfixe mit dem Präsens des Verbs verbunden, so hat das Verb **Futurbedeutung,** wobei jedoch betont wird, daß man die Handlung in der Zukunft vollendet. Alle Verbalpräfixe sind in bestimmten Positionen trennbar.

1. Wenn das Verb im Satz **Träger der Satzbetonung** ist, so steht das Präfix **vor** dem Verb und wird mit diesem **zusammengeschrieben:**

> Schneider úr **fel**hívja Halász igazgatót.
> Herr Schneider **ruft** Direktor Halász **an.**
> Halász úr **át**veszi a ruhatári jegyet.
> Herr Halász **nimmt** den Garderobenschein in Empfang.

2. Wenn ein **anderer** Satzteil betont wird, so steht dieser vor dem Verb, und das Präfix folgt (getrennt geschrieben) dem Verb:

> Schneider úr **Halász igazgatót** hívja **fel.**
> Herr Schneider ruft **Direktor Halász** an (und nicht einen anderen).
> Halász úr **a ruhatári jegyet** veszi **át.**
> Herr Halász übernimmt **den Garderobenschein** (und nicht etwas anderes).

3. Fragewörter und das Verneinungswort **nem** gelten immer als betonte Satzteile:

> **Kit** hív **fel** Schneider úr?
> **Wen** ruft Herr Schneider an?
> **Mit** vesz **át** Halász úr?
> **Was** nimmt Herr Halász in Empfang?
> Schneider úr **nem** hívja **fel** Halász igazgatót.
> Herr Schneider ruft Direktor Halász **nicht** an.
> Halász úr **nem** veszi **át** a ruhatári jegyet.
> Herr Halász nimmt den Garderobenschein **nicht** in Empfang.

4. Betonte Modalverben wie **kell** *müssen,* **szabad** *dürfen,* **tudni** *können, wissen,* **akarni** *wollen,* **lehet** *es ist möglich* usw. stehen zwischen dem Verbalpräfix und dem Verb, und in diesem Falle werden alle drei Satzteile getrennt geschrieben:

> Háromra **vissza kell mennem** az irodámba.
> Um drei (Uhr) **muß** ich in meinem Büro zurück sein.
> **Fel szabad hívnom** délután?
> **Darf** ich Sie am Nachmittag anrufen?
> **Be akar jönni** a gyárba?
> **Wollen** Sie in die Fabrik hereinkommen?

5. Wenn das Modalverb nicht die Satzbetonung trägt, dann gilt diese Regel nicht:

> Háromra kell **vissza**mennem az irodámba.
> Ich muß **um drei (Uhr)** in meinem Büro zurück sein.
> Nem szabad **fel**hívnom délután?
> Darf ich Sie am Nachmittag **nicht** anrufen?
> A gyárba akar **be**jönni?
> Wollen Sie **in die Fabrik** hereinkommen?

Das Verbalpräfix als Bejahung   B

Eine eigenartige Leistung des Verbalpräfixes besteht darin, daß man damit bejahende Antworten geben kann. Das ist in solchen Fällen möglich, wo eine **Entscheidungsfrage**, in der das Verb (d. h. die Handlung) betont ist, mit einem Verb gestellt wird, das ein Präfix hat. Will man auf diese Frage mit **Ja** antworten, so wiederholt man das Präfix:

> „**Rá**ér holnap, igazgató úr?" „**Rá**."
> „Haben Sie morgen Zeit, Herr Direktor?" „Ja."
> „**Meg**issza a bort, Szabó kolléga?" „**Meg**."
> „Trinken Sie den Wein, Kollege Szabó?" „Ja."

Das Kasussuffix -ról/-ről   C

1. Der Grundbedeutung nach ist **-ról/-ről** *von* ein Ortssuffix:

> Most jövök az udvar**ról**.
> Ich komme jetzt **vom** Hof.
> Gyurika este jön vissza a tér**ről**.
> Gyurika kommt am Abend **vom** Platz zurück.

Die mit **-ról/-ről** versehenen Ortsbestimmungen antworten auf die Frage **honnan?** *woher?*

2. **-ról/-ről** erscheint nicht nur in echten Ortsbestimmungen, sondern auch als **Rektion** bestimmter Verben. In diesen Fällen entspricht es gewöhnlich der Präposition *über* mit dem Akkusativ:

8. Lektion

> Most nem beszélünk árak**ról**.
> Jetzt sprechen wir nicht **über** Preise.
> Az igazgató az új rendelés**ről** tárgyal.
> Der Direktor verhandelt **über** die neue Bestellung.

Da es sich aber um eine Rektion handelt, ist diese Funktion natürlich nicht allgemeingültig:
A műszaki igazgató gondoskodik a garanciális javításról.
Der technische Direktor sorgt **für** die Garantiereparatur.

Erscheint das Kasussuffix -ról/-ről in einer Rektion, so lautet die Frage nicht **honnan? woher?**, sondern **miről? wofür?** oder **kiről? von wem?**
Miről gondoskodik a műszaki igazgató?
Wofür sorgt der technische Direktor?

Postpositionen in Ortsbestimmungen   D

Außer den Kasussuffixen -ba/-be, -ban/-ben, -ból/-ből für die **inneren** Ortsverhältnisse und -ra/-re, -n/-on/-en/-ön, -ról/-ről für die **äußeren** Ortsverhältnisse werden zur Ortsbestimmung Postpositionen verwendet, die immer mit dem Nominativ stehen und sich ebenfalls den drei Richtungen entsprechend nach den Fragewörtern **hová? wohin?**, **hol? wo?** und **honnan? woher?** gruppieren lassen.

hová?	hol?		honnan?	etwa:
alá	alatt	unter	alól	unten ... hervor
fölé	fölött (felett)	über	fölül	oberhalb, über
elé	előtt	vor	elől	vorn, ... vorbei an
mögé	mögött	hinter	mögül	hinter ... hervor
mellé	mellett	neben	mellől	von ... her
közé	között	zwischen	közül	aus ... hervor

Die entsprechenden deutschen Präpositionen antworten auf die Fragen *wohin?* mit dem Akkusativ, auf die Frage *wo?* mit dem Dativ. Auf die Frage *woher?* gibt es keine entsprechenden deutschen Präpositionen, die Bedeutung dieser ungarischen Postpositionen ist jedoch aus dem Zusammenhang klar ersichtlich.

Das Kasussuffix -nak/-nek   E

1. -nak/-nek ist **Genitiv- und Dativsuffix.** Sein Gebrauch als Dativsuffix wird in der 9. Lektion behandelt. Als Genitivsuffix kommt es nur in Genitivketten vor:

> a szerszámgépgyár igazgatójának a titkárnője
> die Sekretärin des Direktors der Werkzeugmaschinenfabrik
> a tanácsos úr sofőrének a felesége
> die Frau des Fahrers des Herrn Rats

Es schließt sich also immer dem schon mit einem Besitzzeichen versehenen zweiten Glied der Kette an. Im Ungarischen können übrigens längere Genitivketten nicht gebildet werden.

In den Genitivketten steht vor dem Besitz gewöhnlich der bestimmte Artikel, was in zweigliedrigen (Besitzer, Besitz) Besitzverhältnissen nie der Fall ist.

Anmerkung: Eine ähnliche Konstruktion gibt es in der deutschen Umgangssprache:

Dem *Direktor* **seine** Sekretärin ...
Dem *Fahrer* **seine** Frau ...

Nach dem Besitzer wird mit **kinek a** ...?, **minek a** ...? *wessen?* gefragt:

Kinek a titkárnője Marika?	*Wessen* Sekretärin ist Marika?
Minek az ablaka nyílik az utcára?	*Wessen* Fenster geht (öffnet sich) zur Straße?

2. Das Subjekt des deutschen Satzes mit dem Hilfsverb **haben** erscheint im Ungarischen mit dem Suffix **-nak/-nek** (wenn es ein Substantiv und kein Pronomen ist):

> **Az igazgatónak** csak délután van ideje.
> Der Direktor hat erst am Nachmittag Zeit.
> **A szállodának** nincs étterme.
> Das Hotel hat kein Restaurant.

3. Ebenfalls mit dem Suffix **-nak/-nek** erscheint das logische Subjekt in Sätzen mit den Modalverben **kell** *müssen*, **szabad** *dürfen* und **lehet** *es ist möglich*, *es kann sein*.

Az igazgató**nak** el **kell** utaznia.	Der Direktor **muß** verreisen.
A férjem**nek** nem **szabad** innia.	Mein Mann **darf** nicht trinken.
Kinek lehet már mennie?	Wer **kann** schon gehen?

Nach solchen logischen Subjekten wird mit **kinek?, minek?** gefragt:

Kinek nincs még szobája?   **Wer** hat noch kein Zimmer?
Minek kell most jönnie?   **Was** muß jetzt kommen?

Personalpronomen werden in diesen Fällen nur bei besonderer Hervorhebung als logisches Subjekt gebraucht. Der Dativ von *én ich* ist **nekem** *mir*. Die bei der höflich-formalen Anrede verwendeten Pronomen **ön** und **maga** werden wie Substantive dekliniert, ihr Dativ als also **önnek, magának** im Singular bzw. **önöknek, maguknak** im Plural.

8. Lektion

Ableitung von Adverbien aus Adjektiven   F

Modaladverbien werden mit dem Ableitungssuffix **-n** (wenn das Adjektiv auf einen Vokal endet) bzw. mit dem Ableitungssuffix **-an/-en** (wenn das Adjektiv auf Konsonanten endet) aus Adjektiven abgeleitet.

Itt olcsó**n** lehet almát venni.	Hier kann man **billig** Äpfel kaufen.
A sofőr fáradt**an** megy haza.	Der Fahrer geht **müde** nach Hause.
A vendégek csendes**en** beszélnek.	Die Gäste sprechen **leise**.

Die auf **-ú/-ű** endenden Adjektive bekommen – wie die auf Konsonanten endenden – das Ableitungssuffix **-an/-en**:

Csak savanyú**an** szeretem az uborkát.	Ich mag Gurken nur **sauer**.
A barátom keserű**en** issza a kávét.	Mein Freund trinkt den Kaffee **bitter**.

Bei einigen auf **-ú/-ű** endenden Adjektiven fällt der Auslautvokal vor dem Ableitungssuffix **-an/-en** aus:

A villamos lass**an** megy.	Die Straßenbahn fährt **langsam**.
Szabóné könny**en** tanul.	Frau Szabó lernt **leicht**.

Aus den Adjektiven **jó** *gut* und **rossz** *schlecht* wird das Adverb unregelmäßig (wie aus den Völkernamen) gebildet: **jól** bzw. **rosszul**.
Nach Modaladverbien wird mit **hogy?**, **hogyan?** *wie?* gefragt.

Übungen

1. **Antworten Sie auf die Fragen nach dem folgenden Muster! In der Antwort erscheint die vollendete Form des Verbs mit dem Präfix meg- oder el- (Wo el- das Präfix ist, ist es in Klammern angegeben).**

    Írja már a jelentést? (holnapután)
→Még nem. De holnaputánra megírom.
    Schreiben Sie schon den Bericht?
→*Noch nicht. Aber bis übermorgen werde ich ihn schreiben.*
    Meist: Übermorgen habe ich ihn geschrieben (oder fertig).

a) Javítja már a hűtőszekrényt?	(2 óra)
b) Főzi már a húst?	($^1/_2$ 7)
c) Csinálja már az autót?	(dél)
d) Tanulja már a gép működését?	(a hét vége)
e) Nézi már az új rendelést?	(tárgyalás)
f) Tudja már az eredményt?	(este); megtudni = erfahren
g) Írja már a javaslatot?	(holnap)
h) Ismeri már az új gépet?	(a hónap vége)
i) Készíti már a reggelit? (el-)	($^3/_4$ 8)
j) Olvassa már a jelentést? (el-)	($^1/_4$ 3)

8. Lektion

2. Bilden Sie Sätze mit den angegebenen Wörtern nach dem Muster:

> javaslat / ír — jelentés / mérnök
> →Én a javaslatot írom. A jelentést a mérnök írja meg.
> *Ich schreibe den Vorschlag. Den Bericht schreibt der Ingenieur.*
>
> a) rádió / javít — hűtőszekrény / kollégám
> b) spárga / főz — hús / lányom
> c) kávét / iszik — tea / feleségem
> d) ház / néz — kert / barátom
> e) szállás / rendel — repülőgépjegy / titkárnő
> f) paprika / eszik — uborka / fiam
> g) könyvek / kap — lemezek / doktor
> h) bor / vesz — étel / feleségem
> i) ebéd / készít — koktél / férjem
> j) jelentés / olvas — javaslat / tanácsos úr

3. Antworten Sie verneinend auf die Fragen nach dem Muster:

> Megrendeli az új szerszámgépet?
> →Nem rendelem meg.
> *Bestellen Sie die neue Werkzeugmaschine?*
> →*Ich bestelle sie nicht.*

a) Megveszi a sárga kabátot?
b) Megvárja az igazgatót?
c) Megcsinálja a javítást?
d) Megeszi az almát?
e) Megissza a kávét?
f) Megjavítja a lemezjátszót?
g) Megnézi a kertet?
h) Meghallgatja a hangversenyt?
i) Megírja a javaslatot?
j) Elkölti az egész pénzt?
k) Felhívja a beruházási igazgatót?
l) Elolvassa a könyvet?
m) Becsomagolja az üveget?
n) Kiviszi a tányért?
o) Felébreszti a vendéget?
p) Meghívja a tisztviselőt?

4. Bilden Sie Sätze mit dem Wortmaterial der Übung 3 nach dem Muster:

> Meg akarja rendelni az új szerszámgépet?
> →Meg kell rendelnem? Akkor megrendelem.
> *Wollen Sie die neue Werkzeugmaschine bestellen?*
> →*Muß ich sie bestellen? Dann bestelle ich sie.*

8. Lektion

5. Bilden Sie Sätze mit den angegebenen wechselnden Satzgliedern nach dem Muster:

> ki / tér / vissza
> →A térre mennek ki? És mikor jönnek vissza a térről?
> *Gehen Sie auf den Platz hinaus? Und wann kommen Sie vom Platz zurück?*

a) fel / hegy / le
b) el / hangverseny / vissza
c) le / földszint / fel
d) fel / Budapest / vissza (felmenni Budapestre = vom Lande nach Budapest fahren)
e) le / udvar / fel
f) fel / emelet / le
g) ki / repülőtér / vissza
h) le / utca / fel

6. Bilden Sie „Mini"-Dialoge mit den angegebenen Wörtern nach dem Muster:

> Felteszem a **játékot** a **polcra**. Hol van a **játék**?
> — A **polcon**. De én leveszem a **polcról**.
> *„Ich stelle das Spielzeug auf das Regal. Wo ist das Spielzeug?"*
> *— „Auf dem Regal. Ich nehme es aber vom Regal (herunter)."*

a) lemez — lemezjátszó
b) könyv — szekrény
c) terítő — asztal
d) bőrönd — szék

e) tál — gáztűzhely
f) függöny — ablak
g) lemezjátszó — polc
h) füzet — rádió

7. Bilden Sie im Zusammenhang mit dem Aussagesatz je eine Frage nach dem Muster:

> A szék az udvaron van. (behozni)
> →Ki hozza be az udvarról?
> *Der Stuhl ist auf dem Hof.* →*Wer bringt ihn vom Hof herein?*

a) A lemez az emeleten van. (lehozni)
b) A tál a konyhában van. (behozni)
c) A gyerek a téren van. (felhozni)
d) A bőrönd a hajón van. (lehozni)
e) Az igazgató a repülőtéren van. (visszahozni)
f) A könyv a szobában van. (behozni)
g) A rádió a földszinten van. (felhozni)

h) A gép a garázsban van. (kihozni)
i) A csomag az utcán van. (felhozni)
j) A bor a pincében van. (felhozni)
k) Az újság a kertben van. (behozni)
l) A kulcs a házban van. (kihozni)

8. **Bilden Sie Sätze mit den angegebenen Wörtern nach dem folgenden Muster! Achten Sie darauf, daß sich das Pluralzeichen -k in den Besitzverhältnissen in -i ändert!**

> tanácsos úr (íróasztal) kulcsok — az asztalon vannak
> — A tanácsos úr íróasztalának a kulcsai az asztalon vannak.
> *Die Schlüssel des Schreibtisches des Herrn Rats sind auf dem Tisch.*

a) gyár (igazgató) kocsi — a ház előtt áll
b) barátom (fia) lemezek — egészen újak
c) feleségem (szülők) ház — 6 szobás
d) vállalat (üzletkötő) javaslatok — nagyon jók
e) igazgató (dolgozószoba) függönyök — sárgák
f) cég (ügyfélszolgálat) tisztviselő — az előszobában vár
g) lányom (vendég) bőröndök — még a repülőtéren vannak
h) iroda (előszoba) ajtó — a térre nyílnak
i) fiam (szoba) ablakok — a hegyre néznek
j) szálloda (étterem) főpincér — még csak 30 éves

9. **Bilden Sie mit den angegebenen Wörtern je eine Frage und die Antwort darauf nach dem Muster:**

> lakás — szüleim
> →Van lakása? — Nekem nincs, csak a szüleimek van.
> *„Haben Sie eine Wohnung?" —*
> *„Ich habe keine, nur meine Eltern haben eine."*

a) vízum — feleségem
b) szállás — kollégám
c) lemezjátszó — lányom
d) pénz — barátom
e) autó — az igazgatóm
f) cigaretta — sofőröm
g) papír — titkárnőm
h) kulcs — férjem

10. **Bilden Sie mit den angegebenen Wörtern Fragen nach dem folgenden Muster! Achten Sie auf den Wechsel des Singulars und Plurals!**

> szálloda — étterem / éttermek
> → Van a szállodának étterme?
> → Vannak a szállodának éttermei?
> *Has das Hotel ein Restaurant?*
> *Hat das Hotel Restaurants?*

8. Lektion

a) helyiség — ablakok
b) tisztviselő — vízum
c) szálloda — vendégek
d) üzletkötő — autó

e) gyár — szerszámgépek
f) ház — kert
g) igazgató — titkárnők
h) cég — ügyfélszolgálat

11. Bilden Sie mit den angegebenen Wörtern Fragen nach dem Muster:

> a repülőtérre menni — a tanácsos úr
> → Kinek kell a repülőtérre mennie? A tanácsos úrnak?
> *Wer muß zum Flughafen fahren? Der Herr Rat?*

a) a partnerrel tárgyalni — a mérnök
b) ásványvizet inni — a sofőr
c) a javaslatot elolvasni — az igazgató
d) az árut kivinni — a kiszolgáló
e) a gépeket megrendelni — a beruházási igazgató
f) a hűtőszekrényt megjavítani — a szerelő
g) a bőröndöt lehozni — a portás
h) a jelentést megírni — az üzletkötő

12. Ergänzen Sie die folgenden Sätze mit der adverbialen Form der in Klammern stehenden Adjektive!

a) A sört csak (hideg) szeretem.
b) Az igazgató mindig (csendes) beszél.
c) Az autó (gyors) megy.
d) A feleségem (nagyszerű) főz.
e) Itt (olcsó) lehet vásárolni.
f) A titkárnő (szép) ír.
g) Itt nem lehet (nyugodt) dolgozni.
h) A sofőröm (gyors) megjavítja az autót.
i) A gyerekek már (mély) alszanak.
j) A halat csak (friss) eszem meg.
k) A barátommal (közös) bérelünk egy lakást.
l) A szerelő (fáradt) indul haza.

Aufgaben

1. Übersetzen Sie folgende Sätze ins Ungarische! Achten Sie darauf, ob das Präfix in trennbarer oder untrennbarer Position steht! Der logisch betonte Satzteil ist hervorgehoben:

a) Die Sekretärin **geht** ins Zimmer des Direktors **(hinein)**.
b) Der Fahrer kommt **gerade jetzt** vom Hof herauf.
c) Ich **bringe** sofort noch einen Stuhl **herein**.
d) Der Bericht wird **vom Ingenieur** geschrieben.

e) Kollege Szabó **bereitet** die Verhandlung **vor.**
f) **Wann** bereitet Kollege Szabó die Verhandlung vor?
g) Der Direktor **muß** vor 12 Uhr in die Fabrik zurückkehren.
h) Der Portier **bringt** die Koffer zum Wagen **herunter.**
i) Ich gebe meinen Mantel **nicht** an der Garderobe ab.
j) Wir **müssen** den Doktor sofort anrufen.

2. **Übersetzen Sie den folgenden Text ins Ungarische!**
Ich gehe in ein Restaurant. Ich möchte zu Mittag essen. Rechts von der Tür ist die Garderobe. Ich gebe meinen Mantel ab. Dann suche ich einen freien Tisch. Am Fenster finde ich einen. Ich setze mich. Auf dem Tisch sind zwei Gedecke: flacher und tiefer Teller, Löffel, Messer und Gabel. Gleicht kommt ein Kellner und legt mir die Speisekarte vor.
„Wünschen Sie (einen) Aperitif?" fragt er.
„Nein, danke. Ich trinke eine Flasche Bier. Und ich esse keine Suppe."
„Ich bringe sofort das Bier", sagt der Kellner und nimmt das andere Gedeck (weg) vom Tisch (= räumt das andere Gedeck ab).
In einigen Minuten kommt der Kellner mit dem Bier zurück. Er stellt die Flasche und ein Bierglas (söröspohár) auf den Tisch. Ich bestelle Schweinerippchen nach Metzger Art. Ich muß einige Minuten auf das Gericht warten. Dann kommt der Kellner und serviert die Rippchen auf einem warmen Teller. Sie sind sehr fein. Ich esse mit gutem Appetit.

Vokabeln

eredmény (-t, -ek)	Ergebnis, Resultat	papír (-t, -ok)	Papier
csomag (-ot)	Gepäck, Paket	szerelő	Monteur
cigaretta	Zigarette	gyors	schnell
		megtudni (megtud)	erfahren

9. Lektion

Auf dem Bahnhof – Paß- und Zollkontrolle

1. 10 perccel 2 előtt taxi áll meg a pályaudvar előtt. Egy magas növésű férfi és egy alacsony, barna hajú nő száll ki. A férfi fizet. A taxisofőr kiemel a kocsiból két nagy bőröndöt.
 – Hol találunk hordárt? – kérdezi a férfi a sofőrtől.
 – Ott áll egy kapu mellett, – mondja a sofőr, és int a hordárnak. A hordár odajön, köszön az utasoknak, és felteszi a bőröndöket a kocsijára.

9. Lektion

- Melyik vonathoz parancsolják? – kérdezi az utasoktól.
- A bécsi gyorshoz vigye. Mikor indul pontosan?
- Pontosan 18 perc múlva, 14 óra 8 perckor. Van már menetjegyük?
- Nem, még nincs. Hol találjuk a pénztárt?
- A kaputól balra, a nagy óra alatt.
- És melyik vágányról indul a bécsi gyors?
- A csarnok ötödik vágányról.
- Köszönjük a felvilágosítást. Mindjárt megváltjuk a jegyünket. Várjon a vonat mellett!

2.
- Kérek két első osztályú menetjegyet a 14,08-as bécsi gyorsra.
- Mutassa kérem az útleveleket!
- Tessék, itt vannak.
- Ön nem magyar állampolgár, önnek a határtól valutában kell fizetnie a menetjegyét.
- Igen, tudom. A határig forintban fizetek, a határtól Bécsig schillingben. A hölgy viszont magyar állampolgár, magyar útlevéllel utazik.
- A hölgy jegyét természetesen forintban lehet fizetni.
- Helyjegy nem szükséges?
- Első osztályon nem, csak másodosztályú kocsikban. Tessék a két menetjegy. 412 forint és 70 schilling. Siessen, a vonat 12 perc múlva indul!

3. A férfi és a nő az egyik első osztályú kocsihoz megy. A férfi felszáll a vonatra, és helyet keres.
- Jó napot kívánok. Van itt két szabad hely?
- Igen, ez a két hely az ajtó mellett szabad.
A férfi az ablakhoz lép, int a nőnek és a hordárnak.
- Itt van szabad hely. Tegye a bőröndöket ide az ülés fölé a hálóba!
A férfi ezután borravalót ad a hordárnak, és a hordár leszáll a vonatról. A férfi az órájára néz:
- 2 óra múlt 3 perccel. 5 perc múlva indulunk.
- Nem késik az órája? – kérdezi a nő.
- Nem, általában inkább siet. De most pontosan jár.
- Mennyi a menetidő a határig?
- Körülbelül három óra. A vonat csak a határállomáson áll meg.
- Nézze, most szállnak fel a határőrség tisztjei és a vámtisztviselők, – mondja a barna hajú nő. – Mindjárt indulás után megkezdődik az útlevél- és vámvizsgálat.
- A szürke ruhájú a vámtisztviselő, ugye?

9. Lektion

- Igen, a határőrök katonai egyenruhát hordanak. Remélem, nem fél a vámvizsgálattól?
- Nem kell félnem, ismerem a vámelőírásokat. Egyébként pedig a magyar vámtisztviselők nagyon udvariasak.

4. A szürke ruhájú vámtisztviselő belép a fülkébe. Udvarias hangon köszön:
- Jó napot kívánok. Magyar vámvizsgálat. Kérem az útleveleket és a vámnyilatkozatokat! A magas növésű férfi odaadja az útlevelét a tisztviselőnek. A tisztviselő megnézi.
- Beszél magyarul? – kérdezi.
- Igen, beszélek. A családom magyar származású.
- Magyar pénz van önnél?
- Igen, háromszáz forint.
- Rendben van. Adja ide kérem a vámnyilatkozatát! Szalámit, kolbászt, füstölt húst visz magával?
- Nem csak néhány ajándék van a táskámban: lemezek, kézimunka és két üveg bor.
   Az udvarias hangú tisztviselő megnézi a többi utas útlevelét és vámnyilatkozatát is. Ezután kiválaszt egy különösen vastag táskát a hálóból.
- Mutassa meg kérem, mi van a táskájában! – kéri a táska tulajdonosát.
- Csak uti holmi, – mondja a táska tulajdonosa dühös arccal. – Tessék, nézze meg!
- Elnézést kérek, csak a kötelességemet teljesítem, – mondja a tisztviselő, és belenéz a táskába. Kivesz egy fényképezőgépet.
- Ez az ön fényképezőgépe?
- Természetesen, – feleli a dühös arcú utas.
- Írja be kérem a típusát és a gyártási számát a vámnyilatkozatba. Különben visszautazáskor esetleg vámot kell fizetnie.
   Az utas arca most már nem olyan dühös. Teljesíti a tisztviselő kérését. A vámvizsgálat befejeződik. Az udvarias hangú vámtisztviselő a sapkájához emeli a kezét.
- Viszontlátásra. Jó utazást kívánok.
   A magas növésű férfi ismét az órájára néz:
- 5 perc múlva 4. Egy óra múlva már a határon vagyunk.

9. Lektion

Vokabeln

1.

megállni (megáll), *intr.*	(an)halten
pályaudvar (-t)	Bahnhof
növés (-t)	Wuchs
férfi (*Plur.* férfiak)	Mann
barna	braun
haj (-at)	(Kopf)Haar
hajú	-haarig, mit ... Haar
nő	Frau
kiszáll	aussteigen
emelni (emel)	heben
kiemelni	herausholen
kérdezni (kérdez) vkitől	j-n fragen
kapu	Tor
inteni (int) vkinek	j-m winken
köszönni (köszön) vkinek	grüßen
Bécs	Wien
gyors (-ot)	Schnellzug
menetjegy (-et)	Fahrkarte
vágány (-t, -ok)	Gleis
csarnok (-ot)	Halle
ötödik	fünfte
felvilágosítás (-t, -ok)	Auskunft
(meg)váltani ([meg]vált) *(jegyet)*	lösen *(Fahrkarte)*

2.

első	erste(r, -s)
osztály (-t, -ok)	Klasse
állampolgár (-t, -ok)	Staatsbürger
állam (-ot)	Staat
határ (-t, -ok)	Grenze
valuta	Währung; *hier:* Devisen
helyjegy	Platzkarte
másodosztályú kocsi	Wagen zweiter Klasse
sietni (siet)	eilen, sich beeilen

3.

keresni (keres)	suchen
ülés (-t, -ek)	Sitz
háló	Netz
borravaló	Trinkgeld
az óra késik	die Uhr geht nach
általában	im allgemeinen
az óra siet	die Uhr geht vor
az óra pontosan jár	die Uhr geht genau
menetidő	Fahrzeit
állomás (-t, -ok)	Station
határállomás	Grenzstation
határőrség (-et)	Grenzwache, Grenzschutz
tiszt (-et)	Offizier
vám (-ot)	Zoll
vizsgálat (-ot)	Kontrolle
szürke	grau
ruha	Kleid
határőr (-t, -ők)	Grenzer, Grenzsoldat
katona	Soldat
egyenruha	Uniform
hordani (hord) *(ruhát)*	tragen *(Kleid)*
félni (fél) vmitől	Angst haben vor
előírás (-t, -ok)	Vorschrift
egyébként	übrigens
udvarias	höflich

4.

fülke	Abteil
hang (-ot)	Ton, Stimme
udvarias hangon	in höflichem Ton, mit höflicher Stimme
nyilatkozat (-ot)	Erklärung
család (-ot)	Familie
származás	Herkunft, Abstammung, Ursprung
magával visz	er (sie) nimmt mit
ajándék (-ot)	Geschenk
kézimunka	Handarbeit
többi	andere
kiválasztani (kiválaszt)	auswählen
különösen	besonders
vastag	dick
tulajdonos (-t, -ok)	Besitzer, Inhaber
holmi	Sachen
uti holmi	Reisesachen
dühös	wütend
arc (-ot)	Gesicht
elnézés (-t)	Nachsicht
kötelesség (-et)	Pflicht
teljesíteni (teljesít)	erfüllen
fényképezőgép (-et)	Fotoapparat
típus (-t)	Typ, Marke
gyártási szám	Fabrikationsnummer
szám (-ot)	Nummer, Zahl
különben	sonst
visszautazás (-t)	Rückreise
már nem	nicht mehr
sapka	Mütze

Grammatik

1. und 3. Person des Plurals der transitiven Konjugation   A

1. Person: das Personalsuffix ist **-juk/-jük:**

Nem lát**juk** a vonatot.	**Wir sehen** den Zug nicht.
Köszön**jük** a felvilágosítást.	**Wir danken** für die Auskunft.

Wenn der Konjugationsstamm auf **-s, -sz** oder **-z** endet, gleicht sich das **-j** des Personalsuffixes **-juk/-jük** dem Auslautkonsonanten an, der demzufolge lang wird:

Most olva**ssuk** a jelentést.	Jetzt **lesen wir** den Bericht.
A bőröndöt a hálóba te**sszük**.	**Wir legen** den Koffer ins Netz.
Megné**zzük** a várost.	**Wir besichtigen** die Stadt.

3. Person: das Personalsuffix ist **-ják** bei Verben mit dunklen oder gemischt dunklen und hellen Vokalen, bzw. **-ik** bei Verben mit hellen Vokalen:

Nem lát**ják** a vonatot.	**Sie sehen** den Zug nicht.
Köszön**ik** a felvilágosítást.	**Sie danken** für die Auskunft.

Wenn der Konjugationsstamm auf **-s, -sz** oder **-z** endet, gleicht sich das **-j** des Personalsuffixes **-ják** dem Auslautkonsonanten an, der demzufolge lang wird.

Most olva**ssák** a jelentést.	Jetzt **lesen sie** den Bericht.
A vendégek megi**sszák** a kávét.	Die Gäste **trinken** den Kaffee.
Ho**zzák** már az ajándékokat.	**Sie bringen** schon die Geschenke.

Der Imperativ der 3. Person des Singulars und Plurals   B
der transitiven und intransitiven Konjugation

Der Imperativ hat ebenso wie der Indikativ drei Personen. In der 3. Person entspricht er der Bedeutung nach nur in höflichen Aufforderungen (mit „*Sie*") etwa mit dem deutschen Imperativ, im übrigen kann seine Bedeutung im Deutschen eher mit dem Konjunktiv oder einem Hilfsverb (sollen) wiedergeben werden.

1. Regelmäßige Imperativbildung:

Singular   *Plural*   */intransitive Konjugation*

Pihen**jen** [ˈpihɛnːɛn] egy órát!	Pihen**jenek** [ˈpihɛnːɛnɛk] egy órát!
Ruhen Sie eine Stunde!	
Alud**jon** [ˈoluɟːon] nyugodtan!	Alud**janak** [ˈoluɟɔnɔk] nyugodtan!
Schlafen Sie ruhig!	
Készül**jön** a vizsgára!	Készül**jenek** a vizsgára!
Bereiten Sie sich auf die Prüfung vor!	

9. Lektion

Singular   *Plural* |*transitive Konjugation*

Ad**ja** [ˈɔɟːɔ] ide a kulcsot!	Ad**ják** [ˈɔɟːaːk] ide a kulcsot!
Geben Sie den Schlüssel her!	
Rendel**je** meg az ebédet!	Rendel**jék** meg az ebédet!
Bestellen Sie das Mittagessen!	

Das eigentliche Zeichen des Imperativs ist **-j**, das in allen Personalsuffixen erscheint. Das **-j** verschmilzt mit dem Auslaut **-n** bzw. **-d** zu einem langen [ɲː] bzw. [ɟː] in der Aussprache: aludjon [ˈɔluɟːon], pihenjen [ˈpihɛɲːɛn]. Wenn der Auslautkonsonant **-s, -sz** oder **-z** ist, gleicht sich das **-j** des Imperativs dem Auslautkonsonanten an, wie es auch in der 3. Person der transitiven Konjugation im Indikativ der Fall ist:

Olva**ss**on a szobában!	Lesen Sie im Zimmer! *(Singular)*
Já**ssz**a el a szonátát még egyszer!	Spielen Sie die Sonate noch einmal! *(Singular)*
Ho**zz**anak lemezeket!	Bringen Sie Platten! *(Plural)*
Né**zz**ék meg a fényképet!	Schauen Sie sich das Foto an! *(Plural)*

2. Unregelmäßige Imperativbildung:

Singular   *Plural* |*intransitive Konjugation*

Fize**ssen** holnap!	Fize**ssenek** holnap!
	Zahlen Sie morgen!
Hallga**sson** zenét!	Hallga**ssanak** zenét!
	Hören Sie Musik!
Készít**sen** [ˈkeːsiːtʃːɛn] jelentést	Készít**senek** [ˈkeːsiːtʃːɛnɛk] jelentést!
Machen Sie einen Bericht! (wörtlich: Fertigen Sie …)	
Vált**son** [ˈvaːltʃon] pénzt!	Vált**sanak** [ˈvaːltʃɔnɔk] pénzt!
	Wechseln Sie Geld!

Singular   *Plural* |*transitive Konjugation*

Veze**sse** be a vendégeket!	Veze**ssék** be a vendégeket!
Führen Sie die Gäste herein!	
Hallga**ssa** meg a szonátát!	Hallga**ssák** meg a szonátát!
Hören Sie sich die Sonate an!	
Készít**se** el a reggelit!	Készít**sék** el a reggelit!
Bereiten Sie das Frühstück (zu)!	
Vált**sa** meg a jegyet!	Vált**sák** meg a jegyet!
Lösen Sie die Karte!	

Statt **-j** ist **-s** das Zeichen des Imperativs, wenn der Konjugationsstamm auf **-t** endet: vezet, fizet, hallgat, készít, vált usw. Geht dem **-t** ein **kurzer** Vokal voran, dann gleicht sich das **-t** dem **-s** des Personalsuffixes an, was auch in der Schrift bezeichnet wird. Wenn dem **-t** ein Konsonant oder ein **langer** Vokal vorangeht, dann verschmilzt **-ts-** in der Aussprache vor langem Vokal zu langem [tʃː], bzw. vor Konsonant zu kurzem [tʃ]:

készítse [ˈkeːsiːtʃːɛ] — váltsa [ˈvaːltʃɔ]

Wenn der Auslaut **-szt** ist, fällt das **-t** aus und das **-sz** wird lang, was auch in der Schrift bezeichnet wird:

ébreszt — ébresszen [ˈeːbrɛsːɛn] ébressze [ˈeːbrɛsːe]
(wecken)
ébresszenek [ˈeːbrɛsːɛnɛk] ébresszék [ˈeːbrɛsːeːk]

Das Verb **látni** *sehen* bildet eine Ausnahme:

lásson lássa
lássanak lássák

Trotz des langen Vokals vor dem Auslaut **-t** gleicht sich das **-t** dem **-s** des Personalsuffixes an.

3. **Imperativbildung der Verben mit n – sz Stammwechsel:**

Singular *Plural* */intransitive Konjugation*

Egyen még!	**Egyenek** még!
	Essen Sie noch!
Igyon valamit!	**Igyanak** valamit!
	Trinken Sie etwas!

Singular *Plural* */transitive Konjugation*

Egye meg a húst!	**Egyék** meg a húst!
	Essen Sie das Fleisch!
Igya meg a sörét!	**Igyák** meg a sörüket!
	Trinken Sie Ihr Bier!

Hier ist das Zeichen des Imperativs **-gy-** statt **-j**, während der Konjugationsstamm der Verben auf den Vokal vor dem **-n** bzw. **-sz** endet, d. h. der Auslautkonsonant fällt im Imperativ aus. Die Verben **aludni** *schlafen* und **feküdni** *liegen*, deren Konjugationsstamm im Indikativ ebenfalls auf **-sz** endet, bilden den Imperativ aus dem Infinitivstamm: **alud**jon! *schlafen Sie!*, **feküd**jön! *liegen Sie!*

4. **Imperativbildung von „jönni"**

Jöjjön ide! Jöjjenek ide!
  Kommen Sie her!

Mit dieser Imperativbildung gehört **jönni** keiner unregelmäßigen Gruppe an.

9. Lektion

5. Imperativbildung der -ik-Verben

Die -ik-Verben hatten ursprünglich eigene Imperativsuffixe im Singular, die in der heutigen gesprochenen Umgangssprache jedoch nur noch selten gebraucht werden und als ausgesprochen gepflegt gelten. Das Personalsuffix in der 3. Person ist **-ják/-jék** mit den entsprechenden Varianten je nach Auslaut. (Bei den Übungen soll dieses Personalsuffix nicht berücksichtigt werden.)

Der Imperativ drückt in Hauptsätzen vorwiegend eine Aufforderung aus. In Aufforderungen steht das Verb gewöhnlich an der Spitze, das Verbalpräfix – falls vorhanden – folgt ihm. Wenn das Objekt **bestimmt** ist, gebraucht man meistens die vollendete Form des Verbs (mit dem Verbalpräfix **meg** oder **el**).

Der Imperativ kann aber auch einen stark betonten Wunsch, eine Forderung an eine dritte Person ausdrücken:

A főmérnök **nézze meg** az új gépet!
Der Oberingenieur **soll** sich die neue Maschine mal anschauen!
A titkárnő **rendeljen** egy asztalt!
Die Sekretärin **soll** einen Tisch bestellen!

-nak/-nek als Dativsuffix   C

Bei den Verben, die zugleich einen Akkusativ und einen Dativ regieren, hängt die Wortstellung des Akkusativs und des Dativs von der jeweiligen logischen Betonung ab, die sich aus dem Kontext oder aus der gegebenen Situation ergibt. Der logisch betonte (hervorgehobene) Satzteil steht an der Spitze, ihm folgt das Prädikat:

A jelentést viszem a tanácsos úrnak.
Ich bringe dem Herrn Rat **den Bericht**.
A tanácsos úrnak viszem a jelentést.
Ich bringe den Bericht **dem Herrn Rat**.

Nach dem Dativ wird mit **minek?** und **kinek?** *wem?* gefragt, je nachdem ob er eine Sache oder eine Person bezeichnet.

Das Ableitungssuffix -ú/-ű, -jú/-jű   D

Den mit diesem Ableitungssuffix versehenen Substantiven geht ein Adjektiv voran. Beide bilden zum nachfolgenden Substantiv das Attribut mit der Bedeutung *mit etwas versehen, behaftet,* deutsch oft **-ig, mit** ...:

magas növésű férfi	Mann **von hohem Wuchs**, ein **hochgewachsener** Mann
barna hajú asszony	Frau **mit braunen Haaren**, eine **braunhaarige** Frau
szürke sapkájú tiszt	Offizier **mit grauer Mütze**

9. Lektion

Das Ableitungssuffix ist **-ú/-ű,** wenn der Auslaut ein **Konsonant** ist, **-jú/-jű** steht, wenn der Auslaut ein **Vokal** ist. Der Bedeutung nach ist dieses Ableitungssuffix mit **-s** verwandt und damit in manchen Fällen austauschbar:

    szürke sapká**jú** tiszt   *oder*   szürke sapká**s** tiszt.

Statt des Adjektivs kann vor dem mit **-ú/-ű, -jú/-jű** versehenen Substantiv auch eine andere Wortart erscheinen, die als Attribut gebraucht wird, z. B. ein attributives Pronomen oder eine Ordinalzahl:

    első osztály**ú** kocsi   Wagen **erster Klasse**
    milyen haj**ú** lány?   Mädchen **mit was für Haaren?**

Das Ableitungssuffix **-ú/-ű** wird immer an den Akkusativstamm angefügt:

    gyors kez**ű** szerelő   Monteur **mit schneller Hand**
    (*Nominativstamm:* kéz)

Das Ableitungssuffix -i   E

Mit dem Ableitungssuffix **-i** werden ebenfalls Adjektive aus Substantiven gebildet. Es sind Adjektive, die das Grundwort näher bestimmen; von Ortsnamen abgeleitet, entsprechen sie oft den deutschen Bestimmungswörtern auf -er.

budapest**i** vállalat	**Budapester** Unternehmen
frankfurt**i** gyár	**Frankfurter** Fabrik
duna**i** hajó	Schiff **von der Donau**
ausztria**i** képviselő	Vertreter **in Österreich,**
	Vertreter **Österreichs**

Wird das Adjektiv aus einem Ortsnamen abgeleitet, so wird es im Ungarischen immer klein geschrieben.
Die Ortsbestimmung kann ganz allgemein sein und sich nicht nur auf geographische Namen beziehen:

étterm**i** vacsora	Abendessen **im Restaurant**
vállalat**i** igazgató	**Unternehmens**direktor
repülőtér**i** vámtiszt	Zollbeamter, *wörtlich:* Zolloffizier
	vom / auf dem Flughafen

Wenn das Stammwort (z. B. ipar) ein abstraktes Substantiv ist, ist das mit **-i** abgeleitete Adjektiv meist reines Bestimmungswort:

ipar**i** művek	**Industrie**werke
beruházás**i** igazgató	**Investitions**direktor
kereskedelm**i** vállalat	**Handels**unternehmen

Mit **-i** können auch Adjektive aus Zeitbestimmungen und Postpositionen abgeleitet werden:

9. Lektion

holnapi ebéd	**morgiges** Mittagessen
délutáni kávé	**Nachmittags**kaffee
a szálloda **melletti** ház	das Haus **neben dem Hotel**
az ülés **fölötti** háló	das Netz **über dem Sitz**

Das **-i** wird teils an den Nominativstamm, teils – bei Substantiven, bei denen der Vokal der letzten Silbe im Akkusativstamm ausfällt – an den Akkusativstamm angehängt:

repülőtéri vámtiszt (*Akkusativstamm*: ter-)
kereskedelmi vállalat (*Nominativstamm*: kereskedelem)

Der Unterschied in der Bedeutung und Anwendung von „milyen?" und „melyik?"   F

milyen? entspricht – wie schon bekannt – der Frage *was für ein(e)?*, d. h. die möglichen Antworten auf **milyen?** sind dem Fragenden nicht bekannt.
melyik? entspricht der Frage *welcher?, welche?, welches?*, d. h. die Auswahl der möglichen Antworten ist dem Fragenden bekannt *(im Deutschen steht dann oft der bestimmte Artikel)*:

Melyik vágányról indul a bécsi gyors?
Von welchem Gleis fährt der Wiener Schnellzug ab?

Als Antwort kann nur ein bestimmtes Gleis des Bahnhofs genannt werden:

das Gleis Nr. 3.

Das Substantiv nach **milyen?** gilt als **unbestimmtes**, nach **melyik?** als **bestimmtes Objekt**; dementsprechend wird das darauf bezogene Verb intransitiv bzw. transitiv konjugiert:

Milyen ajándékot **visz**?   **Was für ein** Geschenk nehmen Sie mit? Ein ...
Melyik táskát **viszi**?   **Welche** Tasche nehmen Sie mit? Die graue ...

Übungen

1. Verschieben Sie die logische Betonung in den Sätzen vom Objekt auf das Prädikat nach dem folgenden Muster! Die Vorsilbe, die auf die Vollendung der Handlung hinweist, ist in Klammern angegeben.

> Jegyet váltunk. (meg-)
> → Megváltjuk a jegyet.
> *Wir lösen eine Karte. — Wir lösen die Karte.*

a) Levelet írunk. (meg-)
b) Árut csomagolunk. (ki-)
c) Bort rendelünk. (meg-)

d) Lakbért fizetünk. (ki-)
e) Autót javítunk. (meg-)
f) Ajtót nyitunk. (ki-)
g) Fényképeket mutatunk. (meg-)
h) Doktort hívunk. (el-)
i) Vacsorát készítünk. (el-)
j) Pénzt váltunk. (be-)

Achten Sie bei den folgenden Verben auf die Assimilation!
a) Kabátot veszünk. (meg-)
b) Újságot olvasunk. (el-)
c) Hallevest főzünk. (meg-)
d) Széket hozunk. (ide-)
e) Egy szonátát játszunk. (el-)
f) Lemezeket keresünk. (meg-)
g) Szalámit eszünk. (meg-)
h) Teát iszunk. (meg-)
i) Könyvet viszünk. (el-)
j) Prospektusokat nézünk. (meg-)

2. **Bilden Sie je eine Frage und Antwort mit den angegebenen Wörtern nach dem Muster:**

> — a főmérnök urat várni —
> → Önök várják a főmérnök urat? — Igen, mi várjuk.
> „Sie warten auf den Herrn Oberingenieur?" — „Ja, wir warten auf ihn."

a) a Bosch céget képviselni
b) az igazgatót keresni
c) az új szerszámgépet javítani
d) a jelentést írni
e) a vacsorát fizetni
f) a bútorokat csomagolni
g) a jegyeket venni
h) a lakást bérelni
i) a házat **meg**mutatni
j) a vízumot **ki**adni
k) a csekket **be**váltani
l) a rádiót **meg**venni
m) a partit **elő**készíteni
n) az útleveleket **el**hozni
o) a garázsajtót **ki**nyitni
p) a fényképeket **el**vinni

3. **Bilden Sie mit den angegebenen Wörtern je eine Aufforderung im Zusammenhang mit der vorangegangenen Aussage nach dem Muster:**

> Ez az igazgató szobája. (belépni)
> → Lépjen be!
> *Das ist das Zimmer des Direktors.*
> → *Treten Sie ein!*

a) A vonat azonnal indul. (felszállni)
b) A vendég az emeleten van. (felmenni)

9. Lektion 100

c) Az ablaknál van szabad asztal. (odaülni)
d) 5 óra múlt 10 perccel. (elindulni)
e) A főmérnök a szobájában van. (bemenni)
f) Ez a vonat nem Bécsbe megy. (leszállni)
g) A tanácsos úrra várni kell. (leülni)
h) A Royal szállóban van szoba. (odamenni)
i) A tárgyalás csak 2 óra múlva kezdődik. (sétálni, addig, a városban)
j) A szobában nagyon meleg van. (pihenni, a kertben)
k) Az autó 8 órára jön. (felkelni, 7-kor)
l) 1 órakor találkozunk a Palace szállóban. (várni, az előcsarnokban)
m) A Metropol szálló nem nagyon drága. (lakni, a Metropolban)
n) Nem tudok az új rendelésről. (beszélni, talán, a főmérnökkel)
o) A szállóban nem jó a konyha. (ebédelni, inkább, a János pincében)

4. **Bilden Sie die an mehrere Personen gerichtete Aufforderungen mit den Wörtern der 3. Übung nach dem folgenden Muster!**

> Ez az igazgató szobája. (belépni)
> → Lépjenek be!

5. **Bilden Sie mit den angegebenen Wörtern je eine Aufforderung im Zusammenhang mit der vorangegangenen Aussage nach dem Muster:**

> A hanglemez az asztalon van. (ideadni)
> → Adja ide!
> *Die Schallplatte liegt (ist) auf dem Tisch.*
> → *Geben Sie sie her! (An eine Person gerichtet.)*

a) A bőrönd a hálóban van. (leemelni)
b) Megveszem a kabátot. (becsomagolni)
c) A portásnál van a kulcs. (elkérni)
d) A főmérnök 10 perc múlva érkezik. (megvárni)
e) Az igazgató holnapra kéri a jelentést. (megírni)
f) Beszélnem kell az üzletkötővel. (felhívni)
g) Az asztalon van a jelentés. (ideadni)
h) A műszaki igazgató a Fritz Werner cég szerszámgépét ajánlja. (megrendelni)

Achten Sie bei den folgenden Verben auf die Assimilation!

i) A táskám az előszobában van. (behozni)
j) A könyv a szekrényben van. (megkeresni)
k) Az autóm a ház előtt áll. (megnézni)
l) Itt van a műszaki igazgató jelentése. (elolvasni)
m) Nagyon szép ez a szonáta. (eljátszani, még egyszer)
n) Az útlevél a titkárnőnél van. (idehozni)

9. Lektion

6. **Bilden Sie je eine Aufforderung mit den angegebenen Wörtern im Zusammenhang mit der vorangegangenen Aussage! Achten Sie darauf, ob das Verb — dem Zusammenhang entsprechend — transitiv oder intransitiv konjugiert werden muß!**

> A szobában nagyon meleg van. (a kertben, olvasni)
> → Olvasson inkább a kertben!
> *Im Zimmer ist es sehr warm.*
> → *Lesen Sie lieber im Garten/*

a) Az igazgatónak most nincs ideje. (a főmérnökkel, tárgyalni)
b) Vonat csak délután van. (autóbusszal, menni)
c) A Metropol szállóban nem jó a kiszolgálás. (a Royalban, lakni)
d) Ez a bőrönd nagyon kicsi. (a másikat idehozni)
e) A halat nem szeretem. (valami mást, ajánlani)
f) A hangverseny fél óra múlva kezdődik. (a hangverseny után, vacsorázni)
g) A férjem nem szereti Ravelt. (a Mozart-szonátát, játszani)
h) Az autó ¹/₂8-ra jön. (a reggelit, 7-re, rendelni)
i) A park nagyon messze van. (a városban, sétálni)
j) Este nincs időm. (a tanácsos urat, ebédre, hívni)
k) A villamos lassú. (taxit, rendelni)
l) A bélszín nem nagyon szép. (karajt, adni)

7. **Bilden Sie je zwei Sätze mit den angegebenen Wörtern nach dem Muster:**

> a kocsit megjavítani — a sofőr
> — Most nem tudom a kocsit megjavítani. Javítsa meg a sofőr!
> *Jetzt kann ich den Wagen nicht reparieren.*
> *Der Fahrer soll ihn reparieren.*

a) a javaslatot meghallgatni — a főmérnök
b) a garázsajtót kinyitni — a fiam
c) a könyvet behozni — a kolléganő
d) Schneider urat felhívni — az üzletkötő
e) a jelentést elolvasni — a titkár
f) a gépet megrendelni — Szabó kolléga
g) a jegyet megváltani — a hordár
h) a fényképezőgépet megmutatni — a feleségem
i) a jelentést megírni — Kovács úr
j) a partit előkészíteni — a titkárnő
k) a gépet megnézni — a műszaki igazgató
l) a hanglemezt megkeresni — a lányom

8. **Geben Sie Anweisungen mit den angegebenen Wörtern an eine Person und an mehrere Personen gerichtet nach dem folgenden Muster! Achten Sie darauf, ob das Verb transitiv oder intransitiv konjugiert werden muß!**

9. Lektion 102

> a halból még venni
> → Vegyen még a halból!
> → Vegyenek még a halból!
> *Nehmen Sie noch etwas Fisch!*

a) 7-kor, a szállónál, lenni
b) sört, inni
c) almát, a gyereknek, vinni
d) sót, az asztalra, tenni
e) a karajból is, venni
f) vacsorára, a vendégem lenni (*an mehrere Personen gerichtet:* vendégeim!)
g) a bőröndöt, a kocsira, feltenni
h) a kabátot, megvenni
i) a kávét, nyugodtan, meginni
j) a bort, a pincébe, levinni
k) még egy keveset, enni
l) a fényképezőgépet, a táskából, kivenni

9. **Bilden Sie je eine Aussage und eine Aufforderung mit den angegebenen Wörtern nach dem Muster:**

> szobát rendelni, az igazgató
> → 1. Szobát rendelek az igazgatónak.
> → 2. Rendeljen szobát az igazgatónak!
> *1. Ich bestelle dem Direktor ein Zimmer.*
> *2. Bestellen Sie dem Direktor ein Zimmer!* (*an eine Person gerichtet*)

a) széket hozni, a vendég
b) ajtót nyitni, a hölgy
c) felvilágosítást adni, az úr
d) taxit hívni, az utas
e) vizet vinni, a sofőr
f) bélszínt ajánlani, a doktor úr
g) kávét főzni, a mérnök
h) levelet írni, a gyerekek

10. **Bilden Sie mit den angegebenen Wörtern Fragen und Antworten nach dem Muster:**

> szobát rendelni — igazgató / főmérnök
> — Kinek rendeli a szobát? Az igazgatónak?
> — Nem, a főmérnöknek rendelem.
> „*Wem bestellen Sie das Zimmer? Dem Direktor?*"
> „*Nein, ich bestelle es dem Oberingenieur.*"

a) a jegyet váltani — a férjem / a fiam
b) a lemezt venni — a lánya / a barátnőm
c) a kávét főzni — a kollégák / a tanár úr
d) a levelet írni — a felesége / a barátom
e) a széket hozni — a tanácsos úr / a vendége
f) a kulcsot adni — a sofőr / a kolléganőm
g) a vacsorát készíteni — a gyerekek / a férjem
h) az útlevelet mutatni — a katona / a vámtisztviselő

11. **Fragen Sie zuerst nach dem Akkusativ-, dann nach dem Dativobjekt der Sätze nach dem folgenden Muster! Achten Sie darauf, daß das Verb nach dem Fragewort „mit?" intransitiv konjugiert wird!**

> A kiszolgáló almát ajánl Schneidernének.
> → 1. Mit ajánl a kiszolgáló Schneidernének?
> → 2. Kinek ajánl a kiszolgáló almát?
> *Der Verkäufer empfiehlt Frau Schneider Äpfel.*
> — *Was empfiehlt der Verkäufer Frau Schneider?*
> — *Wem empfiehlt der Verkäufer Äpfel?*

a) Szabó kolléga széket hoz a vendégnek.
b) A titkárnő kávét főz az igazgatónak.
c) Az utas megköszöni a hordárnak a felvilágosítást.
d) A portás odaadja a kulcsot a vendégnek.
e) Kovács úr lemezeket vesz a feleségének.
f) A kiszolgáló becsomagolja a szőnyeget a tanácsos úrnak.
g) Az utas megmutatja a csomagját a vámtisztviselőnek.
h) Schneider úr bort rendel a barátjának.

12. **Antworten Sie auf die Fragen nach dem Muster:**

> Milyen hölgy lép a fülkébe? (Barna a haja.)
> → Barna hajú hölgy lép a fülkébe.
> *Was für eine Dame tritt ins Abteil? (Ihre Haare sind braun.)*
> → *Eine braunhaarige Dame (eine Dame mit braunen Haaren) tritt ins Abteil.*

a) Milyen lány ül az ablak mellett? (Szép az arca.)
b) Milyen férfi száll ki az autóból? (Vastag a táskája.)
c) Milyen portás ébreszti a vendéget? (Udvarias a hangja.)
d) Milyen szobában dolgozik a titkárnő? (Tapétás a fala.)
e) Milyen tisztviselő jön ki a szobából? (Alacsony a növése.)
f) Milyen újságot olvas az igazgató? (Orosz a nyelve.)
g) Milyen szerelő javítja a hűtőgépet? (Gyors a keze.)

h) Milyen lakásban lakik Szabó kolléga? (Modern a berendezése.)
i) Milyen étteremben ebédelnek a vendégek? (Jó a konyhája.)
j) Milyen irodát keres a gyár képviselője? (Olcsó a bére.)

Aufgaben

1. **Übersetzen Sie folgende Aufforderungen ins Ungarische so, daß Sie sich an eine Person wenden!**

   a) Zeigen Sie Ihren Paß!
   b) Gehen Sie zum Schnellzug nach Wien!
   c) Kommen Sie zum großen Tor!
   d) Nehmen Sie den Koffer aus dem Wagen!
   e) Legen Sie die Tasche auf den Sitz!
   f) Führen Sie die Dame zum Zollbeamten!
   g) Winken Sie dem Gepäckträger!
   h) Lösen Sie zwei Karten bis Wien!

2. **Übersetzen Sie folgende Aufforderungen ins Ungarische so, daß Sie sich an mehrere Personen wenden! Achten Sie dabei darauf, daß Sie hier die vollendeten Formen der Verben verwenden sollen (mit der Vorsilbe meg- oder el-)!**

   a) Spielen Sie die Mozart-Sonate noch einmal!
   b) Lesen Sie bis morgen den Vorschlag!
   c) Reparieren Sie schnell mein Radio!
   d) Trinken Sie Ihr Bier in Ruhe!
   e) Bestellen Sie Ihre Zimmer in Wien!
   f) Lösen Sie Ihre Fahrkarten noch heute!

3. **Übersetzen Sie den folgenden Text ins Ungarische!**

   Ich muß für zwei Tage nach Wien reisen. Ich habe kein großes Gepäck, nur eine Handtasche (kézitáska). Ich fahre also nicht mit dem Taxi, sondern mit der Metro. Ich komme 20 Minuten vor der Abfahrt des Zuges auf dem Bahnhof an. Ich muß noch meine Fahrkarte lösen. Ich gehe zur Kasse. Dort stehen einige Leute Schlange, die Dame arbeitet aber schnell. In 5 Minuten bekomme ich schon meine Fahrkarte. Ich bin kein ungarischer Staatsbürger, ich muß also von der Grenze in Devisen zahlen. Mein Zug steht auf Gleis drei (harmadik vágány) in der Halle. Ich steige ein und suche (mir) einen freien Platz. Ich brauche nicht lange zu suchen. Ich lege meine Tasche ins Netz und setze mich. Ich schaue auf die Uhr: es ist 2 Uhr. In 8 Minuten fahren wir ab.

10. Lektion

Vor dem Ausgehen – (Monolog einer jungen Dame)

Istenem, már hat óra! Pista pedig öt perccel fél nyolc előtt vár rám a Zeneakadémia előcsarnokában. Ő mindig pontos, én viszont mindig elkésem. Igaz, csak egy kicsit, és a hangverseny sem kezdődik pontosan. Miért legyek akkor én pontos? Egyébként is: a férfi várjon a nőre! Várjon rá, és örüljön neki, amikor megérkezik! Mondjon neki valami kedves bókot, és ne tartson neki előadást a pontosságról! Tulajdonképpen nagyon szeretek vele lenni, olyan kedves fiú! De ez a pontosságmánia szörnyű nála! Mennyi az idő? Még csak öt perccel múlt hat? Van még tehát majdnem másfél órám. Ma megmutatom neki, hogy a nők is tudnak pontosak lenni. Máris megyek a fürdőszobába. Fürödjek, vagy inkább zuhanyozzak? Zuhanyozom, az nem tart olyan sokáig. Először forró vízzel, azután langyossal és végül hideggel: az felfrissít. Brr, de hideg! Gyorsan elzárom a csapot, és megtörölközöm. Hol a törölköző? Itt lóg a szemem előtt, én meg nem látom. Na, ezzel készen vagyok. Mennyi az idő? Negyed hét? Nagyszerű! Jöjjön a smink! Kifessem a szemhéjam? Ne inkább csak a szemöldököm húzzam ki? Pista nem szereti az erős sminket. Egy kis kéket azért teszek a szemhéjamra is. Úgy, ez most kitűnő. De jó a férfiaknak! Nekik nincs ilyen gondjuk, de tőlünk bezzeg elvárják a kifogástalan sminket. Arra pedig nem gondolnak, hogy ez időbe kerül. El ne felejtsem a rúzst! Ezt az élénkpirosat vegyem, vagy azt a halványat? Azt hiszem, a halvány jobban megy ehhez a szemfestékhez. Még egy pillantás a tükörbe: minden rendben, lehet öltözni. Az ám, de mit vegyek fel? Felvegyem az új, csíkos, hosszú szoknyát? És hozzá ezt a piros blúzt? A felső gombot kigombolom, és felteszem a koráll nyakláncomat. Igen, ez nekem tetszik, de neki biztos nem. Mindig olyan ünnepélyesen öltözik hangversenyekre. Biztosan a sötétkék öltönye lesz rajta, vagy a kockás sötétszürke. Abban nagyon elegáns, különösen ha az új csíkos nyakkendőjét köti fel hozzá. Na jó, levetem ezt a szoknyát. Pedig igazán csinos vagyok benne. Jól áll nekem a hosszú szoknya. Kár, hogy nincs hosszú estélyi ruhám. Talán kapok majd tőle egyet karácsonyra. De karácsony még soká lesz, nekem pedig öltözni kell, nem vetkőzni.
Te jó ég, mindjárt hét óra. Rendeljek taxit? Ha rendelek, most kell rendelnem. Várjon a taxisofőr rám, ne én várjak őrá. Igen, és ezt az egyszerű, ujjatlan, haványkék ruhát veszem fel ezzel a diszkrét nyakkivágással. Megy ehhez a borostyán nyaklánc? Vagy inkább ezt

10. Lektion

az ezüst nyakláncot tegyem fel? A taxi száma persze foglalt. Igen, az ezüst nyakláncot teszem fel. Ma este raffinált egyszerűségemmel bűvölöm el Pistát. Na, most csenget, és fel is veszik a kagylót. - Halló, taxi? Kérek egy kocsit Nagy Zsuzsa névre. Mondom a címet: IX. kerület, Mester utca 5. ... Igen, most mindjárt kérem. ... Indul a kocsi? Köszönöm. Taxival megyek, nem késem el. Már csak a hajamat kell megigazítanom, belebújok a cipőmbe, és indulok. Dehogy bújok bele, hiszen még mezítláb vagyok. Szörnyű ez az öltözködés! Gyorsan felhúzom a harisnyát, remélem, nem szakad el. Nem, szerencsém van. Fésű, kulcs, bele a retikülbe! Az igazolvány meg a pénztárca már benne van. Jaj, de buta vagyok! Miért teszem a retikülbe a kulcsot, úgyis ki kell vennem belőle, hiszen be kell zárnom az ajtót. Belebújjak a kabátba? Már hallom a taxit, most áll meg a ház előtt. Nem bújok bele, a karomra veszem. Végre mindennel kész vagyok. 10 perc múlva fél nyolc. Tehát ma sem mutatom meg neki, hogy a nők is tudnak pontosak lenni.

Vokabeln

isten (-t)	Gott	de hideg! (de *hier Interj.*)	wie kalt!
Pista	Kosename für István (Stephan)	zárni (zár)	schließen, sperren
Zeneakadémia	Musikakademie	csap	(Wasser-, Gas-)Hahn
zene	Musik	elzárja a csapot	(er) dreht den Hahn zu
elkésni (elkésik)	sich verspäten	bezárja az ajtót	er schließt die Tür (zu)
vhonnan			
miért?	warum?	törölközni (törölközik)	sich (ab)trocknen
kedves	lieb, nett	törölköző	Handtuch
bók (-ot)	Kompliment	lógni (lóg)	hängen *(intr.)*
ne!	nicht *(beim Imperativ)*	én meg nem látom	und ich sehe es nicht
előadás	Vortrag		
előadást tartani	einen Vortrag halten	meg *(Bindewort)*	und
pontosság (-ot)	Pünktlichkeit	smink (-et)	Schminke
tulajdonképpen	eigentlich	kifesteni a szemhéját	(sie) schminkt sich die Lider
szeretek vele lenni	ich bin gerne mit ihm	szemhéj (-at)	Lid
mánia	Wahn	kihúzza a szemöldökét	(sie) zieht die Augenbrauen nach
szörnyű	schrecklich, furchtbar	szemöldök (-öt)	Augenbraue
majdnem	fast, beinah(e)	húzni (húz)	ziehen
		erős	stark
hogy *(Bindewort)*	daß	kék	blau
fürödni (fürdik)	baden	egy kis kéket teszek a szemhéjamra is	ich tue mir auch etwas Blau auf die Lider
vagy	oder		
zuhanyozni (zuhanyozik)	sich duschen		
forró	heiß		
langyos	lau	de jó a férfiaknak!	wie gut haben es die Männer!
végül	schließlich		
felfrissíteni (felfrissít)	erfrischen		

10. Lektion

gond (-ot)	Sorge	egyszerű	einfach
persze	freilich	ujjatlan	ärmellos
bezzeg	aber, jedoch	halványkék	mattblau
elvárni (elvár) vkitől	etw. von j-m erwarten	nyakkivágás (-t)	Dekolleté
		borostyán (-t)	Bernstein
kifogástalan	einwandfrei	ezüst (-öt)	Silber; silbern
ez időbe kerül	das kostet Zeit	foglalt	besetzt
elfelejteni (elfelejt)	vergessen	raffinált	raffiniert
rúzs (-t)	Lippenstift	egyszerűség	Einfachheit
élénkpiros	hellrot	elbűvölni (elbűvöl)	bezaubern, entzücken
halvány	matt (bei Farben)	csengetni (csenget)	klingeln
hinni (hisz)	glauben	fel is veszik a kagylót	man nimmt auch den Hörer ab
szemfesték (-et)	Augenfarbe		
megy vmihez	paßt zu etw.		
jobban	besser	kagyló	Hörer (wörtlich: Muschel)
pillantás (-t, -ok)	Blick		
tükör (tükröt)	Spiegel		
öltözni (öltözik)	sich anziehen, sich ankleiden	név (nevet)	Name
		cím (-et)	Adresse
		kerület (-et)	Bezirk (nur in der Stadt)
ám	nun wohl		
felvenni (felvesz)	anziehen	megigazítani (megigazít)	in Ordnung bringen, ordnen
csíkos	gestreift		
hosszú	lang		
szoknya	Rock	belebújni (belebújik) vmibe	hineinschlüpfen in etw., etw. anziehen
blúz (-t, -ok)	Bluse		
felső	ober		
gomb (-ot)	Knopf		
kigombolni (kigombol)	aufknöpfen	cipő	Schuh
begombolni (begombol)	zuknöpfen	mezítláb	barfuß
nyaklánc (-ot)	Halskette	öltözködés	Kleiden
felteszem a koráll nyakláncomat	ich lege mir meine korallene Halskette um	harisnya	Strumpf
		elszakadni (elszakad)	reißen (intr.)
		szerencse	Glück
		fésű	Kamm
tetszeni (tetszik) vkinek	j-m gefallen	retikül (-t, -ök)	(Damen-)Handtasche
ünnepélyes	feierlich		
sötétkék	dunkelblau	igazolvány (-t, -ok)	Ausweis
öltöny (-t, -ök)	Anzug	pénztárca	Portemonnaie
kockás	kariert	jaj!	o weh!
sötétszürke	dunkelgrau	buta	dumm
elegáns	elegant	úgyis	sowieso
nyakkendő	Krawatte	hiszen	denn (Konj.)
felkötni (felköt)	umbinden	hallani (hall)	hören
levetni (levet)	ausziehen	kar (-t, -ok)	Arm
csinos	hübsch, nett, reizend	a karomra veszem	ich lege mir (den Mantel) über den Arm
jól áll nekem	es steht mir gut		
kár, hogy ...	schade, daß...	végre	endlich
estélyi ruha	Abendkleid	pulóver (-t, -ek)	Pullover
majd kapok	ich werde bekommen	kezdet (-et)	Beginn
		találkozó	Verabredung
karácsony	Weihnachten	karóra	Armbanduhr
vetkőzni (vetkőzik)	sich ausziehen	letenni	ablegen
te jó ég!	du lieber Himmel!	kibújni (kibújik) vmiből	schlüpfen aus etw.

10. Lektion

Grammatik

Imperativ: 1. Person des Singulars in der intransitiven und transitiven Konjugation   A

Intransitiv

Mond**jak** még valamit?	**Soll ich** noch etwas sagen?
Men**jek** már?	**Soll ich** schon gehen?

Transitiv

Megrendel**jem** a szobát?	**Soll ich** das Zimmer bestellen?
Bezár**jam** az ajtót?	**Soll ich** die Tür sperren?

In der regelmäßigen Konjugation lautet also das Personalsuffix intransitiv **-jak/-jek** und transitiv **-jam/-jem**.

Bei den unregelmäßigen Verben gelten die in der 9. Lektion behandelten Regeln, nach denen das **-j-** des Personalsuffixes in **-s-, -sz-, -z-,** bzw. bei den Verben mit **n – sz** Stammwechsel in **-gy-** verwandelt wird.

Bei den **-ik-**Verben herrscht eine gewisse Schwankung im Gebrauch des Personalsuffixes. Das ursprüngliche Personalsuffix war **-m** wie im Indikativ, in der Umgangssprache setzt sich aber in der intransitiven Konjugation immer mehr **-k** durch.

Zuhanyozza**k**? *oder:* Zuhanyozza**m**?   **Soll ich** mich duschen?

ne   B

In Verboten (negativen Aufforderungen) wird **ne** gebraucht:

'**Ne** öltözzön meg!	Ziehen Sie sich noch **nicht** an!
'**Ne** felejtse el a jegyeket!	Vergessen Sie die Karten **nicht!**

Ne steht unmittelbar vor dem Wort, auf das sich das Verbot bezieht. Die Verbalpräfixe werden vom Verb getrennt, wenn das Verb nach **ne** steht, denn **ne** ist immer betont.

Verneinung mit s e m   C

Wenn zwei miteinander zusammenhängende Verneinungen aufeinander folgen, erscheint in der zweiten Verneinung **sem** als verneinendes Wort etwa in der Bedeutung *auch nicht*.

Nem kötök nyakkendőt. A vendég **sem** köt.
Ich binde mir keine Krawatte um. **Auch** der Gast bindet sich **keine** um.
Nemcsak én késem el, a hangverseny **sem** kezdődik pontosan.
Nicht nur ich verspäte mich, **auch** das Konzert beginnt **nicht** pünktlich.

Ähnlich wie **sem** werden **se** in Verboten und **sincs, sincsenek** bei der Verneinung von **van, vannak** (ist, sind) gebraucht.

Ne rendeljenek szobát! Jegyet **se** rendeljenek.
Bestellen Sie *(Plur.)* kein Zimmer! Bestellen Sie *(Plur.)* **auch keine** Karte!
Ne húzza ki a szemöldökét! A szemhéját **se** fesse ki!
Ziehen Sie sich die Brauen nicht nach! Schminken Sie sich **auch nicht** die Lider!
A só nincs az asztalon. A konyhaszekrényben **sincs.**
Das Salz ist nicht auf dem Tisch. Es ist **auch nicht** im Küchenschrank.
A gyerekek nincsenek az utcán. A kertben **sincsenek.**
Die Kinder sind nicht auf der Straße. Sie sind **auch nicht** im Garten.

Im Gegensatz zu **nem** und **ne** stehen **sem** und **se** immer nach dem Wort, auf das sie sich beziehen. Bei Verben werden sie jedoch nicht gebraucht, dann verwendet man **nem is,** ähnlich wie im Deutschen:

Nem olvasok. **Nem is** írok.   Ich lese nicht. Ich schreibe **auch nicht.**
Ne jöjjön! **Ne is** telefonáljon!   Kommen Sie nicht! Rufen Sie **auch nicht** an!

Die Demonstrativpronomen ez, az   D

Ez *dieser* und **az** *jener* sind auch substantivische Demonstrativpronomen, weil sie Substantive vertreten können. Mit **ez** wird auf das Näherstehende, mit **az** auf das Entferntere hingewiesen.
Nach **ez** und **az** steht das Substantiv immer mit dem bestimmten Artikel. Sie werden – im Gegensatz zu den Adjektiven – auch dann dekliniert, wenn sie nicht für das Substantiv, sondern als Attribut vor dem Substantiv stehen. Sie bekommen dieselben Kasussuffixe wie die Substantive. Wenn das Kasussuffix mit einem Konsonanten beginnt, gleicht sich das **-z** des Demonstrativpronomens diesem Konsonanten an, der demzufolge lang wird:

e**bb**en / a**bb**an a házban	in **diesem** / **dem** Haus da
e**hh**ez / a**hh**oz a mérnökhöz	zu **diesem** / **dem** Ingenieur da
e**nn**él / a**nn**ál a hölgynél	bei **dieser** / **der** Dame da

Bei dem Kasussuffix **-val/-vel,** das sich dem Auslautkonsonanten immer angleicht, werden beide Formen gebraucht:

e**zz**el / a**zz**al a szerelővel *oder:*
e**vv**el / a**vv**al a szerelővel.   mit **diesem** / **dem** Monteur da

Bevorzugt wird jedoch die Form **ezzel / azzal.**
Eine Ausnahme bildet die Form mit dem Kasussuffix **-ig:**

e**dd**ig / a**dd**ig a házig   bis zu **diesem** / **dem** Haus da

Wird das Substantiv mit einer Postposition gebraucht, so erscheint diese je einmal nach **ez / az** und dem Substantiv. Beginnt die Postposition mit einem Konsonanten, so wird statt **ez / az** nur **e / a** gebraucht:

10. Lektion

az előtt a ház előtt	vor dem Haus da
e mögött az oszlop mögött	hinter dieser Säule

Die Pronominaladverbien   E

Die Pronominaladverbien können auch als deklinierte Fälle des Personalpronomens aufgefaßt werden. Sie werden aus einer Lautvariante des jeweiligen Kasussuffixes mit dem Besitzzeichen gebildet. Ob die helle oder dunkle Kasussuffixvariante der Bildung zugrunde liegt, dafür gibt es keine Regel. Die Besitzzeichenvariante paßt sich dann dem Stamm an.

Übersicht der den bisher gelernten Kasussuffixen entsprechenden   F
Pronominaladverbien

-ba/-be	belém	in mich	bele – belé	in ihn/sie
	belénk	in uns	beléjük	in sie *(Plur.)*
-ban/-ben	bennem	in mir	benne	in ihm/ihr
	bennünk	in uns	bennük	in ihnen
-ból/-ből	belőlem	aus mir	belőle	aus ihm/ihr
	belőlünk	aus uns	belőlük	aus ihnen
-hoz/-hez/-höz	hozzám	zu mir	hozzá	zu ihm/ihr
	hozzánk	zu uns	hozzájuk	zu ihnen
-nál/-nél	nálam	bei mir	nála	bei ihm/ihr
	nálunk	bei uns	náluk	bei ihnen
-tól/-től	tőlem	von mir	tőle	von ihm/ihr
	tőlünk	von uns	tőlük	von ihnen
-val/-vel	velem	mit mir	vele	mit ihm/ihr
	velünk	mit uns	velük	mit ihnen
-nak/-nek	nekem	mir	neki	ihm/ihr
	nekünk	uns	nekik	ihnen
-ra/-re	rám	auf/an mich	rá	auf/an ihn/sie
	ránk	auf/an uns	rájuk	auf/an sie
-ról/-ről	rólam	von mir, über mich	róla	von ihm/ihr, über ihn/sie
	rólunk	von/über uns	róluk	von ihnen, über sie

Das Pronominaladverb, das dem Kasussuffix -n/-on/-en/-ön entspricht, bildet eine Ausnahme:

| rajtam | auf/an mir | rajta | auf/an ihm/ihr |
| rajtunk | auf/an uns | rajtuk | auf/an ihnen |

Den Kasussuffixen **-kor** und **-ig** entsprechen keine Pronominaladverbien.

G

Die den Postpositionen entsprechenden Pronominaladverbien sind einfacher, da die Postpositionen keine Lautvarianten haben. Hier werden die Postpositionen genauso mit dem Besitzzeichen versehen wie die Substantive:

mögöttem hinter mir	**mögötte hinter ihm/ihr**
mögöttünk hinter uns	**mögöttük hinter** ihnen
mellettem neben mir	**mellette neben** ihm/ihr *usw.*

Bei besonderer Betonung des Pronominaladverbs steht das Personalpronomen vor dem Pronominaladverb und wird damit zusammengeschrieben:

Énrólam beszélnek? Sprechen sie (*oder* Sie) **von mir**?
Őhozzá akarok menni. Ich will **zu ihm/ihr** gehen.
Braun úr **minálunk** lakik. Herr Braun wohnt **bei uns**.

In der 3. Person des Plurals wird nicht **ők,** sondern **ő** gebraucht:

Éppen **őtőlük** jövök. Ich komme gerade **von ihnen**.

Mit den Pronominaladverbien kann bei besonderer Hervorhebung auf vorher genannte Personen, Sachen oder Sachverhalte zurückverwiesen werden. (In betontem Falle wird die entsprechend deklinierte Form des Demonstrativpronomens **az** verwendet, die im Gegensatz zum Pronominaladverb dem Verb nicht nach-, sondern vorangestellt wird.)

Nézze meg még egyszer **a táskáját!** Biztosan **benne** van a kulcs.
Schauen Sie sich Ihre **Tasche** noch einmal an! Der Schlüssel ist bestimmt **drin**.
A barátom Budapestre jön. Örülök **neki**.
Mein Freund kommt nach Budapest. Ich freue mich **darauf**.

H Zurückverweisung auf ein vorher genanntes Objekt mit Hilfe der intransitiven Konjugation

Wie man mit der transitiven Konjugation in unbetontem Falle auf ein vorher genanntes **bestimmtes** Objekt zurückverweisen kann, so kann man in unbetontem Falle mit der intransitiven Konjugation auf ein vorher genanntes **unbestimmtes** Objekt zurückverweisen:

A kollégám pénzt vált. Én is váltok.
Mein Kollege wechselt Geld. Ich wechsle auch welches.
A barátom nem köt nyakkendőt. Én sem kötök.
Mein Freund bindet sich keine Krawatte um. Ich binde mir auch keine um.

Diese Bedeutung der intransitiven Konjugation kommt freilich nur im Kontext zur Geltung.

10. Lektion

Gebrauch von Wörtern, die Körperteile und Kleidungsstücke bezeichnen

Beim Gebrauch dieser Wörter sind folgende Unterschiede im Vergleich zum Deutschen zu beachten:

1. Bei paarigen Körperteilen steht im Ungarischen der Singular: szem *Augen*, szemhéj *Lider*, kar *Arme* usw. Dasselbe gilt auch für die entsprechenden Kleidungsstücke: cipő *Schuhe*, harisnya *Strümpfe* usw. Will man nur von einem Körperteil sprechen, verwendet man das Adjektiv **fél** *halb:* fél szem *ein Auge*, fél kar *ein Arm* usw. Ein Lebewesen mit nur einem Auge ist **félszemű**, ein Mensch mit nur einem Arm **félkarú** usw. Bei den Kleidungsstücken sagt man **fél pár** *ein halbes Paar:* fél pár cipő, fél pár harisnya usw.

2. Die Körperteile und Kleidungsstücke werden fast immer mit dem Besitzzeichen benutzt, das die Funktion des Reflexivpronomens im entsprechenden deutschen Satz erfüllt:

Kifessem a szemhéjam? Soll ich **mir** die Lider schminken?
Gyorsam felhúzom a harisnyámat. Ich ziehe **mir** schnell die Strümpfe an.

Übungen

1. **Bilden Sie je zwei zusammenhängende Sätze mit den angegebenen Wörtern nach dem Muster:**

> Pista, menni
> → Pista már megy. Menjek én is?
> *Pista geht schon. Soll ich auch gehen?*

a) Szabó kolléga, fizetni
b) a szerelő, dolgozni
c) a sofőr, csomagolni
d) Mariann, öltözni
e) a vendégünk, törölközni

f) a gyerek, vetkőzni
g) az igazgató, indulni
h) a barátom, zuhanyozni
i) a titkárnő, készülni
j) Braun úr, reggelizni

2. **Bilden Sie den zweiten Satz in Zusammenhang mit dem ersten nach dem Muster:**

> Az igazgató nem ismeri a gépet. (a főmérnökhöz menni)
> → Ne menjek inkább a főmérnökhöz?
> *Der Direktor kennt die Maschine nicht.*
> → *Soll ich nicht lieber zum Oberingenieur gehen?*

a) a Royal szálló nagyon drága. (a Metropolban lakni)
b) A bőrönd nagyon nehéz. (hordárt hívni)

c) Az igazgatónak most sok a dolga. (a főmérnökkel beszélni)
d) Talán nem kapok taxit. (azonnal indulni)
e) Este biztosan hideg lesz. (pulóvert húzni)
f) A János pincét nem ismerem. (a szálló éttermében vacsorázni)
g) A bélszín nem szép. (karajt venni)
h) A tea nem frissíti fel. (kávét hozni)
i) Még csak öt perccel múlt hét. (még egy kicsit várni)
j) A hal nem mindig friss. (bélszínt rendelni)

3. **Bilden Sie den zweiten Satz in Zusammenhang mit dem ersten nach dem folgenden Muster! Achten Sie darauf, daß das Verb im zweiten Satz transitiv zu konjugieren ist!**

> A hanglemez a másik szobában van. (idehozni)
> → Hozzam ide?
> *Die Schallplatte ist im anderen Zimmer.*
> → *Soll ich sie herbringen?*

a) A törölköző itt lóg. (odaadni)
b) A kocsim a ház előtt áll. (megmutatni)
c) Az igazgató egy fél óra múlva érkezik. (megvárni)
d) A tanácsos úr holnapra kéri a jelentést. (megírni)
e) Szabó kolléga a szobájában dolgozik. (idehívni)
f) Ez a piros szoknya nagyon jól áll. (megvenni)
g) A kabát az előszobában lóg. (behozni)
h) Ez a szonáta nagyon szép. (eljátszani)
i) A gép nagyszerűen működik. (megrendelni)
j) Az üzletkötő nincs a szobájában. (megkeresni)
k) A hűtőszekrény nem működik. (megjavítani)
l) A cipő a bőröndben van. (kivenni)

4. **Bilden Sie Fragen mit den angegebenen Wörtern nach dem folgenden Muster! Achten Sie darauf, ob das Verb transitiv oder intransitiv zu konjugieren ist!**

> jelentést írni
> → Írjak jelentést?
> *Soll ich einen Bericht schreiben?*

> a jelentést megírni
> → Megírjam a jelentést?
> *Soll ich den Bericht schreiben?*

a) szobát rendelni
b) a nyakláncot feltenni
c) a fényképeket megmutatni
d) ajtót nyitni
e) hordárt hívni
f) az árut becsomagolni
g) kávét főzni
h) a kabátot kivinni

i) a jegyet megváltani
j) a rúzst idehozni
k) a kertbe kimenni
l) vacsorát készíteni
m) a pulóvert levetni
n) harisnyát húzni
o) a kagylót felvenni
p) teát vinni

10. Lektion

5. **Bilden Sie Verbote mit den Wörtern der Übung 4 nach dem Muster!**

jelentést írni	a jelentést megírni
→ Ne írjon jelentést!	→ Ne írja meg a jelentést!
Schreiben Sie keinen Bericht!	*Schreiben Sie den Bericht nicht!*

6. **Verneinen Sie folgende Sätze nach dem Muster:**

> A barátnőm harisnyát húz. Én is húzok.
> → A barátnőm nem húz harisnyát. Én sem húzok.
> *Meine Freundin zieht sich Strümpfe an. Ich ziehe mir auch welche an.*
> → *Meine Freundin zieht sich keine Strümpfe an. Ich ziehe mir auch keine an.*

a) Pista kabátot vesz. Én is veszek.
b) A vendég nyakkendőt köt. Én is kötök.
c) Szabó kolléga pénzt vált. Én is váltok.
d) A feleségem teát iszik. Én is iszom.
e) A barátom bort hoz. Én is hozok.
f) Az igazgató kávét rendel. Én is rendelek.
g) A tanácsos úr hordárt hív. Én is hívok.
h) A sofőröm halat eszik. Én is eszem.
i) A titkárnő hanglemezt vesz. Én is veszek.
j) A cég képviselője előadást tart. Én is tartok.

7. **Bilden Sie den zweiten Satz nach dem folgenden Muster! Achten Sie darauf, ob das Verb transitiv oder intransitiv zu konjugieren ist!**

> A barátnőm nem húz harisnyát. → Én se húzzak?
> A barátnőm nem veti le a kabátját. → Én se vegyem le?
> *Meine Freundin zieht sich keine Strümpfe an.*
> → *Soll ich mir auch keine anziehen?*
> *Meine Freundin zieht ihren Mantel nicht aus.*
> → *Soll ich (meinen) auch nicht ausziehen?*

a) Mariann nem gombolja ki a felső gombot.
b) A vendég nem köt nyakkendőt.
c) Pista nem vesz kabátot.
d) Az igazgató nem issza meg a kávéját.
e) Szabó kolléga nem vált pénzt.
f) Éva nem teszi fel a nyakláncát.
g) A tanácsos úr nem adja be a kabátját a ruhatárba.
h) A barátom nem hoz bort.
i) A főmérnök nem írja meg a javaslatot.
j) A titkár nem hív hordárt.
k) A sofőr nem javítja meg az autót.

l) A titkárnő nem vesz hanglemezt.
m) A lány nem nyitja ki az ablakot.
n) A cég képviselője nem tart előadást.
o) A főmérnök nem gombolja be a kabátját.
p) A barátnőm nem festi ki a szemhéját.

8. Antworten Sie auf die Fragen nach dem Muster:

> Ezt az űrlapot töltsem ki?
> → Nem, azt az űrlapot töltse ki kérem!
> Soll ich dieses Formular ausfüllen?
> → Nein, füllen Sie das Formular da aus, bitte!

a) Ennek a hordárnak adjam a bőröndöt?
b) Ennél a pénztárnál fizessek?
c) Ebbe a szekrénybe tegyem a ruháimat?
d) Ebben a szobában várjak?
e) Ezzel az autóbusszal menjek?
f) Ebből a borból igyak?
g) Erre a polcra tegyem a könyvet?
h) Ezen a pályaudvaron várjak?
i) Ebben a szállodában maradjak?
j) Ezt a gépet rendeljem?
k) Erről a városról beszéljek?
l) Ebben az étteremben vacsorázzak?
m) Ettől a tisztviselőtől kérjek felvilágosítást?
n) Ehhez a vállalathoz menjek?
o) Erre a vonatra szálljak?
p) Ezzel az úrral tárgyaljak?

9. Ergänzen Sie die Sätze mit der entsprechenden Form von „ez" oder „az", je nachdem ob „itt" oder „ott" im Satz steht!

a) ... a fülkében itt nincs szabad hely.
b) Mutassa meg kérem ... a ruhát, ott!
c) Be szeretnék menni ... a házba ott!
d) Itt szeretnék dolgozni ... a vállalatnál!
e) ... a gépről ott még nincs prospektusunk.
f) Felvilágosítást kérek ... a hölgytől ott.
g) Váltsa meg a jegyét ... a pénztárnál itt!
h) Szálljon fel ott, ... az autóbuszra!
i) ... a halból itt ne egyen!
j) ... az úrnak ott ásványvizet vigyen!
k) ... a szállóban itt biztosan kap szobát.
l) ... a ruhához itt nem megy a borostyán nyaklánc.
m) Hozza ide kérem ... a hanglemezt ott!
n) Beszéljen ott ... az úrral!

10. Lektion

10. Ersetzen Sie in den folgenden Sätzen das fett gedruckte Substantiv mit dem entsprechenden Pronominaladverb nach dem Muster:

> Az útlevél **a táskában** van.
> → Az útlevél benne van.
> *Der Paß ist in der Tasche.*
> → *Der Paß ist darin.*

a) Leveszem **a kocsiról** a bőröndöt.
b) Megbeszélem **az igazgatóval** a rendelést.
c) Bemegyek **a főmérnökhöz**.
d) Sokat gondolok **a fiamra**.
e) **a feleségemnek** adom a lemezt.
f) **A kollégámmal** megyek a hangversenyre.
g) Kiveszem **a szekrényből** a kabátomat.
h) Mariann **a szoknyámon** ül.
i) Az igazgató elvárja **a titkárnőjétől** a pontosságot.
j) A nagyságos asszony **Schneidernénél** van.
k) Ne várjon **a doktorra**!
l) Ne utazzon most **a lányához**!
m) Ne maradjon sokáig **Braun úrnál**!
n) Ne tegye **a bőröndbe** a pénzét!
o) Ne főzzön **a vendégnek** kávét!
p) Gondoskodjon **a javításról**!
r) Vegye ki **a bőröndből** a menetjegyét!
s) Tárgyaljon **a műszaki igazgatóval**!
t) Mutassa meg **a tisztviselőnek** az útlevelét!
u) Kérje el **a portástól** az igazolványát!

11. In der folgenden Übung hängen jeweils zwei Sätze zusammen. Verwenden Sie im zweiten Satz sinngemäß das entsprechende Pronominaladverb in der 3. Person des Singulars!

a) Braun úr a szobájában van. Menjen fel ...!
b) A sofőr a garázsban dolgozik. Kérje el ... a kocsikulcsot!
c) A főmérnök ismeri a kérdést. Tárgyaljon ...!
d) A doktor úr nem szereti a halat. Ajánljon ... valami mást!
e) Ez a bor savanyú. Ne igyon ...!
f) Az asztalon hever a telefonkönyv. Keresse meg ... a vállalat számát!
g) Ehhez a ruhához nem megy a borostyán. Tegyen fel ... ezüst nyakláncot!
h) A pénztár mellett áll egy hordár. Intsen ...!
i) Mariann mindig elkésik. Most is várnom kell ...
j) A lemez még a bőröndben van. Ki kell vennem ...
k) Braun úr a vállalatunk vendége. Gondoskodnom kell ...
l) A tanácsos úr Londonba utazik. Szobát kell rendelnem ...

m) 10 nap múlva lesz a vizsgám. Sokat kell készülnöm ...
n) Felhívom a doktort. Azonnal beszélnem kell ...
o) Mariann ruhája biztosan új. Most látom először ...
p) Az igazgató úr nem ér most rá. A főmérnök van ...

12. Gebrauchen Sie im zweiten Satz das entsprechende Pronominaladverb sinngemäß in der 3. Person des Plurals!

a) Szabóék nagyon kedves emberek. Most is ... lakom.
b) Kovácsék otthon vannak. Éppen ... jövök.
c) Braunék már várnak. Most indulok ...
d) A vendégek a kertben ülnek. Most viszek ... bort.
e) A gyerekek sétálni mennek. Én is ... megyek.
f) A szüleim nincsenek jól. ... maradok éjszakára.
g) A barátomék Afrikában vannak. Sokat gondolok ...
h) A kocsik a garázsban vannak. A csomagok már nincsenek ...
i) A sofőrök mindjárt kapnak inni. A titkárnőm gondoskodik ...
j) A tisztviselő kinyitja a táskákat. Üvegeket vesz ki ...

Aufgaben

1. Beantworten Sie die folgenden Fragen!

a) Mikor kezd Mariann öltözni?
b) Hánykor és hol találkozik Pistával?
c) Mennyi ideje van Mariannak a hangverseny kezdetéig? (kezdet = *Beginn*)
d) Milyen vízzel zuhanyozik?
e) Mit csinál zuhanyozás után?
f) Milyen ruhát akar először felvenni?
g) Hogyan öltözik Pista hangversenyekre?
h) Milyen ruhát vesz fel Mariann végül?
i) Milyen nyakláncot tesz fel hozzá?
j) Mivel megy a hangversenyre?
k) Mit csinál a kabáttal? Belebújik?
l) Pontosan érkezik meg a találkozóra? (találkozó = *Verabredung*)

2. Übersetzen Sie die folgenden Sätze ins Ungarische! Gebrauchen Sie in der Übersetzung den Singular des Imperativs!

a) Ziehen Sie sich keine Strümpfe an!
b) Binden Sie sich auch eine Krawatte um!
c) Setzen Sie sich keine Mütze auf!
d) Legen Sie sich zu diesem Kleid keine silberne Halskette um!
e) Knöpfen Sie den oberen Knopf auf!
f) Ziehen Sie bitte Ihren Mantel aus!
g) Ziehen Sie sich schnell an!

11. Lektion

h) Ziehen Sie sich einen Pullover an!
i) Ziehen Sie schon die Schuhe an!
j) Ziehen Sie diese Bluse nicht aus! Sie steht Ihnen sehr gut.

3. **Übersetzen Sie folgende Fragen ins Ungarische!**
   a) Soll ich auch die Schuhe nicht ausziehen?
   b) Soll ich mir auch keine Krawatte umbinden?
   c) Soll ich mir auch die Augenbrauen nicht nachziehen?
   d) Soll ich mir auch keine Halskette umlegen?
   e) Soll ich auch kein Geld in die Handtasche stecken?
   f) Soll ich auch kein Taxi bestellen?

4. Überprüfen Sie in der Lektion, welche Verben im Ungarischen im Zusammenhang mit dem Anziehen benutzt werden! Merken Sie sich ferner, daß man diese Verben immer ohne Reflexivpronomen verwendet, dafür bekommen aber die Objekte (die angezogenen Kleidungsstücke) Besitzsuffixe:

felvenni *anziehen* levetni *ausziehen*	szoknyát, blúzt, ruhát, öltönyt, kabátot, cipőt, harisnyát, pulóvert
felhúzni *anziehen* lehúzni *ausziehen*	cipőt, harisnyát, pulóvert
felkötni *umbinden*	nyakkendőt
feltenni *umlegen, umbinden, aufsetzen* letenni *ablegen*	nyakláncot, karórát (karóra *Armbanduhr*), sapkát
belebújni *hineinschlüpfen, anziehen*	cipőbe, harisnyába, pulóverbe, kabátba
kibújni *herausschlüpfen, ausziehen*	cipőből, harisnyából, pulóverből, kabátból

11. Lektion

Besorgungen in der Stadt (I)

1. Schneiderné jó barátságban van fogorvosa, Radó doktor feleségével, Ágnessel. Gyakran mennek együtt bevásárolni is. Schneiderné Radó doktor számát tárcsázza. A vonal másik végén Ágnes jelentkezik:
   – Dr. Radó-lakás, tessék!
   – Itt Schneider Helga beszél. Maga az, Ágnes?
   – Csókolom kedves Helgám. Csak nincs valami baj a fogával?
   – Nem, a fogam hál'isten nem fáj. Ráér ma délelőtt, Ágnes?

11. Lektion

- Be kell mennem a belvárosba. Néhány apróságot szeretnék vásárolni, és egy kis csomagot is fel kell adnom a postán.
- Nagyszerű. Én is a városba akarok menni. Mehetünk együtt?
- Természetesen. Örülök neki, ha nem kell egyedül mennem.
- Hány órára mehetek magáért, Ágnes?
- Én egy fél óra múlva kész vagyok.
- Kitűnő. Negyed óra múlva indulok, 3/4 10-kor ott vagyok. Hová induljunk először?
- Én tulajdonképpen csak néhány hanglemezt szeretnék venni. Maga is vásárolni megy a városba, Helga?
- Igen, anyagot szeretnék venni nyári ruhához és néhány strandcikket is.
- Nyári ruhát készen is vásárolhat. Nagyon szépek vannak a belvárosi üzletekben.
- Menjünk akkor a Martinelli térre, hagyjuk a kocsit a parkolóházban, és induljunk gyalog az üzletekbe!
- Nagyon jó ötlet. 3/4 10-re várom. A viszontlátásra!

2. - Itt a Martinelli téren mindjárt megvehetjük a hanglemezeket. Kinek akarja venni őket, Ágnes? A férjének?
- Dehogy. Őt nem nagyon érdekli a zene. Egyik barátunknak veszem őket ajándékba. A jövő héten lesz a születésnapja.
- Milyen zenét szeret?
- Rajong az operákért. De a szimfónikus zenét is szereti. Na, itt van a hanglemezbolt. Lépjünk be! Először is lássuk a katalógust! Operett, szimfónikus zene, ... na itt vannak az operalemezek. Puccini, Verdi, Wagner, Bizet ... ezek a felvételek mind megvannak neki.
- Ha már itt vagyunk, én is választok valamit, - mondja Schneiderné.
- Ajánlhatok valamit magának, Helgám? Valami magyar zenét?
- Örömmel hallgatom a javaslatát.
- Ismeri Erkel Ferencet?
- Őt nem ismerem, csak Liszt Ferencet, Kodály Zoltánt, Bartók Bélát. És persze Kálmán Imrét meg Lehár Ferencet.
- Erkel a magyar opera megteremtője. Különösen híres két operája a Bánk bán és a Hunyadi László. Itt van a Hunyadi László új felvétele, ezt ajánlom magának: nagyon szép zene.
- Hallgassunk meg néhány részletet belőle! És maga mit választ, Ágnes?
- Itt látok egy új lemezt: Goar Gaszparjan koloratúr-áriákat énekel.

11. Lektion

Odaszól az eladónak:
- Legyen szíves feltenni nekünk ezt a Hunyadi László lemezt és a Gaszparjant. Hol hallgathatjuk meg őket?
- Fáradjanak a kettes fülkébe!

3. Nézze csak, Helga, milyen szép nyári ruhák vannak ebben a kirakatban! Vagy magának nem tetszenek?
- De igen, nagyon csinosak. Nézzük meg őket az üzletben!
Az elárusítónő üdvözli a hölgyeket, és megkérdezi:
- Mivel szolgálhatok?
- Nyári ruhát szeretnék vásárolni, - válaszolja Schneiderné.
- Önnek lesz a ruha, nagyságos asszony? - kérdezi az elárusítónő.
- Igen, nekem. 44-es a méretem.
- Azok a ruhák ott balra mind ebben a méretben vannak. Tessék választani!
- Nézze ezt a zöld mintásat, Helga, ez igazán csinos.
- Valóban, de a zöld nem megy a hajamhoz. Nekem kék a színem. Nézze, itt van is egy bő ujjú kék modell. Tetszik?
- Először látnom kell magán, aztán meg tudom mondani. Mit szól ehhez az egyszínű, ujjatlan élénkpiroshoz?
- Nem vagyok én ehhez már túl öreg, Ágnes?
- Ezt nem mondhatja komolyan, Helgám. A piros most nagyon divatos, mindenki hordja, nemcsak fiatal lányok.
- Hát a piros valóban jól áll nekem. Magának viszont jól áll a zöld. Nem akarja megvenni maga ezt a zöld mintás ruhát?
- Éppen ezen gondolkozom. De ez a ruha nagy nekem. Az én méretem 42-es. Van ez a modell 42-es méretben is? - kérdezi Radóné az elárusítónőtől.
- Természetesen, asszonyom. Parancsoljon!
- Hol próbálhatom fel?
- Fáradjon a 3-as próbafülkébe hátul jobbra!
- És én hol próbálhatom fel ezt a két ruhát? - kérdezi Schneiderné.
- A 4-es próbafülke is szabad. Tessék befáradni.
Néhány perc múlva a barátnők kijönnek a próbafülkéből. Schneidernén a piros ruha van.
- Nem túl rövid ez a ruha, Ágnes? - kérdezi a barátnőjétől. - És talán szűk is egy kicsit.
- Szerintem a ruha tökéletesen áll, Helgám. Ez a zöld mintás viszont nekem bő egy kicsit derékban. Felpróbálok egy 40-est.
- Én pedig felpróbálom a másik ruhát, - mondja Schneiderné.
A 40-es ruha kitűnően áll Radónénak. Schneidernének viszont nem tetszik a kék ruha bő ujja, ezért csak a pirosat veszi meg.

11. Lektion

Radóné is megveszi a zöld mintásat.
- Fizessünk, - mondja Radóné. - Kisasszony, legyen szíves számlázza ezt a két ruhát.
- Tessék parancsolni. A piros 412 forint, a zöld mintás pedig 379.
A ruhákat a pénztár mellett a csomagolóban kapják meg.
- Köszönöm a segítségét Ágnes. Ez a ruha valóban olcsó. Ennyi pénzért a varrónőm nem csinál ruhát.

Vokabeln

1.
barátság (-ot)	Freundschaft
jó barátságban van vkivel	er (sie) ist (in guter Freundschaft =) gut befreundet mit j–m
fogorvos (-t, -ok)	Zahnarzt
bevásárolni (**bevásárol**)	einkaufen
tárcsázni (tárcsáz)	wählen *(Telefon)*
vonal (-at)	Amtsleitung
jelentkezni (jelentkezik)	sich melden, antworten *(Telefon)*
csókolni (csókol)	küssen
csókolom	*häufige Grußform unter Freundinnen, die sich nicht duzen*
csak *(modifizierendes Wort)*	nur, bloß, doch
baj (-t, -ok)	Übel
baj van vmivel	es ist (geht mit) etw. nicht in Ordnung
fog (-at)	Zahn
hál'isten(nek)	Gott sei Dank
fájni (fáj)	weh tun, schmerzen *(auch übertr.)*
belváros (-t)	Innenstadt
apróság (-ot)	Kleinigkeit
feladni (**felad**)	aufgeben
posta	Post
egyedül	allein
anyag (-ot)	Stoff, Material
nyári ruha	Sommerkleid
strandcikk (-et)	Strandartikel
belvárosi	innerstädtisch
hagyni (hagy)	lassen, stehenlassen
parkolóház (-at)	Parkhaus
gyalog	zu Fuß

2.
dehogy	ach wo!
érdekelni (érdekel) vkit	j–n interessieren
ajándékba venni (adni, kapni)	als Geschenk kaufen (geben, bekommen)
jövő hét	nächste Woche
születésnap (-ot)	Geburtstag
rajongani (rajong) vmiért	schwärmen für etw.
operett (-et)	Operette
opera	Oper
felvétel (-t, -ek)	Aufnahme
ezek a felvételek mind megvannak neki	er hat all diese Aufnahmen
választani (választ)	wählen
megteremtő	Schöpfer
híres	berühmt
részlet (-et)	Ausschnitt
ária	Arie
énekelni (énekel)	singen
eladó	Verkäufer
Legyen szíves!	Seien Sie so freundlich!

3.
kirakat (-ot)	Schaufenster
elárusítónő	Verkäuferin
szolgálni (szolgál)	dienen
méret (-et)	Größe
minta	Muster
valóban	in der Tat, tatsächlich
szín (-t, -ek)	Farbe
ujj (-at)	Ärmel
bő	weit
egyszínű	einfarbig
túl öreg	zu alt
komoly	ernst
divat (-ot)	Mode
divatos	modisch
hordani (hord)	tragen *(Kleidung)*
gondolkozni (gondolkozik) vmin	nachdenken über etw.

11. Lektion

próbafülke	(Anprobe-) Kabine	számlázni (számláz)	in Rechnung stellen
hátul	hinten	csomagoló	Packerei
szabad	frei	segítség (-et)	Hilfe
rövid	kurz	ennyi	soviel
szűk	eng	varrónő	Schneiderin
szerintem	meiner Meinung nach	számla	Rechnung
tökéletes	vollkommen	barna	braun
derék (derekat)	Taille	fiatal	jung
		klasszikus	klassisch

Grammatik

Imperativ: 1. Person des Plurals in der transitiven und intransitiven Konjugation A

Intransitiv

Induljunk gyalog a belvárosba!	Gehen wir zu Fuß in die Innenstadt!
Lépjünk be az üzletbe!	Treten wir ins Geschäft ein!

Transitiv

Hívjuk fel az orvost!	Rufen wir den Arzt an!
Beszéljük meg a kérdést!	Besprechen wir die Frage!

In der regelmäßigen intransitiven Konjugation lautet das Personalsuffix **-junk/-jünk**, in der transitiven Konjugation **-juk/-jük**.

Bei den unregelmäßigen Verben gelten die in der 9. Lektion behandelten Regeln, nach denen sich das **-j** des Personalsuffixes in **-s-, -sz-, -z-,** bzw. bei den Verben **n – sz** Stammwechsel in **-gy-** verwandelt.

In der transitiven Konjugation stimmt das Personalsuffix des Imperativs mit dem Personalsuffix der gleichen Person des Indikativs überein, aber nur in der regelmäßigen Konjugation bzw. bei den Verben, deren Konjugationsstamm auf **-s, -sz** oder **-z** endet. Bei den Verben, deren Konjugationsstamm auf **-t** endet, verwandelt sich das **-j** des Personalsuffixes **nur im Imperativ** in **-s-**.

Wegen der Analogie kommt es im gesprochenen Ungarisch nicht selten vor, daß bei diesen Verben der Indikativ mit dem Imperativ verwechselt wird, d. h. die Imperativform statt der Indikativform der transitiven Konjugation gebraucht wird. Diese Erscheinung zählt zu den schlimmsten Fehlern, die Ungarn in der eigenen Muttersprache begehen und gilt als ein Zeichen mangelhafter Bildung.

Das Verbalableitungssuffix -hat/-het B

Die Bedeutung des Ableitungssuffixes **-hat/-het** entspricht etwa der Bedeutung der Hilfsverben *können* oder *dürfen*. Das Ableitungssuffix wird an den Konjugationsstamm angehängt, ihm folgen die Personalsuffixe.

A kocsit a parkolóházban hagyhatjuk.	Wir können den Wagen im Parkhaus lassen.
Kérdezhetek öntől valamit?	Darf ich Sie etwas fragen?
Megnézhetem az újságot?	Darf ich mir die Zeitung anschauen?
Ebben az étteremben ebédelhetünk.	In diesem Restaurant können wir zu Mittag essen.

In der 3. Person des Singulars der intransitiven Konjugation gibt es nach -hat/-het kein Personalsuffix, da die 3. Person des Singulars der Konjugationsstamm selbst ist:

Nálunk lakhat, ha akar.   Sie können (od. er/sie kann) bei uns wohnen, wenn Sie wollen. (od. er/sie will)

Diese Regel bezieht sich, wie das Beispiel zeigt, auch auf die -ik- Verben.

Bei den Verben mit n – sz Stammwechsel, sowie bei **jönni** (kommen) und **menni** (gehen) wird -hat/-het an den kurzen, auf Vokal endenden Stamm angehängt:

enni > ehet *er kann essen;*
hinni > hihet *er kann glauben;*
venni > vehet *er kann nehmen/ kaufen;*
tenni > tehet *er kann tun;*
jönni > jöhet *er kann kommen.*

inni > ihat *er kann trinken;*
lenni > lehet *es kann sein;*
vinni > vihet *er kann bringen;*
menni > mehet *er kann gehen;*

Die Verben **aludni** *schlafen* und **feküdni** *liegen* fügen -hat/-het an den Infinitivstamm an: aludhat *er kann schlafen*; feküdhet *er kann liegen*. Auch die kurzen Formen alhat bzw. fekhet werden verwendet.

Das Kasussuffix -ért   C

Die Bedeutung von **-ért** ist kausal oder final, d. h. die mit diesem Suffix versehenen Substantive geben gewöhnlich den Grund oder das Ziel der Handlung an. -ért hat nur eine Lautvariante.

A barátom rajong az operákért.
Mein Freund schwärmt **für** Opern.
Ezért a ruháért szívesen fizetek 600 forintot.
Für dieses Kleid zahle ich gerne 600 Forint.

Auch mit **-ért** kann ein Pronominaladverb gebildet werden: értem *für mich,* érte *für ihn/sie,* értünk *für uns,* értük *für sie (Plur.).* Die mit **-ért** gebildeten Kausal- oder Finaladverbien antworten auf die Frage **miért?** *warum?, weshalb?, wofür?* oder – wenn das Adverb eine Mengenangabe ist – auf **mennyiért?** *für wieviel?*

Miért rajong a barátja?	Wofür schwärmt Ihr Freund?
Mennyiért lehet kapni egy ilyen ruhát?	Für wieviel kann man ein solches Kleid bekommen?

11. Lektion

Auf die Frage **miért**? wird oft mit einem Nebensatz (Kausalsatz) geantwortet, der mit dem hinweisenden Wort **azért** und dem Bindewort **mert** (weil) eingeleitet wird.

Miért nem vesz új autót a barátja?   **Warum** kauft Ihr Freund kein neues Auto?
Azért, mert nincs pénze.   **Weil** er kein Geld hat.

Personalpronomen: der Akkusativ von „ő" und „ők"   D

Die Formen **őt** *ihn, sie* bzw. **őket** *sie* (Plur.) sind schon bekannt. **őt** wird nur in betonten Fällen gebraucht (in unbetonten Fällen weist die transitive Konjugation auf das Objekt hin) und nur auf Personen bezogen (auf Sachen bezogen wird das Demonstrativpronomen **azt** verwendet).

„A férjének veszi a lemezt?" – „Dehogy, **őt** nem érdekli a zene."
„Kaufen Sie die Platte für Ihren Mann?" – „Ach wo, **ihn** interessiert Musik nicht."

Wenn man auf ein Objekt im Plural zurückverweisen will, gebraucht man **őket** sowohl für Personen als auch für Sachen, denn die transitive Konjugation kann auf die Zahl des Objekts nicht hinweisen. Im Gegensatz zu **őt** gilt also **őket** nicht als besondere Betonung des Objekts. Will man das im Plural stehende Objekt hervorheben, benutzt man **azokat** sowohl für Personen als auch für Sachen. Das Verb wird auf **őket** bezogen transitiv konjugiert:

„Kinek veszi a lemezeket, Ágnes?" – „Egyik barátunknak veszek **őket** ajándékba."
„Wem kaufen Sie die Platten, Agnes?" – „Ich kaufe **sie** einem unserer Freunde als Geschenk."
„Ezek a ruhák tetszenek. Megveszem **őket**."
„Diese Kleider gefallen mir. Ich kaufe **sie**."

Das Ableitungssuffix -s nach Zahlwörtern   E

Mit **-s** wird aus dem Zahlwort der Name der Ziffer selbst gebildet. **-s** wird dem Zahlwort mit einem Bindevokal angeschlossen. Der Bindevokal kann sein **-a-, -o-, -e-** oder **-ö-**:

Ziffer	1	egyes	Ziffer	20	huszas
Ziffer	2	kettes	Ziffer	30	harmincas
Ziffer	3	hármas	Ziffer	40	negyvenes
Ziffer	4	négyes	Ziffer	50	ötvenes
Ziffer	5	ötös	Ziffer	60	hatvanas
Ziffer	6	hatos	Ziffer	70	hetvenes
Ziffer	7	hetes	Ziffer	80	nyolcvanas
Ziffer	8	nyolcas	Ziffer	90	kilencvenes
Ziffer	9	kilences	Ziffer	100	százas
Ziffer	10	tizes	Ziffer	1000	ezres

11. Lektion

Der Name der Ziffer kann an die Stelle eines Begriffs treten, der mit dieser Ziffer bezeichnet wird:

tizennégyes (villamos)	Straßenbahn Nr. 14
négyes (fülke)	Kabine Nr. 4
hetes (vágány)	Gleis Nr. 7
százas (bankjegy)	100-Forint-Banknote
negyvenkettes (méret)	Größe 42
hat-huszas (vonat)	der 6.20 Uhr Zug (der Zug, der um 6.20 abfährt oder eintrifft.)

Sollte die Ziffer im Kontext den Begriff nicht eindeutig bezeichnen, so muß man auch den Begriff hinzufügen, die Substantive also, die in den Beispielen in Klammern angegeben sind.

Übungen

1. **Bilden Sie Ergänzungsfragen zu den angegebenen Aussagesätzen nach dem folgenden Muster! Es wird immer nach dem fett gedruckten Satzteil gefragt.**

> Felvilágosítást kérünk a **portástól**.
> → Kitől kérjünk felvilágosítást?
> *Wir bitten den Portier um Auskunft.*
> → *Wen sollen wir um Auskunft bitten?*

a) **Csomagot** adunk fel a postán.
b) **Autóval** megyünk Helgáért.
c) **A Martinelli téren** parkolunk.
d) **Délután** beszélünk Ágnessel.
e) Holnap tárgyalunk **az igazgatóval**.
f) **Lemezjátszót** vásárolunk karácsonyra.
g) **A pályaudvar előtt** várunk a tanácsos úrra.
h) Taxit rendelünk **a vendégünknek**.
i) **Gyalog** indulunk bevásárolni.
j) **1/26-kor** jövünk a gyerekekért.
k) **80 forintot** fizetünk a lemezekért.
l) **A katalógusból** kiválasztunk néhány modellt.
m) Meghallgatunk egy áriát **a Hunyadi Lászlóból**.
n) Jegyet váltunk **a holnapi hangversenyre**.
o) Székeket hozunk **a vendégeknek**.
p) Pénzt váltunk **a portásnál**.
r) Most **egy szonátát** játszunk.
s) Intünk **a hordárnak**.

11. Lektion

2. Bilden Sie Aufforderungen mit den angegebenen Wörtern nach dem Muster:

> a hajunkat megigazítani
> → Igazítsuk meg a hajunkat!
> *Ordnen wir uns die Haare!*

a) a kirakatokat megnézni
b) ezt a könyvet elolvasni
c) a felső gombunkat kigombolni
d) az űrlapot kitölteni
e) a szemhéjunkat kifesteni
f) a szemöldökünket kihúzni
g) az igazolványunkat megmutatni
h) az új ruhát felpróbálni
i) a jegyünket megváltani

j) a számlánkat kifizetni
k) az orvost felhívni
l) a tanácsos urat meglátogatni
m) az esti hangversenyt meghallgatni
n) a gépeket megrendelni
o) a kabátunkat levetni
p) a levelet feladni
r) a kocsit megjavítani
s) az elárusítónőt megkérdezni

3. Stellen Sie je eine Frage in Zusammenhang mit dem angegebenen Satz nach dem folgenden Muster! Achten Sie auf die Wahl des richtigen Fragewortes!

> Ne a Martinelli téren parkoljanak!
> → Hát hol parkoljunk?
> *„Parken Sie nicht auf dem Martinelliplatz!"*
> → *„Wo sollen wir denn parken?"*

a) Ne a ház előtt hagyják az autót!
b) Ne az előszobából hozzanak székeket!
c) Ne este jöjjenek!
d) Ne a pályaudvar előtt várjanak!
e) Ne a Mozart-szonátát játsszák!
f) Ne az igazgatóval beszéljenek!
g) Ne a szállodában vacsorázzanak!
h) Ne délután vásároljanak!
i) Ne a főmérnökhöz menjenek!
j) Ne a garázsban javítsák a kocsit!
k) Ne a szerelőnek fizessenek!
l) Ne a portásnál rendeljék a jegyeket!
m) Ne a katalógusból válasszanak nyakkendőt!
n) Ne az ajtót nyissák ki!

4. Stellen Sie je eine Frage in Zusammenhang mit den angegebenen Sätzen nach dem folgenden Muster! Beachten Sie, in welchem Falle „milyen"? und in welchem Falle „melyik?" das richtige Fragewort ist und daß das Verb nach „milyen?" intransitiv, nach „melyik?" transitiv konjugiert wird!

> Ne a kék nyakkendőt kössék fel!
> → Hát melyik nyakkendőt kössük fel?
> Ne kék nyakkendőt kössenek!
> → Hát milyen nyakkendőt kössünk?
> *Binden Sie sich nicht die blaue Krawatte um!*
> → *Welche Krawatte sollen wir uns denn umbinden?*
> *Binden Sie sich keine blaue Krawatte um!*
> → *Was für eine Krawatte sollen wir uns umbinden?*

a) Ne mintás blúzt vegyenek fel!
b) Ne az ezüst nyakláncot tegyék fel!
c) Ne az egyszínű ruhát vegyék meg!
d) Ne meleg pulóvert húzzanak!
e) Ne vörös bort igyanak!
f) Ne a kockás öltönyt vegyék fel!
g) Ne a hosszú estélyi ruhát tegyék a bőröndbe!
h) Ne kék festéket tegyenek a szemhéjukra!
i) Ne a mai hangversenyt hallgassák meg!
j) Ne sertéshúst egyenek!
k) Ne az ujjatlan ruhát próbálják fel!
l) Ne a barna cipőt vegyék fel!

5. **Sie haben die in Klammern angegebenen Wünsche. Wie fragen Sie? Stellen Sie Ihre Fragen nach dem Muster:**

> (Telefonálni szeretne a feleségének.)
> → Telefonálhatok a feleségemnek?
> *(Sie möchten Ihre Frau anrufen.)*
> → *Darf ich meine Frau anrufen?*

a) (El szeretné olvasni a javaslatot.)
b) (Fel szeretné próbálni a kockás blúzt.)
c) (Le szeretné vetni a kabátját.)
d) (Meg szeretné hallgatni még egyszer ezt az áriát.)
e) (Meg szeretné várni a főmérnök urat.)
f) (Beszélni szeretne az igazgatóval.)
g) (Itt szeretné hagyni a kocsiját a szálloda előtt.)
h) (Márkában szeretne fizetni.)
i) (Az ablak mellé szeretne ülni.)
j) (Ki szeretné nyitni az ablakot.)
k) (Taxit szeretne rendelni.)
l) (Meg szeretné nézni a lakást.)
m) (Választani szeretne a lemezekből.)
n) (Be szeretné zárni az ajtót.)
o) (Meg szeretné kapni a kulcsát.)
p) (Ki szeretné gombolni a felső gombját.)

11. Lektion

6. Bilden Sie Sätze mit den angegebenen Wörtern nach dem Muster:

> az újságot elvinni
> → Elvihetem az újságot? — Vigye el nyugodtan!
> „Darf ich die Zeitung mitnehmen?" — „Nehmen Sie sie ruhig mit!"

a) feltenni ezt a lemezt
b) megenni a halat
c) letenni ide a kabátomat
d) felvenni a mintás blúzomat
e) meginni ezt a pohár bort
f) elvenni a sót
g) megenni a levest

h) kivinni a tálat
i) letenni a nyakkendőmet
j) meginni az egész teát
k) bevinni a kávét
l) feltenni ehhez a ruhához az ezüst nyakláncomat

7. Bilden Sie Sätze mit den angegebenen Wörtern nach den folgenden Mustern! Achten Sie auf die Unterschiede zwischen den einzelnen Gruppen!

A.
> Elvigyük ezt a kézitáskát? — Elvihetjük.
> „Wollen wir diese Handtasche mitnehmen?"
> — „Wir können sie mitnehmen."

a) ruhákat megnézni
b) sapkát felpróbálni
c) lemezt meghallgatni
d) bort meginni
e) cipőt becsomagolni

f) könyvet elolvasni
g) autót megvenni
h) orvost felhívni
i) modellt megrendelni
j) csomagot feladni

B.
> üzletbe bemenni
> → Bemenjünk az üzletbe? — Bemehetünk.
> „Wollen wir ins Geschäft hineingehen?" — „Wir können hineingehen."

a) mérnökkel tárgyalni
b) hordárnak inteni
c) szerelőre várni
d) salátából enni
e) előadásról beszélni

f) pincérnek szólni
g) tisztviselőhöz odamenni
h) téren parkolni
i) vízből inni
j) étterembe benézni

C.
> levest enni
> → Együnk levest? — Ehetünk.
> „Wollen wir eine Suppe essen?" — „Wir können eine essen."

a) sört inni
b) taxit rendelni
c) levelet írni
d) rádiót hallgatni
e) jegyet váltani

f) ajándékot vinni
g) kávét főzni
h) borravalót adni
i) almát venni
j) halat enni

11. Lektion

8. **Antworten Sie auf die Fragen mit den in Klammern angegebenen Adjektiven nach dem folgenden Muster!** Erinnern Sie sich daran, daß das Adjektiv dekliniert wird, wenn es für ein vorher genanntes Substantiv steht!

> A bő ujjú ruhát veszi fel? (ujjatlan)
> → Nem, az ujjatlant.
> *Ziehen Sie sich das Kleid mit weiten Ärmeln an?*
> → *Nein, das ärmellose.*

a) A magas házban lakik? (alacsony)
b) A hosszú szoknyát veszi meg? (rövid)
c) A 6,30-as vonattal utazik? (7,40-es)
d) A vörös borból iszik? (fehér)
e) A koráll nyakláncot veszi fel? (ezüst)
f) A nagy bőröndbe csomagol? (kicsi)
g) Az új szállodában rendel szobát? (régi)
h) A csíkos nyakkendőt köti fel? (egyszínű)
i) A mai hangversenyre vált jegyet? (holnapi)
j) A kis asztalon van az újság? (nagy)
k) Az öreg sofőrrel megy? (fiatal)
l) A modern zenéért rajong? (klasszikus)
m) Sötétkék öltönyben jön? (szürke)
n) A magas tisztviselőnél van az útlevél? (alacsony)

9. **Bilden Sie Frage und Antwort mit den angegebenen Wörtern nach dem folgenden Muster! Achten Sie darauf, ob es sich um Personen oder Dinge handelt!**

> Liszt Ferenc — ismerni
> → De Liszt Ferencet csak ismeri? — Ot sem ismerem.
> *Aber Franz Liszt kennen Sie doch?*
> → *Auch ihn kenne ich nicht.*

a) sör — inni
b) nyakkendők — megvenni
c) titkárnő — megvárni
d) Szabóék — meglátogatni
e) Gaszparjan-lemez — meghallgatni
f) a kulcsokat — elvinni
g) Mozart — szeretni
h) javaslat — elolvasni
i) felesége — felhívni
j) levelek — feladni
k) hűtőszekrény — megjavítani
l) leves — megenni
m) gyerekek — megnézni
n) vendégek — üdvözöl

10. **Setzen Sie mit den angegebenen Wörtern den zweiten Satz in Zusammenhang zu dem ersten nach dem folgenden Muster! Achten Sie darauf, wie Sie das Objekt im zweiten Satz ausdrücken, je nachdem, ob es im Singular oder im Plural steht.**

11. Lektion

> a) A gyerek a másik szobában játszik. (megnézni)
> → Megnézem.
> b) A gyerekek a másik szobában játszanak. (megnézni)
> → Megnézem őket.
> a) *Das Kind spielt im anderen Zimmer.*
> → *Ich schaue es mir an.*
> b) *Die Kinder spielen im anderen Zimmer.*
> → *Ich schaue sie mir an.*

a) Ez a lemez nagyon tetszik. (megvenni)
b) Az újság a másik szobában van. (behozni)
c) Nem varrónő csinálja a ruháimat. (készen venni)
d) Már itt van a javaslat. (mindjárt elolvasni)
e) A kulcsok a feleségemnél vannak. (elkérni)
f) Az ingek még a bőröndben vannak. (mindjárt kicsomagolni)
g) Radó doktor biztosan otthon van. (azonnal felhívni)
h) Az asztalon fényképeket látok. (megnézni)
i) Most érkeznek a vendégek. (üdvözölni)
j) Ezt a ruhát már nem hordom. (magának adni)
k) A tányérok a konyhaszekrényben vannak. (kivenni)
l) Ez a ruha tetszik nekem. (felpróbálni)

Aufgaben

1. **Wie formulieren Sie Ihren Vorschlag auf Ungarisch, wenn Sie mit Ihrem Begleiter folgendes unternehmen wollen:**

   a) diese neue Aufnahme anhören
   b) die Einzelheiten der Bestellung besprechen
   c) in dieses Geschäft eintreten
   d) noch eine Flasche Bier trinken
   e) die Koffer ins Netz legen
   f) sich die Schaufenster ansehen
   g) das grün gemusterte Kleid anprobieren
   h) ins Theater gehen
   i) dem Kellner winken
   j) Fisch essen

2. **Übersetzen Sie folgende Sätze ins Ungarische!**

   a) „Welches Kleid wollen Sie anprobieren?" fragt die Verkäuferin.
   b) „Mein Mann schwärmt nicht für (die) Opern", sagt Frau Radó.
   c) Ich wähle diese Platten. Wo kann ich sie mir anhören?
   d) Die Berichte liegen hier auf meinem Tisch. Ich muß sie noch lesen.

e) Erkel ist der Schöpfer der ungarischen Oper. Ich kenne nicht nur Liszt, sondern auch ihn.
f) Leider steht mir auch das grüne Kleid nicht gut. Ich kaufe es mir auch nicht.

3. **Antworten Sie auf die folgenden Fragen!**
   a) Mit tud Radónéról?
   b) Mit akar vásárolni Schneiderné és mit Radóné a városban?
   c) Hányra megy Schneiderné Radónéért? Mivel mennek a városba?
   d) Milyen üzletbe mennek először?
   e) Mit vásárolnak ebben az üzletben?
   f) Milyen ruhákat próbál fel Schneiderné?
   g) Melyik ruhát veszi meg Radóné?
   h) Jól áll Radónénak a 42-es ruha?

12. Lektion

Besorgungen in der Stadt (II)

1. Schneiderné és Radóné tovább sétál a városban.
   - Tulajdonképpen nem is tudom, hogy hol lehet strandcikkeket vásárolni, - mondja Schneiderné.
   - Milyen strandcikkekre van szüksége, Helga? - kérdezi a barátnője.
   - Szeretnék venni egy fürdőruhát, egy strandpapucsot és egy fürdősapkát. Remélem, hogy találok egy szép fürdőköpenyt is.
   - Mindezt a legkönnyebben egy sportboltban vehetjük meg. De fürdőruhát és fürdőköpenyt divatüzletben is kaphatunk.
   - Keressünk akkor egy másik divatüzletet. Úgyis akarok venni még egy ruhát is, egy elegánsabbat. Nemcsak fürödni akarok a szabadságunk alatt, hanem néha táncolni is.
   - Értem, - mondja Radóné. - Akkor menjünk be ebbe a divatüzletbe, és nézzük meg, hogy itt mit kapunk. Itt elől balra vannak a ruhák. Azt ajánlom, hogy estére egy hosszabb ruhát vegyen, mint a piros.
   - Én is úgy gondolom, hogy egy midi-ruhát veszek.
   - Nézze csak, Helga, itt van egy világoskék, fehér pettyes, kivágott ruha ezzel a kis mellénnyel!
   - Csodálom magát, Ágnes. Maga mindig azonnal meglátja, hogy melyik a legcsinosabb ruha az üzletben.
   A ruha Schneidernének sajnos szűk derékban.

12. Lektion

- Ezt a ruhát csak nálam karcsúbb nők viselhetik, – mondja a barátnőjének. – Egy számmal nagyobbat kell vennem.
Az egy számmal nagyobb ruha jól áll, de túl hosszú.
- Vigye el a varrónőjéhez, ő majd felvarrja, – ajánlja Radóné. – Még mindig olcsóbb így, mint egy egész ruhát rendelni nála.
- És gyorsabban készül el, – teszi hozzá Schneiderné.
A kék pettyes midi-ruha persze drágább, mint a piros, de azért nem túl drága. A barátnők most a fürdőruhákat nézik meg. Schneiderné egyrészes, egyszínű fürdőruhát akar vásárolni. Fél, hogy a bikinihez már nem elég fiatal. Barátnője azonban rábeszéli, hogy színes, kétrészeset vegyen.
- Tulajdonképpen igaza van, Ágnes. Nálam kövérebb nők is hordanak bikinit.
- Sok nő szeretne olyan karcsú lenni, mint maga, Helgám.
- Köszönöm a bókot. Most pedig lássuk a fürdőköpenyeket!
- Úgy látom, hogy egyetlen igazán csinos és divatos sincs közöttük, – mondja Radóné.
- Nekem sem tetszenek. Azt hiszem, fürdőköpenyt itt nem veszünk.
- Hát akkor fizessünk, és menjünk tovább a sportboltba.
- Fizetünk, de csak a sarki presszóig megyünk tovább. Legfőbb ideje, hogy igyunk egy jó duplát.
- Egy kávét én is szívesen megiszom, – mondja Radóné. – És valami üdítő italt is, mert nagyon szomjas vagyok.
- Én meg éhes.
- Kapunk az eszpresszóban valami ennivalót is. Induljunk!

2. A két barátnő az eszpresszó egyik sarkában talál egy szabad asztalt. Mosolygó pincérnő lép hozzájuk, felveszi a rendelést.
- Milyen ennivalót tud ajánlani? – kérdezi Schneiderné.
- Van kérem virsli, szendvics, sonkatekercs, hideg bélszín és kaszinótojás.
- Maga mit választ, Ágnes?
- Köszönöm, én nem vagyok éhes. Csak egy kávét és egy jó hideg colát kérek.
- Én eszem egy sonkatekercset. És hozzon kérem nekem is egy kávét és egy colát. De a kávét csak a sonkatekercs után!
A mosolygó pincérnő elsiet. Hamarosan hozza a sonkatekercset és a két colát. Kinyitja az üvegeket, és tölt a poharakba. Néhány perc múlva visszatér a két gőzölgő kávéval.
- Látom, hogy maga is csak forrón szereti a kávét, Helgám, – mondja Radóné. Kinyitja a retiküljét, és cigarettát vesz elő.

- Megkínálhatom? – kérdezi a barátnőjétől.
- Köszönöm, – vesz ki Schneiderné egy cigarettát a csomagból. Előveszi az öngyújtóját, tüzet ad Radónénak, és ő is rágyújt.
- Kitűnő a magyar kávé. Erősebb és aromásabb a németnél.
- Én azt hiszem, egy kicsit keserűbb is, mint a német. Ezért jobb mellé a cigaretta, mint a sütemény. De látom, ezt már maga is tudja.
- Valóban, nekem is így izlik a legjobban. A kávéhoz mindig rágyújtok.
- Mit kell még elintéznünk, Helga? – kérdezi Radóné.
- Azt hiszem, semmit. Mást nem akarok venni. De el ne felejtsük a maga csomagját, Ágnes!
- Nem felejtem el, de a csomag az autóban van. Útközben majd feladjuk.
- Rendben van. Akkor fizessünk, és menjünk! Kisasszony, legyen szíves a számlát!

3. Schneiderné a posta előtt megállítja az autót. Radóné fogja a csomagot, és azt mondja a barátnőjének:
- Talán kényelmesebb lesz, ha az autóban marad. 10 perc alatt elintézem a csomagfeladást.
- Inkább magával megyek, Ágnes, – mondja Schneiderné. – Most legalább meglátom, hogyan kell csomagot feladni Magyarországon. Külföldre küldi?
- Nem, belföldre. És úgy gondolom, csomagot feladni itt sem nehezebb, mint másutt. De ha külföldre akar csomagot küldeni, akkor több űrlapot kell kitölteni.

Ezt a postahivatalt Radóné sem ismeri, ezért meg kell keresnie a csomagfeladást. Elolvassa az ablakok felíratát: „Távolsági telefonbeszélgetések", „Táviratfeladás", „Csekkbefizetés", „Levélfelvétel, értékcikkárusítás". Végre megtalálja a csomagfelvételt. Kitölti a szállítólevelet, utána odaadja a tisztviselőnek a csomaggal együtt. A tisztviselő figyelmezteti:
- Írja rá kérem a csomag tartalmát a csomagra is!

Ezután a mérlegre teszi a csomagot, megméri, és ráírja a súlyát a szállítólevélre.
- 10 forint lesz, kérem, – mondja Radónénak.
- Úgy látom, – mondja Schneiderné, – itt nemcsak a ruhák olcsóbbak, mint nálunk, hanem a portóköltség is kevesebb.

12. Lektion 134

Vokabeln

1.

szüksége van vmire	er(sie) braucht etwas	*(gekochtes Ei mit französischem Salat und Mayonnaise)*	
fürdőruha	Badeanzug	hamarosan	bald darauf
papucs (-ot)	Pantoffel	tölteni (tölt)	einschenken
fürdősapka	Badekappe	pohár (poharat)	Glas
fürdőköpeny (-t, -ek)	Bademantel	visszatérni (visszatér)	zurückkehren
mindez	all das	gőzölögni (gőzölög)	dampfen
sportbolt (-ot)	Sportwarengeschäft	elővenni (elővesz)	vornehmen
		megkínálni (megkínál) vkit vmivel	j–m etw. anbieten
divatüzlet (-et)	Modegeschäft	csomag (-ot)	Päckchen
néha	manchmal		*(Zigaretten)*
szabadság (-ot)	Urlaub	tűz (tüzet)	Feuer
táncolni (táncol)	tanzen	öngyújtó	Feuerzeug
érteni (ért)	verstehen	rágyújtani (rágyújt) vmire	anzünden
elől	vorn	*(Zigarette, Zigarre, Pfeife)*	
világoskék	hellblau	aromás	aromatisch
pettyes	getupft	ezért	deshalb, darum
kivágott	ausgeschnitten	sütemény (-t, -ek)	Kuchen, Gebäck
mellény (-t, -ek)	Weste		
karcsú	schlank	izleni (izlik)	schmecken
viselni (visel)	tragen *(Kleidung)*	elintézni (elintéz)	erledigen
		semmi	nichts
varrni (varr)	nähen	útközben	unterwegs
felvarrni (felvarr)	aufnähen, *hier:* ändern		
elkészülni (elkészül)	fertig werden	### 3.	
egyrészes	einteilig	megállítani (megállít)	halten, aufhalten
rábeszélni (rábeszél) vkit vmire	j–n zu etw. überreden	alatt *(Psp.)*	während
kétrészes	zweiteilig	feladni (felad)	aufgeben
igaza van	er (sie) hat recht	csomagfeladás	Paketaufgabe
kövér	dick *(Mensch)*	legalább	mindestens, wenigstens
olyan ... mint	so ... wie	külföld (-et)	Ausland *(ohne Art.)*
egyetlen	einzig	belföld	Inland *(ohne Art.)*
sincs	es gibt auch kein ...; ich habe auch kein ...	másutt	anderswo
		postahivatal (-t, -ok)	Postamt
sarok (sarkot)	Ecke	felírat (-ot)	Aufschrift
presszó, eszpresszó	Espresso	távolsági telefonbeszélgetés	Ferngespräch
legfőbb ideje, hogy ...	es ist höchste Zeit, daß ...	távírat (-ot)	Telegramm
üdítő ital	Erfrischungsgetränk	csekk (-et)	Scheck
		befizetni (befizet)	einzahlen
szomjas	durstig	levélfelvétel (-t)	Briefannahme
éhes	hungrig	értékcikkárusítás (-t)	Wertzeichenverkauf
		szállítólevél (-levelet)	Paketschein, Paketkarte
### 2.		figyelmeztetni (figyelmeztet) vkit vmire	j–n auf etw. aufmerksam machen
ennivaló	Essen	tartalom (tartalmat)	Inhalt
mosolyogni (mosolyog)	lächeln	mérleg (-et)	Waage
pincérnő	Kellnerin	mérni (mér)	wiegen, messen
virsli	Würstchen		
szendvics (-et)	belegtes Brot	súly (-t, -ok)	Gewicht
sonkatekercs (-et)	Schinkenroulade	portóköltség (-et)	Portokosten
kaszinótojás (-t, -ok)	Kasinoei	hanem	sondern

Grammatik

Steigerung der Adjektive　　A

Positiv		Komparativ		Superlativ	
nagy	*groß*	nagyobb	*größer*	legnagyobb	*größt*
szűk	*eng*	szűkebb	*enger*	legszűkebb	*engst*
gyors	*schnell*	gyorsabb	*schneller*	leggyorsabb	*schnellst*
olcsó	*billig*	olcsóbb	*billiger*	legolcsóbb	*billigst*
drága	*teuer*	drágább	*teurer*	legdrágább	*teuerst*

Komparativ: Das Zeichen des Komparativs ist **-bb**, das dem Positiv mit einem veränderlichen Bindevokal (-o-, -e-, -a-) angehängt wird, wenn der Positiv auf einen Konsonanten endet. **-a** und **-e** im Auslaut werden auch vor dem **-bb** des Komparativs lang (-á, -é).

Superlativ: Das Zeichen des Superlativs ist die Komparativendung **-bb** und das Präfix **leg-**.

Die auf **-ú/-ű** endenden Adjektive, die vor dem Ableitungssuffix **-an/-en** der Adverbien den Auslautvokal **-ú/-ű** verlieren, verlieren diesen auch vor dem Suffix des Komparativs bzw. Superlativs:

könny**ű**	*leicht*	könny**ebb**	*leichter*	**leg**könny**ebb**	*leichtest*
hossz**ú**	*lang*	hossz**abb**	*länger*	**leg**hossz**abb**	*längst*
lass**ú**	*langsam*	lass**abb**	*langsamer*	**leg**lass**abb**	*langsamst*

Geringfügige Unregelmäßigkeiten zeigen sich in der Steigerung der folgenden Adjektive:

szép	*schön*	szebb	*schöner*	legszebb	*schönst*
jó	*gut*	jobb	*besser*	legjobb	*best*
nehéz	*schwer*	nehezebb	*schwerer*	legnehezebb	*schwerst*
kevés	*wenig*	kevesebb	*weniger*	legkevesebb	*wenigst*

Bei der Steigerung von **sok** (viel) wird der Komparativ und Superlativ aus einem anderen Stamm gebildet (ähnlich wie im Deutschen):

sok　*viel*　—　több　*mehr*　—　legtöbb　*meist*

In attributiven Konstruktionen, deren zweites Glied aus einem Substantiv mit der Endung **-ú/-ű, -jú/-jű** gebildet wird, wird nur das erste Glied, das ursprüngliche Adjektiv gesteigert:

magas növésű *von hohem Wuchs* — **magasabb** növésű *von höherem Wuchs*
— **legmagasabb** növésű *von höchstem Wuchs*

Komparativ und Superlativ als Adverb　　B

Das Adverb wird auch aus dem Komparativ und Superlativ mit dem Ableitungssuffix **-an/-en** gebildet:

szebben, legszebben; könnyen, könnyebben; jobban, legjobban; nehezebben, legnehezebben usw.

Aus dem Komparativ und Superlativ von **rossz** (schlecht) wird das Adverb — genauso wie aus dem Positiv — mit **-ul** abgeleitet: rosszabbul, legrosszabbul. Es gibt auch einige Adverbien, die gesteigert werden können:

gyakran *oft*	gyakrabban *öfter, häufiger*	leggyakrabban *am häufigsten*
korán *früh*	korábban *früher*	legkorábban *am frühesten*
későn *spät*	később(en) *später*	legkésőbb(en) *am spätesten*

Zwei Adverbien haben nur den Komparativ und Superlativ, aber keinen Positiv:

tovább *weiter* — legtovább *am weitesten*
inkább *lieber* — leginkább *am liebsten*

Vergleich gleicher und verschiedener Stufen   C

In Vergleichen wird im Ungarischen das Bindewort **mint** (wie, als) gebraucht.
Beim **Vergleich gleicher Stufen** erscheint im ersten Teil des Vergleichs das hinweisende Wort (das attributive Demonstrativpronomen) **ilyen, olyan** (so ein, solcher):

Az igazgatónak **ilyen** nagy autója van, **mint** ez.
(Der Direktor hat **so ein** großes Auto **wie** dieses.) = Das Auto des Direktors ist ebenso groß wie dies (da).
Sok nő szeretne **olyan** karcsú lenni, **mint** maga.
Viele Frauen möchten **so** schlank sein **wie** Sie.

„**ilyen**" weist – ähnlich wie das substantivische Demonstrativpronomen **ez** – in die Nähe, „**olyan**" – ähnlich wie das substantivische Demonstrativpronomen **az** – in die Ferne.
Beim **Vergleich verschiedener Stufen** kann statt des mit „mint" eingeführten zweiten Gliedes ein mit dem Kasussuffix **-nál/nél** versehenes Substantiv oder ein ihm entsprechendes Pronomen vorkommen:

Kövérebb nők is hordanak bikinit, **mint a barátnőm.**
oder
A barátnőmnél kövérebb nők is hordanak bikinit.
Auch **dickere** Frauen **als** meine Freundin tragen einen Bikini.

Die Vergleichsbasis kann natürlich auch dann mit dem Kasussuffix **-nál/-nél** erscheinen, wenn das Adjektiv mit dem Ableitungssuffix **-an/-en** als Adverb fungiert:

Az autó **gyorsabban** megy, **mint a villamos.**
Az autó **gyorsabban** megy **a villamosnál.**
Das Auto fährt **schneller als** die Straßenbahn.

Ausdruck des Maßunterschiedes beim Vergleich verschiedener Stufen D

Der Maßunterschied wird mit dem schon bekannten Kasussuffix **-val/-vel** ausgedrückt:

Egy számmal nagyobb ruhát kell vennem.
Ich muß ein **um eine Nummer größeres** Kleid kaufen.
Ez a ruha **néhány centiméterrel hosszabb** a pirosnál.
Dieses Kleid ist **um einige Zentimeter länger** als das rote.

Ebenfalls wird **-val/-vel** gebraucht, wenn der Maßunterschied nur ungefähr mit sok *viel*, egy kicsi *ein wenig*, valami *etwas* bestimmt wird:

Az egyszínű nyakkendő **sokkal** elegánsabb, mint a pettyes.
Die einfarbige Krawatte ist **viel** eleganter als die getupfte.

Én **egy kicsivel** messzebb lakom, mint a barátom.
Ich wohne **ein wenig** weiter als mein Freund.

Az ezüst nyaklánc **valamivel** drágább a korállnál.
Die silberne Halskette ist **etwas** teurer als die korallene.

Nach dem Maßunterschied wird mit **mennyivel?** *um wieviel?* gefragt, nach dem das Adjektiv im Komparativ steht.

Das Partizip des Präsens als Attribut und Prädikat E

Das Partizip des Präsens wird gewöhnlich aus dem Konjugationsstamm mit dem Ableitungssuffix **-ó/-ő** gebildet:

álló *stehend*,   ülő *sitzend*,   öltöző *sich anziehend*

In mehrsilbigen auf **-ol/-el, -og/-eg/-ög** endenden Konjugationsstämmen fällt vor dem **-ó/-ő** des Partizips Präsens der Vokal der letzten Stammsilbe aus:

mosolyog — mosolygó *lächelnd*	gőzölög — gőzölgő *dampfend*
vásárol — vásárló *kaufend*	énekel — éneklő *singend*

Das ist jedoch nicht immer der Fall: csomagol — csomagoló *einpackend*
Das Partizip des Präsens kann in dieser Form nur attributiv und prädikativ, nicht aber adverbial fungieren. Als Attribut erscheint es gewöhnlich in mehrgliedrigen Fügungen, denn das Partizip des Präsens kann als Wort verbalen Ursprungs mit Objekten und Adverbien erweitert werden:

az ajtó előtt álló portás   der vor der Tür stehende Portier
a sarokban ülő vendég   der in der Ecke sitzende Gast

Mit solchen Partizipialkonstruktionen können Relativsätze gekürzt werden. Häufig kommen Partizipien des Präsens als Substantive vor. Diese Substantive bezeichnen gewöhnlich einen Beruf oder eine berufsähnliche Tätigkeit und entsprechen meistens deutschen, aus Verben abgeleiteten Substantiven auf **-er**:

12. Lektion

eladó (*aus* elad-ni) Verkäufer	tanuló (*aus* tanul-ni) Schüler
vásárló (*aus* vásárol-ni) Käufer	lakó (*aus* lak-ni) Bewohner
dolgozó(*aus* dolgoz-ni) Arbeiter	

Bei den Verben mit **n – sz** Stammwechsel lautet das Ableitungssuffix des Partizips Präsens **-vó/-vő**, das an den kurzen, auf den Vokal vor dem Auslaut **-n** endenden Stamm angefügt wird, wie die Personalsuffixe des Imperativs:

enni — evő *essend*	inni — ivó *trinkend*
vinni — vivő *bringend*	venni — vevő *nehmend, kaufend, Käufer*

Mit **-vó/-vő** wird das Partizip des Präsens auch von **jönni** *kommen*, **aludni** *schlafen* und **feküdni** *liegen* gebildet:

jövő *kommend* — alvó *schlafend* — fekvő *liegend*

Auch von **lenni** *sein* kann das Partizip des Präsens gebildet werden: **levő**, **lévő** *seiend*. Dieses Partizip kann nur mit adverbialen Erweiterungen als Attribut erscheinen:

az asztalon lévő könyv   *etwa*: das auf dem Tisch **liegende** Buch
a kertben levő asztal   *etwa*: der im Garten **befindliche** Tisch

Das Ableitungssuffix -ás/-és   F

-ás/-és ist eines der am gesetzmäßigsten wirkenden Ableitungssuffixe. Mit seiner Hilfe werden aus Verben Substantive abgeleitet, die die Handlung selbst und das Ergebnis der Handlung bedeuten können. **-ás/-és** wird an den Konjugationsstamm angehängt:

felad	— feladás	*Aufgeben, Aufgabe*
csomagol	— csomagolás	*Einpacken, Verpackung*
berendez	— berendezés	*Einrichten, Einrichtung*
beruház	— beruházás	*Investieren, Investition*

Bei mehrsilbigen Verben, deren letzter Stammvokal vor dem Ableitungssuffix **-ó/-ő** ausfällt, fällt dieser auch vor dem Ableitungssuffix **-ás/-és** aus:

mosolyog	— mosolygás	*Lächeln*
gőzölög	— gőzölgés	*Dampfen*
énekel	— éneklés	*Singen*
vásárol	— vásárlás	*Einkaufen, Kaufen, Kauf*

Substantive aus Verben mit **n – sz** Stammwechsel werden mit **-vás/-vés** gebildet. **-vás/-vés** wird an den kurzen, auf den Stammvokal endenden Stamm angehängt. Diese Substantive werden jedoch – außer **enni** *essen* und **inni**

12. Lektion

trinken – gemieden. Mit dem Ableitungssuffix **-vás/-vés** werden folgende Substantive gebildet:

enni – **evés** *Essen*, inni – **ivás** *Trinken*, jönni – **jövés** *Kommen*, aludni – **alvás** *Schlafen, Schlaf*, feküdni – **fekvés** *Liegen, Lage*

Objektsätze mit „hogy" und ohne Bindewort G

1. Das typische Bindewort der Objektsätze ist **hogy** (daß), Objektsätze können aber auch ohne Bindewort stehen. In dem Satz, dem der Objektsatz untergeordnet ist, wird das Verb transitiv konjugiert:

    Gondolja, hogy kapok itt egy szép nyári ruhát?
    Meinen Sie, daß ich hier ein schönes Sommerkleid bekomme?
    Remélem, hamarosan ismét találkozunk.
    Ich hoffe, daß wir uns bald wieder treffen.

2. Wird der Objektsatz stärker betont, so erscheint im Hauptsatz **azt** oder **úgy** als hinweisendes Wort:

    Azt hiszem, hogy fürdőköpenyt itt nem veszünk.
    Ich glaube, daß wir hier keinen Bademantel kaufen.
    Úgy látom, hogy magának is tetszik ez a ruha.
    Ich sehe, daß dieses Kleid auch Ihnen gefällt.

3. In indirekten Ergänzungsfragen ist das Bindewort ebenfalls **hogy**, dem das Fragewort gewöhnlich unmittelbar folgt:

    Mindig azonnal meglátja, **hogy melyik** a legcsinosabb ruha az üzletben.
    Sie bemerken immer gleich, **welches** das hübscheste Kleid im Geschäft ist.

    Es kommt aber – von der Satzbetonung abhängig – auch vor, daß das Fragewort dem Bindewort nicht unmittelbar folgt:

    Nézzük meg, **hogy** itt **mit** kapunk!
    Schauen wir uns an, **was** wir hier bekommen!

4. Das Fragewort kann auch im Ungarischen die Funktion des Bindewortes übernehmen, ganz nach dem individuellen Sprachgebrauch des Redenden:

    Mondja meg, **mire** van szüksége! Sagen Sie, **was** Sie brauchen!

5. Mit dem Bindewort **hogy** können nicht nur Objektsätze eingeleitet werden. Wenn **hogy** keinen Objektsatz einleitet, dann wird das (intransitive) Verb im Hauptsatz natürlich intransitiv konjugiert:

    Fél, hogy a bikinihez már nem elég fiatal.
    Sie hat Angst, daß sie für einen Bikini nicht mehr jung genug ist.

6. Der Hauptsatz beeinflußt weder die Zeit noch den Modus des Verbs im Nebensatz. Demnach kann auch der Imperativ im Nebensatz stehen:

    Azt ajánlom, hogy ezt a ruhát **vegye meg.**
    Ich empfehle, daß Sie sich dieses Kleid kaufen.

12. Lektion

Legfőbb ideje, hogy **igyunk** egy jó kávét.
Es ist höchste Zeit, daß wir einen guten Kaffee trinken.

Der Imperativ von „hinni"   H

hinni (glauben) gehört auch zu den Verben mit **n – sz** Stammwechsel (Ind. intr.: hi**sz**ek *ich glaube*, hi**sz** *er glaubt* usw.).
In den Personalsuffixen des Imperativs von **hinni** ist das **-gy-**, von den anderen Verben mit **n – sz** Stammwechsel abweichend, lang: **-ggy-**.

intransitiv

	Singular		Plural	
1. P.	higgyek	ich **soll** glauben	higgyünk	wir **sollen** glauben
3. P.	higgyen	er **soll** glauben	higgyenek	sie **sollen** glauben

transitiv

1. P.	higgyem	ich **soll es** glauben	higgyük	wir **sollen es** glauben
3. P.	higgye	er **soll es** glauben	higgyék	sie **sollen es** glauben

Übungen

1. Bilden Sie je eine Frage und Antwort mit den angegebenen Wörtern nach dem Muster:

> ruha, szép
> → Az a ruha is olyan szép, mint ez? — Nem, az még szebb.
> „Ist das Kleid da auch so schön wie dieses?"
> „Nein, das ist noch schöner."

a) autó, gyors
b) szoknya, szűk
c) szálloda, drága
d) alma, olcsó
e) bőrönd, nehéz
f) kérdés, könnyű
g) ária, szép
h) ház, nagy

i) kabát, bő
j) pulóver, meleg
k) blúz, divatos
l) jelentés, hosszú
m) nyakkendő, elegáns
n) paprika, friss
o) hegy, magas
p) fotel, kényelmes

2. Bilden Sie Sätze mit den angegebenen Wörtern nach dem Muster:

> metró, villamos, gyors
> → A metró gyorsabb a villamosnál.
> *Die Untergrundbahn ist schneller als die Straßenbahn.*

a) pulóver, kabát, bő
b) szoknya, ruha, rövid
c) sör, bor, hideg
d) bőrönd, táska, nehéz
e) bélszín, karaj, drága
f) park, tér, nagy
g) fotel, szék, kényelmes
h) lakószoba, hálószoba, nagy

i) hajójegy, autóbusz, olcsó
j) kabát, pulóver, meleg
k) konyak, rum, erős
l) szonáta, ária, hosszú
m) bikini, egyrészes fürdőruha, divatos
n) kávé, tea, aromás

3. **Bilden Sie Sätze mit den angegebenen Wörtern nach dem Muster:**

> szoknya, rövid, 5 centiméter
> → Ez a szoknya 5 centiméterrel rövidebb annál.
> *Dieser Rock ist um 5 Zentimeter kürzer als der da.*

a) bőrönd, nehéz, 2 kiló
b) tisztviselő, magas, 4 centiméter
c) szerelő, fiatal, 3 év
d) nyaklánc, drága, 300 forint
e) utca, széles, néhány méter
f) táska, könnyű, 5 kiló
g) szállodai szoba, olcsó, 100 forint
h) hegy, alacsony, 100 méter
i) bor, édes, sok
j) kabát, hosszú, valami

4. **Bilden Sie Fragen mit den angegebenen Wörtern nach dem Muster:**

> rövid / hosszú szoknyát, felvenni
> → A rövidebb szoknyát veszi fel vagy a hosszabbat?
> *Ziehen Sie sich den kürzeren Rock an oder den längeren?*

a) olcsó / drága nyakkendő, választani
b) szűk / bő ruhát, megvenni
c) nehéz / könnyű bőröndbe, csomagolni
d) fiatal / öreg szerelőhöz, menni
e) könnyű / meleg kabátot, felvenni
f) drága / olcsó szállodában, lakni
g) nagy / kis autóval, menni
h) világos / sötét öltönyt, eladni
i) magas / alacsony tisztviselőt, ismerni
j) könnyű / nehéz kérdésre, válaszolni

5. **Bilden Sie je zwei Sätze mit den angegebenen Wörtern nach dem Muster:**

> szép, nyaklánc, feltenni
> → Ez a legszebb nyakláncom. Szebbet nem tudok feltenni.
> *Das ist meine schönste Halskette. Eine schönere kann ich mir nicht umlegen.*

12. Lektion

a) világos, cipő, húzni
b) elegáns, nyakkendő, felkötni
c) rövid, ruha, felvenni
d) erős, konyak, adni
e) édes, bor, hozni
f) meleg, pulóver, húzni
g) olcsó, szoba, mutatni
h) sötét, öltöny, felvenni
i) jó, lemez, feltenni
j) élénk színű, rúzs, adni

6. **Ergänzen Sie folgende Sätze mit der adverbialen Form des Komparativs der in Klammern angegebenen Adjektive!**

a) Schneiderné (édes) issza a teát, mint én.
b) A férjem (jó) ismeri a professzort, mint én.
c) Abban a fotelben (kényelmes) ülhet, mint ebben.
d) Ha a hegyekbe utazik, (meleg) kell öltöznie.
e) Az áruházban (olcsó) vásárolhat, mint ebben az üzletben.
f) Én valamivel (savanyú) szeretem az uborkát.
g) A feleségem sokkal (szép) ír, mint én.
h) A barátaink egy emelettel (magas) laknak, mint mi.
i) Beszéljen egy kicsit (lassú), úgy (jó) értem.
j) Taxival (gyors) odaérünk, mint autóbusszal.

7. **Ergänzen Sie folgende Fragen mit der adverbialen Form des Superlativs der in Klammern angegebenen Adjektive!**

a) Melyik étteremben ebédelhetek a (olcsó)?
b) Melyik szálloda fekszik a (magas)?
c) Melyik ruha tetszik önnek a (jó)?
d) Melyik kolléga ír a (szép)?
e) Melyik üzletben kaphatok egy fürdőruhát a (biztos)?
f) Hogyan találhatom meg a Petőfi utcát a (könnyű)?
g) Melyik üzletkötő dolgozik a (eredményes)?
h) Melyik lány öltözik a (csinos)?
i) Hogy kaphatok egy taxit a (egyszerű)?
j) Hol vehetek cipőt a (gyors)?

8. **Verwandeln Sie die folgenden zwei Sätze jeweils in einen Satz nach dem Muster:**

> A ház a hegyen épül. Ezt a házat nézem meg.
> → A hegyen épülő házat nézem meg.
> *Ich schaue mir das auf dem Berg im Bau befindliche Haus an.*

a) A vonat 9-kor indul. Ezzel a vonattal utazom.
b) A vendég délután érkezik. Erre a vendégre várok.
c) A tisztviselő az asztalnál ül. Ezt a tisztviselőt kérdezem meg.
d) Az ablak az utcára néz. Ehhez az ablakhoz lépek.
e) Az ajtó a kertre nyílik. Ezen az ajtón megyek ki.
f) A fotel a sarokban áll. Erre a fotelre teszem a kabátomat.
g) A szerelő a garázsban dolgozik. Ennek a szerelőnek viszem a kávét.
h) A lemez az asztalon hever. Ezt a lemezt teszem fel a lemezjátszóra.
i) Az utca a pályaudvarra vezet. Ebben az utcában lakom.
j) A kolléga a külföldi vendéggel tárgyal. Ehhez a kollégához megyek.
k) Az úr halat eszik. Ennek az úrnak viszem a bort.
l) A hölgy midi-ruhát visel. Ezzel a hölggyel szeretnék táncolni.
m) A tisztviselő colát iszik. Ennél a tisztviselőnél van az útlevelem.
n) Az eszpresszó a sarkon van (!). Ebben az eszpresszóban találkozom Schneider úrral.

9. **Verwenden Sie in den folgenden Sätzen das Substantiv statt des Infinitivs nach dem Muster:**

> Most kezdek főzni.
> → Most kezdem a főzést.
> *Jetzt beginne ich zu kochen.*
> → *Jetzt beginne ich mit dem Kochen.*

a) Most kezdek csomagolni.
b) Most kezdünk tárgyalni.
c) A professzor most kezd előadni.
d) Most kezdünk javítani.
e) Most kezdek öltözni.
f) Most kezdünk vásárolni.
g) Mikor kezd zuhanyozni?
h) Most kezdek törölközni.
i) Most kezdünk vetkőzni.
j) Mikor kezd tanulni?
k) Most kezdek varrni.
l) Mikor kezdenek reggelizni?

10. **Bilden Sie aus zwei Sätzen jeweils einen zusammengesetzten Satz nach den Mustern A. und B.:**

A. | Sötét öltönyt kell vennem. A feleségem akarja.
→ A feleségem azt akarja, hogy sötét öltönyt vegyek.
Meine Frau will, daß ich mir einen dunklen Anzug anziehe.

a) Vacsoráznom kell. Legfőbb ideje.
b) Még ma jelentést kell írnom. A tanácsos úr kívánja.

12. Lektion

c) Orvoshoz kell mennem. A kollégám ajánlja.
d) Meleg pulóvert kell húznom. A férjem javasolja.
e) Taxit kell rendelnem. A vendégünk kéri.
f) Sört kell innom. A barátom ajánlja.
g) Nyakkendőt kell kötnöm. A feleségem kívánja.
h) Meleg vacsorát kell készítenem. A férjem akarja.
i) Új szerszámgépeket kell rendelnem. A műszaki igazgató javasolja.
j) Délután az irodában kell maradnom. A tanácsos úr kéri.

B. A sötét öltönyömet kell felvennem. A feleségem akarja.
→ A feleségem azt akarja, hogy a sötét öltönyömet vegyem fel.
Meine Frau will, daß ich meinen dunklen Anzug anziehe.

a) Az ezüst nyakláncomat kell feltennem. Pista akarja.
b) A világos cipőmet kell felhúznom. Mariann ajánlja.
c) A csíkos nyakkendőmet kell felkötnöm. A kolléganőm javasolja.
d) Még ma fel kell adnom a rendelést. Az igazgató kívánja.
e) Délután meg kell javítanom az autót. A tanácsos úr akarja.
f) Meg kell mutatnom a bőröndöt. A vámtisztviselő kívánja.
g) Most kell kitöltenem az űrlapot. A hölgy kéri.
h) El kell olvasnom a jelentést. A főmérnök kéri.
i) Fel kell próbálnom ezt a ruhát. A barátnőm ajánlja.
j) A rövidebb szoknyát megvennem. A férjem akarja.

Aufgaben

1. **Übersetzen Sie folgende Sätze ins Ungarische!**

   a) Das getupfte Kleid ist noch enger als das gestreifte.
   b) Der rote Rock ist kürzer als der blaue.
   c) Die Arie gefällt mir besser als die Sonate.
   d) Der Autobus fährt schneller als die Straßenbahn.
   e) Ich wohne in einem größeren Haus als dieses.
   f) Wir mieten eine teurere Wohnung als diese.
   g) Das ist das schönste Hotel in der Stadt.
   h) Hier können Sie die neueste Maschine unserer Fabrik sehen.

2. **Übersetzen Sie den folgenden Text ins Ungarische!**

   Frau Schneider und ihre Freundin treten in das Espresso ein. Sie suchen sich einen freien Tisch. Sie finden einen am Fenster. Sie setzen sich und winken der Kellnerin. Die Kellnerin kommt zu ihrem Tisch, begrüßt sie und fragt sie, was sie wünschen. Frau Schneider hat nicht nur Durst, sondern auch Hunger. Sie bestellt eine Schinkenroulade und eine Cola. Ihre Freundin hat keinen Hunger, sie will nur etwas trinken. Auch sie bestellt Cola. Bald kommt die Kellnerin zurück. Sie stellt die Schinkenroulade und die zwei Flaschen auf den Tisch. Sie macht die Flaschen auf und schenkt ein. Die Freundinnen bestellen auch Kaffee. Auch Frau Schneider mag (hat) den ungarischen Kaffee sehr gern. Sie sagt, daß der ungarische Kaffee stärker und aromatischer ist als der deutsche. Sie ißt dazu keinen Kuchen, sondern zündet sich eine Zigarette an, wie die Ungarn. So schmeckt er ihr am besten.

Vokabeln

édes   süß   javasolni (javasol)   vorschlagen

13. Lektion

Ein Brief aus dem Urlaub

Kedves Ágnes,
már egy hete vagyunk szabadságon, és eddig egyszerűen nem volt időm a levélírásra. Nagyon örülök, hogy elfogadtuk a tanácsát, és Balatonfüredre jöttünk nyaralni. A hely elragadóan szép, és a Marina szállóval is elégedettek vagyunk. A szálló negyedik emeletén van a szobánk szép kilátással a tóra.
Az idő az első napokban nagyon szép volt, sokat fürödtünk és napoztunk. A második nap a férjem bérelt egy vitorlást. Az egész napot a vizen töltöttük. Csodálatosan lebarnultam. Három évvel ezelőtt sem voltam barnább, pedig akkor a tengerparton nyaraltunk. A férjem is szép barna, pedig ő nem szeret sokáig a napon feküdni. Délelőtt kellemes szelünk volt, átvitorláztunk a déli partra. Délben aztán elült a szél, és már órák óta mozdulatlan volt a víz és a levegő, amikor egy erősebb széllökés jött. Ettől egy kicsit megijedtünk, mert nem vagyunk gyakorlott vitorlások. Alaposan bele kellett kapaszkodnunk a kötelekbe, de sikerült a partra kormányoznunk a csónakot.
Tegnapelőtt, nyaralásunk ötödik napján vihar támadt. Percek alatt fekete lett az ég, és hamarosan zuhogott az eső. Szerencsére mi éppen a szállodában voltunk, így nem áztunk meg. A szálló ablakából figyeltük, hogyan menekülnek a vitorlások a partra. Aztán lementünk a hallba, és néhány új ismerősünkkel kártyáztunk. Talán a harmadik nap ismerkedtünk meg velük: ők Nürnbergből jöttek ide

13. Lektion

nyaralni. Estére elállt az eső, de hűvös maradt az idő. Új német barátaink meghívtak egy közeli csárdába. Az új pettyes midi-ruhámat akartam felvenni, de a férjem lebeszélt róla. Azt mondta, hogy ebben a hűvös szélben inkább nadrágot és pulóvert húzzak. Jó is volt, hogy így öltöztem, mert a csárdában szabad tüzön szalonnát sütöttünk. Ez nadrágban sokkal könnyebb, mint midi-ruhában. Persze nemcsak sült szalonnát ettünk, hanem finom, erős, balatoni halászlevet is, és tüzes badacsonyi bort ittunk hozzá. Kitűnő cigányzenekar gondoskodott a jó hangulatról. A végén mindenki énekelt, sőt megtanultunk csárdásozni is a magyar vendégektől. Sajnos ma az Anna-bálon nem táncolhatok csárdást, mert nem sikerült jegyet kapnunk.

A tegnapelőtti vihar óta egy kicsit hűvösebb az idő, mint az első napokban, de azért tegnap is és ma is sütött a nap. Fürödni nem lehetett, viszont annál jobban kirándulni. Tegnap reggeli után autóval Tihanyba indultunk. Tihany szép, de jó, hogy nem itt nyaralunk. Tihanyban ugyanis köves a part, és a kövek között nem kellemes a vízbe menni. Megnéztük az apátságot, utána pedig meglátogattuk a lovasiskolát. A férjemet nem tudtam lebeszélni a lovaglásról, pedig már legalább tíz éve nem ült lovon. Szerencsére itt nagyon jól nevelt lovak vannak, nem dobták le őt. Annyira élvezte a lovaglást, hogy holnap ismét Tihanyba akar menni.

A lovaglás után lementünk a révhez, és átkeltünk a másik partra. Itt ebédeltünk a Révcsárdában, utána pedig megnéztük Siófokot is. Siófok nekem sokkal kevésbé tetszik, mint Füred. Olyan, mint egy város, nem mint egy üdülőhely. Nagyon jókedvűen tértünk vissza délután Füredre, és a kávénál elhatároztuk, hogy este német barátainkkal együtt táncolni megyünk a bárba. Barátaink örömmel elfogadták a meghívást, én pedig végre felvehettem az új pettyes ruhámat. Elmondhatom Magának, Ágnes, hogy nagy sikerem volt. Német barátaink nem akarták elhinni, hogy a ruhát készen vettem Budapesten, méghozzá ennyiért. Az asszonyok nyomban rábeszélték férjüket egy budapesti kirándulásra. Persze azt remélik, hogy ők is találnak valami csinos és olcsó ruhát. Természetesen ők nem tudhatják, hogy nekem van Pesten egy barátnőm, és ez a barátnő mindig pillanatok alatt megtalálja a legcsinosabb és legdivatosabb darabokat az üzletekben. Igazán nagyon hálás vagyok Magának, Ágnes, és még egyszer köszönöm a kedvességét. Évek óta nem volt ilyen kellemes estém, mint ez a tegnapi bárban, és ezt nem utolsó sorban Magának köszönhetem.

Mára befejezem a levelet, mert a férjem már türelmetlen. Közös sétát beszéltünk meg ugyanis barátainkkal. Útközben legalább felad-

13. Lektion

hatom a levelet. Ha van egy kis ideje, írjon, de még jobb, ha a hét végén meglátogatnak minket a férjével együtt.

Szívélyesen üdvözli
Helga

Balatonfüred, július 26-án

Vokabeln

eddig	bisher	vihar támad	Sturm/Gewitter bricht los
levélírás (-t)	Briefschreiben		
elfogadni (elfogad)	annehmen	fekete	schwarz
tanács (-ot)	Rat	zuhogni (zuhog)	gießen
nyaralni (nyaral)	zur Sommerfrische sein	eső	Regen
		szerencsére	zum Glück
hely (-et)	Platz, Ort	ázni (ázik)	naß werden (im Regen)
elragadó	entzückend		
elégedett	zufrieden	figyelni (figyel) vmit, vmire	aufpassen, beobachten
kilátás (-t, -ok)	Aussicht		
tó (tavat)	(der) See	menekülni (menekül) vmi elől	fliehen vor
napozni (napozik)	sich sonnen		
vitorlás (-t, -ok)	Segelboot, Segler	hall (-t)	Flur, Vorhalle (Hotel-) Halle
tölteni (tölt) (időt)	verbringen		
lebarnulni (lebarnul)	braun werden (in der Sonne)	ismerős (-t, -ök)	Bekannter, Bekannte
		kártyázni (kártyázik)	Karten spielen
-vel ezelőtt	vor ... (Zeit)		
tengerpart	Küste	megismerkedni (megismerkedik) vkivel	j–n kennenlernen
part (-ot)	Ufer		
a napon feküdni	in der Sonne liegen	eláll az eső	der Regen hört auf
szél (szelet)	Wind	hűvös	kühl
át (Vp.)	hinüber, hindurch	közeli	nahe (attr.)
		csárda	Dorfgaststätte, „Tscharda"
vitorlázni (vitorlázik)	segeln		
dél	Süd		
a szél elül	der Wind legt sich	lebeszélni (lebeszél) vkit vmiről	j-m von etw. abraten
óta (Psp.)	seit	nadrág (-ot)	Hose
mozdulatlan	regungslos	szalonna	Speck
levegő	Luft	sütni (süt)	braten, backen
széllökés (-t, -ek)	Windstoß		
megijedni (megijed) vmitől	(intr.) erschrecken, vor, über	sülni (sül)	braten (intr.)
		halászlé (halászlevet, auch: halászlét)	Fischsuppe (wörtlich: Fischersuppe)
gyakorolni (gyakorol)	üben		
gyakorlott	geübt		
alapos	gründlich	tüzes	feurig
kapaszkodni (kapaszkodik) vmibe	sich festhalten an	Badacsony	Ort am Balaton, bekannt wegen seiner guten Weine
kötél (kötelet)	Seil		
sikerülni (sikerül)	gelingen (Gebrauch siehe Übungen 8. u. 9.!)	cigányzenekar (-t, -ok)	Zigeunerkapelle
		hangulat (-ot)	Stimmung
kormányozni (kormányoz)	steuern	bál (-t, -ok)	Ball (Tanzfest)
csónak (-ot)	Boot, Kahn		
nyaralás (-t)	Ferien, Sommerfrische	Anna-bál	Anna-Ball, tradionelle

13. Lektion

	Veranstaltung am Anna-Tag (26. Juli) in Balatonfüred	átkelni (átkel) vmin	übersetzen (über einen Fluß, See)
tegnap	gestern	kevésbé	weniger (adv.)
tegnapelőtt	vorgestern	üdülőhely (-et)	Kurort
süt a nap	die Sonne scheint	jókedvű	gut gelaunt
kirándulni (kirándul)	Ausflug machen	elhatározni (elhatároz)	sich entschließen, beschließen
kő (követ)	Stein	elmondani (elmond)	erzählen
köves	steinig	méghozzá	noch dazu
kellemes	angenehm	nyomban	gleich, auf der Stelle
apátság (-ot)	Abtei	kirándulás (-t, -ok)	Ausflug, Wanderung
látogatni (látogat)	besuchen		
lovasiskola	Reitschule	pillanat (-ot)	Augenblick
lovaglás (-t)	Reiten, Ritt	darab (-ot)	Stück
ló (lovat)	Pferd	hálás vkinek	dankbar
nevelni (nevel)	erziehen	kedvesség (-et)	Freundlichkeit, Liebenswürdigkeit
ledobni (ledob)	abwerfen		
annyira	derart		
élvezni (élvez)	genießen, Freude haben an	utolsó sorban	zuletzt
		türelmetlen	ungeduldig
rév (-et)	Überfahrtstelle (an Flüssen, Seen)	séta	Spaziergang
		minket	uns (Akk.)
		szívélyes	herzlich, freundlich

Grammatik

Das Präteritum   A

Wie aus der 1. Lektion schon bekannt ist, hat das heutige ungarische Verb nur eine Vergangenheitsform.

1. Im Präteritum wird an den Konjugationsstamm des Präsens ein **-t-** angefügt; an dieses **-t-** treten die Personalsuffixe, die im wesentlichen mit denen den Präsens identisch sind. In der dritten Person des Singulars der intransitiven Konjugation, in der es kein Personalsuffix gibt, ist das Zeichen des Präteritums **-tt,** das dem Auslautkonsonanten mit einem veränderlichen Bindevokal (**-o-, -e-** oder **-ö-**) folgt. Endet der Stamm jedoch auf **-l, -r** oder **-d,** so ist das Zeichen des Präteritums nur **-t,** das unmittelbar, also ohne Bindevokal, an den Stamm tritt. Der Auslautkonsonant **-d** gleicht sich diesem **-t** an, das demzufolge in der Aussprache lang wird.

intransitiv

Sing. 1. P.	néz-tem	*ich schaute*	olvas-tam	*ich las*
Sing. 3. P.	néz-ett	*er schaute*	olvas-ott	*er las*
Plur. 1. P.	néz-tünk	*wir schauten*	olvas-tunk	*wir lasen*
Plur. 3. P.	néz-tek	*sie schauten*	olvas-tak	*sie lasen*

Sing. 1. P.	varr-tam	ich nähte	feküd-tem	ich lag
Sing. 3. P.	varr-t	er nähte	feküd-t	er lag
Plur. 1. P.	varr-tunk	wir nähten	feküd-tünk	wir lagen
Plur. 3. P.	varr-tak	sie nähten	feküd-tek	sie lagen

transitiv

Sing. 1. P.	néz-tem	ich schaute es	olvas-tam	ich las es
Sing. 3. P.	néz-te	er schaute es	olvas-ta	er las es
Plur. 1. P.	néz-tük	wir schauten es	olvas-tuk	wir lasen es
Plur. 3. P.	néz-ték	sie schauten es	olvas-ták	sie lasen es

2. Wenn der Stammauslaut ein -t ist oder wenn dem Auslautkonsonanten ein anderer Konsonant vorangeht, ist das Zeichen des Präteritums in jeder Person -tt-, das mit einem der schon erwähnten Bindevokale dem Stamm angehängt wird.

                        intransitiv   *transitiv*

Sing. 1. P.	ért-ett-em	ich verstand	ért-ett-em	ich verstand es
Sing. 3. P.	ért-ett	er verstand	ért-ett-e	er verstand es
Plur. 1. P.	ért-ett-ünk	wir verstanden	ért-ett-ük	wir verstanden es
Plur. 3. P.	ért-ett-ek	sie verstanden	ért-ett-ék	sie verstanden es

Sing. 1. P.	gyújt-ott-am	ich zündete	gyújt-ott-am	ich zündete es
Sing. 3. P.	gyújt-ott	er zündete	gyújt-ott-a	er zündete es
Plur. 1. P.	gyújt-ott-unk	wir zündeten	gyújt-ott-uk	wir zündeten es
Plur. 3. P.	gyújt-ott-ak	sie zündeten	gyújt-ott-ák	sie zündeten es

Sing. 1. P.	fűt-ött-em	ich heizte	fűt-ött-em	ich heizte es
Sing. 3. P.	fűt-ött	er heizte	fűt-ött-e	er heizte es
Plur. 1. P.	fűt-ött-ünk	wir heizten	fűt-ött-ük	wir heizten es
Plur. 3. P.	fűt-ött-ek	sie heizten	fűt-ött-ék	sie heizten es

3. Von den auf einen Vokal + -t endenden Verben ist **látni** eine Ausnahme:

                        intransitiv   *transitiv*

Sing. 1. P.	lát-tam	ich sah	lát-tam	ich sah es
Sing. 3. P.	lát-ott	er sah	lát-ta	er sah es
Plur. 1. P.	lát-tunk	wir sahen	lát-tuk	wir sahen es
Plur. 3. P.	lát-tak	sie sahen	lát-ták	sie sahen es

4. Die Verben mit **n – sz** Stammwechsel und **jönni** (kommen) haben ebenfalls -tt- als Zeichen des Präteritums, das dem kurzen, auf Vokal endenden Stamm angehängt wird, wie die Personalsuffixe des Imperativs oder das Ableitungssuffix **-hat/-het**:

13. Lektion

	intransitiv		transitiv	
Sing. 1. P.	te-ttem	ich tat	te-ttem	ich tat es
Sing. 3. P.	te-tt	er tat	te-tte	er tat es
Plur. 1. P.	te-ttünk	wir taten	te-ttük	wir taten es
Plur. 3. P.	te-ttek	sie taten	te-tték	sie taten es

Die Verben **enni** *essen* und **inni** *trinken* haben in der 3. Person des Singulars der intransitiven Konjugation eine unregelmäßige Form: **evett** *er aß* bzw. **ivott** *er trank*.

5. Drückt das Präteritum eine einmalige, vollendete Handlung aus, so wird dem Verb ein Verbalpräfix vorangestellt:

Kinyitottam az ablakot.   Ich **habe** das Fenster **aufgemacht.**
Elkészítettem a reggelit.   Ich **habe** das Frühstück **zubereitet.**

Wird das Verb im Präteritum ohne Verbalpräfix gebraucht, so bedeutet es, daß die Handlung der Vergangenheit nicht vollendet ist

(**Ettünk** a levesből. **Wir haben** von der Suppe **gegessen.**);

oder daß die Betonung auf der Dauer der Handlung liegt:

Délután háromtól ötig sétáltunk. Wir gingen am Nachmittag von drei bis fünf **spazieren.**

Das Präteritum von „lenni"   **B**

lenni in der Bedeutung *sein* bildet das Präteritum von einem anderen Stamm:

	Singular		Plural	
1. P.	vol-tam	ich war	vol-tunk	wir waren
3. P.	vol-t	er war	vol-tak	sie waren

lenni hat aber auch die Bedeutung *werden*:

Orvos **leszek.**   Ich **werde** Arzt.
Estére hűvösebb **lesz.**   Am Abend **wird** es kühler.

In dieser Bedeutung wird das Präteritum aus dem Infinitivstamm wie bei den anderen Verben mit **n – sz** Stammwechsel gebildet:

	Singular		Plural	
1. P.	le-ttem	ich wurde	le-ttünk	wir wurden
3. P.	le-tt	er wurde	le-ttek	sie wurden

Die Beispiele lauten also im Präteritum:

Orvos **lettem.**   Ich **wurde** Arzt.
Estére hűvösebb **lett.**   Am Abend **wurde** es kühler.

Das Partizip des Perfekts C

Das Partizip des Perfekts ist identisch mit der 3. Person des Singulars im Präteritum der intransitiven Konjugation:

    jól **nevelt** lovak   gut **erzogene** Pferde
    sült szalonna   **gebratener** Speck

Obwohl der mit dem Partizip des Perfekts bezeichnete Zustand das Ergebnis einer vollendeten Handlung ist, die bekanntlich mit einem Verbalpräfix ausgedrückt wird, steht das Partizip des Perfekts gewöhnlich **ohne** Verbalpräfix:

    A vendég **kinyitotta** az ablakot, és a **nyitott** ablakhoz állt.
    Der Gast **hat** das Fenster **aufgemacht** und sich ans offene **(aufgemachte)** Fenster gestellt.

Das Partizip des Perfekts der transitiven Verben hat passive, das der intransitiven Verben aktive Bedeutung. Es erscheint – ähnlich wie das Partizip des Präsens – hauptsächlich in attributiver, seltener in prädikativer Funktion und kann als verbaler Teil mit Adverbien und Objekten erweitert werden.

Die Postposition „óta" und das Besitzzeichen in Zeitbestimmungen D

óta *seit* bestimmt mit dem Nominativ des Substantivs den Zeitpunkt, in dem die Handlung begonnen hat.

    Évek óta nem volt ilyen kellemes estém.
    Seit Jahren habe ich keinen so angenehmen Abend gehabt.
    Január óta lakunk ebben a lakásban.
    Seit Januar wohnen wir in dieser Wohnung.

Will man nicht so sehr den Zeitpunkt des Beginns, sondern eher die von diesem Beginn bis zur Gegenwart vergangene Zeit hervorheben, so benutzt man die Wörter, die eine Zeitdauer bedeuten, mit dem Besitzzeichen der 3. Person des Singulars:

    Három éve nem ültem lovon.
    Ich habe **seit drei Jahren** nicht auf einem Pferd gesessen.
    Már **hosszú ideje** nem találkoztunk.
    Wir haben uns schon **seit langer Zeit** nicht getroffen.

In beiden Fällen lautet das Fragewort **mióta?** *seit wann?*

Zeitbestimmungen ohne Suffix E

Das Wort **nap** *Tag* bekommt in Zeitbestimmungen gewöhnlich das Kasussuffix **-on**:

    Ezen a nap**on** nem voltam otthon.
    An diesem Tag war ich nicht zu Hause.

13. Lektion

Wenn aber vor **nap** eine Ordinalzahl oder das Adjektiv **egész** *ganz* steht, bekommt es in Zeitbestimmungen **kein** Suffix:
   A második nap a férjem bérelt egy vitorlást.
   Am zweiten Tag hat mein Mann ein Segelboot gemietet.
   Egész nap fürodtünk.
   Wir haben **den ganzen Tag** gebadet.
Ebenfalls ohne Suffix steht **vasárnap** *Sonntag* als Zeitbestimmung:
   Vasárnap kirándulni megyünk.
   Am Sonntag machen wir einen Ausflug.

Die Postposition „ezelőtt" F

Mit der Postposition **ezelőtt** wird ein Zeitpunkt in der Vergangenheit im Verhältnis zur Gegenwart bestimmt. Vor **ezelőtt** steht das Substantiv mit dem Kasussuffix **-val/-vel**:
   Három évvel ezelőtt sem voltam barnább.
   Auch **vor drei Jahren** war ich nicht brauner.
   Két órával ezelőtt érkeztünk Budapestre.
   Wir sind **vor zwei Stunden** in Budapest angekommen.

Die Ordinalzahlen G

Die Ordinalzahlen werden aus den Kardinalzahlen mit dem Ableitungssuffix **-dik** gebildet. **-dik** wird an die Kardinalzahl mit dem gleichen Bindevokal angehängt, wie das Ableitungssuffix **-s** (siehe 11. Lektion):

hat**odik**	*sechste*	ti**zedik**	*zehnte*
nyolc**adik**	*achte*	öt**ödik**	*fünfte*

Unregelmäßig ist die Bildung der Ordinalzahl aus **egy** *eins*, **kettő** *zwei* und **három** *drei*:

els**ő**	*erste*	**más**odik	*zweite*	**harm**adik	*dritte*

Bei **négy** *vier* und **hét** *sieben* wird der Stamm vor **-dik** kurz:

neg**yedik**	*vierte*	het**edik**	*siebte*

Das Datum H

Im Ungarischen steht zuerst das Jahr, dann der Monat und der Tag. Bei den Jahreszahlen wird auch das Wort **ezer** *tausend* benutzt. Monat und Tag stehen im Besitzverhältnis zueinander, d. h. der Tag bekommt das Besitzzeichen der 3. Person des Singulars:
   1965 (ezerkilencszázhatvanöt) augusztus 4 (negyedike)
   1974 (ezerkilencszázhetvennégy) január 1 (elseje)

13. Lektion

Die obigen Daten antworten auf die Frage **hányadika?** *der wievielte?*
Wenn das Datum als Zeitbestimmung erscheint, bekommt das mit dem Besitzzeichen versehene Substantiv das Kasussuffix **-n** (wie **nap** *Tag*):

augusztus 4-én (negyedikén) **am** 4. August
január 1-én (elsején) **am** 1. Januar

Das Fragewort ist in diesem Falle **hányadikán?** *am wievielten?*
Auch die ungarischen **Monatsnamen** sind dem Lateinischen entlehnt, sie werden aber immer auf der ersten Silbe betont:

január	*Januar*	július	*Juli*
február	*Februar*	augusztus	*August*
március	*März*	szeptember	*September*
április	*April*	október	*Oktober*
május	*Mai*	november	*November*
június	*Juni*	december	*Dezember*

Mit -v- erweiterte Substantivstämme I

Einige einsilbige, auf einen langen Vokal endende Substantive erweitern vor bestimmten Suffixen ihren Stamm mit einem **-v-**. Gleichzeitig wird ihr Auslautvokal kurz. Diese Substantive sind: **cső** *Rohr*, **fű** *Gras*, **hó** *Schnee*, **kő** *Stein*, **lé** *Suppe*, *Saft*, **ló** *Pferd*, **tó** *der See* und mit gewissen Einschränkungen **szó** *Wort*.
Das **-v-** erscheint:
1. im Plural: csövek, kövek, lovak usw.
2. im Akkusativ: csövet, követ, lovat usw.
3. vor dem Kasussuffix **-n**: csövön, kövön, lovon usw.
4. vor den Besitzzeichen: csövem, köve, lovunk usw.
5. vor den Ableitungssuffixen **-s** und **-i**: köves, kövi, füves usw.

Bei **tó** und **hó** (letzteres hat sinngemäß keinen Plural) verwandelt sich der Auslaut **-ó** in den aufgezählten Fällen in **-a**: tavak, tavat, tavon, bzw. havat, havon, havas. Das ist auch mit **szó** der Fall, dessen Stamm aber nur im Plural und vor den Besitzzeichen ein **-v-** erhält: szavak, szavam, szava, szavunk usw.

Übungen

1. Setzen Sie die folgenden Sätze ins Präteritum:

> Délután meglátogatom a barátomat.
> → Délután meglátogattam a barátomat.
> *Am Nachmittag habe ich meinen Freund besucht.*

13. Lektion

a) A szállodában vacsorázunk.
b) Hol vásárol be?
c) Egész nap zuhog az eső.
d) A belvárosban bérelek lakást.
e) 11 órakor tárgyalunk a főmérnökkel.
f) Megmutatjuk a barátainknak az új lakást.
g) Estére meghívom egy kollégámat.
h) Mikor érkeznek Bécsbe?
i) Látják már a tavat?
j) Mennyi ideig sétálnak a parkban?
k) Délelőtt a vizsgáimra készülök.
l) Hánykor beszél az igazgatóval?
m) Ebben az évben a Balatonnál nyaralok.
n) Este meghallgatjuk a hangversenyt.
o) Megnézik a tihanyi apátságot?
p) Nagyon élvezzük a lovaglást.

2. **Setzen Sie die folgenden Sätze als einmalige, vollendete Handlung in die Vergangenheit nach dem folgenden Muster! Die entsprechende Vorsilbe ist in Klammern angegeben.**

> Nyakkendőt kötök. (fel)
> → Felkötöttem a nyakkendőt.
> *Ich binde mir eine Krawatte um.*
> → *Ich habe mir die Krawatte umgebunden.*

a) A fürdőszobában öltözöm. (fel)
b) Harisnyát húzok. (fel)
c) Cipőbe bújok. (bele)
d) Nyakláncot teszek. (fel)
e) Öltönyt veszek. (fel)
f) Kabátba bújok. (bele)
g) Széket hozok. (ide)
h) Kávét főzök. (meg)
i) Reggelit készítek. (el)
j) A parton vetkőzöm. (le)
k) Nadrágot húzok. (fel)
l) Blúzt veszek. (fel)
m) Cigarettára gyújtok. (rá)
n) Vacsorát rendelek. (meg)
o) Bort viszek. (oda)
p) Vizet iszom. (meg)
r) Lakást bérelek. (ki)
s) Halászlevet eszem. (meg)

3. **Bilden Sie Aufforderungen und Antworten mit den angegebenen Wörtern nach dem Muster:**

> a csapot elzárni — öt perc
> — Zárják el a csapot! — Már öt perccel ezelőtt elzártuk.
> *„Drehen Sie den Hahn zu!" — „Wir haben ihn schon vor fünf Minuten zugedreht."*

a) az ablakot kinyitni — egy negyed óra
b) a javaslatot megírni — egy hónap

13. Lektion

c) a rendelést feladni — egy hét
d) a jegyet megváltani — két nap
e) a lakást kibérelni — három hét
f) a kabátjukat levetni — tíz perc
g) az apátságot megnézni — három óra
h) az igazgatójukat felhívni — egy fél óra
i) a tanácsomat elfogadni — percek
j) a bőröndöt felvinni — egy negyed óra
k) a szerszámgépeket megjavítani — egy hét
l) a kulcsokat elkérni — tíz perc

4. Antworten Sie auf die Fragen nach dem Muster:

> Megijedtek a gyerekek a vihartól?
> → Nem tudom biztosan. De megijedhettek tőle.
> *Sind die Kinder vor dem Sturm erschrocken?*
> → *Ich weiß es nicht sicher. Sie können aber davor erschrocken sein.*

a) Ettek a fiúk a levesből?
b) Megismerkedett a cég képviselője a szerelőkkel?
c) Bement a vendég az igazgatóhoz?
d) Visszajött már a sofőr a tanácsos úrtól?
e) Gondolt a vitorlás a viharra?
f) Félt a titkárnő az igazgatótól?
g) Gondoskodott a mérnök a javításról?
h) Tetszett a szoba a vendégeknek?
i) Ittak a szerelők a pálinkából?
j) Sokáig maradt az orvos az asszonynál?
k) Lebeszélte a portás Schmidt urat a lovaglásról?
l) Főzött a titkárnő a vendégnek kávét?

5. Setzen Sie das Partizip des Perfekts der in Klammern angegebenenVerben in die Sätze ein!

a) Az igazgató (zárni) ajtók mögött tárgyal a partner-cég képviselőjével.
b) Braun úr (bérelni) csónakkal ment vitorlázni.
c) Még mindig nem kaptam meg a három nappal ezelőtt (feladni) levelet.
d) A belvárosban (vásárolni) ruhámat akarom felvenni.
e) A zenekar egy (ismerni) csárdást játszik.
f) A mérnök egy külföldről (érkezni) kollégájával beszél.
g) Mikor kapom meg végre a tegnapra (kérni) jelentést?
h) Szívesen eszem (sülni) húst.
i) A tegnap (megjavítani) szerszámgép kitűnően működik.
j) Elfogadom a barátomtól (kapni) tanácsot.
k) A pincér csak most hozza a fél órával ezelőtt (megrendelni) ennivalót.
l) A vendég a (nyitni) ablakból élvezi a kilátást.

13. Lektion

6. Formulieren Sie folgende Aussagen nach dem Muster:

> Három évvel ezelőtt láttam utoljára Braun urat.
> → Három éve nem láttam Braun urat.
> *Ich habe Herrn Braun zuletzt vor drei Jahren gesehen.*
> → *Ich habe Herrn Braun seit drei Jahren nicht gesehen.*

a) Két évvel ezelőtt ettem utoljára halászlevet.
b) Három hónappal ezelőtt beszéltem utoljára a tanácsos úrral.
c) Öt nappal ezelőtt volt rajtam utoljára ez az öltöny.
d) Egy évvel ezelőtt hallottam utoljára ezt a csárdást.
e) Három héttel ezelőtt adtam fel utoljára új rendelést.
f) Nyolc évvel ezelőtt nyaraltam utoljára tengerparton.
g) Fél évvel ezelőtt ültem utoljára lovon.
h) Két hónappal ezelőtt találkoztam utoljára az orvossal.
i) Másfél órával ezelőtt láttam utoljára a gyerekeket.
j) 20 perccel ezelőtt mentem ki utoljára a szobából.
k) Három évvel ezelőtt laktam utoljára szállodában.
l) Négy héttel ezelőtt olvastam utoljára újságot.

7. Formulieren Sie folgende Aussagen nach dem Muster:

> $1/_2 3$-kor kezdtünk el tárgyalni.
> → $1/_2 3$ óta tárgyalunk.
> *Wir haben um $1/_2 3$ zu verhandeln begonnen.*
> → *Wir verhandeln seit $1/_2 3$.*

a) Január 6-án kezdtem el készülni a vizsgára.
b) Reggel kezdtük el javítani a gépet.
c) A feleségem 6-kor kezdett el öltözni.
d) Délben kezdtem el olvasni a kertben.
e) Vacsorakor kezdtünk el kártyázni.
f) A férjem kora délelőtt kezdett el lovagolni.
g) Ebédkor kezdtem el levelet írni.
h) $3/_4 5$-kor kezdtünk el az orvosra várni.
i) A barátom július végén utazott nyaralni.
j) A szüleim a 30-dik születésnapomon jöttek Budapestre lakni.
k) A tanácsos úr ebédkor indult fürödni.
l) A főmérnök a megbeszélés kezdetekor ment el ebédelni.

8. Bilden Sie aus den angegebenen Wörtern zuerst an eine, dann an mehrere Personen gerichtete Fragen nach dem Muster:

> az autót eladni
> → Sikerült eladni az autóját?
> → Sikerült eladniuk az autójukat?
> *Ist es Ihnen gelungen, Ihr Auto zu verkaufen?*

a) a csónakot a partra kormányozni
b) a hűtőszekrényt megjavítani
c) a pénzt beváltani
d) a barátot megtalálni
e) a fogorvost felhívni
f) a csomagot feladni

9. **Antworten Sie auf die Fragen der Übung 8 nach dem Muster:**

> → Sajnos nem sikerült eladnom az autómat.
> → Szerencsére sikerült eladnunk az autónkat.
> *Leider ist es mir nicht gelungen, mein Auto zu verkaufen.*
> *(Auf die im Singular gestellte Frage.)*
> *Zum Glück ist es uns gelungen, unser Auto zu verkaufen.*
> *(Auf die im Plural gestellte Frage.)*

10. **Setzen Sie die entsprechend deklinierte Form der angegebenen Wörter in die Sätze ein! Zur Erleichterung steht die Frage in Klammern, auf die Sie mit der deklinierten Form antworten sollen.**

KŐ
a) A gyerekek ... dobálnak a vízbe. (Miket?)
b) A vízparton mindenütt ... hevernek. (Mik?)
c) Leültem egy nagy ... (Mire?)
d) Balatonfüreden nem olyan ... a part, mint Tihanyban. (Milyen?)
e) Álljunk meg ott, annál a kilométer ...! (Hol?)

LÓ
a) Schneider úr már a ... ül. (Hol?)
b) Én is ... szállok. (Mire?)
c) A tihanyi lovasiskolának szép ... vannak. (Mijei?)
d) Ezt a ... nézze meg, uram! (Mit?)
e) Schneiderné most száll le a ... (Miről?)

TÓ
a) Egy vitorlás sincs a ... (Hol?)
b) Ma fürödtem először a ... (Hol?)
c) A mi szobánk ablakából nem lehet látni a ... (Mit?)
d) Elsétálunk addig a kis ... (Meddig?)
e) A finnországi ... nagyon szépek. (Mik?)

Aufgaben

1. **Antworten Sie auf die folgenden Fragen jeweils mit dem Datum!**
   a) Hányadika van ma?
   b) Hányadika lesz holnapután?

c) Hányadika volt tegnap?
d) Mikor van karácsony?
e) Mikor van a születésnapja?
f) Mikor utazik szabadságra?

2. **Übersetzen Sie folgende Sätze ins Ungarische!**
a) Ich habe dieses Kleid vor mehr als einem Jahr gekauft.
b) Wir waren vor langer Zeit zuletzt in der Schweiz.
c) Der Direktor saß vor fünf Minuten noch in seinem Zimmer.
d) Die Familie Szabó wohnt seit einem halben Jahr in einer neuen Wohnung.
e) Ich habe seit drei Minuten meinen Mantel ausgezogen.
f) Die Kinder spielen seit einer halben Stunde still in ihrem Zimmer.
g) Ich habe mich mit meinem Sohn seit Weihnachten nicht getroffen.
h) Die Monteure sind seit dem Mittagessen noch nicht zurückgekommen.
i) Wir haben seit Ende der vergangenen Woche keine Zeitung gelesen.

3. **Übersetzen Sie den folgenden Text ins Ungarische!**
Frau Schneider verbrachte ihren Urlaub mit ihrem Mann am Balaton. Sie wollten zuerst nach Hause reisen, später entschlossen sie sich doch, (daß sie) den Vorschlag von Frau Radó anzunehmen und nach Balatonfüred (Balatonfüredre) zu fahren. Sie (reservierten) ließen ein Zimmer im Hotel Marina reservieren. Das Zimmer ist im vierten Stock, und aus seinem Fenster (öffnet sich) hat man eine wunderschöne Aussicht auf den See. Schneiders sind mit ihrem Zimmer sehr zufrieden.
In der ersten Woche hatten sie schönes Wetter. Die Sonne schien warm, und sie badeten und sonnten sich den ganzen Tag. Sie sind so braun geworden wie vor drei Jahren an der Küste. Am zweiten Tag mieteten sie ein Segelboot und segelten bis zum späten Nachmittag. Schon am ersten Tag lernten sie einige Deutsche kennen und verbrachten die Abende mit ihnen zusammen. Sie spielten Karten, aßen einmal in einer Tscharda zu Abend, lernten dort Tschardasch tanzen und hörten der Zigeunermusik zu. Sie tanzten auch in der Bar des Hotels.
Am Ende der ersten Woche brach ein Sturm los, und nach dem Sturm ist das Wetter kühl geworden. Schneiders konnten nicht baden, sie konnten aber Ausflüge machen. Sie besichtigten die Abtei in Tihany und besuchten die Reitschule. Sie genossen also (tehát) ihren Urlaub auch bei kühlerem Wetter.

14. Lektion

Bekanntschaft beim Angeln -- Eine Familie auf dem Lande

1. Schneider úr egyik kedvenc szórakozása a horgászás. Azt mondja, hogy sehol sem tudja olyan jól kipihenni magát, mint a víz partján, amikor horgászik. Idén nyáron talált egy jó helyet a Tisza partján, ahol kitűnően harapnak a halak. A hely egy kis falu közelében volt. Schneider úr a falun kívül állította meg a kocsiját, és egy kis erdőn keresztül érte el a vizet. Gyakran horgászott a közelben egy öreg ember is. Fejbólintással üdvözölték egymást, de még soha sem beszéltek egymással. Az öreg ezen a vasárnapon is ott ült már a parton, amikor Schneider úr odaért. Schneider úr köszönt neki, és elkezdte kicsomagolni a horgászfelszerelését. Az öreg megszólalt:
   - Ma nem harapnak a halak, uram. Itt ülök már kora reggel óta, és még egyet sem fogtam.
   - Talán később.
   - Később sem, nekem elhiheti. Itt élek már majdnem 70 éve a Tisza partján, ismerem őket. Maga viszont külföldi, ugye?
   - Igen, honnan tudja?
   - Ismerek én itt mindenkit, és engem is ismernek. Magát csak a nyár eleje óta látom itt, és mindig csak vasárnap. A magáé az a kocsi ott az erdőn túl, ugye?
   - Igen, az enyém. Schneider a nevem, és német vagyok.
   - De hallom, jól beszél magyarul. Engem Takács Istvánnak hívnak, de mindenki csak Pista bácsinak szólít.
   - Szóval Pista bácsi nem hiszi, hogy én itt ma fogok valamit?
   - Itt bizony nem, kedves Schneider úr. De ha meg nem sértem, fogadja el a meghívásomat egy pohár borra. Hiszen tulajdonképpen már régóta ismerjük egymást.
   - Köszönettel elfogadom, Pista bácsi. De ha már itt vagyok, először szerencsét próbálok. Hátha mégis fogok valamit.
   - Itt ma egy keszeget sem, Schneider úr. Mikorra várhatjuk?
   - Egy óra múlva ott leszek. Hol találom meg a házukat a faluban, Pista bácsi?
   - A templommal szemben van, zöld a kerítése, és piros tulipánok vannak a ház előtt a kertben. A viszontlátásra, Schneider úr, egy óra múlva várjuk!

2. Egy óra múlva Schneider úr már Pista bácsiék kertjében ül a diófa alatt. Halat valóban nem sikerült fognia. Pista bácsi tölt a poha-

rakba, a felesége pedig frissen sült pogácsát tesz az asztalra. A férfiak koccintanak egymással, és isznak.
- Hogy élnek itt a faluban, Pista bácsi? - kérdezi Schneider úr.
- Nem élünk rosszul. Ez a ház a mienk. A gyermekeink már nem laknak velünk. Mindkét fiam megnősült, a lányom pedig férjhez ment.
- Pista bácsiék miből élnek?
- Nyugdíjas vagyok. És persze termelünk a feleségemmel itt a kertben egy kis zöldséget meg gyümölcsöt.
- Honnan kapja a nyugdíját?
- A téesztől, ott voltam motorszerelő. Tudja, nekem már a nagyapám sem földműves volt, hanem molnár. Apám is molnár volt, én meg motorszerelő lettem. Szóval iparos család a mienk.
- A fiai is iparosok lettek?
- Iparosból ritkán lesz földművelő. Az egyik fiam gépésztechnikus a helyi téeszben. Már tíz éve nős. A menyem is a téeszben dolgozik. Saját házuk van a faluban. Látja ott a fákon túl azt a piros tetejű házat? Az az övék.
- És a másik fia?
- Ő fűtésszerelő Szolnokon. Szolnoki lányt vett feleségül. Nyáron gyakran jön ide, ő is szeret horgászni. Az a horgászfelszerelés ott a verandán az övé.
- Éz az a motor ott kié?
- Az a gépésztechnikus fiamé. Elromlott. Nekem kell megjavítanom, pedig én csak egyszerű motorszerelő voltam.
- Ezért mondják, hogy „jó az öreg a háznál", ugye? És mit csinál a lánya?
- A lányom óvónő lett. Budapesten tanult, ott ismerkedett meg a férjével is. A vejem tanár.
- Unokái vannak, Pista bácsi?
- Van három. Az itt lakó fiamnak két fia van, Szolnokon pedig egy lányunokám van. A lányoméknak még nincs gyermekük. Egyébként ők is gyakran látogatnak meg bennünket.
- Szeretik a vejüket és a menyeiket?
- Igen, és ők is szeretnek bennünket. Ugyanúgy a mieink ők is, mint a saját gyermekeink, és ők sem csak apóst és anyóst látnak bennünk.
- Sok szerencsét és jó egészséget kívánok maguknak Pista bácsi. Most már sajnos mennem kell. Köszönöm a szíves vendéglátást.
- Igazán nincs mit. Máskor is látogasson meg bennünket, mindig szívesen látjuk.

14. Lektion

Vokabeln

1.

kedvenc *(Subst. u. Adj.)*	Liebling; Lieblings-
szórakozás (-t, -ok)	Unterhaltung, Vergnügen
egyik kedvenc szórakozása	eines seiner Lieblingsvergnügen
horgászás (-t)	Angeln
horgászni (horgászik)	angeln
idén nyáron	in diesem Sommer
nyár (nyarat)	Sommer
nyáron	im Sommer
Tisza	Theiß *(ungar. Fluß)*
harapni (harap)	beißen, anbeißen
falu	Dorf
egy falu közelében	in der Nähe eines Dorfes
kívül vmin *(Psp.)*	außer; außerhalb
megállítani (megállít)	anhalten
erdő	Wald
keresztül vmin *(Psp.)*	durch, über
elérni (elér)	erreichen, erzielen
a közelben	in der Nähe
ember (-t, -ek)	Mensch
fejbólintás (-t, -ok)	Kopfnicken
egymás (-t)	einander
odaérni (odaér) vhová	ankommen, anlangen
horgászfelszerelés (-t, -ek)	Anglerausrüstung
megszólalni (megszólal)	zu sprechen beginnen
mindenki	ein jeder, jedermann
a nyár eleje	Anfang des Sommers
túl *(Psp.)* vmin	jenseits
hívni: Takács Istvánnak hívnak	Ich heiße István Takács
T. I.-nak hívják bácsi	er heißt I. T. Onkel
szólítani (szólít) vkit vminek	*j–n* anreden mit
Pista bácsinak szólítanak	man redet mich mit „Onkel Pista" an
fogni (fog)	fangen
bizony	wahrlich, bestimmt
sérteni (sért) megsért	beleidigen
köszönet (-et)	Dank
szerencsét próbálok	ich versuche mein Glück
hátha	vielleicht
keszeg (-et)	Weißfisch
mégis	dennoch
templom (-ot)	Kirche
szemben vmivel *(Psp.)*	gegenüber
kerítés (-t, -ek)	Zaun
tulipán (-t, -ok)	Tulpe

2.

diófa	Nußbaum
pogácsa	Pogatsche *(Salzgebäck)*
koccintani (koccint) vkivel	anstoßen
nősülni (nősül), megnősül *(intr.)*	heiraten *(nur Männer!)*
férjhez menni vkihez	heiraten *(nur Frauen!)*
mindkettő (mindkét)	beide
nyugdíjas *(Subst. u. Adj.)*	Rentner
termelni (termel)	produzieren *(Industrie)*, anbauen *(Landwirtschaft)*
nyugdíj (-at)	Altersrente
téesz (-t), *Abkürzung von* termelőszövetkezet	LPG (landwirtschaftliche Produktionsgenossenschaft
motorszerelő	Maschinenschlosser, Motorenschlosser
nagyapa	Großvater
földműves (-t, -ek)	Landwirt
molnár (-t, -ok)	Müller
iparos *(Subst. u. Adj.)*	Handwerker
gépésztechnikus (-t, -ok)	Maschinentechniker *(etwa:* graduierter Ingenieur*)*
helyi	örtlich
nős	verheiratet *(nur Männer!)*
meny (-t)	Schwiegertochter
fa	Baum, Holz
tető	Dach
piros tetejű ház	Haus mit rotem Dach
fűtésszerelő	Heizungsmonteur
feleségül venni valakit	*j–n* heiraten *(nur Männer!)*
veranda	Veranda
motor(kerékpár) (-t, -ok)	Motorrad
kié?	wessen?

14. Lektion

Kié az a motor?	Wem gehört jenes Motorrad?	anyós (-t)	Schwiegermutter
elromlani (elromlik)	kaputtgehen	saját	eigen
óvónő	Kindergärtnerin	vendéglátás (-t)	Gastfreundschaft
vej (-t)	Schwiegersohn	nincs mit!	Antwortformel auf köszönöm, etwa: keine Ursache!
unoka	Enkel, Enkelin		
ugyanúgy	genauso	máskor	ein andermal
após (-t)	Schwiegervater		

Grammatik

Das unbestimmte Subjekt   A

Kann das Subjekt nicht näher bestimmt werden, so wird die 3. Person des Plurals verwendet:

Isme**rnek** engem itt a faluban.	**Man** kennt mich hier im Dorf.
Pista bácsi**nak** szólítanak.	**Man** redet mich mit Onkel Pista an.

Für den deutschen Ausdruck „ich heiße ..., er heißt ..." wird im Ungarischen eine Form mit dem unbestimmten Subjekt gebraucht:

Takács Istvánnak **hívnak**.	**Ich heiße** István Takács.
A barátomat Györgynek **hívják**.	**Mein Freund heißt** Georg.

Postpositionen mit einem deklinierten Kasus   B

Bisher wurde nur eine Postposition mit einem deklinierten Kasus (ezelőtt) behandelt. Die übrigen behandelten Postpositionen stehen wie die meisten mit dem Nominativ des Substantivs.

·1. Vor den folgenden Postpositionen steht das Substantiv mit dem Kasussuffix **-n/-on/-en/-ön**: **át** *durch, über*, **keresztül** *durch, über*, **kívül** *außer, außerhalb*, **túl** *jenseits*:

Schneider úr az **erdőn át** jött a partra.
Herr Schneider ist **durch den Wald** ans Ufer gekommen.
Az út a **falun keresztül** vezet.
Die Straße führt **durch das Dorf**.
A **falun kívül** hagyom a kocsit.
Ich lasse den Wagen **außerhalb des Dorfes**.
Schneider úr a **horgászáson kívül** csak kártyázni szeret.
Herr Schneider mag **außer Angeln** nur Karten spielen.
A **fákon túl** láthatja a templomot.
Jenseits der Bäume können Sie die Kirche sehen.

2. Die Postpositionen **át, keresztül** und **túl** können auch als Verbalpräfixe verwendet werden. Die mit diesen Verbalpräfixen versehenen Verben regieren ebenfalls ein Substantiv mit dem Kasussuffix **-n/-on/-en/-ön**:
   Keresztülmegyünk a téren.   Wir gehen **über den Platz**.
3. Vor der Postposition **szemben** (gegenüber) steht das Substantiv mit dem Kasussuffix **-val/-vel**:
   Takács úr háza **a templommal szemben** van.
   Das Haus von Herrn Takács befindet sich **gegenüber der Kirche**.

Der Akkusativ des Personalpronomens in der 1. Person des Singulars und Plurals   C

Der Akkusativ von **én** (ich) lautet **engem** (mich), der Akkusativ von **mi** (wir) ist **minket** oder **bennünket** (uns). Zwischen **minket** und **bennünket** gibt es nur einen stilistischen Unterschied: **bennünket** gehört der gehobeneren Umgangssprache an.
Der Akkusativ des Personalpronomens in der 1. Person ist – im Gegensatz zur 3. Person – ein unbestimmtes Objekt, d. h. das darauf bezogene Verb wird intransitiv konjugiert.
engem wird nur bei besonderer Hervorhebung verwendet, da sonst die intransitive Konjugation auf dieses Objekt verweist.
   Ismerek én itt mindenkit, és **engem** is ismernek.
   Ich kenne hier jeden, und **mich** kennt man auch.

Dagegen, wenn das Objekt unbetont ist:
   Nem tudok dolgozni, ha zavarnak.
   Ich kann nicht arbeiten, wenn man **mich** stört.

Da die intransitive Konjugation die Zahl des Objekts nicht ausdrückt, wird **minket** oder **bennünket** auch in unbetonter Stellung verwendet:
   Látogasson meg **bennünket** máskor is!
   Besuchen Sie **uns** auch ein andermal!

Das Reflexivpronomen „maga"   D

Das als ein Pronomen der höflich-formalen Anrede schon bekannte **maga** ist eigentlich Reflexivpronomen. Der Nominativ von **maga** dient – mit dem entsprechenden Besitzzeichen – der stärkeren Betonung des Subjekts:

> **Én magam** még nem láttam a molnárt.
> **Ich selbst** habe den Müller noch nicht gesehen.
> **A professzor maga** tartja az előadást.
> **Der Professor selbst** hält den Vortrag.

In dieser Funktion steht **maga** unmittelbar nach dem Subjekt.
Als Reflexivpronomen tritt **maga** – mit dem entsprechenden Besitzzeichen – sinngemäß nur in deklinierten Fällen auf. **maga** wird wie ein auf einen Vokal endendes Substantiv dekliniert.

14. Lektion

> Keresek **magamnak** egy szabad helyet a vonatban.
> Ich suche **mir** einen freien Platz im Zug.
> Ne mindig csak **magára** gondoljon!
> Denken Sie nicht immer nur **an sich**!
> A nagy bőröndöt visszük **magunkkal**.
> Wir nehmen den großen Koffer mit.
> A gyerekek egyedül is gondoskodnak **magukról**.
> Die Kinder sorgen auch allein **für sich**.

Der Akkusativ des Reflexivpronomens gilt auch als bestimmtes Objekt, d. h. das darauf bezogene Verb wird transitiv konjugiert:

Ma éjjel kialusszuk **magunkat**.   Heute Nacht schlafen wir **uns** aus.
Mariann most festi ki **magát**.   Marianne schminkt **sich** jetzt.

In der 1. Person des Singulars wird das Reflexivpronomen im Akkusativ gewöhnlich **ohne -t** gebraucht:

Munka után kipihenem **magam**.   Nach der Arbeit ruhe ich **mich** aus.

Verben, die mit dem Akkusativ des Reflexivpronomens gebraucht werden, sind rückbezügliche Verben. Es können jedoch nicht alle deutschen rückbezüglichen Verben nach diesem Muster im Ungarischen wiedergegeben werden. Am besten lernt man die rückbezüglichen Verben als besondere lexikalische Einheiten.

Das reziproke Pronomen „egymás"   E

egymás (einander) wird im Nominativ sinngemäß nicht gebraucht. Steht **egymás** ohne Kasussuffix, dann erscheint es in einem Besitzverhältnis als Besitzer:

A barátok nem ismerték **egymás** szüleit.
Die Freunde haben die Eltern **voneinander** nicht gekannt.

In den übrigen Fällen wird **egymás** wie ein Substantiv dekliniert:

Most beszélünk **egymással** először.
Jetzt sprechen wir das erstemal **miteinander**.
Sokat gondolunk **egymásra**.   Wir denken viel **aneinander**.

Der Akkusativ des reziproken Pronomens gilt als bestimmtes Objekt, d. h. das darauf bezogene Verb wird transitiv konjugiert:

Apám és az apósom nem **szeretik** egymást.
Mein Vater und mein Schwiegervater mögen sich **(einander)** nicht.

Das Possessivpronomen   F

Der grundlegende Unterschied zwischen dem ungarischen und deutschen Possessivpronomen ist, daß das ungarische nur in prädikativer Funktion oder für ein Substantiv stehen kann:

Ez az autó **az enyém**.	Dieses Auto gehört **mir**
	(*wörtlich*: Dieses Auto ist **meins**).
„Gyors autóm van."	„Ich habe ein schnelles Auto."
„**Az enyém** még gyorsabb."	„**Meins** ist noch schneller."

Erscheint das Possessivpronomen in prädikativer Funktion, dann braucht es keine verbale Ergänzung im Präsens (Nominalsatz). Das Possessivpronomen wird immer mit dem bestimmten Artikel gebraucht, sein Akkusativ gilt demnach als bestimmtes Objekt.

Zusammenfassung der Possessivpronomen in den bekannten Personen **G**

Singular		Plural	
bei Einzahl	bei Mehrzahl des Besitzes	bei Einzahl	bei Mehrzahl des Besitzes
enyém *meins*	enyéim *meine*	mienk *unseres*	mieink *unsere*
övé *seins, ihres*	övéi *seine, ihre*	övék *ihres*	övéik *ihre*
öné, magáé *Ihres*		önöké, maguké *Ihres*	

Die auf die Mehrzahl des Besitzes bezogenen Formen werden selten, bei der höflichen Form so gut wie nie gebraucht. Sollte dieser Fall erforderlich sein, so wählt man gewöhnlich eine andere Ausdrucksform.

Statt
    Ezek a nyakkendők **az enyéim**.   Diese Krawatten gehören **mir**.
sagt man z. B.
    Ezek itt az én nyakkendőim.   Das sind hier **meine** Krawatten.

Das Besitzsuffix -é   **H**

1. Wird der Besitzer nicht mit dem Possessivpronomen, sondern mit einem Substantiv angegeben, so bekommt dieses Substantiv das Besitzsuffix **-é**.

    Ez az autó az **igazgatóé**.   Dieses Auto gehört **dem Direktor**.
                                (*wörtlich*: Dieses Auto ist **des Direktors.**)

2. Im Plural bekommen die mit **-é** versehenen Substantive **-i**, diese Formen werden aber nach Möglichkeit nicht verwendet.

Statt
    Ezek a ruhák **a feleségeméi**.   Diese Kleider **gehören** meiner Frau.
sagt man z. B.
    Ezek itt a feleségem ruhái.   Das **sind hier** die Kleider meiner Frau.

14. Lektion

3. Im Präsens steht das mit -é versehene Substantiv ohne verbale Ergänzung als Prädikat.

4. Das mit -é versehene Substantiv kann auch für ein anderes Substantiv stehen:

"Látta már a jelentésemet?"
"Az önét már igen, de szeretném **a főmérnökét** is látni."
"Haben Sie schon meinen Bericht gesehen?"
"Ja, Ihren schon, aber ich möchte auch **den des Oberingenieurs** sehen."
"Az én kocsimat javítják. De mehetünk **az apáméval**."
"Mein Wagen wird jetzt repariert. Wir können aber **mit dem meines Vaters** fahren."

5. Genauso wie die Possessivpronomen werden auch die mit -é versehenen Substantive immer mit dem bestimmten Artikel gebraucht.
Nach den Possessivpronomen und den mit dem Besitzzeichen versehenen Substantiven wird mit **kié?** gefragt:

"**Kié** ez a szép ház?" – "A főmérnök úré."
"**Wem** gehört dieses schöne Haus?" – "Dem Herrn Oberingenieur."
"**Kié** ez a kocsi?" – "Az **enyém**."
"**Wem** gehört dieser Wagen?" – "Mir."

Pronomen und Pronominaladverbien mit negativer Bedeutung

Pronomen und Pronominaladverbien mit negativer Bedeutung werden aus dem verneinenden (eigentlich verbietenden) Wörtchen **se** und dem betreffenden Fragewort gebildet:

se + hol	=	sehol	*nirgends*
se + honnan	=	sehonnan	*nirgendwoher*
se + hány	=	sehány	*kein einziges*
se + milyen	=	semilyen	*keinerlei*

Etwas abweichend ist die Bildung des negativen Indefinitpronomens: aus **ki?** *wer?* und **mi?** *was?*: **senki** *niemand* bzw. **semmi** *nichts*. Statt **semikor** *niemals* wird meist **soha** mit derselben Bedeutung verwendet.

Die positiven Indefinitpronomen werden ebenfalls gesetzmäßig gebildet:

vala + Fragewort		minden + Fragewort	
valaki	*jemand*	**minden**ki	*jedermann*
valami	*etwas*	**minden**	*alles*
valahol	*irgendwo*	**minden**hol	*überall*
valahonnan	*irgendwoher*	**minden**honnan	*überallher*
valamilyen	*irgendwelches*		

Werden die Indefinitpronomen an Stelle von Substantiven gebraucht (mindenki, valaki, senki usw.), so werden sie wie Substantive dekliniert. Ihr Akkusativ gilt als unbestimmtes Objekt, d. h. das darauf bezogene Verb wird intransitiv konjugiert.

Im Gegensatz zum Deutschen reicht das negative Indefinitpronomen im Ungarischen allein nicht zur Verneinung aus, sondern nur mit **sem** oder **se** zusammen:

    Senkit se(m) látok a parton.   Ich sehe **niemanden** am Ufer.

Soll die Verneinung des verbalen Prädikats hervorgehoben werden, so erscheint als verneinendes Wort **nem** vor dem Prädikat:

    Nem láttam a parton senkit.   *Ich habe* **niemanden** *am Ufer gesehen.*

Verwandtschaftsverhältnisse   K

Zur Bezeichnung der Verwandtschaftsverhältnisse benutzt das Ungarische mehr Wörter als das Deutsche. Nachstehend ein Überblick über die Bezeichnung der wichtigsten Verwandtschaftsverhältnisse, wobei nur die Unterschiede berücksichtigt sind:

1. Schwiegervater und Schwiegermutter: **após – anyós**
Ein Sammelwort für Schwiegereltern gibt es nicht.
2. Schwiegersohn und Schwiegertochter: **vej – meny**
3. Geschwister: **testvér.** Im Gegensatz zum deutschen Wort hat das ungarische den Singular, man kann also von einem der Geschwister sprechen, ohne das Geschlecht zu bestimmen.
4. Bruder: **öcs** (wenn er jünger ist als der Sprechende) – **bátya** (wenn er älter ist als der Sprechende).
5. Schwester: **húg** (wenn sie jünger ist als der Sprechende) – **nővér** (wenn sie älter ist als der Sprechende).
6. Enkel und Enkelin: **unoka.** Das Ungarische kann also das Geschlecht des Enkelkindes mit einem Wort nicht bestimmen.

Die Wörter für Verwandtschaftsverhältnisse werden fast immer mit dem entsprechenden Besitzzeichen verwendet.

Gesprächspartner nennen den Vater und die Mutter ihres Gegenübers gewöhnlich **édesapa** und **édesanya,** was als höflicher gilt.

Übungen

1. **Antworten Sie auf die Fragen mit den in Klammern angegebenen Wörtern nach dem Muster:**

> Hol vezet az út a faluba? (hegy, keresztül)
> → A hegyen keresztül.
> *Wo führt die Straße ins Dorf?*
> → *Über den Berg.*

14. Lektion

a) Hogy jutok el a leggyorsabban a szállodához? (park, át)
b) Hol van a malom? (Tisza, túl)
c) Hogy jött be a vendég a házba? (kert, keresztül)
d) Hol találom a postát? (nagy étterem, szemben)
e) Hol van Pista bácsi háza? (fák, túl)
f) Hol találjuk a csárdát? (falu, kívül)
g) Hol parkolhatunk? (templom, túl)
h) Merre megyünk? (tér, keresztül)
i) Hol állítjuk meg az autót? (pályaudvar, szemben)
j) Hol van a szerszámgépgyár? (város, kívül)

2. **Bilden Sie Sätze mit den angegebenen Verben nach dem Muster:**

> sietni — hívni
> → Mindig sietek, ha hívnak.
>
> *Ich beeile mich immer, wenn man mich ruft (wenn ich gerufen werde).*

a) örülni — meglátogatni
b) vásárolni — rábeszélni
c) visszaköszönni — üdvözölni
d) megijedni — felébreszteni
e) azonnal indulni — várni
f) inni — megkínálni
g) rosszul dolgozni — figyelni
h) köszönetet mondani — figyelmeztetni
i) jönni — megkérni
j) rendelni — rábeszélni
k) félni — keresni

3. **Bilden Sie Sätze mit den angegebenen Verben nach dem Muster:**

> levetkőzni — látni
> → Nem tudtam levetkőzni, mert láttak.
>
> *Ich konnte mich nicht ausziehen, weil man mich sah.*

a) dolgozni — zavarni
b) maradni — várni
c) moziba menni — meglátogatni
d) tovább olvasni — hívni
e) pihenni — keresni
f) elmenni — figyelni
g) aludni — felébreszteni
h) tovább menni — megállítani

4. **Bilden Sie Sätze mit den angegebenen Wörtern nach dem Muster:**

> **A.** apa, felébreszteni
> → Csak apámat ébresztették fel, engem nem.
>
> *Man hat nur meinen Vater aufgeweckt, mich nicht.*

a) feleség, zavarni
b) anya, odavezetni
c) bátya, várni
d) öcs, figyelmeztetni
e) húg, meghívni
f) após, üdvözölni
g) anyós, látni
h) vej, ismerni
i) meny, elfelejteni

B.

> apa, lebeszélni a lovaglásról
> → Csak apánkat beszélték le a lovaglásról, minket nem.
> *Man hat nur unserem Vater vom Reiten abgeraten, uns nicht.*

a) meny, rábeszélni a kirándulásra
b) bátya, szólítani úrnak
c) vej, figyelmeztetni a magas árra
d) após, megkínálni borral
e) húg, lebeszélni a vásárlásról
f) lány, meghívni a bálra
g) anya, hívni a telefonhoz
h) öcs, várni vacsorára
i) nővér, bevezetni a szobába

5. Formen Sie folgende Sätze nach dem Muster um!

> Nem szeretem a figyelmeztetést.
> → Nem szeretem, ha figyelmeztetnek.
> *Ich mag das Ermahnen nicht.*
> → *Ich mag nicht, wenn man mich ermahnt.*

a) Nem szeretem a rábeszélést.
b) Nem szeretem a felébresztést.
c) Nem szeretem a zavarást.
d) Nem szeretem a nevelést.
e) Nem szeretem a kiszolgálást.
f) Szeretem a meghívást.
g) Szeretem az üdvözlést.
h) Szeretem a meghallgatást.
i) Szeretem a kínálást.
j) Szeretem a felvilágosítást.

6. Setzen Sie in die Sätze den Akkusativ oder Dativ von maga ein! Das Reflexivpronomen steht immer in derselben Person wie das Subjekt!

> Schneider úr kipiheni ... a kirándulás után.
> → Schneider úr kipiheni magát a kirándulás után.
> *Herr Schneider ruht sich nach dem Ausflug aus.*

a) Tegnap nem aludtam ki ...
b) Délután kipihenjük ...
c) Töltök ... még egy pohár sört.
d) Mariann még egyszer megnézi ... a tükörben.
e) Szabóné reggelit készít...

14. Lektion 170

f) Főzünk ... egy jó kávét.
g) A lányok kifestik ... a bál előtt.
h) Radóné kiválaszt ... egy csinos ruhát.
i) A vendégek rendelnek ... még egy üveg bort.
j) A gyerekek látják ... a víz tükrében.
k) Mindjárt hozok ... egy széket.
l) Legyen nyugodt, kiszolgáljuk ...
m) A gyerekek még nem aludták ki ...
n) Sütünk ... két szelet húst.

7. **Setzen Sie in die Sätze die passende Form des Reflexivpronomens maga oder des reziproken Pronomens egymás ein!**

> Jó barátnők találkozáskor megcsókolják ...
> → Jó barátnők találkozáskor megcsókolják egymást.
> *Gute Freundinnen küssen sich / einander bei der Begegnung.*

a) A lányom és a vejem öt évvel ezelőtt ismerkedtek meg ...
b) Pista bácsi mindig szívesen beszél ...
c) A vejem és a fiam éppen most beszélnek ...
d) A fiam már egyedül is tud gondoskodni ...
e) A bátyám és Szabó kolléga nem ismerik ...
f) Az anyósom mindig csak ... gondol.
g) A feleségem estélyi ruhát is csomagolt ...
h) Most látjuk ... először.
i) Nem találom ... a képen.
j) Eddig még nem találkoztunk ...
k) A lányom nagyon sokat költ ...
l) Radóné és a barátnője gyakran látogatják meg ...
m) Már sokszor hallottunk ..., de még nem beszéltünk ...
n) Nem küldött senki, ... jöttem.

8. **Antworten Sie auf die folgenden Fragen mit den angegebenen Wörtern nach dem Muster:**

> A. Az öné ez a bőrönd? (fiú)
> → Nem az enyém, hanem a fiamé.
> B. Az önöké az a bőrönd? (fiú)
> → Nem a mienk, hanem a fiúnké.
> *Gehört dieser Koffer Ihnen?*
> *→ Nicht mir (uns), sondern meinem (unserem) Sohn.*

a) Az önöké ez a ház? (vej)
b) Az öné ez a könyv? (öcs)
c) Az öné ez az újság? (kolléga)

d) Az önöké ez a lakás? (nővér)
e) Az önöké ez az autó? (após)
f) Az öné ez a horgászfelszerelés? (bátya)
g) Az öné ez a kabát? (meny)
h) Az önöké ez a sok könyv? (anyós)
i) Az öné ez a hanglemez? (lány)
j) Az önöké ez a szép kép? (unoka)
k) Az önöké ez a lemezjátszó? (testvér)
l) Az öné ez a retikül? (anya)

9. **Antworten Sie auf die folgenden Fragen verneinend nach dem Muster:**

> Kivel találkozott délután?
> → Senkivel sem találkoztam.
> *Wen haben Sie am Nachmittag getroffen?*
> → *Ich habe niemanden getroffen.*

a) Hol nyaraltak tavaly?
b) Mikor volt Bécsben?
c) Hová utazik nyáron?
d) Mit vett a feleségének?
e) Kivel tárgyal holnap?
f) Mire lesz szükségünk?
g) Meddig kell várnunk a válaszra?
h) Kitől kaphatunk felvilágosítást?
i) Honnan vár levelet?
j) Miről akar előadast tartani?

10. **Antworten Sie auf die folgenden Fragen nach dem Muster!**

> Találkozott valakivel délután?
> → Nem találkoztam senkivel.
> *Haben Sie am Nachmittag jemanden getroffen?*
> → *Ich habe niemanden getroffen.*

a) Nyaraltak valahol tavaly?
b) Volt valamikor Bécsben?
c) Utazik valahová nyáron?
d) Vett valamit a feleségének?
e) Tárgyal valakivel holnap?
f) Lesz valamire szükségük?
g) Kell várnunk valameddig a válaszra?
h) Kaphatunk valakitől felvilágosítást?
i) Vár valahonnan levelet?
j) Akar előadást tartani valamiről?

14. Lektion

Aufgaben

1. **Übersetzen Sie folgende Sätze ins Ungarische!**
   a) Man kennt mich im ganzen Dorf.
   b) Man findet Herrn Schneider nicht.
   c) Man redet mich mit Onkel János an.
   d) Man baut in Budapest viele neue Wohnungen.
   e) Man sieht mich bei Takács's immer gerne.
   f) Man hat mich nach London eingeladen.
   g) Man hat mir nur einen Kaffee angeboten.
   h) Man hat mir im Hotel Royal ein Zimmer reserviert.
   i) Man hat uns keine Auskunft gegeben.
   j) Man hat mich noch nicht vergessen.

2. **Übersetzen Sie folgende Sätze ins Ungarische!**
   a) Dieses Haus hat vor 10 Jahren uns gehört.
   b) Dieser Mantel gehört nicht Ihnen, sondern mir.
   c) Dieses Auto gehört nicht dem Direktor. Das seine steht in der Garage.
   d) Diese Schallplatte gehört meinem älteren Bruder. Die meinen sind in meinem Zimmer.
   e) Nein, das ist leider nicht das Haus meiner Eltern. Das ihre ist viel kleiner.
   f) Ich kann Ihnen nur meinen Paß zeigen, den meiner Frau nicht.
   g) Ist Ihr Zahnarzt nicht zu Hause? Rufen Sie meinen an!
   h) Finden Sie keinen freien Tisch? Setzen Sie sich an unseren!

3. **Übersetzen Sie den folgenden Text ins Ungarische!**
   Herr Schneider angelt oft an der Theiß. Hier lernte er István Takács kennen. Herr Takács ist schon fast 70 Jahre alt und wohnt in einem kleinen Dorf nicht weit von der Theiß. Sein Haus ist gegenüber der Kirche. Seine zwei Söhne und seine Tochter haben schon geheiratet. Einer seiner Söhne lebt auch im Dorf. Er ist Maschinentechniker in der LPG. Der andere Sohn (von ihm) hat ein Mädchen von Szolnok geheiratet und wohnt in Szolnok. Seine Tochter ist Kindergärtnerin in Budapest. Sie hat vor einem Jahr einen Lehrer geheiratet. Herr Takács hat drei Enkelkinder. Er hat seine Schwiegertöchter und seinen Schwiegersohn gern. Die große Familie kommt im kleinen Dorf an der Theiß (a Tiszaparti kis faluban) oft zusammen.

Vokabeln

valaha	je(mals)	bátya *(gewöhnlich nur mit Besitzzeichen)*	älterer Bruder
soha	nie(mals)		
havonta	monatlich	húg *(gewöhnlich nur mit Besitzzeichen)*	jüngere Schwester
testvér (-t, -ek)	Geschwister		
öcs *(gewöhnlich nur mit Besitzzeichen)*	jüngerer Bruder	nővér *(gewöhnlich nur mit Besitzzeichen)*	ältere Schwester

15. Lektion

Erwerbsverhältnisse und Lebenshaltungskosten in Ungarn

Brauer úr, a Bosch cég képviselője és Szabó úr, a MOGÜRT üzletkötője kettesben vacsoráztak a Régi Országház étteremben. A vacsorát már befejezték. Brauer úr szivarral kínálja Szabó urat, és maga is szivarra gyújt.
- Már ötödször vagyok Magyarországon. Szabó úr, – szólal meg, – de tulajdonképpen keveset tudok a kereseti és megélhetési viszonyokról. Meg szabad kérdeznem, hogy ön mennyit keres?
- Természetesen. 2.800 forint a havi fizetésem.
- Ezt az összeget kilenccel kell osztani ugye, akkor kapom meg körülbelül, mennyinek felel meg márkában?
- Igen, de én mindjárt megmondom önnek: 2.800 forint körülbelül 310 márkának felel meg.
- Ez nagyon kevés. Mióta dolgozik a MOGÜRT-nél?
- Hat és fél éve. A közgazdasági egyetemről mindjárt ehhez a vállalathoz kerültem.
- Egyetemi diplomával csak 310 márka a fizetése?
- Nem 310 márka, hanem 2.800 forint. Magyarországon nemcsak a kereseti viszonyok mások, mint az NSZK-ban, hanem az árviszonyok is. Azon kívül a havi fizetésem nem azonos a havi jövedelmemmel. Angol és orosz nyelvvizsgám után ugyanis 30 százalék nyelvpótlékot kapok, csaknem a havi fizetésem egy harmadát.
- Az tehát összesen 3.640 forint havonta.
- Igen. Azon kívül évente négyszer forgalmi jutalékot kapunk. Ez körülbelül évi 10.000 forintot jelent. Ehhez jön évente egyszer a nyereségrészesedés: ez általában egy havi fizetésnek felel meg.
- Ha tehát jól számok, akkor a havi átlagjövedelme körülbelül 4.600 forint. Ez bruttó vagy nettó jövedelem?
- Ez bruttó, de Magyarországon nincs kereseti adó, csak nyugdíjjárulék. A nyugdíjjárulék progresszíven nő, az én fizetésemből 6 százalék. Jutalékfizetéskor és a nyereségrészesedés fizetésekor természetesen több.
- Hányadrésze a fizetésnek a legmagasabb nyugdíjjárulék?
- Egy tizede, ha a fizetés meghaladja a 7.000 forintot.
- A felesége is dolgozik, ugye, Szabó úr?
- Igen, ő körülbelül 2.400 forintot keres nettó havonta.
- Tehát mintegy 7.000 forintból gazdálkodnak.

15. Lektion

- Igen, ennyiből élünk hárman a kisfiúnkkal.
- Nem akarnak több gyereket?
- Még csak egy fél éve van saját lakásunk. Eddig nem gondolhattunk második gyerekre, de most már szeretnénk. Két gyerek után családi pótlékot is fizetnek. De úgy számítjuk, hogy a jövedelmünkből családi pótlék nélkül is kényelmesen megélünk négyen.
- Mennyi a lakbér?
- Szövetkezeti lakásunk van, tehát nem fizetünk lakbért, hanem az OTP hitelt törlesztjük. A részlet 700 forint havonta, tehát havi átlagjövedelmünk egy tizede.
- Ez nagyon előnyös. Én bérlakásban lakom, és a fizetésem mintegy ötöd része a lakbér.
- Mennyit költenek ennivalóra?
- Azt nem tudom pontosan megmondani. Hét közben mindketten a munkahelyünkön ebédelünk. Ezt mindegyikünk a zsebpénzéből fizeti. Az ebédre és egyéb kis kiadásokra 6–600 forintot tartunk meg a fizetésünkből. Gyurika az óvodában reggelit, ebédet és uzsonnát kap.
- Mennyiért kapnak ebédet a munkahelyükön?
- Én 7 forintot fizetek a menüért, a feleségem 6,50-et. Az ebéd tulajdonképpen többe kerül, de a különbséget megkapjuk; a szakszervezet fizeti.
- Hát ez az ár sokkal alacsonyabb, mint az éttermi menüé.
- Igen, az étteremben ennek az összegnek a kétszeresét vagy háromszorosát kell fizetni.
- Csodálom, hogy ilyen olcsón kapnak ebédet. Én úgy láttam, hogy az élelmiszer általában drága. Pedig Magyarország elsősorban mezőgazdasági ország.
- Ez ma már nem így van. Magyarország is elsősorban ipari állam. A legfontosabb élelmiszerek ára azonban hatósági kötött ár, és ezt az árat például a kenyér, a liszt, a hús, a cukor esetében évek óta nem emelték.
- A gyümölcsöt és a zöldséget is hatósági áron adják?
- Nem, ezek szabad áras termékek, és valóban mindig drágábbak lesznek. Egyes gyümölcs- és zöldségfélék ára az utóbbi években a többszörösére emelkedett.
- Ön tehát a közvetlen megélhetési költségeket nem tartja magasnak, Szabó úr?
- Nem. Viszont egyes iparcikkek árát magasnak tartom. Viszony-

lag drága például a hűtőszekrény, a mosógép, a rádió és a televízió. A divatos ruházati cikkek sem olcsók.
- Mennyibe kerül a szórakozás és művelődés?
- A mozi, a színház és a hangverseny olcsó. A legdrágább mozijegy általában 10 forintba kerül, a legjobb szinházjegy se sokkal drágább harminc forintnál. Az opera- és hangversenyjegyek többe kerülnek, ha ismert külföldi művészek lépnek fel. Ilyenkor a rendes ár háromszorosát, négyszeresét, sőt ötszörösét kell fizetni egy jó jegyért.
- Gyakran járnak szórakozni?
- Amióta már egyedül hagyhatjuk Gyurikát a lakásban, hetenként egyszer elmegyünk színházba, moziba vagy hangversenyre.
- Jobban keres ön Szabó úr, mint egy átlagos fiatal értelmiségi Magyarországon?
- Azt hiszem, körülbelül középen lehetek. Többet keresnek például egyes mérnökök és orvosok, viszont kevesebbet például a tanárok.
- Ez a beszélgetés nagyon érdekes és tanulságos volt, Szabó úr. Legközelebbi találkozásunkkor talán majd folytatjuk. Most azonban ideje aludni menni.

Vokabeln

régi	alt *(nur bei Sachen)*	árviszonyok (-at)	Preisverhältnisse
országház (-at)	Parlament	azonos vmivel	identisch
befejezni (befejez)	beenden	jövedelem (jövedelmet)	Einkommen
szivar (-t, -ok)	Zigarre	nyelvvizsga	Sprachexamen, Sprachprüfung
kereset (-et)	Verdienst, Erwerb		
megélhetési viszonyok	Lebenshaltung	nyelvpótlék (-ot)	Sprachzulage
viszony (-t)	Verhältnis *(Geld)*	százalék (-ot)	Prozent
keresni (keres)	verdienen	csaknem	beinahe
fizetés (-t, -ek)	Gehalt, Zahlung	összesen *(adv.)*	insgesamt
havi	monatlich	forgalmi jutalék	Umsatzprämie, Umsatzprovision
osztani (oszt)	dividieren, teilen	forgalom (forgalmat)	Umsatz
megfelelni (megfelel) vminek	entsprechen	jutalék (-ot)	Provision
egyetem (-et)	Universität	jelenteni (jelent)	bedeuten
közgazdasági egyetem	Universität für Volkswirtschaft(slehre)	nyereségrészesedés (-t)	Gewinnanteil, Bonus
		általában *(adv.)*	gewöhnlich, im allgemeinen
kerülni (kerül) vhová	gelangen, geraten, kommen	számolni (számol)	rechnen, zählen
diploma	Diplom	átlag (-ot)	Durchschnitt
		adó	Steuer

15. Lektion

nyugdíjjárulék (-ot)	Rentenbeitrag	az utóbbi években	in den letzten Jahren
progresszív	progressiv		
nőni (nő) (*1. P. Sing.* *növök; 1. P. Pl.* növünk)	wachsen	emelkedni (emelkedik)	sich erhöhen, steigen
meghaladni (meghalad)	übersteigen	közvetlen	unmittelbar, direkt
mintegy	etwa		
gazdálkodni (gazdálkodik)	wirtschaften	tartani (tart) vminek	für etw. halten
élni (megélni) vmiből	leben von etw.	iparcikk (-et)	Industrieerzeugnis
családi pótlék (-ot)	Familienzulage	viszonylag	verhältnismäßig
nélkül *(Psp. mit dem Nom.)*	ohne		
törleszteni (törleszt) (hitelt)	tilgen *(Kredit)*	mosógép (-et)	Waschmaschine
előnyös	vorteilhaft, günstig	televízió, *häufiger:* tévé	Fernsehgerät, Fernsehen
hét közben	in der Woche (während der Woche)	ruházati cikk	Bekleidungsartikel
		művelődés (-t)	Bildung
munkahely (-et)	Arbeitsplatz	mozi	Kino
mindegyikünk	jeder von uns	művész (-t, -ek)	Künstler
zsebpénz (-t)	Taschengeld	fellépni (fellép)	auftreten
egyéb	sonstig	ilyenkor	in solchem (bei solchem) Fall
kiadás (-t, -ok)	Ausgabe		
megtartani (megtart)	behalten		
uzsonna	Jause, Nachmittagskaffee	rendes	ordentlich, üblich
különbség (-et)	Unterschied	sőt	sogar
szakszervezet (-et)	Gewerkschaft	szórakozni (szórakozik)	sich unterhalten, sich vergnügen
élelmiszer (-t, -ek)	Lebensmittel		
elsősorban	in erster Linie		
mezőgazdaság (-ot)	Landwirtschaft	hetenként	wöchentlich
		átlagos	durchschnittlich
ország (-ot)	Land		
ipar (-t)	Industrie, Gewerbe	értelmiségi *(Adj. u. Subst.)*	Intellektueller
hatóság (-ot)	Behörde	középen	in der Mitte
kötött ár	gebundener (fester) Preis	beszélgetni (beszélget)	sich unterhalten, plaudern
liszt (-et)	Mehl		
cukor (cukrot)	Zucker	érdekes	interessant
eset (-et)	Fall	tanulságos	lehrreich, aufschlußreich
(fel)emelni (emel) (árat)	*(Preis)* erhöhen	legközelebbi *(Adj.)*	nächste
egyes	einzeln	folytatni (folytat)	fortsetzen
zöldségfélék (-et) *(Plur.)*	Gemüsearten		

Grammatik

Kardinalzahlen A

Die Kardinalzahlen sind als lexikalische Einheiten bereits bekannt.
Es folgt eine kurze Zusammenfassung.
Bei zweistelligen Zahlen tritt das Kasussuffix **-en/-on** zwischen die Zehnerzahl und Einerzahl nach **tiz-** und **husz-**: tize**n**nyolc (18), huszo**n**öt (25). Der Stamm wird dabei kurz; als selbständige Zahlen lauten sie nämlich: **tíz**, **húsz** (**í** bzw. **ú** sind also lang). Ab **harminc** (dreißig) werden Zehnerzahl und Einerzahlen einfach zusammengesetzt und in einem Wort geschrieben: **harminckettő** (32), **negyvenöt** (45). Ebenso nach **száz** (hundert) und **ezer**

(tausend): **százötvenhét** (157), **ezerhatszázhetvenhárom** (1673). Zahlen über **zehn** werden gewöhnlich auch im laufenden Text mit Ziffern geschrieben.

Bruchzahlen B

Die bereits behandelten Ordinalzahlen werden eigentlich aus den Bruchzahlen mit dem Ableitungssuffix **-ik** gebildet. Wenn man also bei der Ordinalzahl **-ik** wegläßt, erhält man die entsprechende Bruchzahl: **harmad** *Drittel* (aus harmad-ik), **heted** *Siebentel* (aus heted-ik), **tizennegyed** *Vierzehntel* (aus tizennegyed-ik) usw.
Die Bruchzahl aus **kettő** (zwei) ist **ketted**. Statt **ketted** sagt man aber **fél** *halb*. **Ketted** kommt jedoch in Zusammensetzungen (bei mehrstelligen Zahlen) vor: **tizenketted, harmincketted** usw.
Nach dem Komma sagt man **tized** *Zehntel*, **század** *Hundertstel*, **ezred** *Tausendstel*:

> 1,2 = egy egész két tized
> 5,75 = öt egész hetvenöt század
> 6,125 = hat egész százhetvenöt ezred

Wiederholungszahlwörter C

Die Wiederholungszahlwörter oder Zahladverbien werden mit dem Ableitungssuffix **-szor/-szer/-ször** gebildet, dessen Bedeutung der deutschen Endung **-mal** entspricht:

> három**szor** drei**mal** – hét**szer** sieben**mal** – öt**ször** fünf**mal**

Wenn das Zahladverb in Vergleichen vorkommt, steht nach ihm das Demonstrativpronomen **annyi**:

> Az új autóért **kétszer annyit** fizettem, mint a régiért.
> Für das neue Auto habe ich **zweimal soviel** gezahlt wie für das alte.
> A piros ruha **háromszor annyiba** kerül, mint a zöld.
> Das rote Kleid kostet **zweimal soviel wie** das grüne.

Zahladverbien können nicht nur aus Kardinalzahlen, sondern auch aus Ordinalzahlen gebildet werden. In diesem Fall tritt **-szor/-szer/-ször** an die Stelle des Ableitungssuffixes **-ik**:

> harmad**szor** das dritte Mal – heted**szer** das siebte Mal
> ötöd**ször** das fünfte Mal

Bei **első** (erste) weicht die Bildung von dieser Regel ab: **először** das erste Mal.

Vervielfältigungszahlen D

Auch die Vervielfältigungszahlen werden mit **-szor/-szer/-ször** gebildet, an das aber auch noch das Ableitungssuffix **-os/-es/-ös** angehängt wird:

15. Lektion

> háromszoros drei**fach** – hét**szeres** sieben**fach** – ötszörös fünf**fach**

Vervielfältigungszahlen können nicht nur als Adjektive, sondern auch als Substantive im Satz erscheinen:

A jegyért a rendes ár **ötszörösét** fizettük.
Wir haben für die Karte **das Fünffache** des üblichen Preises gezahlt.

Verteilungszahlwörter   E

Verteilungszahlwörter werden durch Wiederholung der betreffenden Kardinalzahl gebildet, wobei die deutliche Zäsur (Pause) zwischen den beiden Zahlen in der Aussprache wichtig ist:

Huszonöt – huszonöt forintot adtam a gyerekeknek.
Ich habe den Kindern **je fünfundzwanzig** Forint gegeben.

Bei Hunderter- und Tausenderzahlen wird **száz** bzw. **ezer** nur einmal gesprochen:

Hat – hatszáz forintot tartunk meg a fizetésünkből.
Wir behalten uns **je sechshundert** Forint von unserem Gehalt.

Verteilungszahlen werden mit einem Bindestrich geschrieben.

Die Fragewörter bei Zahlwörtern   F

Nach den Kardinalzahlen wird – wie schon bekannt – mit **hány**? (wenn auch die Maßeinheit angegeben wird) oder mit **mennyi**? (wieviel?) (wenn die Maßeinheit nicht angegeben wird) gefragt.

Hány forintba kerül a jegy?   **Wieviel Forint** kostet die Karte?
Mennyibe kerül a jegy?   **Wieviel** kostet die Karte?

Die Fragewörter werden aus **hány**? mit dem betreffenden Ableitungssuffix gebildet:

Bruchzahlen:	hány**ad**? hány**adrész**? *ein wievieltel?*
Wiederholungszahlen:	hány**szor**? *wievielmal?*
	hány**adszor**? *das wievielte Mal?*
Vervielfältigungszahlen:	hány**szoros**? *wievielfach?*
Verteilungszahlen:	**hány**? (Die Verteilungszahlen haben kein besonderes Fragewort, da sie ja auch keine besondere eigene Form haben.)

Artbestimmungen aus Zahlwörtern   G

Mit dem Ableitungssuffix **-an/-en** können Modaladverbien nicht nur aus Adjektiven, sondern auch aus Zahlwörtern gebildet werden. Diese Artbestimmungen kommen praktisch nur in Sätzen vor, in denen das Subjekt in Form eines besonderen Wortes nicht erscheint.

15. Lektion

Az asztalnál **négyen** ültek.	Am Tisch saßen **vier** (Personen).
Két vendég már itt van, **hárman** csak este érkeznek.	
Zwei Gäste sind schon hier, **drei** kommen erst am Abend an.	

Das verbale Prädikat wird im Plural konjugiert. Ist das Personalpronomen in betonter Position, so erscheint es im Satz:

Csak a gyerekek mentek moziba, **mi ketten** otthon maradtunk.
Nur die Kinder gingen ins Kino, **wir zwei** sind zu Hause geblieben.

Egy erscheint als Artbestimmung nur in Zusammensetzungen: **tizenegyen, huszonegyen** usw. Die Artbestimmung aus **egy** lautet **egyedül** *allein*.
Von **kettő** *zwei* bis **hat** *sechs* erscheinen als Artbestimmung auch die Formen:

> **kettesben** *zu zweit*, **hármasban** *zu dritt*, **négyesben** *zu viert*, **ötösben** *zu fünft*, **hatosban** *zu sechst*.

Das verbale Prädikat wird im Plural konjugiert:

Hármasban megyünk sétálni.	Wir gehen **zu dritt** spazieren.
Ötösben kártyáztunk.	Wir haben **zu fünft** Karten gespielt.

Das hinweisende Wort und die Bildung des Bindewortes bei adverbialen und attributiven Nebensätzen H

Im Hauptsatz weist ein hinweisendes Wort (ein Adverb) auf den adverbialen oder attributiven Nebensatz hin. Die Funktion dieser hinweisenden Wörter ist mit den Demonstrativpronomen verwandt, auch von diesen gibt es immer ein Paar: das Wort mit hellen Vokalen weist auf das dem Sprechenden Näherstehende (wie **ez, ilyen**), das Wort mit dunklen Vokalen auf das Fernerstehende (wie **az, olyan**) hin. Als hinweisendes Wort wird immer die Variante mit dunklen Vokalen verwendet.
Die wichtigsten hinweisenden Adverbien sind:

1. Lokal:	ide, oda	*her, hin*
	itt, ott	*hier, dort*
	innen, onnan	*von hierher, von dorther*
2. Temporal:	ekkor, akkor	*dann*
	eddig, addig	*bisher, bis dahin*
	ezóta, azóta	*seither*
3. Modal:	így, úgy	*so*
4. Kausal und final:	ezért, azért	*deshalb*
5. Attributiv:	ilyen, olyan	*solch*
	ennyi, annyi	*soviel*

Aus allen Fragewörtern kann ein Bindewort gebildet werden, indem den Fragewörtern ein **a-** vorangestellt wird. Die aus **ki?** und **mi?** bzw. **melyik?** auf diese Weise gebildeten Wörter leiten Relativsätze ein, die später behandelt werden.

15. Lektion

1. Lokal:	ahová *wohin*, ahol *wo*, ahonnan *woher*
2. Temporal:	amikor *als*, amíg *bis*, *solange*, amióta *seitdem*
3. Modal:	ahogy(an) *wie*
4. Kausal:	amiért *weil* (Als kausales Bindewort wird das bereits behandelte **mert** bevorzugt.)
5. Attributiv:	amilyen *wie*, amennyi *wieviel* Diesen Bindewörtern wird gewöhnlich **mint** (wie) vorangestellt, weil sie in Vergleichen vorkommen.

Adverbiale Nebensätze: I

Ma nem akarok **ott** vacsorázni, **ahol** tegnap ettünk.
Heute will ich nicht **dort** zu Abend essen, **wo** wir gestern gegessen haben.
Brauer úr is **onnan** érkezett, **ahonnan** Schneider igazgató.
Auch Herr Brauer ist **von dort** gekommen, **von wo** Direktor Schneider (kam).
Schneider igazgatóval **akkor** beszéltem utoljára, **amikor** az új gépeket rendeltük.
Mit Direktor Schneider habe ich **(da)** zuletzt gesprochen, **als** wir die neuen Maschinen bestellt haben.
Úgy fizetek, **ahogy** tudok.
Ich zahle **(so)**, **wie** ich kann.
Én is **olyan** autót veszek, mint **amilyen** önnek van.
Auch ich kaufe **ein solches** Auto, **wie** Sie (eines) haben.
Szeretnék **annyit** keresni, mint **amennyit** a műszaki igazgató.
Ich möchte **soviel** verdienen **wie** der technische Direktor.

Übungen

1. **Bilden Sie Sätze mit den angegebenen Wörtern und Zahlen nach dem folgenden Muster! Das unveränderte Objekt oder Adverb brauchen Sie im zweiten Gliedsatz nicht zu wiederholen.**

> naponta, 4 — 3, enni
> → Eddig naponta négyszer ettem, de most már csak háromszor eszem.
> *Bisher habe ich täglich viermal gegessen,*
> *aber jetzt esse ich nur noch dreimal.*

a) naponta, 2 — 1, sétálni
b) naponta, 3 — 2, inni kávét
c) hetenként, 6 — 5, nézni televíziót
d) hetenként, 7 — 4, tanulni egy órát
e) havonta, 10 — 5, készíteni meleg vacsorát

f) havonta, 8 — 6, írni a szüleimnek
g) havonta, 4 — 3, menni moziba
h) évente, 10 — 12, venni hangversenyjegyet
i) évente, 20 — 14, utazni külföldre
j) évente, 6 — 2, kapni jutalékot

2. **Bilden Sie Sätze mit den angegebenen Wörtern nach dem Muster:**

> szórakozásra költeni, 4, — 3 év
> → Szórakozásra négyszer annyit költünk, mint három évvel ezelőtt.
> *Für Unterhaltung geben wir viermal soviel aus wie vor drei Jahren.*

a) zöldségért és gyümölcsért adni, 5, — 8 év
b) a lakásért fizetni, 2, — 1 év
c) fűtésre költeni, 6, — 15 év
d) a fizetésért dolgozni, 3, — 5 év
e) kávét inni, 10, — 20 év
f) színházba menni, 6, — 12 év
g) élelmiszerből vásárolni, 2, — 3 év
h) öltözködésre költeni, 4, — 8 év

3. **Formen Sie die Sätze nach dem folgenden Muster um:**

> Az ajándék háromszor annyiba került, mint amennyi a heti zsebpénzem.
> → Az ajándék a heti zsebpénzem háromszorosába került.
> *Das Geschenk hat das Dreifache meines wöchentlichen Taschengeldes gekostet.*

a) A bútorért nyolcszor annyit fizettem, mint amennyi az éves nyereségrészesedésem.
b) A gyerekek ruhái ötször annyiba kerülnek, mint amennyi a családi pótlék.
c) A televíziót hatszor annyiért vettem, mint amennyi a negyedéves prémiumom.
d) Egy jó autó kétszer annyiba kerül, mint amennyi az évi jövedelmem.
e) A jegyért tízszer annyit adtam, mint amennyi a rendes ár.
f) Az éttermi ebéd négyszer annyiba kerül, mint amennyi a munkahelyi ebéd ára.
g) A hordár háromszor annyit költ italra, mint amennyi a napi borravalója.
h) A szállodai szoba tizenkétszer annyiba kerül, mint a vacsora.

4. **Bilden Sie je einen Satz aus den angegebenen Wörtern und fügen Sie den zweiten Satz hinzu nach dem folgenden Muster! (Die Präfixe werden getrennt, da das Adverb betont ist.)**

15. Lektion

A.

> ez a szonáta, játszani, 10
> → Ezt a szonátát eddig tízszer játszottam.
> Most játszom tizenegyedszer.
> *Ich habe diese Sonate bisher zehnmal gespielt.*
> *Jetzt spiele ich sie das elftemal.*

a) ez a film, megnézni, 2
b) ez az öltöny, felvenni, 18
c) ez a könyv, olvasni, 4
d) ez a szimfónia, hallani, 7
e) ez a kocsi, vezetni, 12
f) ez az előadás, megtartani, 3
g) ez a nyaklánc, feltenni, 9
h) ez a mosógép, javítani, 6

B.

> a szerelővel, beszélni, 4
> → Ezzel a szerelővel eddig négyszer beszéltem.
> Most beszélek vele ötödször.
> *Mit diesem Mechaniker habe ich bisher viermal gesprochen.*
> *Jetzt spreche ich mit ihm das fünftemal.*

a) orvosnál lenni, 8
b) borból inni, 1
c) igazgatóra várni, 2
d) kocsiban ülni, 5

e) lemezért elmenni, 3
f) asszonynak írni, 6
g) szobában lakni, 14
h) kollégával kártyázni, 7

5. **Ergänzen Sie die begonnenen Sätze mit den in Klammern stehenden Wörtern nach dem Muster:**

> Az autóban (4, ülni)
> → Az autóban négyen ülnek.
> *Im Auto sitzen vier. (Im Auto sitzt man zu viert.)*

a) Az igazgatóval (3, tárgyalni)
b) Az orvos előszobájában (sok, várni)
c) A gyárban (3000, dolgozni)
d) Az üzletben (12, vásárolni)
e) A parton (20, napozni)
f) Az étteremben (50, vacsorázni)
g) A Balatonban ma (kevés, fürödni)
h) Az asztalnál (6, enni)
i) A parkban (2, sétálni)
j) A téren (néhány, focizni)

6. Bilden Sie aus den angegebenen Wörtern zwei verschiedene Aussagen nach dem Muster:

> 2 — rendelés
> → Ez élete második rendelése.
> → Most rendel életében másodszor.
> Das ist die zweite Bestellung seines / ihres Lebens.
> Jetzt bestellt er / sie das zweitemal in seinem / ihrem Leben.

a) 5 — vezetés
b) 1 — tárgyalás
c) 3 — választás
d) 10 — lovaglás
e) 6 — vitorlázás
f) 8 — nyaralás
g) 2 — vásárlás
h) 9 — utazás
i) 4 — sütés

7. Fügen Sie den temporalen Nebensatz so in den Hauptsatz ein, daß Sie aus dem Prädikat des Nebensatzes ein Substantiv bilden nach dem Muster:

> Amikor a tárgyalást befejezték, én már nem voltam ott.
> → A tárgyalás befejezésekor én már nem voltam ott.
> Als die Verhandlung abgeschlossen wurde, war ich nicht mehr dort.
> → Beim Abschluß der Verhandlung war ich nicht mehr dort.

a) Amikor az irodaházat építették, én még a MOGÜRT-nél dolgoztam.
b) Amikor a negyedévi jutalékot fizetik, veszek egy új öltönyt.
c) Amikor a gépet javítják, én is ott akarok lenni.
d) Amikor a vacsorát készítették, én is a konyhában voltam.
e) Amikor a fizetésemet felemelték, már üzletkötő voltam.
f) Amikor az irodai szobámat berendezték, én is segítettem.
g) Amikor a pénzt váltották, meg kellett mutatnunk az útlevelünket.
h) Amikor a színházjegyet rendelték, a vendég az igazgatóval beszélt.
i) Amikor az új gépet kipróbálták, ott volt a főmérnök is.
j) Amikor a rendelést előkészítették, a vállalatnak még elég pénze volt.

8. Setzen Sie in den folgenden Sätzen die fehlenden Bindewörter ein!

a) Akkor ismerkedtem meg Brauer úrral, ... először voltam a Bosch cégnél.
b) Ott szeretnék nyaralni, ... mindig süt a nap.
c) Olyan bútorokkal szeretném berendezni a lakást, ... tegnap láttam egy belvárosi üzletben.
d) Addig próbálja ki a gépet, ... a partner cég képviselője Budapesten van!
e) Onnan vásároljuk meg a gépeket, ... a leggyorsabban kapjuk meg őket.
f) Csak annyi pénzt váltok be, ... szükségem van.
g) Oda megyek önért, ... kívánja.
h) A varrónőm úgy varrja meg a ruhát, ... ön akarja.

15. Lektion

9. Setzen Sie die fehlenden hinweisenden Wörter in die folgenden Sätze ein!
   a) A vendég ... érkezett, ahová ön utazik a jövő héten.
   b) A rekamié ... volt, ahol most a könyvszekrény áll.
   c) ... dolgozom, amíg a gyerekek az iskolában vannak.
   d) Nekem nem tetszenek az ... ruhák, mint amilyeneket a barátnője hord.
   e) ... már új rádiót is vehet, amennyibe ennek a javítása kerül.
   f) ... csomagolom be az árut, ahogy kívánja.
   g) A férfiak csak ... fejezték be a kártyázást, amikor asztalhoz hívtam őket.
   h) Ismét ... szeretnék utazni, ahol a múlt évben voltam.

Aufgaben

1. Übersetzen Sie folgende Sätze ins Ungarische! Achten Sie dabei auf den richtigen Gebrauch des Ableitungssuffixes -i!
   a) Herr Schmidt arbeitet bei einem Düsseldorfer Handelsunternehmen.
   b) Herr Szabó hat eine Debrecziner Lehrerin geheiratet.
   c) Die Tochter von Herrn Brauer möchte einen Londoner Ingenieur heiraten.
   d) Ich habe die Begegnung von vor zwei Jahren nicht vergessen.
   e) Der Tisch unter der Lampe ist noch frei.
   f) Mein Auto steht auf dem Parkplatz hinter dem Hotel.
   g) In Ungarn gibt es keine Lohnsteuer.
   h) Herr Brauer weiß wenig von den Erwerbsverhältnissen in Ungarn.

2. Übersetzen Sie den folgenden Text ins Ungarische!
   Herr Szabó studierte (studieren = tanulni) an der Universität für Volkswirtschaft. Von der Universität kam er zu einem großen Außenhandelsunternehmen. Er arbeitet bei diesem Unternehmen schon seit sechs Jahren. Sein Grundgehalt beträgt 2.800 Forint im Monat. *(Nominalsatz!)*. Er bekommt außerdem 30 Prozent Sprachenzulage. Sein Monatsgehalt ist nicht identisch mit seinem monatlichen Einkommen. Er bekommt nämlich jährlich viermal Umsatzprämien und einmal Gewinnanteil.
   Auch seine Frau arbeitet, sie verdient aber weniger. Szabós können von ihrem Einkommen bequem leben. Sie haben eine genossenschaftliche Wohnung. Mit einem Zehntel ihres monatlichen Einkommens tilgen sie den OTP-Kredit. Für Essen geben sie nicht sehr viel aus, weil sie beide in der Woche auf ihrem Arbeitsplatz zu Mittag essen. Für ihren Sohn sorgt man im Kindergarten.
   Ihr Einkommen ist jetzt zweimal (soviel) so hoch wie vor drei Jahren. Während dieser Zeit erhöhte sich der Preis der wichtigsten Lebensmittel nicht. So können sie für Bildung und Unterhaltung das Dreifache ausgeben als vor drei Jahren. In ein Nachtlokal gehen sie aber sehr selten, weil Herr Szabó für eine Flasche Wein und je einen Kaffee nicht ein Zwanzigstel seines Monatsgehalts ausgeben will.

16. Lektion

Die erste Reise mit dem neuen Auto

1. Szabóék autót várároltak, egy szép, világoskék Zsigulit. Szabó úr már évekkel ezelőtt letette az autóvezetési vizsgát, de eddig nem vezetett sokat. Ma indul a feleségével az első nagyobb útra. Kisfiúk, Gyurika Miskolcon töltött egy hónapot a nagyszülőknél. Szabóék őérte mennek az új kocsival. Az út előtt mindketten kicsit izgatottak.
   - Mindent becsomagoltál, Éva? – kérdezi Szabó István a feleségét.
   - Azt hiszem, igen. Tulajdonképpen nincs sok vinnivaló.
   - Nem felejtetted el az ajándékot az édesanyámnak?
   - Az elektromos kávédarálót? Persze hogy nem felejtettem el. Beletettem a bőröndbe.
   - A bőröndöt is vinni akarod? Az utazótáska nem elég?
   - Az utazótáska tele van már. Gyurikának tiszta ruhát kell vinnem. Nem tudom ugyanis, hogy maradt-e még ép ruhája az egy hónapos nyaralás után. Az utazótáskába tettem a törölközőket, a fürdőruhádat és a sortodat is.
   - A tiéd is benne van?
   - Ó, az enyémet majdnem elfelejtettem. A hálószobában van a rekamién. Hozd ide, légy szíves!
   Szabó István bemegy a hálószobába. Ott találja a felesége szemüvegét is a kis asztalon.
   - A szemüvegedet nem akarod eltenni, Éva?
   - Mit mondasz? Nem hallak jól, a fürdőszobában vagyok, – kiabál a felesége.
   Szabó István kimegy a fürdőszobába.
   - Kérdeztelek, hogy a szemüveget nem akarod-e eltenni.
   - Dehogynem, köszönöm. Magadhoz vetted a jogosítványodat és a forgalmi engedélyt?
   - Természetesen, itt vannak a belső zsebemben. Tudod, hogy én semmi fontosat nem szoktam elfelejteni. Innivalót készítettél az útra?
   - Igen, hideg teát. A konyhában van a termoszban. Tedd bele légy szíves az utazótáskába!
   - Beletettem. Van még valami tennivalóm?
   - A pulóveredet eltetted?
   - Azt hittem, hogy te már becsomagoltad. Mi van tulajdonképpen a bőröndben anya kávédarálóján kívül?

16. Lektion

- A fürdőköpenyem, a strandruhám, az esernyőm, az esőkabátom és a pulóverem.
- Szóval a tiédet eltetted, de az enyém nem jutott eszedbe. Szép, mondhatom.
- Ne morogj már annyit! Tedd be a tiédet is, van még hely a bőröndben.
- Indulhatunk végre?
- Pár perc múlva készen vagyok. Ne légy olyan izgatott! Még ki kell festenem magam.
- Miért kell kifestened magad az útra?
- Ehhez te nem értesz. Egy nőnek mindig csinosnak kell lennie. Ha új ruhát vesz fel, és új autóba ül, akkor pedig különösen.
- Jól van, jól van. Én leviszem a csomagokat, és a kocsinál várlak.
- Menj csak, és melegítsd addig a motort!

2. Öt perc múlva Szabóné is ott van a kocsinál. Kezében a férje fényképezőgépe.
- Az előbb mondtad, hogy semmi fontosat nem szoktál elfelejteni. A fényképezőgépedet mégis nekem kellett utánad hoznom.
- Köszönöm. De ez inkább neked fontos. Téged fényképezlek le az új ruhádban az új kocsi előtt.
- Én is lefényképezlek majd téged a volán mellett. Milyen útvonalon megyünk ki a városból?
- A hármas számú út vezet Miskolcra. A kezdete Budapesten a Kerepesi út, azt kell elérnünk. Az a kérdés, hogy a Margit-hídon menjünk-e keresztül vagy az Árpád-hídon.
- Azt hiszem, hogy az Árpád-hídon keresztül rövidebb.
- Igen, de akkor a Hungária körúton kell tovább mennünk, és onnan balra nem szabad a Kerepesi útra befordulni.
- Akkor tehát marad a Margit-híd és tovább a Lenin körút. Onnan a Corvin áruháznál be tudunk fordulni a Rákóczi útra, a Kerepesi út pedig a Rákóczi út folytatása.
- Így van. Ebbe az utcába itt viszont sajnos nem fordulhatok be, mert egyirányú.
- Fékezz, Pista, kereszteződés előtt vagyunk!
- Igen, de ezen az utcán nekünk van elsőbbségünk. Most viszont valóban fékeznem kell, mert a lámpa pirosat mutat.

A Kerepesi út a Keleti pályaudvarnál kezdődik. A pályaudvar előtti téren négysávos az út. A Kerepesi út felé az egyik jobboldali sávba kell besorolni. Szabó István a baloldali belső sávban halad. Szinte az utolsó pillanatban vált sávot. Mögötte élesen fékez egy autó, a vezetője az öklét rázza Szabó úr felé. Szabó úr idegesen nevet:

16. Lektion

- Szerencsénk van, hogy nincs itt rendőr.
- Nincs szerencsénk, - mondja a felesége ijedten. - Nézd, onnan a pályaudvar felől már közeledik is felénk egy rendőr, és integet.
Szabó úr megállítja a kocsit, és kiszáll. A rendőr odaér, a sapkájához emeli a kezét.
- Jó reggelt kívánok! Így kérem nem szabad sávot váltani. Össze akarja törni a kocsiját? Kérem a jogosítványát!
Szabó úr átadja a jogosítványát.
- Elnézést kérek, - mondja. - Még csak három hete vezetek.
- Hiszen ez a jogosítvány már majdnem három éves. Talán a vizsga óta elfelejtette a KRESZ-t?
- Nem felejtettem el, de a vezetési tanfolyam óta alig ültem volán mellett. Öt éve gyűjtök erre a kocsira. Három héttel ezelőtt végre sikerült megvennem.
- Akkor jobban vigyázzon rá, Szabó úr! Vezessen óvatosabban! Ha legközelebb így vált sávot, meg kell önt büntetnem.
- Ez azt jelenti, hogy most nem kell fizetnem?
- Most az egyszer még nem. Jó utat!
- Köszönöm, - mondja Szabó István. Ismét begyújtja a motort, és indít.
- Ez az út is jól kezdődik, Pista, - sóhajt a felesége. - Most már csak azt szeretném tudni, hogy van-e elég benzined.
- De jó, hogy szóltál. Tankolni majdnem elfelejtettem.
- És még te mondod, hogy semmi fontosat nem felejtesz el. Remélem, a legközelebbi benzinkutat még elérjük.

Vokabeln

1.
Zsiguli *sowjetische Automarke*
vizsgát (le)tenni Prüfung ablegen
autóvezetési vizsga Fahrprüfung
út (utat) Straße, Weg; Fahrt
izgatni (izgat) erregen, aufregen
elektromos elektrisch
kávédaráló Kaffeemühle
utazótáska Reisetasche
elég (eleget) genug
tele vmivel voll von etw.
ép ganz, heil
sort (-ot) kurze Hose, Short
rekamié Liege, Couch
légy szíves! sei so gut!
szemüveg (-et) Brille

eltenni (eltesz) einpacken, einstecken
kiabálni (kiabál) rufen, schreien
dehogynem doch (*in Antworten auf verneinend gestellte Entscheidungsfragen*)
jogosítvány (-t, -ok) Führerschein
forgalmi engedély (-t. -ek) Zulassung
belső innere
zseb (-et) Tasche
termosz (-t, -ok) Thermosflasche
strandruha Strandkleid
esernyő Regenschirm
esőkabát (-ot) Regenmantel
szóval mit einem Wort
eszembe jut (eszedbe, eszébe usw.) vmiről es fällt mir (dir, ihm usw.) ein
morogni (mrog) murren

16. Lektion

érteni (ért) vmihez	verstehen von etw.	felé *(Psp. mit dem Nom.)*	in Richtung auf, gegen
jól van	*hier:* schon gut	ideges	nervös
		nevetni (nevet) vmin	lachen über
melegíteni (melegít)	wärmen; *Motor:* warmlaufen lassen	rendőr (-t, -ök)	Polizist
		felől *(Psp. mit dem Nom.)*	aus der Richtung, von ..., von ... her
2.			
előbb	vorhin, früher	közeledni (közeledik) vmihez, vmi felé	sich nähern
fényképezni (fényképez) (lefényképez)	fotografieren		
volán (-t)	Lenkrad	integetni (integet)	(laufend) winken
útvonal (-at)	Fahrtstrecke, Route	odaérni (odaér)	(her)ankommen
híd (hidat)	Brücke	összetörni (összetör) *tr.*	zerbrechen, beschädigen, kaputtmachen
körút (-utat)	Ringstraße	(összetörik) *intr.*	
befordulni (befordul)	einbiegen		
onnan	von dort		
folytatás (-t)	Fortsetzung	átadni (átad)	(über)geben
egyirányú (utca)	Einbahnstraße	elnézés (-t)	Nachsicht
		KRESZ ['krɛs]	*Abkürzung der Sammlung der ungarischen Verkehrsregeln, etwa:* Verkehrsordnung
irány (-t, -ok)	Richtung		
fékezni (fékez)	bremsen		
kereszteződés (-t, -ek)	(Straßen-)Kreuzung	tanfolyam (-ot)	Kurs
elsőbbség (-et)	Vorfahrt	alig	kaum
a lámpa pirosat mutat	die Ampel zeigt rot	gyűjteni (gyűjt) vmire	sammeln für; *hier:* sparen für
-sávos (négysávos)	-spurig (vierspurig)	óvatos	vorsichtig
sáv (-ot)	Fahrbahn	büntetni (büntet)	strafen
besorolni (besorol)	einordnen	begyújtani a motort	den Motor anlassen
haladni (halad)	voranschreiten	indítani (indít)	losfahren
váltani (vált)	wechseln	ez is jól kezdődik	na, das fängt ja gut an
éles	scharf		
vezető	Fahrer	sóhajtani (sóhajt)	seufzen
ököl (öklöt)	Faust	benzin (-t)	Benzin
rázni (ráz)	schütteln, *hier:* ballen	tankolni (tankol)	tanken
		benzinkút (-kutat)	Tankstelle
		kút (kutat)	Brunnen

Grammatik

Die 2. Person des Singulars im Indikativ **A**

1. Intransitive Konjugation:

Das Personalsuffix ist **-sz** bzw. bei den auf **-s, -sz** oder **-z** endenden Verben **-l**. Das **-l** wird immer, das **-sz** nur, wenn der Stamm auf mehrere Konsonanten endet, mit einem veränderlichen Bindevokal (**-a-, -o-, -e-, -ö-**) angefügt.

Velem aka**rsz** jönni?   **Willst du** mit mir kommen?
Mit mond**asz**?   Was **sagst du**?
Meddig olva**sol** még?   Wie lange **liest du** noch?
Vis**zel** magaddal esernyőt?   **Nimmst du** einen Regenschirm mit?
Öltöz**öl** már?   **Ziehst du dich** schon **an**?

Im Präteritum ist das Personalsuffix immer -l. Der Bindevokal kann nach den Regeln der Vokalharmonie nur -á- oder -é- sein.

Becsomagoltál már? Hast du schon **eingepackt**?
Ettél valamit? Hast du etwas **gegessen**?

Unregelmäßige intr. Formen in der 2. Person des Singulars im Indikativ:

jönni *kommen*	jössz *du kommst*
menni *gehen*	mész *du gehst*
lenni *sein*	vagy *du bist*

2. Transitive Konjugation:

Das Personalsuffix ist sowohl im Präsens als auch im Präteritum **-d**, das immer mit einem Bindevokal (-o-, -e-, -ö-) angehängt wird.

Olvas**od** még az újságot? **Liest du** noch die Zeitung?
Magad**dal** visz**ed** az esernyőt? **Nimmst du** den Regenschirm mit?
Eltet**ted** a pulóveremet? **Hast du** meinen Pullover **eingepackt**?
Megit**tad** már a teát? **Hast du** den Tee schon **getrunken**?

Die 2. Person des Singulars im Imperativ B

1. Intransitive Konjugation:

Das Personalsuffix ist bei den regelmäßigen Verben **-j**.

Ebédel**j** étteremben! I**ß** in einem Restaurant **zu Mittag**!

Bei den auf -s, -sz, -z bzw. auf -t endenden Verben ist das Personalsuffix **-s, -sz, -z** bzw. **-s:**

Olva**ss** tovább! **Lies** weiter!
Já**tssz** egy Mozart-szonátát! **Spiel** eine Mozart-Sonate!
Ho**zz** még egy széket! **Bringe** noch einen Stuhl!
Vál**ts** sávot! **Wechsle** die Fahrbahn!
Nyi**ss** ajtót! **Mach** die Tür auf!

Die Verben mit n – sz Stammwechsel bekommen das Personalsuffix **-ál/-él:**

Ne igy**ál** sokat! **Trink** nicht viel!
Egy**él** még valamit! I**ß** noch etwas!
Higgy**él** nekem! **Glaube** mir!

Die 2. Person des Singulars im Imperativ wird bei **jönni** (kommen) aus einem anderen Stamm gebildet und lautet: **gyere!** *komm!*

2. Transitive Konjugation:

Das Personalsuffix ist bei allen Verben **-d,** das an den Stamm ohne Bindevokal angehängt wird und bei stimmlosen Auslautkonsonanten eine Assimilation hervorruft, die in der Schrift jedoch nicht bezeichnet wird.

Ír**d** meg a jelentést! **Schreibe** den Bericht!
Olvas**d** [ˈolvaʒd] el ezt a könyvet! **Lies** dieses Buch!
Javíts**d** [ˈjoviːdʒd] meg a rádiót! **Repariere** das Radio!

16. Lektion

Bei den Verben, deren Auslaut das **-t** nach den bekannten Regeln im Imperativ in ein **-s** verwandelt, wird das Personalsuffix **-d** diesem **-s** angehängt.

Nyis**d** [ˈɲiʒd] ki az ajtót!   **Mach** die Tür auf!

Bei den Verben mit n – sz Stammwechsel tritt an die Stelle von **-gy** die Endung **-dd**:

    E**dd** meg a levest!   I**ß** die Suppe!
    Ne i**dd** meg a bort!   **Trink** den Wein nicht!

Das Verbalsuffix -lak/-lek   C

Ist das Objekt des Satzes die 2. Person des Personalpronomens, so bekommt das Verb in der 1. Person das Personalsuffix **-lak/-lek**. Da das Personalsuffix auf das Objekt eindeutig hinweist, wird der Akkusativ des Personalpronomens nur im betonten Fall bzw. im Plural gebraucht.

    Nem hal**lak** jól.   Ich höre **dich** nicht gut.
    Nagyon szeret**lek**.   Ich liebe **dich** sehr.

Das Personalpronomen in der 2. Person des Singulars   D

Nom.: te *du*	Akk.: téged *dich*

Alle Pronominaladverbien bekommen in der 2. Person ein **-d**: neke**d** *dir*, vele**d** *mit dir*, róla**d** *von dir*, über dich usw.

Das Reflexivpronomen in der 2. Person des Singulars   E

Auch das Reflexivpronomen **maga** bekommt die Endung **-d** in der 2. Person: **magad**. Diese Form wird im Nominativ zur besonderen Hervorhebung verwendet:

    Te **magad** is látod, hogy ...   Auch **du selbst** siehst, daß ...

Ähnlich wie in der 1. Person **magam** wird **magad** auch ohne Kasussuffix im Akkusativ gebraucht:

    Miért akarod kifesteni **magad**?   Warum willst du **dich** schminken?

Das Besitzzeichen und das Possessivpronomen in der 2. Person des Singulars   F

Auch das Besitzzeichen ist **-d**:

    Hol van a szemüvege**d**?   Wo ist **deine** Brille?

Das Possessivpronomen ist **tied** oder **tiéd** (dein), wenn es sich um **einen** Besitz handelt, und **tieid** oder **tiéid** (deine), wenn der Besitz im Plural steht:

    A **tiéd** ez a könyv?   Gehört dieses Buch dir?
          (Ist dieses Buch **dein**?)
    Ezek a nyakkendők a **tieid**?   Gehören diese Krawatten dir?
          (Sind diese Krawatten **deine**?)

Das Ableitungssuffix -való G

Mit **-való** wird aus dem Infinitiv ein Substantiv in der Bedeutung
„etwas zu ..." gebildet:

Készítettél **innivalót** az útra?
Hast du für die Fahrt **etwas zu trinken** zubereitet?
Milyen **olvasnivalód** van? Was hast du **zu lesen**?

Mit **-való** werden Substantive nur aus transitiven Verben abgeleitet. Vor diesen Substantiven erscheint oft das Indefinitpronomen **valami** (etwas) oder **semmi** (nichts):

Van még **valami elintéznivalója?** Haben Sie noch **etwas zu erledigen?**
Nincs **semmi tennivalóm.** Ich habe **nichts zu tun.**

Die abhängige Entscheidungsfrage H

Auch die abhängige Entscheidungsfrage ist ein Objektsatz und wird mit dem schon bekannten Bindewort **hogy** (in diesem Falle: ob) eingeleitet. In den abhängigen Entscheidungsfragen erscheint das mit dem Prädikat durch einen Bindestrich verbundene Fragewörtchen **-e,** das diese Objektsätze von den anderen unterscheidet.

Szeretném tudni, hogy **elutazol-e** Ausztriába.
Ich möchte wissen, **ob du** nach Österreich **(ver)reist.**
Megkérdezted már, hogy **orvos-e** a kolleganőd férje?
Hast du schon gefragt, **ob** der Mann deiner Kollegin **Arzt ist?**

Auch die abhängige Frage kann wie andere Objektsätze ohne Bindewort stehen.

Még nem tudom, **elmegyek-e** az orvoshoz.
Ich weiß noch nicht, **ob ich** zum Arzt **gehe.**

Übungen

1. Fragen Sie mit Hilfe der angegebenen Wörter in der du-Form nach dem genauen Umstand! Vergessen Sie nicht, daß die Verbalpräfixe nach dem Fragewort getrennt werden.

> valahová sietni
> → Hová sietsz?
> *Wohin eilst du?*

a) valamikor indulni
b) valahány órakor vacsorázni
c) valamit főzni
d) valahová utazni

e) valahol tankolni
f) valakire gondolni
g) valakit meglátogatni
h) valamit felvenni

16. Lektion

i) valahol átöltözni
j) valakihez feleségül menni
k) valakinek szólni
l) valamire gyűjteni
m) valamibe csomagolni
n) valameddig maradni
o) valamiért fékezni
p) valamihez érteni
r) valamire vigyázni
s) valahol megállni
t) valakit felhívni
u) valamit megmutatni
v) valamit megnézni
w) valahonnan odajönni
x) valahány órára visszaérkezni

2. **Stellen Sie die folgenden Fragen auf ein bestimmtes Objekt bezogen nach dem folgenden Muster! Die notwendigen Präfixe sind in Klammern angegeben.**

> Fényképeket nézel? (meg)
> → Megnézed a fényképeket?
> *Schaust du dir die Fotos an?*

a) Kabátot veszel? (fel)
b) Széket hozol? (ide)
c) Ablakot nyitsz? (ki)
d) Pulóvert húzol? (fel)
e) Levelet írsz? (meg)
f) Vacsorát készítesz? (el)
g) Teát főzöl? (meg)
h) Orvost hívsz? (el)
i) Rádiót javítasz? (meg)
j) Esernyőt viszel? (el)
k) Levest eszel? (meg)
l) Újságot keresel? (meg)

3. **Bilden Sie Fragen mit den angegebenen Wörtern nach dem folgenden Muster! Achten Sie darauf, daß das Verb vor „magad" transitiv konjugiert wird!**

> reggelit készít magának
> → Készítettél magadnak reggelit?
> *Hast du dir das Frühstück zubereitet?*

a) szobát rendel magának
b) kialussza magát
c) gondoskodik magáról
d) megtalálja magát a fényképen
e) vigyáz magára
f) fényképezőgépet visz magával
g) kipiheni magát
h) talál magának ennivalót
i) olvas magáról az újságban
j) kifesti magát
k) hoz magával fürdőruhát
l) meghallgatja magát a rádióban
m) főz magának teát
n) eleget nézi magát a tükörben
o) választ magának egy fényképet
p) vesz magához pénzt

4. **Bilden Sie je zwei Sätze mit den angegebenen Wörtern nach dem Muster:**

> A.   meghívni engem is
> → Hívj meg engem is! — Szívesen meghívlak.
> *„Lade auch mich ein!" — „Ich lade dich gern ein."*

a) felhívni
b) meghallgatni
c) felkeresni
d) elvinni magaddal
e) megkínálni egy cigarettával

f) megvárni
g) megkérdezni előbb
h) meglátogatni engem is
i) lefényképezni
j) felébreszteni korán

B.

lefényképezni ebben a ruhában
→ Ne fényképezz le ebben a ruhában! — Dehogy fényképezlek le.
„Fotografiere mich nicht in diesem Kleid!"
— „Keineswegs fotografiere ich dich (so)."

a) megsérteni
b) elfelejteni
c) hagyni egyedül
d) odavinni
e) bezárni a lakásba

f) rábeszélni
g) felébreszteni 8 előtt
h) zavarni
i) tartani türelmetlennek
j) lebeszélni

5. **Bilden Sie Verbote mit den angegebenen Wörtern nach dem folgenden Muster! Achten Sie darauf, ob das Verb transitiv oder intransitiv konjugiert wird.**

többet venni
→ Ne vegyél többet!
Nimm nicht mehr!

a) a borból inni
b) sokat venni
c) a gyereket magaddal vinni
d) mindenkinek hinni
e) a kávémat meginni
f) esernyőt vinni

g) a nyakláncodat feltenni
h) az egész süteményt megenni
i) hinni, hogy az igazgató nem ér rá
j) most még vizsgát tenni
k) ezt a könyvet megvenni
l) 7-kor a szállodánál lenni

6. **Antworten Sie auf die Fragen mit dem entsprechenden Pronominaladverb nach dem Muster!**

Kire gondolsz? → Rád.
„*An wen denkst du?*" → „*An dich.*"

a) Kinél akarsz lakni?
b) Kihez indultál?
c) Kinek akarod adni ezt a könyvet?
d) Kiről beszélsz?
e) Kivel akarsz erről a kérdésről tárgyalni?
f) Kin nevetsz?
g) Ki mellett akarsz ülni?
h) Kit akarsz lefényképezni?

16. Lektion

i) Kitől kaptad ezt a tanácsot?
j) Kire vigyázol?

7. Antworten Sie auf die Fragen mit der entsprechend deklinierten Form des Possessivpronomens nach dem Muster:

> Az én nyakkendőmet kötötted fel?
> → Igen, a tiédet.
> „Hast du dir **meine** Krawatte umgebunden?" →„Ja (die) deine."

a) Az én titkárnőmmel beszéltél?
b) Az én szobámban cseng a telefon?
c) Az én poharamból ittál?
d) Az én édesapámnál voltál?
e) Az én lányomnak hoztad a hanglemezt?
f) Az én feleségemtől kaptad ezt a tanácsot?
g) Az én poharamba akarsz tölteni?
h) Az én fogorvosomhoz akarsz menni?
i) Az én javaslatom tetszik neked a legjobban?
j) Az én szemüvegemet találtad meg?

8. Verwandeln Sie die folgenden direkten Fragen in abhängige Fragen nach dem Muster:

> Voltál az orvosnál?
> → Azt kérdeztem, hogy voltál-e az orvosnál.
> *Warst du beim Arzt?*
> *Ich fragte, ob du beim Arzt gewesen warst.*

a) Meglátogattad a szüleidet?
b) Elfelejtetted már a nyaralásunkat?
c) Gyors az új kocsid?
d) Letetted már az autóvezetési vizsgát?
e) Olvastál már ma újságot?
f) Tetszik az új ruhám?
g) Kipihented már magad?
h) Jó a mai tévé-műsor?
i) Éhes a barátod?
j) Szomjas vagy?

Aufgaben

1. Übersetzen Sie folgende Sätze ins Ungarische!

a) Ich habe am Vormittag etwas im Ministerium zu erledigen.
b) Hast du noch etwas zu bezahlen?

c) Du hast fast jeden Abend etwas zu nähen.
d) Hast du etwas Kaltes zu trinken?
e) Im Haus gibt es immer etwas zu reparieren.
f) Ich habe zu Hause nichts Gutes zu lesen.
g) Hast du noch etwas zu fragen?
h) Ich habe im Kühlschrank nichts zu essen gefunden.

2. **Übersetzen Sie den folgenden Dialog ins Ungarische!**

„Du hast dein Auto (megvan az autód) schon seit zwei Monaten. Es (ist) wird wirklich höchste Zeit, einen größeren Ausflug zu machen (Ausflug machen = kirándulást tenni)."
„Vergiß nicht, daß ich auch die Fahrprüfung erst vor zwei Monaten abgelegt habe. Ich fahre noch nicht sehr gut."
„Auf der Landstraße (országút) ist es leichter (zu fahren) als in der Stadt. Und in der Stadt fährst du genug."
„In Ordnung. Wohin willst du fahren?"
„Ich möchte zum Balaton."
„Dorthin fahren an einem Wochenende sehr viele. Wir bekommen auch keine Zimmer für die Nacht."
„Ich will aber baden."
„Du kannst nicht nur im Balaton baden."
„Ich hoffe, du sagst jetzt nicht, daß ich am Wochenende in unserem Badezimmer baden soll!"
„Auch dort ist es viel bequemer als im Balaton. Ich schlage aber einen schönen Badeort vor."
„An welchen Badeort denkst du?"
„Zum Beispiel an Miskolc-Tapolca. Dorthin fahren bestimmt nicht so viele an einem Wochenende wie zum Balaton."
„Es ist aber auch viel weiter als der Balaton."
„Wir können dafür (viszont) auf der Straße 3 viel schneller fahren als auf der Straße zum Balaton (balatoni út)."
„Gut, fahren wir nach Miskolc-Tapolca (Miskolc-Tapolcára). Wann willst du abfahren?"
„Um 7 Uhr."
„Wieviel Zeit brauchst du bis Tapolca?"
„Ich denke, zweieinhalb Stunden. Um 10 Uhr kannst du schon baden."
„Dann packe ich gleich ein. Bring mir bitte die große Reisetasche her!"

17. Lektion

Unter Studenten – Besuch deutscher Freunde in Budapest – Im Theater

1. Zoltán bölcsészhallgató. Most másodéves. Tanárnak készül. A könyvtár folyosóján találkozik két barátjával, akik szintén egyetemi hallgatók. Az egyik, Zsuzsa, közgazdasági egyetemre jár, a másik, Gábor, jogot tanul.
Z. – Szervusztok. Jó, hogy találkozom veletek. Ma vagy holnap úgyis fel akartalak hívni benneteket.
Zs. – Miért, mi újság?
Z. – Emlékszetek még Horstra?
G. – Arra a német barátodra, aki két vagy három évvel ezelőtt itt járt Budapesten? Természetesen emlékszünk rá. Mi van, vele? Van valami érdekes híred róla?
Z. – Képzeljétek, megnősült, és a feleségével együtt ismét Budapestre látogat. Ez lesz a nászútjuk.
Zs. – De hiszen Horst egyetemi hallgató, ha jól emlékszem.
Z. – Jól emlékszel. A felesége is az. És most kérdezzétek meg, hogy mit tanul!
G. – Nem kérdezünk olyat, amit kérdés nélkül is elmondasz.
Z. – Hát persze, hogy elmondom. Finnugrisztikát tanul, és elsősorban a magyar nyelvvel foglalkozik.
Zs. – Ez valóban érdekes. Sohasem beszéltem még külföldivel, aki magyarul tud.
G. – Egy finnugristának érdemes magyarul tanulnia. Ha jól tudom, a magyar az a finnugor nyelv, amelyet a legtöbben beszélnek.
Z. – Így van. És Anna, Horst felesége állítólag már folyékonyan beszél magyarul.
G. – Volt már Magyarországon?
Z. – Most jön először ide. Milyen ötleteitek vannak, hová vigyük el őket?
Zs. – Először is természetesen megmutatjuk nekik a fővárost.
G. – Amelyet Horst persze már ismer.
Zs. – De ahol még tudunk neki olyat mutatni, amit eddig nem látott.
G. – Ha Anna tud magyarul, akkor színházba is elvihetjük.
Zs. – Hát persze, színházba feltétlenül el kell őt vinnünk.
Z. – Melyik darabot ajánljátok?

17. Lektion

G. – Ezt neked kell jobban tudni, te vagy a bölcsész.
Z. – Mégis ti vagytok azok, akik gyakrabban jártok színházba.
Zs. – Én egy olyan nagy magyar drámát ajánlok, amelyet otthon nem láthat. Nézze meg Katona József „Bánk bán"-ját!
G. – Én inkább Madách művét, „Az ember tragédiá"-ját javaslom. Ez az a darab, amelyet gyakran hasonlítanak össze a Fausttal.
Z. – Kitűnő ötlet. Megteszitek nekem azt a szívességet, hogy megveszitek a jegyeket? Nekem még szállásról kell gondoskodnom a részükre.
Zs. – Mikorra vegyük a jegyet? Még nem mondtad meg, hogy mikor érkeznek.
Z. – Holnapután már itt vannak, és tíz napig maradnak. Ti is eljöttök a színházba?
G. – Mi már mind a ketten többször láttuk a Tragédiát, a mostani szereposztásban is.
Z. – Akkor három jegyet vegyetek, én elkísérem őket. Én ezt az új rendezést, amelyben most megy a darab, még nem láttam.
A hét végén kis társaság jön össze nálam, és persze ott lesz Horst és Anna is. Számíthatok rátok?
G. és Zs.: Köszönettel elfogadjuk a meghívást.
Z. – Én pedig köszönöm a segítségeteket. Hívjatok fel, ha megvettétek a színházjegyeket. Szervusztok.
G. és Zs.: Szervusz Zoltán.

2. Gábor és Zsuzsa szombat este fél óra késéssel érkeznek. Zoltán nyit ajtót.
Z. – Elkéstetek. Már mindenki itt van, csak rátok várunk.
G. (nevet): Mivel kellett ránk várnotok? A zsíroskenyérrel?
Z. – Ma nem zsíroskenyeret kaptok. Édesanyám meleg vacsorát készített. Kerüljetek beljebb!
Gábor és Zsuzsa ismerik Zoltán barátait, és Horsttal is találkoztak már. Csak Anna az, akinek be kell mutatkozniuk.
Z. – Anna, bemutatom a barátaimat: Nagy Zsuzsa és Kertész Gábor. Mindketten egyetemi hallgatók, úgyhogy javaslom, hogy tegeződjetek. Egyébként ők azok, akik a tegnapi színházi előadásra a jegyet vették.
A. – Nagyon örülök, hogy megismerhetlek benneteket. És köszönöm, hogy megvettétek a színházjegyet.
Zs. – Nagyon szívesen. Tetszett az előadás?
A. – Nagyon tetszett. Kitűnő ez a modern rendezés, és nagysze-

17. Lektion

rűek a színészek. A helyünk is nagyon jó volt a földszint negyedik sorban.
G. – Én jobban szeretem az erkélyt, ahonnan jobban lehet látni az egész színpadot. De sajnos az erkélyre már nem volt jegy.
Zs. – Emeleti oldalpáholyba pedig nem akartunk jegyet váltani.
A. – Én a földszinten ülök a legszívesebben. Persze nem nagyon hátul.
Zs. – Horst, aki nem tud magyarul, hogy értette meg az előadást?
A. – Ő is olvasta Madách darabját német fordításban. „Az ember tragédiája" egyike annak a kevés magyar irodalmi műnek, amelyet ismer.
Z. – Kevés is az olyan magyar irodalmi mű, amelyet lefordítottak németre. De Anna majd lefordít néhányat, ugye?
A. – Feltétlenül le fogok fordítani néhány új magyar regényt és drámát. De ehhez még sokat kell tanulnom a nyelveteket.
G. – Hogy érzitek magatokat Budapesten?
A. – Nagyon jól. Gondolhatjátok, mennyire örülök, hogy végre itt lehetek abban az országban, amelynek a nyelvét tanulom.
Zs. – Mit fogtok csinálni a jövő héten? Vannak már konkrét terveitek?
A. – Feltétlenül el fogunk menni a Dunakanyarba, és talán teszünk majd egy kirándulást Egerbe is.
Z. – Fejezzétek be a beszélgetést, majd vacsora után folytatjátok. Gyertek át a másik szobába, a vacsora már az asztalon van.
G. – A poharainkat pedig vigyük magunkkal, ugye?
Z. – Igen, de azok ott a kezedben nem a tiéitek. Az egyik Annáé, a másik meg az enyém.
Zs. – Itt van nálam a te poharad is. Gyertek már, mert kihűl ez a finom pörkölt!

Vokabeln

1.
bölcsész (-t, -ek)	Philologiestudent	szintén	auch, ebenfalls
hallgató	Student	járni (jár)	(regelmäßig) gehen
készülni vminek	sich vorbereiten auf einen Beruf	egyetemre jár	besucht die Universität
		jog (-ot)	Jura
tanárnak készül	er/sie bereitet sich auf den Lehrerberuf vor	szervusz (Pl. -tok)	Servus! (Gruß unter Freunden)
		mi újság?	was gibt's Neues?
könyvtár (-at)	Bibliothek	emlékezni (emlékszik) vkire	sich erinnern an j–n
folyosó	Korridor, Gang		

itt járt Budapesten	war hier in Budapest	összehasonlítani (összehasonlít) vmivel	vergleichen mit etw.
ha jól emlékszem	soviel ich mich erinnere, wenn ich mich recht erinnere	szívesség	Gefallen, Gefälligkeit
		szívességet tenni	einen Gefallen tun
		részére (részemre, részedre *usw.*)	für ihn/sie (für mich, für dich *usw.*)
aki *(Rel.pron.)*	der, die *(nur bei Personen)*	mostani	jetzig
		szereposztás (-t, -ok)	Rollenbesetzung
ami *(Rel.pron.)*	was		
hír (-t, -ek)	Nachricht	(el)kísérni (kísér)	begleiten
(el)képzelni (képzel)	sich vorstellen	rendezni (rendez)	inszenieren
		a darab megy	das Stück läuft
nászút (-utat)	Hochzeitsreise	összejönni (összejön)	zusammenkommen
finnugrisztika	Finnugristik (finnisch-ugrische Sprachwissenschaft)	társaság (-ot)	Gesellschaft
		számítani (számít) vkire	rechnen mit j–m
		2.	
finnugrista	Finnugrist	zsíroskenyér (-kenyeret)	Schmalzbrot
finnugor	finnisch-ugrisch	kerüljetek beljebb!	kommt herein!
amely *(Rel.pron.)*	der, die, das *(nur bei Sachen)*	bemutatkozni (bemutatkozik) vkinek	j–m sich vorstellen
		bemutatni (bemutat) vkit	j–n vorstellen
foglalkozni (foglalkozik) vmivel	sich befassen mit etw.	úgyhogy	so daß
érdemes (tanulnia)	es lohnt sich (zu lernen: der Infinitiv bekommt das entsprechende Besitzzeichen wie nach **kell, szabad, sikerül**)	tegeződni (tegeződik)	sich duzen
		színész (-t)	Schauspieler
		földszint (-et)	Parkett *(im Theater)*
		sor (-t, -ok)	Reihe
		erkély (-t, -ek)	Balkon
		színpad (-ot)	Bühne
		emelet (-et)	Rang *(im Theater)*
		páholy (-t, -ok)	Loge
		oldalpáholy	Seitenloge
ha jól tudom	soviel ich weiß	előadás (-t, -ok)	Vorstellung, Aufführung
állítólag	angeblich	fordítani (fordít, lefordít)	übersetzen
folyékony	flüssig, fließend	irodalmi	literarisch
		irodalom (irodalmat)	Literatur
ötlet (-et)	Idee	regény (-t, -ek)	Roman
feltétlenül	unbedingt	érezni (érez)	fühlen
darab (-ot)	Stück, Theaterstück	mennyire örülök	wie (sehr) ich mich freue
dráma	Drama	Dunakanyar (-t)	Donauknie
mű (-vet)	Werk	kihűlni (kihűl)	kalt werden
tragédia	Tragödie	pörkölt (-et)	Gulasch

Grammatik

Die 2. Person des Plurals im Indikativ   A

1. Intransitive Konjugation:

Das Personalsuffix ist **-tok/-tek/-tök** im Präsens bzw. **-atok/-etek** im Präteritum. Wenn der Stamm im Präsens auf **-t** endet, wird das **-t** lang (**-tt-**), wenn der Stamm auf mehrere Konsonanten endet, dann wird das Personalsuffix mit einem Bindevokal (**-o-** oder **-e-**) angefügt.

hoz-ni		bringen	néz-ni		schauen
Präs.	hoz-**tok**	*ihr bringt*	néz-**tek**		*ihr schaut*
Prät.	hozt-**atok**	*ihr brachtet*	nézt-**etek**		*ihr schautet*

tör-ni		brechen	ajánl-ani		empfehlen
Präs.	tör-**tök**	*ihr brecht*	ajánl-**o-tok**		*ihr empfehlt*
Prät.	tört-**etek**	*ihr bracht*	ajánlott-**atok**		*ihr empfahlt*

2. Transitive Konjugation:
Das Personalsuffix ist **-játok/-itek** im Präsens bzw. **-átok/-étek** im Präteritum. Die schon bekannte Assimilation des **-j**, wenn der Stamm auf **-s, -sz** oder **-z** endet, gilt auch in der 2. Person des Plurals.

hoz-ni			néz-ni	
Präs.	hoz-**zátok**	*ihr bringt es*	néz-**itek**	*ihr schaut es*
Prät.	hozt-**átok**	*ihr brachtet es*	nézt-**étek**	*ihr schautet es*

tör-ni			ajánl-ani	
Präs.	tör-**itek**	*ihr brecht es*	ajánl-**játok**	*ihr empfehlt es*
Prät.	tört-**étek**	*ihr bracht es*	ajánlott-**átok**	*ihr empfahlt es*

Die 2. Person des Plurals im Imperativ   **B**

Das Personalsuffix der regelmäßigen Verben ist **-jatok/-jetek** in der intransitiven und **-játok/-jétek** in der transitiven Konjugation.

tanul-ni		lernen	figyel-ni		aufpassen, beobachten
intr.	tanul-jatok	*lernt!*	figyel-jetek		*Paßt auf!*
tr.	tanul-játok	*lernt es!*	figyel-jétek		*beobachtet es!*

Das **-j** des Personalsuffixes verwandelt sich nach den bekannten Regeln in **-s, -sz, -z,** wenn der Stamm auf **-s, -sz -z,** endet, bzw. in **-s,** wenn der Stamm auf **-t** endet.
Das Personalsuffix der 2. Person des Plurals ist bei den Verben mit n – sz Stammwechsel **-gyatok/-gyetek** in der intransitiven bzw. **-gyátok/-gyétek** in der transitiven Konjugation.

en-ni		essen	in-ni		trinken
intr.	e-gyetek	*eßt!*	i-gyatok		*trinkt!*
tr.	e-gyétek	*eßt es!*	i-gyátok		*trinkt es!*

jönni (kommen) hat zwei Formen in der 2. Person des Plurals:
jöj-jetek   gyer-tek   *kommt!*

Das Personalpronomen in der 2. Person des Plurals   **C**

Das nur in betonten Fällen gebrauchte Personalpronomen der 2. Person des Plurals lautet **ti** *ihr*. Im Akkusativ hat **ti** – ähnlich wie **mi** *wir* – zwei Formen: **titeket, benneteket** *euch*. Der Akkusativ von **ti** gilt als unbestimmtes Objekt, das darauf bezogene Verb wird also in der 3. Person intransitiv konjugiert. In der 1. Person dagegen wird das Personalsuffix **-lak/-lek** verwendet. Da dieses Personalsuffix auf die Zahl des Objekts jedoch nicht hinweist, wird **titeket** oder **benneteket** auch in unbetonter Stellung gebraucht.

Délelőtt már kereste**lek** benneteket.
Am Vormittag habe ich **euch** schon gesucht.
Holnap felhív**lak** titeket.
Morgen rufe ich *euch* an.

Die Pronominaladverbien bekommen in der 2. Person des Plurals das Personalsuffix **-tok/-tek:** nek**tek** *euch* – Dat., rá**tok** *an euch*, róla**tok** *von euch*, über *euch*, tőle**tek** *von euch* usw.

Das Reflexivpronomen in der 2. Person des Plurals   **D**

Das Personalsuffix des Reflexivpronomens lautet in der 2. Person des Plurals **-tok**. Nach diesem Personalsuffix stehen die Kasussuffixe maga**tokra** *an euch selbst*, maga**tokról** *von euch selbst*, *über euch selbst*, maga**tokkal** *mit euch selbst* usw.

Das Besitzzeichen und das Possessivpronomen in der 2. Person   **E**
des Plurals

Auch das Besitzzeichen lautet – wie das intr. Personalsuffix – **-tok/-tek/-tök**, es wird aber an die auf einen Konsonanten endenden Substantive immer mit einem Bindevokal (**-a-** **-o-**, **-e-**, **-ö-**) angefügt.

kocsi**tok**	**euer** Wagen törölköző**tök**	esté**tek** **euer** Handtuch	**euer** Abend
háza**tok** kerte**tek**	**euer** Haus **euer** Garten	orvos**otok** öröm**ötök**	**euer** Arzt **euere** Freunde

Das Possessivpronomen ist **tietek** oder **tiétek** (*eueres*) bei **einem** Besitz, bzw. **tieitek** oder **tiéitek** (*euere*) bei Besitz im Plural.

Tietek ez az autó?
Gehört dieses Auto euch? (Ist dieses Auto **eueres**?)
Ezek a poharak a **tiéitek**.
Diese Gläser gehören euch. (Diese Gläser sind **eure**.)

17. Lektion

Das Futur   F

Zwei Ausdrucksformen des Futurs sind schon bekannt.

a) Die mit einem Verbalpräfix versehenen Verben bedeuten, daß die Handlung erst in der Zukunft vor sich gehen wird:

Megnézem ezt a színdarabot.
Ich **werde** mir dieses Theaterstück ansehen.

b) Das Adverb **majd** drückt ebenfalls aus, daß die Handlung in der Zukunft vor sich gehen wird.

Erről a kérdésről **majd** még beszélünk.
Über diese Frage **werden** wir noch sprechen.

Außer mit diesen beiden Formen kann das Futur auch mit dem Hilfsverb **fogni** (*etwa*: werden) ausgedrückt werden. **Fogni** wird regelmäßig konjugiert. Neben ihm steht der Infinitiv gewöhnlich mit einem Verbalpräfix. Wenn die Handlung die Satzbetonung trägt, steht **fogni** zwischen dem Verbalpräfix und dem Vollverb:

Meg **fogom** írni a jelentést.
Ich **werde** den Bericht schreiben.

Die mit **fogni** ausgedrückten Futurformen sind im Ungarischen erheblich seltener als im Deutschen das Futur mit **werden**.
Fogni wird nur im Indikativ gebraucht.

Die Relativsätze   G

Relativsätze werden auch im Ungarischen mit einem Relativpronomen eingeleitet. Die Relativpronomen werden aus den Fragewörtern **ki** *wer?*, **mi** *was?* und **melyik** *welcher?* unter Voranstellung eines **a**- gebildet.
aki bezieht sich nur auf Personen, **amely** oder **amelyik** (letzteres nur bei besonderer Hervorhebung) nur auf Sachen, **ami** auf abstrakte Begriffe oder ganze Sachverhalte. Im Gebrauch von **ami** und **amely** ist auch bei gebürtigen Ungarn eine gewisse Unsicherheit festzustellen, indem sie oft **ami** statt **amely** verwenden.
Auf den nachfolgenden Relativsatz weist im Hauptsatz gewöhnlich das Demonstrativpronomen **az** bei bestimmten bzw. **olyan** bei unbestimmten Substantiven hin. Das hinweisende Wort fehlt, wenn der Relativsatz unbetont ist.

Azt az ismerősömet hívom fel, **akivel** a múlt évben együtt nyaraltunk a Balatonnál.
Ich besuche **den** Bekannten von mir, **mit dem** wir voriges Jahr am Balaton zusammen zur Sommerfrische waren.
Abban a házban lakom, **amely** a templommal szemben van.
Ich wohne **in dem** Haus, **das** sich gegenüber der Kirche befindet.
Elromlott az autóm, ami sajnos gyakran előfordul.
Mein Auto ist defekt geworden, was leider oft vorkommt.

17. Lektion

Katona József **olyan** író, **aki** csak egy igazán nagy drámát írt.
József Katona ist **ein** Schriftsteller, **der** nur ein wirklich großes Drama geschrieben hat.

Die Relativsätze sind am häufigsten Attributivsätze, d. h. sie enthalten ein Attribut zu einem Substantiv im Hauptsatz. Relativsätze können aber auch in der Funktion des Subjekts stehen. Ist das der Fall, darf das hinweisende Demonstrativpronomen **az** im Hauptsatz nie fehlen:

A horgászás **az, amivel** Schneider úr a legszívesebben tölti a szabad idejét.
Das Angeln ist **das, womit** Herr Schneider seine Freizeit am liebsten verbringt.

Dagegen fehlt das hinweisende Wort immer, wenn der Relativsatz sich auf einen ganzen Sachverhalt (siehe drittes Beispiel oben) oder auf ein mit einem Eigennamen ausgedrücktes Substantiv bezieht.

Holnap meglátogat **István, akivel** a Szovjetunióban ismerkedtem meg.
Morgen besucht mich **István, den** ich in der Sowjetunion kennengelernt habe.

Als hinweisendes Wort können auch **valami** (etwas) oder **semmi** (nichts) im Hauptsatz stehen. In diesem Fall ist das Relativpronomen immer **ami**.

Hoztam magammal **valamit, amit** még nem láttál.
Ich habe **etwas** mitgebracht, **was** du noch nicht gesehen hast.

Bezieht sich der Relativsatz auf eine Ortsbezeichnung, so kann ein adverbiales Bindewort **(ahol, ahová, ahonnan)** statt des Relativpronomens den Relativsatz einleiten:

A **János-pince** olyan étterem, **ahol** általában nincsenek sokan.
Der **János-Keller** ist ein Restaurant, **wo (in dem)** im allgemeinen nicht viele Leute sind.
Anglia az az ország, **ahová** a legközelebb utazom.
England ist das Land, **wohin (in das)** ich das nächste Mal reise.

Übungen

1. **Stellen Sie Fragen mit den angegebenen Wörtern und antworten Sie darauf nach dem Muster:**

> elkísérni bennünket
> → Elkísértek bennünket? — Persze, hogy elkísérünk benneteket.
> „Begleitet ihr uns?" — „Versteht sich, daß wir euch begleiten."
> (Selbstverständlich begleiten wir euch.)

a) meglátogatni minket
b) emlékezni ránk
c) írni nekünk
d) eljönni értünk
e) gondolni ránk
f) hinni nekünk

17. Lektion

g) velünk ebédelni
h) nálunk aludni
i) ránk várni
j) rólunk beszélni
k) főzni nekünk egy kávét

l) adni nekünk egy könyvet
m) venni nekünk mozijegyet
n) elvinni bennünket Debrecenbe
o) felébreszteni bennünket reggel 7-kor

2. **Bilden Sie Fragen mit den angegebenen Wörtern nach dem Muster:**

> az orvost felhívni
> → Felhívjátok az orvost?
> *Ruft ihr den Arzt an?*

a) a jegyet megváltani
b) a fényképezőgépet ideadni
c) az előadást megtartani
d) az ajtót kinyitni
e) a vacsorát megrendelni
f) a regényt elolvasni

g) a csomagot feladni
h) elkísérni a vendéget
i) megnézni a fényképeket
j) becsomagolni az ajándékot
k) megjavítani az autót
l) elkészíteni a reggelit

3. **Stellen Sie die Fragen mit den Wörtern der Übung 2 auch im Präteritum nach dem Muster:**

> az orvost felhívni
> → Felhívtátok már az orvost?
> *Habt ihr den Arzt schon angerufen?*

4. **Bilden Sie je eine auf ein unbestimmtes und ein bestimmtes Objekt bezogene Aufforderung mit den angegebenen Wörtern nach dem Muster:**

> ablakot (ki) nyitni
> → Nyissatok ablakot! *Öffnet ein Fenster!*
> → Nyissátok ki az ablakot! *Öffnet das Fenster!*

a) lakást (ki) bérelni
b) kulcsot (el) kérni
c) pulóvert (fel) húzni
d) jegyet (meg) váltani
e) újságot (el) olvasni
f) híreket (meg) hallgatni
g) ennivalót (el) készíteni

h) poharakat (meg) keresni
i) széket (ide) hozni
j) leveleket (meg) írni
k) vizsgát (le) tenni
l) süteményt (meg) enni
m) esernyőt (el) vinni
n) sört (meg) inni

5. **Stellen Sie Fragen nach dem fettgedruckten Satzteil nach dem Muster:**

> **A Metropol szállóban** találkozunk a barátainkkal.
> → Hol találkoztok a barátaitokkal?
> *Wir treffen uns mit unseren Freunden im Hotel Metropol.*
> → *Wo trefft ihr euch mit eueren Freunden?*

a) **Reggel** utazunk a szüleinkhez.
b) **Étteremben** ebédelünk a vendégünkkel.
c) **Orvoshoz** megyünk a lányunkkal.
d) **Pénzt** kérünk a szüleinktől.
e) **Színházba** visszük az ismerősünket.
f) **Holnapra** befejezzük a jelentésünket.
g) **A pályaudvaron** várunk a menyünkre.
h) **Gyalog** jövünk haza a bátyánktól.
i) **Délután** felhívjuk a fogorvosunkat.
j) **Cipőt** veszünk a fiúnknak.
k) **Három napig** maradunk a barátunknál.
l) **A székre** tesszük a csomagunkat.
m) **Az előszobában** levetjük a kabátunkat.
n) **Kényelmesen** megélünk a fizetésünkből.

6. **Bilden Sie Aufforderungen bzw. Verbote mit den angegebenen Wörtern nach dem folgenden Muster! Achten Sie darauf, daß das Verb nur vor dem Akkusativ des Reflexivpronomens transitiv konjugiert wird!**

> kipihenni magát
> → Pihenjétek ki magatokat!
> *Ruht euch aus!*

a) vigyáz magára
b) beszél magáról
c) visz magával ennivalót
d) gondoskodik magáról
e) kialussza magát
f) hoz magával könyvet
g) ne — kifesti magát
h) ne — gondol mindig magára
i) ne — beszél annyit magáról
j) ne — költ sokat magára
k) ne — felizgatja magát
l) ne — visz magával esernyőt

7. **Bilden Sie Sätze mit den angegebenen Wörtern nach dem Muster:**

> lakásban több szoba van
> → A mi lakásunkban több szoba van, mint a tiétekben.
> *etwa: In unserer Wohnung gibt es mehr Zimmer als in euerer.*

a) asztalnál több hely van
b) házhoz közelebb van a pályaudvar
c) városban többen laknak
d) orvost könnyebben elérjük
e) ablakból jobban láthatjuk a teret
f) édesanyánknak kevesebbet kell segíteni
g) kocsival gyorsabban odaérünk
h) igazgatóval ritkábban találkozunk
i) vendégre jobban emlékszünk
j) gyárról gyakrabban írnak az újságok

17. Lektion

8. Setzen Sie in die folgenden Sätze das fehlende Reflexivpronomen ein!

a) Ez az az utca, ... a pályaudvarhoz vezet.
b) Ott áll az a férfi, ... tegnap beszéltem neked.
c) Ez az a kolléga, ... a színházjegyeket kaptuk.
d) A következő utcában van az a szálloda, ... lakom.
e) Most olvasom azt a könyvet, ... tőled kaptam.
f) Ott jön az a pincér, ... az ebédet megrendeltem.
g) Ez az a levél, ... hetek óta várok.
h) Ez az a bor, ... a legszívesebben iszom.
i) Mutatok neked valamit, ... még biztosan nem ismersz.
j) Budán lakik az a szerelő, ... a kocsimat javítja.
k) Megnézhetem azt a ruhát, ... tegnap vettél?
l) Pista az a fiú, ... ma este hangversenyre mész?
m) Holnap meglátogat az az ismerősöm, ... Debrecenben laktam.
n) Nem felejtettünk el semmit, ... szükségünk van?

9. Bilden Sie aus den zwei Sätzen je einen zusammengesetzten Satz nach dem folgenden Muster! Das Verknüpfungsglied ist jeweils hervorgehoben.

> Zoltán **a barátom**. **A barátom** tanárnak készül.
> → Zoltán az a barátom, aki tanárnak készül.
> *Zoltán ist der Freund von mir, der studiert, um Lehrer zu werden.*

a) A könyvtárban találkoztam **a kollégámmal**. **A kollégámmal** együtt a jövő héten a Szovjetúnióba utazom.
b) Nem találom **a poharat**. **A pohárból** az előbb ittam.
c) Meglátogatom **Istvánt**. **Istvánnak** születésnapja van.
d) A születésnapodra megkapod **a ruhát**. **A ruha** annyira tetszik neked.
e) Felhívod **az ismerősöd**? **Az ismerősödnek** a múlt héten írtál.
f) Megnősült **a német barátom**. **A német barátom** két évvel ezelőtt Budapesten járt.
g) Megvettem **a könyvet**. **A könyvről** olyan sokat beszéltél.
h) Elviszem az ismerősömet **a színházba**. **A színházban** a Bánk bán megy.
i) Holnap játsszák **a darabot**. **A darabra** Zoltán vett jegyet.
j) János **a barátom**. **A barátomra** mindig számíthatok.

10. Bilden Sie aus den folgenden zwei Sätzen einen zusammengesetzten Satz nach dem folgenden Muster! Achten Sie darauf, daß das Relativpronomen als unbestimmtes Objekt gilt!

> A művész eljátszott egy szonátát. A szonátát alig ismerik.
> → A művész egy olyan szonátát játszott el, amelyet alig ismernek.
> *Der Künstler hat eine Sonate gespielt, die man kaum kennt.*

a) Berlinben megnéztem egy drámát. A drámát nálunk ritkán játsszák.
b) Megismerkedtem egy külföldi mérnökkel. A külföldi mérnököt egy magyar gyárba hívták dolgozni.
c) A külföldi vendégeknek bemutattak egy gyárat. A gyárat nem régen adták át.
d) Édesanyám elmondott egy történetet *(Geschichte)*. A történetet a családban már régen elfelejtették.
e) A barátom mutatott egy új fényképezőgépet. A fényképezőgépet Ausztriában vásárolta.
f) Az író felolvasott egy regényből. A regényt nemrégen *(kürzlich)* fejezte be.
g) Ma felhívott egy régi barátom. A barátomat öt éve nem láttam.
h) Bemutatom önt egy színésznek. A színészt már sokszor látta színpadon.
i) Felteszek egy lemezt. A lemezt még soha sem hallottátok.
j) Megvettem egy autót. Az autót már többször javították.

Aufgaben

1. **Übersetzen Sie folgende Sätze ins Ungarische!**
   a) Zoltán bringt einen deutschen Studenten mit, der Finnugristik studiert.
   b) Ich werde mir die Krawatte kaufen, die wir gestern im Schaufenster gesehen haben.
   c) Wo steht das Auto, mit dem ihr gekommen seid?
   d) Zeigt uns das Hotel, in dem ihr wohnt!
   e) Am Nachmittag muß ich zu Herrn Kovács gehen, mit dem ich etwas zu besprechen habe.
   f) Miklós Gábor ist ein ungarischer Schauspieler, von dem bestimmt auch Sie schon gehört haben.
   g) Das Englische ist die Sprache, mit der sich mein Freund befaßt.
   h) Du sagst mir wieder etwas, wovon ich nichts gehört habe.

2. **Stellen Sie Fragen an Ihre Duzfreunde (mehrere Personen), um zu erfahren, ob**
   a) sie Ihren Vater kennen.
   b) sie das Werk von Madách gelesen haben.
   c) sie morgen zu Ihnen kommen.
   d) sie sich ausgeruht haben.
   e) sie heute abend zu Hause sein werden.
   f) sie Ihnen ein gutes Buch empfehlen können.
   g) sie eine interessante Geschichte hören wollen.
   h) sie ihren Wagen selber repariert haben.

3 **Übersetzen Sie folgenden Text ins Ungarische!**
   Zoltán studiert Sprachen. Er ist jetzt im zweiten Studienjahr an der Universität. Er hat einige ausländische Freunde. Einer seiner Freunde

(egyik barátja) heißt Horst und wohnt in Berlin. Horst ist auch Philologiestudent. Er heiratete vor einigen Wochen und will jetzt zusammen mit seiner Frau Anna seinen ungarischen Freund besuchen. Anna studiert Finnugristik und spricht gut Ungarisch. Bis jetzt ist sie aber noch nicht in Ungarn gewesen.
Zoltán freut sich sehr auf den Besuch. Er hat schon für ihre Unterkunft gesorgt. Er möchte auch für ihr Programm sorgen. Er besprach mit seinen Freunden, daß sie Horst und Anna Theaterkarten kaufen. Er hatte keine Zeit dafür, weil er noch vieles zu erledigen hatte. Am Wochenende kommt nämlich eine kleine Gesellschaft bei ihm zusammen. Er lud natürlich auch seine Freunde ein, die für Horst und Anna die Theaterkarten kaufen. Auch seine Freunde freuen sich darauf, daß sie einen Ausländer kennenlernen können, der Ungarisch spricht. Einem Ungarisch sprechenden Ausländer kann man ja nicht jeden Tag begegnen! Die deutschen Gäste werden am Freitag ins Theater gehen, und am Sonnabend werden sie bestimmt auch davon erzählen, wie ihnen Madách's Drama, Die Tragödie des Menschen, gefallen hat.

18. Lektion

Über den Dichter Attila Jószef

1. Magyar irodalomról, magyar költészetről beszélgetve általában Petőfi Sándor neve hallható először külföldön. Kétségtelenül ő volt a 19-ik század legnagyobb magyar költője. A 20-ik század legjelentősebb magyar költői az ő hagyományait folytatták. Ismerkedjünk most meg közülük József Attilával, aki világviszonylatban is a 20-ik századi költészet kiemelkedő alakja.
József Attila 1905 április 11-én született Budapest egyik munkásnegyedében, a Ferencvárosban. Apja szappangyári munkás volt, vállalkozó kedvű, tehetséges, de nyugtalan ember. Látva, hogy Attilát és két nővérét keresetéből nem tudja eltartani, Amerikába akart kivándorolni, hogy ott próbáljon szerencsét. Csak Romániáig jutott, ahol persze szintén nem keresett annyit, hogy a családján segíteni tudjon. Hamarosan meg is szakadt a kapcsolata családjával. A három gyerekről az anyának egyedül kellett gondoskodnia. Az anya családoknál mos, varr, takarít, de a keresete nem elég a gyerekek eltartásához. Attilát és kisebbik nővérét kénytelen nevelőszülőkhöz adni egy kis faluba. Attila itt él hét éves koráig.

18. Lektion

Hét éves korában anyjához visszakerülve megpróbál úgy segíteni, ahogy tud. Moziban vizet árul, pályaudvarokon összegyűjti a vagonokról leesett széndarabokat, hogy fűteni tudjanak.
Az első világháború évei alatt anyja egyre többet betegeskedve egyre kevesebbet tud dolgozni, a család anyagi helyzete pedig egyre romlik. Attila ebben az időben már rendszeresen ír verseket, és rajongva olvassa Ady Endre verseit, aki a századforduló legkiemelkedőbb, ugyancsak világviszonylatban is jelentős magyar költője volt.
1919-ben édesanyja meghal. Halálakor Attila éppen vidéken jár élelmiszerért. Ugyanebben az évben idősebbik nővére férjhez megy egy haladó gondolkodású ügyvédhez, aki Attilát másik nővérével együtt magához veszi. Attila tehát megmenekült az anyagi nyomortól, de szegény rokonként nem érezte jól magát a sógoránál. Ezért internátusba adták Makóra, ahol megszakadt iskolai tanulmány folytatva gimnáziumba járt. Makó nincs messze Szegedtől, és Szeged ebben az időben az ország egyik kulturális központja volt. A szegedi lapokban közölték első verseit. Nem sokkal később a 17 éves József Attila első kötete is megjelent.
Érettségi után beiratkozik a szegedi egyetemre magyar-francia tanári szakra. Úgy gondolja, tanárként állandó, biztos keresete lesz majd. Horger Antal professzor azonban egyik versére hivatkozva kijelenti, hogy aki ilyen verseket ír, az Magyarországon nem lehet tanár. Ő minden eszközzel meg fogja akadályozni, hogy tanárként dolgozzon. József Attila ezért abbahagyja egyetemi tanulmányait, és sógora segítségével 1925-ben Bécsbe megy. Előbb itt tanul, majd 1926-ban a párizsi Sorbonne-on folytatja. Párizsban ismerkedik meg Marx, Hegel és Lenin műveivel, és itt ismeri meg a munkásmozgalmat is. Az itt töltött idő nagy jelentőségű az életében.
Budapestre visszatérve már ismert költő, verseit nemcsak vidéki, hanem fővárosi lapok is közlik. Állandó jellegű álláshoz azonban a gazdasági válság éveiben csak ritkán és rövid időre jut, költőként pedig nem keres annyit, hogy ne kelljen nyomorognia. Egyre tudatosabban áll szembe a fennálló társadalmi renddel. 1930-ban bekapcsolódik az illegális kommunista párt munkájába. Szemináriumokat vezet, előadásokat tart a munkásoknak. A mozgalomban ismerkedik meg Szántó Judittal, aki az élettársa lesz. Anyagi helyzete továbbra is kilátástalan. Ugyanakkor szembekerül a párt egyes vezetőivel is, mert nem tud alkalmazkodni a párt merev irányvonalához. Egyéni hangú verseit sem értik, mert eltérnek a

18. Lektion

megszokott agitációs pártköltészettől. 1934 körül megszakad a kapcsolata az illegális kommunista párttal, és szakít élettársával, Szántó Judittal is. Néhányan már felismerték benne a nagy költőt, de verseinek nincs igazi közönségsikere. 1936-ban egy ideig szerkesztőként dolgozik egy baloldali szellemű folyóíratnál, de itt is társtalan marad. Ilyen körülmények között idegállapota egyre romlik. Idegbetegséggel már többször kezelték, de mindig csak rövid ideig volt kórházban, mert kevés volt a pénze. Rövid idő alatt a betegség nem volt eredményesen kezelhető.
Ismét nővérei veszik őt magukhoz azt gondolva, hogy balatonszárszói panziójukban Attila egészségi állapota javulni fog. Attila azonban úgy véli, hogy betegsége nem gyógyítható, és végül meg fog őrülni. Ettől félve 1937-ben öngyilkosságot követ el: egy tehervonat elé veti magát. Költői nagyságát igazán csak a halála után kezdték felismerni.

2. József Attila verseinek egy része német fordításban is olvasható. Olvassák el most eredetiben két verse egy-egy részletét.

Ad sidera ...[1]

Anyám, ki már a néma végtelen vagy
s borús szemed fiadra nem tekint,
ó meg ne lásd az ólom-öklű kínt –
miatta zúg e tört, betegre vert agy.
Anyám, falat kenyért sem ér az élet!
De nagy hitem van s szép jövőnek élek:
Ne ordítson pénzért gyerektorok.
S tudjon zokogni anyja temetésén,
S ne rúgjon még az Ember szenvedésén
a Pénz.

Das Gedicht wurde 1923 geschrieben.

Hazám (5. szonett)

A munkásnak nem több a bére,
mint amit maga kicsikart,
levesre telik és kenyérre
s fröccsre, hogy csináljon ricsajt.
Az ország nem kérdi, mivégre

---

[1] *Der Titel ist lateinisch:* Bis zu den Sternen ...

engedik meggyűlni a bajt
s mért nem a munkás védelmére
gyámolítják a gyáripart.
Szövőlány cukros ételekről
álmodik, nem tud kartelekről.
S ha szombaton kezébe nyomják
a pénzt s a büntetést levonják:
kuncog a krajcár: ennyiért
dolgoztál, nem épp semmiért.

Das Gedicht, das aus 7 Sonetten besteht, wurde 1937 geschrieben.

Vokabeln

1.

költészet (-et)	Dichtung
kétség (-et)	Zweifel
század (-ot)	Jahrhundert
költő	Dichter
jelentős	bedeutend
hagyomány (-t, -ok)	Tradition
világviszonylatban	im Weltmaßstab
kiemelkedni (kiemelkedik)	hervorragen
alak (-ot)	Gestalt, Figur
születni (születik)	geboren werden
munkásnegyed (-et)	Arbeiterviertel
szappan (-t, -ok)	Seife
vállakozó kedvű	unternehmungslustig
kedv (-et)	Lust
tehetség (-et)	Talent, Begabung
nyugtalan	unruhig
eltartani (eltart) vkit	j–n unterhalten
kivándorolni (kivándorol)	auswandern
(el)jutni ([el]jut) vhová	gelangen
segíteni (segít) vkin, vkinek	helfen
megszakadni (megszakad) *intr.*	brechen, unterbrechen
kapcsolat (-ot)	Verbindung, Beziehung
mosni (mos)	waschen
takarítani (takarít)	aufräumen, reinmachen (ist)
kénytelen	gezwungen
nevelőszülő	Pflegeeltern
kor (-t, -ok)	Alter
árulni (árul)	verkaufen
vagon (-t, -ok)	Waggon
leesni (leesik)	hinunterfallen herunterfallen
szén (szenet)	Kohle
világháború	Weltkrieg
egyre	immer, stets
betegeskedni (betegeskedik)	kränkeln
anyagi helyzet	finanzielle Lage
helyzet (-et)	Lage, Situation
romlani (romlik) *intr.*	sich verschlechtern, verderben
vers (-et)	Gedicht
századforduló	Jahrhundertwende
meghalni (meghal)	sterben
halál (-t)	Tod
vidék (-et)	Land *(außerhalb der Hauptstadt)*
ugyanez	dasselbe, das gleiche
idős	bejahrt, alt
haladó gondolkodású	von fortschrittlicher Gesinnung
ügyvéd (-et)	Rechtsanwalt
megmenekülni (megmenekül) vmitől	entfliehen, entgangen sein
nyomor (-t)	Elend
szegény	arm
rokon (-t, -ok)	Verwandter
sógor (-t, -ok)	Schwager
internátus (-t)	Internat
iskolai tanulmányok *(Pl.)*	Schulstudium
gimnázium (-ot)	Gymnasium
kulturális	kulturell
közölni (közöl)	veröffentlichen, publizieren
között *(Psp. mit dem Nom.)*	unter + Dat.
megjelenni (megjelenik)	erscheinen
lap (-ot)	Blatt
kötet (-et)	Band *(Buch)*

18. Lektion

beíratkozni (beíratkozik)	sich immatrikulieren lassen	baloldali	linke(r) *(politisch)*
szak (-ot)	Fach	szellem (-et)	Geist
állandó	ständig	folyóirat (-ot)	Zeitschrift
hívatkozni	sich berufen	körülmény (-t, -ek)	Umstand
(hívatkozik) vmire	auf	ideg (-et)	Nerv
kijelenteni (kijelent)	erklären, aussagen	állapot (-ot)	Zustand
		betegség (-et)	Krankheit
eszköz (-t, -ök)	Mittel, Gerät	kezelni (kezel)	behandeln
(meg)akadályozni ([meg]akadályoz)	(ver)hindern	kórház (-at)	Krankenhaus
		panzió	Pension
abbahagyni (abbahagy) vmit	aufhören mit	egészség (-et)	Gesundheit
		javulni (javul)	sich bessern
munkásmozgalom (-mozgalmat)	Arbeiterbewegung	vélni (vél)	meinen
		gyógyítani (gyógyít)	heilen
jelentőség (-et)	Bedeutung	megőrülni (megőrül)	verrückt, irre werden
jelleg (-et)	Charakter, Art		
		öngyilkosság (-ot)	Selbstmord
állás (-t, -ok)	Stellung	tehervonat (-ot)	Güterzug
(hozzá)jutni ([hozzá]jut) vmihez	zu etw. kommen	vetni (vet)	werfen
		nagyság (-ot)	Größe
gazdaság (-ot)	Wirtschaft	2.	
válság (-ot)	Krise	fordítás (-t, -ok)	Übersetzung
nyomorogni (nyomorog)	in Elend, in großer Not leben	eredeti *(Subst. u. Adj.)*	Original; original, ursprünglich
tudatos	bewußt	*Gedichte:*	
szemben állni vmivel	entgegenstehen, in Gegensatz zu etw. stehen	néma	stumm
		ki = aki	
		végtelen	endlos *(hier als Subst.)*
fennállni (fennáll)	bestehen	borús	trüb
társadalom (társadalmat)	Gesellschaft	tekinteni (tekint) vkire	schauen auf
társadalmi rend	Gesellschaftsordnung	ólom-öklű kín *(dichterisch)*	„Qual mit Bleifäusten", schwere Qual
bekapcsolódni (bekapcsolódik) vmibe	sich in etw. einschalten	miatt *(Psp. mit dem Nom.)*	wegen
illegális	illegal	zúgni (zúg) *(schallnachahmend)*	brausen, tosen
kommunista	kommunistisch		
párt (-ot)	Partei	e = ez a	
szeminárium (-ot)	Seminar	betegre vert	krankgeschlagen
élettárs (-at)	Lebensgefährte	agy (-at)	Gehirn
ugyanakkor	zugleich	falat (-ot)	Bissen
szembekerülni (szembekerül) vmivel	mit etw. in Konflikt geraten	falat kenyért sem ér	ist nicht einmal einen Bissen Brot wert (kenyért *statt* kenyeret *ist dichterische Freiheit)*
alkalmazkodni (alkalmazkodik) vmihez	sich anpassen		
merev	steif, starr		
irányvonal (-at)	Richtlinie		
egyéni	individuell		
hang (-ot)	Ton	hit (-et)	Glaube
eltérni (eltér) vmitől	abweichen von	szép jövőnek élek	(ich) lebe für eine schöne Zukunft
megszokni (megszokik) vmit	sich gewöhnen an		
szakítani (szakít) vkivel	brechen mit	orditani (ordít)	brüllen, sehr laut schreien
felismerni (felismer)	erkennen	torok (torkot)	Hals, Kehle
közönség (-et)	Publikum	zokogni (zokog)	schluchzen
siker (-t, -ek)	Erfolg	temetés (-t)	Beerdigung
egy ideig	eine Zeitlang	rúgni (rúg) vkin, vkibe	in j—n treten, j—m e—n
szerkesztő	Redakteur		

szenvedés (-t)	Fußtritt versetzen Leiden	védelem (védelmet) a munkás védelmére	Schutz, Verteidigung zum Schutz
bér (-t)	Lohn		des Arbeiters
kicsikarni (kicsikar)	erzwingen	gyámolítani (gyámolít)	stützen,
telni (telik) vmire	reichen für etw.	szövőlány	unterstützen Weberin
fröccs (-öt)	Wein mit Soda, Schorle	álmodni (álmodik) vmiről kartel (-t)	träumen von Kartell
ricsaj *(familiär)*	Lärm	kezébe nyomják	man drückt
kérdi = kérdezi			ihr in die
mért, mivégre = miért			Hand
engedik meggyűlni a bajt	man läßt das Unheil anwachsen	levonni (levon) kuncogni (kuncog) épp(en)	abziehen kichern gerade, eben

Grammatik

Das adverbiale Partizip   A

Wie das Adjektiv hat auch das Partizip seine eigene adverbiale Form. Im heutigen gesprochenen Ungarisch gibt es nur ein, ursprünglich gleichzeitiges, heute aber auch vorzeitig gebrauchtes adverbiales Partizip, das aus dem Verbalstamm mit dem Ableitungssuffix **-va/-ve** gebildet wird:

> mosolyog-**va**   *lächelnd*   fizet-**ve**   *zahlend*

Die genaue Bedeutung dieser Partizipien ist aber nur im Satzzusammenhang zu verstehen:

a) Das Partizip drückt **Gleichzeitigkeit** aus:

A portás **mosolyogva** adta át a kulcsot.
Lächelnd übergab der Portier den Schlüssel.

Mit dem Partizip wird also ein gleichzeitiger temporaler Nebensatz gekürzt:

A portás mosolygott, miközben átadta a kulcsot.
Der Portier lächelte, während er den Schlüssel übergab.

b) Das Partizip drückt **Vorzeitigkeit** aus:

A vendég a számláját **kifizetve** felállt az asztaltól.
(*Wörtlich*: Seine Rechnung **bezahlt habend,** =) Nach Bezahlung der Rechnung stand der Gast vom Tisch auf.

Mit dem Partizip wird also ein vorzeitiger temporaler Nebensatz gekürzt:

A vendég, **miután kifizette a számláját,** felállt az asztaltól.
Der Gast stand vom Tisch auf, **nachdem er seine Rechnung bezahlt hatte.**

Merke: Im Deutschen steht als Übersetzung des Partizips auf **-va/-ve** oft eine adverbiale Wendung: *... mit einem Lächeln, nach Bezahlung,* látva *(sehend =) in der Einsicht* usw.

18. Lektion

Mit dem adverbialen Partizip und **lenni** (sein) kann das Zustandspassiv ausgedrückt werden. (Wie aus der 1. Lektion bekannt ist, gibt es im Ungarischen kein Handlungspassiv.) Das Zustandspassiv kann aber nur aus transitiven Verben gebildet werden.

Az üzlet még **nyitva van**.   Das Geschäft **ist** noch **geöffnet**.
Az ajtó **be volt zárva**.   Die Tür **war geschlossen**.

Wenn ein mit einem Verbalpräfix versehenes Verb die Satzbetonung trägt, steht die konjugierte Form von **lenni** zwischen dem Verbalpräfix und dem Verb, wie oben im zweiten Beispiel.

Unregelmäßigkeiten bei der Bildung der adverbialen Partizipien:

Von den Verben mit n – sz Stammwechsel werden nur **venni** (nehmen, kaufen) und **tenni** (tun) als adverbiale Partizipien gebraucht:

véve	nehmend, genommen	téve	getan

Die adverbialen Partizipien von **aludni** (schlafen) und **feküdni** (liegen) werden aus dem Kurzstamm gebildet:

alva	schlafend	fekve	liegend

Das Kasussuffix -ként   B

Die mit **-ként** versehenen Substantive haben die Bedeutung „in der Eigenschaft, als ...":

Gyári **munkásként** keveset keresett.
Als Fabrikarbeiter verdiente er wenig.

Die gleiche Bedeutung kann – der deutschen Form ähnlich – mit **mint** (als) und dem Nominativ des Substantivs ausgedrückt werden:

Mint gyári **munkás** keveset keresett.

-ként wird auch an Ordinalzahlen angefügt:

A barátom **elsőként** érkezett vissza a kirándulásról.
Mein Freund ist **als erster** vom Ausflug zurückgekommen.

Das Ableitungssuffix -ság/-ség   C

Mit **-ság/-ség** werden aus Adjektiven Substantive gebildet:

beteg	krank	>	beteg**ség**	Krankheit
magas	hoch	>	magas**ság**	Höhe
mély	tief	>	mély**ség**	Tiefe
szabad	frei	>	szabad**ság**	Freiheit

Aus Substantiven werden mit **-ság/-ség** Sammelbezeichnungen abgeleitet:

rendőr	*Polizist*	>	rendőr**ség**	*Polizei*
munkás	*Arbeiter*	>	munkás**ság**	*Arbeiterschaft*

-ság/-ség wird an den Nominativstamm ohne Bindevokal angefügt.

Das Ableitungssuffix -ható/-hető   D

-ható/-hető ist eigentlich eine Zusammenziehung der schon bekannten Ableitungssuffixe **-hat/-het** und **-ó/-ő**: es leitet von Verben Adjektive ab. **-ható/-hető** wird an den Präsensstamm des Verbes angefügt:

olvas-**ható**	*lesbar*	ért-**hető**	*verständlich*

Diese Adjektive sind mit dem Partizip des Präsens verwandt, sie haben aber im Gegensatz zur aktiven Bedeutung dieser Partizipien immer passive Bedeutung, d. h. die im Adjektiv enthaltene Handlung richtet sich auf das Subjekt. Daraus folgt, daß Adjektive mit **-ható/-hető** nur aus transitiven Verben gebildet werden können.

Ez a betegség csak kórházban **gyógyítható**.
Diese Krankheit ist nur im Krankenhaus **heilbar**.

Mit anderen Worten:

Ezt a betegséget csak kórházban lehet **gyógyítani**.
Diese Krankheit **kann** nur im Krankenhaus **geheilt werden**.

Das Ableitungssuffix -talan/-telen   E

-talan/-telen hat noch folgende Varianten: **-atlan/-etlen, -tlan/-tlen**. Mit diesem Ableitungssuffix werden aus Substantiven Adjektive gebildet:

ablak**talan**	*fensterlos*	vég**telen**	*endlos*
só**tlan**	*ungesalzen*	türelme**tlen**	*ungeduldig*

Die mit **-talan/-telen** und seinen Varianten gebildeten Adjektive drücken also den Mangel der mit dem gegebenen Substantiv bezeichneten Sache aus. Die Variante **-tlan/-tlen** wird bei den auf einen **Vokal**, **-atlan/-etlen** bei den auf einen **Konsonanten** endenden Substantiven verwendet, deren Akkusativstamm vom Nominativstamm abweicht. In diesem Fall wird **-atlan/-etlen** immer an den Akkusativstamm angefügt.
Die mit **-talan/-telen** abgeleiteten Adjektive bilden eigentlich den negativen Gegenpol zu den mit **-s** abgeleiteten Adjektiven:

ablak**os**	*mit Fenstern ausgestattet*	– ablak**talan**	*fensterlos*
vég**es**	*ein Ende habend*	– vég**telen**	*endlos*
só**s**	*gesalzen*	– só**tlan**	*ungesalzen*
türelm**es**	*geduldig*	– türelme**tlen**	*ungeduldig*

-talan/-telen wirkt aber weniger gesetzmäßig als **-s**. Zu den mit **-s** abgeleiteten Adjektiven wird der Gegenpol manchmal mit der Postposition **nélküli** (aus **nélkül** *ohne* mit dem schon behandelten Ableitungssuffix **-i** abgeleitet) gebildet:

csempés *gekachelt* – csempe **nélküli** *ungekachelt*

Mit der Variante **-atlan/-etlen** wird auch der Gegenpol zu den mit **-ható/-hető** abgeleiteten Adjektiven und den Partizipien des Perfekts gebildet. Im ersten Fall tritt **-atlan/-etlan** an die Stelle des **-ó/-ő**:

| olvas**ható** | *lesbar* | – | olvasha**tatlan** | *unlesbar* |
| ért**hető** | *verständlich* | – | érthe**tetlen** | *unverständlich* |

Im zweiten Fall wird **-atlan/-etlen** an den Präsensstamm des Verbs angehängt:

| olvas**ott** | *gelesen* | – | olvas**atlan** | *ungelesen* |
| befejez**ett** | *beendet* | – | befeje**zetlen** | *unbeendet* |

Als Gegenpol zu den mit **-ható-hető** abgeleiteten Adjektiven und den Partizipien des Perfekts wirkt **-atlan/-etlen** gesetzmäßig.

Von den mit **-talan/-telen** und seinen Varianten gebildeten Adjektiven wird das Adverb immer mit **-ul/-ül** abgeleitet:
végtelen**ül**, türelmetlen**ül**, olvashatatlan**ul**, érthetetlen**ül**, olvasatlan**ul**, befejezetlen**ül** usw.

Das Ableitungssuffix -ik   F

Die Funktion von **-ik** als Ableitungssuffix der Ordinalzahlen ist bereits behandelt worden.

Beim Komparativ oder Superlativ des Adjektivs dient **-ik** zur besonderen Hervorhebung, Unterscheidung der mit diesem Adjektiv näher bestimmten Person oder Sache:

Az anya halála után az idősebb**ik** nővér férjhez ment.
Nach dem Tod der Mutter hat die **ältere** Schwester geheiratet.
József Attila volt a legkisebb**ik** gyerek a családban.
Attila József war das **kleinste** Kind in der Familie.

Mit dem gleichen Zweck wird **-ik** an das Relativpronomen **amely** angehängt:

Abban a házban szeretnék lakni, **amelyik** most épül a sarkon.
Ich möchte in dem Haus wohnen, **das** jetzt um die Ecke gebaut wird.

Die Finalsätze   G

Die Finalsätze werden mit dem bereits bekannten Bindewort **hogy** eingeleitet. Das äußere Merkmal der Finalsätze ist, daß das verbale Prädikat im Imperativ steht:

18. Lektion

Az apa Amerikába akart kivándorolni, **hogy** ott próbáljon szerencsét.
Der Vater wollte nach Amerika auswandern, um dort sein Glück zu versuchen.
Elvittem az autómat a szerelőhöz, **hogy** javítsa meg.
Ich habe mein Auto zum Mechaniker gebracht, **damit** er es repariert.

Der Imperativ kann natürlich auch in Objektsätzen erscheinen, da die Unterordnung im Ungarischen – wie schon bekannt – den Modus nicht beeinflußt. Die Objektsätze mit dem Imperativ des Prädikats können von den Finalsätzen, die das Ziel oder den Zweck der Handlung angeben, dadurch unterschieden werden, daß das Prädikat in den einen Objektsatz einleitenden Hauptsätzen transitiv konjugiert wird. In den Hauptsätzen, die einen Finalsatz einleiten, wird das Prädikat nur transitiv konjugiert, wenn der Hauptsatz selbst ein Objekt enthält.

Übungen

1. **Verwandeln Sie den Temporalsatz in eine Partizipialkonstruktion! Verwenden Sie dabei „tudok"—oder „szoktam".**

> Miközben autót vezetek, — másra figyelni
> → Autót vezetve nem tudok másra figyelni.
> *Auto fahrend (Beim Autofahren) kann ich nicht auf anderes aufpassen.*

a) Miközben a napon fekszem, — levelet írni
b) Miközben rádiót hallgatok, — tanulni
c) Miközben a hírekre figyelek, — veled beszélgetni
d) Miközben ügyfelekkel tárgyalok, — telefonhoz menni
e) Miközben az ebédnél ülök, — újságot olvasni
f) Miközben ebédet főzök, — mással foglalkozni
g) Miközben az erdőben sétálok, — cigarettára gyújtani
h) Miközben a hűtőszekrényt javítom, — ülni
i) Miközben jelentést írok, — rádiót hallgatni
j) Miközben vizsgára készülök, — neked segíteni

2. **Drücken Sie das Resultat der Handlung aus nach dem Muster!**

> Az ebédet kitálalták.
> → Az ebéd ki van tálalva.
> *Das Mittagessen ist serviert.*

a) A levelet megírták.
b) Az autót megjavították.
c) A házat felépítették.
d) A színházjegyet megvették.
e) A taxit megrendelték.
f) A kabátokat ruhatárba adták.

18. Lektion

g) A munkát befejezték.
h) Az igazgatót megsértették.
i) A számlát kifizették.
j) Az árut becsomagolták.
k) A szobát kitakarították.
l) A csapot elzárták.

3. **Ergänzen Sie die Sätze so, daß Sie die Art und Weise der Handlung mit einer Partizipialkonstruktion angeben, die aus den in Klammern stehenden Sätzen gebildet wird!**

> József Attila ... írta verseit. (Petőfi legjobb hagyományait folytatta.)
> → József Attila Petőfi legjobb hagyományait folytatva írta verseit.
> *Attila József schrieb seine Gedichte — die besten Traditionen von Petőfi fortsetzend.* = ... *in Fortsetzung der besten Traditionen* ...

a) József Attila anyja ... próbálta eltartani a gyermekeit. (Családoknál takarított.)
b) József Attila apja ... keveset keresett. (Egy szappangyárban dolgozott.)
c) József Attila ... ismerte meg az igazi nagy költészetet. (Ady verseit olvasta.)
d) A költő ... tanult a bécsi egyetemen. (Nyomorgott.)
e) József Attila 1937-ben ... öngyilkosságot követett el. (Félt a megőrüléstől.)
f) ... hallgattam a rádiót. (A fotelben ültem.)
g) A barátom lánya ... nyitott ajtót. (Mosolygott.)
h) A rendőr ... figyelte az autókat. (A sarkon állt.)
i) A főmérnök ... válaszolt a kérdésemre. (Nevetett.)
j) A feleségem ... ült a szobában. (A blúzát varrta.)

4. **Verwandeln Sie den ersten Satz in eine Partizipialkonstruktion nach dem Muster:**

> Kinyitotta az ajtót, azután üdvözölte a vendégeit.
> → Az ajtót kinyitva üdvözölte a vendégeit.
> *Wörtlich: „Die Tür geöffnet habend", begrüßte er/sie seine/ihre Gäste.* = *Nachdem er die Tür geöffnet hatte* ...

a) Vidékre került, azután folytatta abbahagyott gimnáziumi tanulmányait.
b) Letette az érettségit, azután beiratkozott az egyetemre.
c) Visszatért Budapestre, azután állást keresett magának.
d) Nővére férjhez ment, azután magához vette öccsét.
e) Megismerkedett a munkásmozgalommal, azután belépett az illegális kommunista pártba.
f) Álláshoz jutott, azután már nem kellett nyomorognia.
g) Belépett a lakásba, azután levetette a kabátját.
h) Levetette a kabátját, azután cigarettára gyújtott.

5. Fügen Sie den Relativsatz in den Hauptsatz ein nach dem Muster:

> A blúz olyan anyagból készült, amelyet jól lehetett mosni.
> → A blúz jól mosható anyagból készült.
> *Die Bluse wurde aus einem gut waschbaren Stoff gefertigt.*

a) A felírat olyan helyen van, amelyet jól lehet látni.
b) Petőfi olyan verseket írt, amelyeket könnyen lehet érteni.
c) Olyan szobám van, amelyet nehezen lehet fűteni.
d) A művész olyan darabokat játszott, amelyeket ritkán lehet hallani.
e) Londonban néhány olyan hanglemezt vásároltam, amelyeket Magyarországon nem lehet kapni.
f) József Attila 16 éves korában írta az első olyan versét, amelyet folyóíratban is lehetett közölni.
g) Olyan betegsége volt, amelyet csak kórházban lehetett gyógyítani.
h) A barátom egy olyan történetet mondott el, amelyet nehezen lehet elhinni.
i) Olyan ruhát kerestem, amelyet nyáron is lehet hordani.
j) Olyan helyen lakom, amelyet könnyen meg lehet találni.

6. Antworten Sie verneinend auf die Fragen nach dem Muster:

> Elképzelhetőnek tartja ezt a történetet?
> → Nem, ez a történet elképzelhetetlen.
> *Halten Sie diese Geschichte für vorstellbar?*
> *→ Nein, diese Geschichte ist unvorstellbar.*

a) Közölhetőnek tartja ezt a novellát?
b) Megtanulhatónak tartja ezt a nyelvet?
c) Bemutathatónak tartja ezt a darabot?
d) Ihatónak tartja ezt a bort?
e) Gyógyíthatónak tartja ezt a betegséget?
f) Megszokhatónak tartja ezeket a körülményeket?
g) Érthetőnek tartja ezt a filmet?
h) Ehetőnek tartja ezt az ételt?
i) Elérhetőnek tartja ezt az eredményt?
j) Nevelhetőnek tartja ezt a gyereket?

7. Verwandeln Sie folgende positive Aussagen in negative nach dem Muster:

> Eredményesen tárgyaltam a cég igazgatójával.
> → Eredménytelenül tárgyaltam a cég igazgatójával.
> *Ich habe mit dem Direktor der Firma ergebnislos verhandelt.*

a) Rendszeresen járok könyvtárba.
b) A gyár gazdaságosan termel.

c) A költő egészségesen élt.
d) Kényelmesen ültem a fotelben.
e) Édesanyám mindig zsírosan főzött.
f) A professzor szellemesen adott elő.
g) Az író idegbetegségét sikeresen kezelték.
h) Ilyen sósan nem izlik a leves.
i) A tisztviselő türelmesen válaszolt a hölgy kérdésére.
j) Szerencsésen választott.

8. **Fügen Sie die Aussagen des zweiten Satzes als Modaladverb in den ersten ein nach dem Muster:**

> Eltette a pénzt. Nem számolta meg.
> → Számolatlanul tette el a pénzt.
> *Er steckte das Geld ein. Er zählte es nicht.*
> → *Er steckte das Geld ungezählt ein.* = ... *ohne es zu zählen.*

a) Tűzbe vetette a levelet. Nem olvasta el.
b) Átadta a jelentést. Nem fejezte be.
c) Elment a vizsgára. Nem készült rá.
d) Otthagyta a lakást. Nem takarította ki.
e) Megette az almát. Nem mosta meg.
f) Elmondta a történetet. Nem kérték rá.
g) Megérkezett ma délután. Nem várták.
h) Ajtót nyitott. Nem öltözött fel.
i) Belépett az igazgató szobájába. Nem hívták.
j) Kivett még egy cigarettát a csomagból. Nem kínálták.

9. **Bilden Sie aus den folgenden zwei Sätzen einen zusammengesetzten Satz nach dem Muster:**

> József Attila apja ki akart vándorolni. Külföldről akart segíteni a családján.
> → József Attila apja ki akart vándorolni, hogy külföldről segítsen a családján.
> *Der Vater von Attila József wollte auswandern,*
> *um seiner Familie vom Ausland zu helfen.*

a) Attila vidékre utazott. Élelmiszert akart vásárolni.
b) A költő tanárnak készült. Állandó állást akart kapni.
c) Bécsbe utazott. Ott akarta folytatni a tanulmányait.
d) Franciául és németül tanult. Külföldi költők műveit eredetiben akarta olvasni tudni.
e) Leültem a rádió mellé. Meg akartam hallgatni a híreket.
f) Elővettem a bőröndöket. Be akartam csomagolni az utra.

g) Kimentem a konyhába. Teát akartam főzni.
h) Három éve gyűjtök. Autót akarok venni.
i) A külföldi vendégek kirándulásokat tettek. Meg akarták ismerni az országot.
j) A szüleim Debrecenbe utaztak. Meg akarták látogatni a húgomat.
k) Felhívtuk az éttermet. Asztalt akartunk rendelni estére.
l) Taxival jöttünk. Gyorsan akartunk ideérni.

10. Setzen Sie die entsprechend konjugierte Form des in Klammern stehenden Verbs in den Nebensatz ein!

a) Azt írta a barátom, hogy a jövő héten ... (meglátogatni)
b) Azt akarja a főmérnök, hogy a szerelők azonnal ... a munkát. (megkezdeni)
c) Azt hallottam, hogy az igazgató hamarosan külföldre ... (utazni)
d) Gondoskodom róla, hogy képviselőnk gyorsan vízumot ... (kapni)
e) Nem akadályozom meg, hogy Szabó kolléga más állást ... magának. (keresni)
f) Az orvosom azt ajánlotta, hogy ne ... sok kávét. (inni)
g) Egyszer már mondtam neked, hogy holnap délután nem ... veled találkozni. (tudni)
h) Megkértem a titkárnőmet, hogy ... nekünk asztalt estére. (rendelni)
i) Elfelejtettem, hogy nem ... magammal fürdőruhát. (hozni)
j) A feleségem azt javasolta, hogy sötét öltönyt ... (venni)

Aufgaben

Übersetzen Sie den folgenden Text ins Ungarische!

Man kennt die ungarische Literatur im Ausland wenig (kevéssé). Es gibt jedoch einige ungarische Dichter und Schriftsteller, die auch außerhalb Ungarns bekannt sind. Zu denen (ezek közé) gehört Attila József, der hervorragendste ungarische Dichter des zwanzigsten Jahrhunderts.
Als armes Arbeiterkind lernte er früh das Elend der Arbeiterklasse kennen. Sein Vater wanderte aus, um seiner Familie vom Ausland zu helfen. Die erwartete Hilfe kam aber nicht. Die Mutter konnte bei Familien durch Waschen (= waschend) und Reinmachen (= reinmachend) nicht so viel verdienen, um die drei Kinder zu ernähren (eltartani). Sie war gezwungen, Attila und seine jüngere Schwester zu Pflegeeltern zu geben.
Als Attila mit sieben Jahren zu seiner Mutter zurückkehrte, mußte er auch arbeiten.
Nach dem Tod seiner Mutter nimmt ihn seine ältere Schwester zu sich, die inzwischen geheiratet hat. Mit ihrer Hilfe legt er das Abitur ab. Er setzt sein Studium an der Szegediner Universität fort. In dieser Zeit schreibt er schon Gedichte, die in verschiedenen Zeitschriften veröffentlicht werden. Er been-

det sein Studium in Paris. Nach Budapest zurückgekehrt, kann er aber als Lehrer keine Stellung bekommen. Er schaltet sich in die Arbeit der illegalen kommunistischen Partei ein. Er kann sich aber der starren Richtlinie der Partei nicht anpassen und gerät auch mit einzelnen Parteiführern in Konflikt. Mit seinen Gedichten hat er keinen echten Publikumserfolg. Er fühlt sich sehr allein. Er wird wegen einer Nervenkrankheit mehrmals behandelt, die Behandlung ist aber ergebnislos.
Seine Schwestern haben in dieser Zeit eine Pension in Balatonszárszó. Sie hoffen, daß sich der Nervenzustand des Dichters hier bessern wird. Sie laden ihn also zu sich ein. Der Dichter fürchtet aber, daß seine Krankheit nicht heilbar ist und er schließlich irre wird. Deshalb begeht er 1937 in Balatonszárszó Selbstmord.

19. Lektion

Gesundheitszustand – Ärztliche Visite – Beim Zahnarzt

1. Két barát, Kis János és Nagy Imre, találkozik az utcán.
   - Szervusz Imre. Régen nem láttalak. Hogy vagy?
   - Szervusz János. Köszönöm kérdésedet. Tudom, azt illene válaszolnom rá, hogy „köszönöm, jól", de ez nem lenne igaz. Sokat köhögök, fáj a mellem és gyakran a fejem is.
   - Most is cigarettázol. A cigaretta még jobban köhögtet. Jobban tennéd, ha abbahagynád a dohányzást.
   - Már régen abbahagytam volna, ha le tudnék mondani róla.
   - Lázad is van?
   - Nem tudom, nem mértem.
   - Mérned kellene. Nem szoktál izzadni?
   - De igen, főleg esténként.
   - Helyes lenne, ha orvoshoz mennél.
   - Bárcsak lenne rá időm! Sajnos mindig közbejön valami elintéznivaló. A múlt héten festtettük ki a lakást. Utána a feleségemmel és a lányommal napokig takarítottunk.
   - Miért nem takaríttattatok egy takarító vállalattal?
   - Ez a lehetőség későn jutott az eszembe. Amikor két nappal a festés előtt elmentem a takarító vállalathoz, már csak három héttel a festés után vállalták volna a takarítást. Annyit mégse várhattunk.
   - Jó, de most már túl vagytok a festésen meg a takarításon, most már elmehetnél az orvoshoz.
   - Festés előtt nem is lett volna okom rá, hogy elmenjek. Azt

hiszem, a festés alatt hűltem meg. Most viszont elromlott a vízmelegítőnk a fürdőszobában, azt kell megjavíttatnom.
- Szerintem első az egészség, először mégis orvoshoz kellene menned. Talán ha néhány napig ágyban maradnál, meggyógyulnál.
- Bár maradhatnék! De akkor csak hideg vízben mosakodhatnék, és még jobban meghűlnék.
- A feleséged nem tudna szerelő után járni?
- Tudna, de szerinte ez férfimunka. Hagyjuk ezt a témát, nem szeretek még gondolni se rá. Te hogy vagy?
- Én se nagyon jól. Nekem a hátam fáj gyakran, és nehezen lélegzem.
- Ha nem ülnél annyit az íróasztalnál, hanem sportolnál egy kicsit, nem fájna a hátad, és ekkora hasad se lenne.
- Ha nem szoktam volna le a dohányzásról, valószínűleg nem híztam volna meg. Most már fogyókúrázom. Egyébként pedig szívesebben úsznék vagy lovagolnék, mint hogy íróasztalnál üljek. De az utóbbi időben különösen sok a munkám.
- És miért szoktál le a dohányzásról?
- Az orvosom ajánlotta. Állandó légcsőhurutom volt.
- Különben jól vagy? Elmúlt azóta a légcsőhurutod?
- Nem teljesen, de jobban érzem magam. Nagyobb baj az, hogy éjszaka rettenetesen fájt a fogam. Azt hiszem, ki kell húzatnom. Igaz, reggelre elmúlt a fájdalom. Bárcsak ne kéne fogorvoshoz mennem!
- Talán nem is kell kihúzni a fogadat. Lyukas?
- Nem érzem. Nem is tudom pontosan, melyik fog fájt.
- Ha lyukas a fog, akkor be kell tömetni, az magától sohase gyógyul meg. Az én köhögésem viszont talán igen.

2. Nagy Imre másnap reggel magas lázzal ébredt. Ezen a napon akart elmenni az orvosi rendelőbe, de lázasan nem tud. Kihívatja a körzeti orvost.
- Jó napot kívánok doktor úr! Nagyon rosszul érzem magam. Reggel 38,4 (harmincnyolc négy) volt a lázam. Erősen köhögök, és ilyenkor mintha tűz égne a mellemben.
- Forduljon egy kicsit jobban a világosság felé, és nyissa ki a száját! A torka is piros. Nem fáj?
- Csak ha nyelek.
- Vesse le a pizsamakabátját! Úgy, és most lélegezzen mélyen! Most egy fél percig ne vegyen lélegzetet! Köszönöm, készen vagyok. Felveheti a pizsamakabátját. Mióta köhög, Nagy úr?

- Körülbelül tíz napja.
- Ha idejében eljött volna hozzám a rendelőbe, felírtam volna önnek egy gyógyszert, és már nem köhögne. Így viszont most már kezdődő tüdőgyulladást kell gyógyítanom. Dohányzik?
- Igen.
- Most legalább egy hétig mondjon le a cigarettáról. Felírok önnek néhány gyógyszert. Hozassa el őket lehetőleg még ma a gyógyszertárból! Maradjon ágyban, és naponta háromszor hőmérőzze magát! Ha emelkedne a láza, hívasson újra! Egyébként három nap múlva újra kijövök önhöz.
- Mennyi ideig kell betegállományban maradnom, doktor úr?
- Előreláthatólag tíz napig, ha sikerül a kezdődő tüdőgyulladást legyőznünk.
- Akkor mégis a feleségemnek kell szerelő után járni, hogy megjavítsa a fürdőszobai vízmelegítőt.

3. Kis János a fogorvos magánrendelőjének a várószobájában ül. Ő a következő paciens. Nyílik az ajtó. Radó doktor kiengedi az előző beteget, és Kis János felé fordul:
- Tessék befáradni, és helyet foglalni. Mi a panasza?
- Most semmi, doktor úr. De az elmúlt éjszaka nem tudtam aludni, úgy fájt az egyik fogam itt felül a jobb oldalon.
- Megvizsgáljuk, és segítünk rajta. Nyissa ki egy kicsit jobban a száját! Húzza hátra a nyelvét! Már látom is a panasz okát: a jobb felső hatos szuvas.
- De hiszen az egy tömött fog!
- Sajnos a tömés mellett kezdett el szuvasodni. Meg fogom kopogtatni. Fáj?
- Nem.
- Akkor nincs nagy baj, nem kell kihúzni. Kifúrom a régi tömést, és azonnal betömöm az egészet újra. Ne féljen, nem fog fájni. Hidegre, melegre érzékeny volt a foga?
- Igen, különösen hidegre.
- Akkor először cementet tömünk bele, és arra jön az amalgám.
- Nem lehetne valahogy megelőzni a szuvasodást, doktor úr?
- Talán ha többet és erősebben rágnánk, kevésbé szuvasodnának a fogaink. De általános recept sajnos nincs. Tessék öblíteni. Úgy, készen is vagyunk. Három óra hosszat ne harapjon a frissen tömött fogra!
- Köszönöm, doktor úr. Mivel tartozom?
- 150 forint. Köszönöm. Kérem a következőt!

19. Lektion

Vokabeln

1.
illeni, illik (+ *Inf. mit Besitzzeichen)* — es gehört sich, schickt sich
válaszolni (válaszol) vmire — antworten, erwidern
köhögni (köhög) — husten
mell (-et) — Brust
fej (-et) — Kopf
cigarettázni (cigarettázik) — Zigarette rauchen
dohányozni (dohányzik) — rauchen
lemondani (lemond) vmiről — verzichten auf
láz (-at) — Fieber
izzadni (izzad/megizzad) — schwitzen
főleg — hauptsächlich
helyes — richtig
bárcsak (bár) — wenn ... nur
közbejönni (közbejön) — dazwischenkommen
festeni (fest), kifesteni — malen, streichen
napokig — tagelang
takarító vállalat — Reinigungsunternehmen
lehetőség (-et) — Möglichkeit
vállalni (vállal) — übernehmen, unternehmen
ok (-ot) vmire — Grund für etw.
meghűlni (meghűl) — sich erkälten
vízmelegítő — Wassererhitzer, Warmwasserspeicher
ágy (-at) — Bett
gyógyulni (gyógyul/meggyógyul) — genesen
mosakodni (mosakszik) — sich waschen
járni (jár) vki után — zu j–m gehen
téma — Thema
hát (-at) — Rücken
lélegezni (lélegzik) — atmen
sportolni (sportol) — Sport treiben
ekkora — so groß
has (-at) — Bauch
leszokni (leszokik) vmiről — abgewöhnen etw.
hízni (hízik/meghízik) — zunehmen, dick werden
fogyókúra — Schlankheitskur
fogyókúrázni (fogyókúrázik) — Schlankheitskur machen
úszni (úszik) — schwimmen
légcsőhurut (-ot) — Lufröhrenkatarrh
elmúlt a légcsőhurutod? — ist dein Luftröhrenkatarrh weg?
teljes — völlig, vollständig

rettenetes — schrecklich
kihúzni (kihúz) (fogat) — (her)ausziehen, *Zahn* ziehen
fájdalom (fájdalmat) — Schmerz
kéne = kellene — müßte
lyuk (-at) — Loch
lyukas a fogam — ich habe ein Loch im Zahn
tömni (töm) — stopfen, *Zahn:*füllen, plombieren

2.
ébredni (ébred) — aufwachen
rendelő — Sprechzimmer, Praxis
lázas — fiebrig, fieberhaft
körzeti orvos — Kreisarzt (der Sozialversicherung)
égni (ég) — brennen
mintha — als wenn, als ob
fordulni (fordul) — sich wenden
világosság (-ot) — Helligkeit
száj (-at) — Mund
torok (torkot) — Kehle, Hals
nyelni (nyel) — schlucken
pizsama — Pyjama
lélegzet (-et) — Atem
lelegzetet venni idejében — Atem holen rechtzeitig
felírni (felír) — verschreiben
gyógyszer (-t, -ek) — Arznei
tüdőgyulladás (-t, -ok) — Lungenentzündung
tüdő — Lunge
lehetőleg — möglichst
gyógyszertár (-at) — Apotheke
hőmérő — Thermometer
hőmérőzni (hőmérőz) — Temperatur messen
betegállomány (-t) — Krankenstand
előreláthatólag — voraussichtlich
legyőzni (legyőz) — besiegen, bewältigen

3.
magánrendelő — Privatpraxis
várószoba — Wartezimmer
paciens (-t, -ek) — Patient
kiengedni (kienged) — heraus-, hinauslassen
előző — vorherig
beteg (-et) — krank; Kranke(r)
panasz (-t, -ok) — Beschwerde, Anliegen
vizsgálni (vizsgál/megvizsgál) — untersuchen, nachsehen

19. Lektion

hátrahúzni (hátrahúz)	nach hinten ziehen	érzékeny vmire	empfindlich (gegen *A*)
nyelv (-et)	Zunge	cement (-et)	Zement
szuvas *(ärztlicher Fachausdruck)*	kariös	megelőzni (megelőz) vmit	vorbeugen
		rágni (rág)	kauen
szuvasodni (szuvasodik)	kariös werden	recept (-et)	Rezept
kopogtatni (kopogtat)	klopfen *(mehrmals)*	öblíteni (öblít)	spülen
		tartozni (tartozik) vkinek vmivel	j-m etw. schuldig sein
fúrni (fúr)	bohren		
tömés (-t, -ek)	Füllung		

Grammatik

Der Konditional

Der Konditional wird hauptsächlich gebraucht, wenn die Durchführung der Handlung von einer Bedingung (Kondition) abhängt. Das Zeichen des Konditionals ist das Infix **-ná/-né,** das immer an die Stelle des Infinitivsuffixes **-ni** tritt. Der Konditionalstamm weicht also bei einer Reihe von Verben vom Indikativstamm ab. Die Personalsuffixe sind im großen und ganzen identisch mit denen des Indikativs.

Merke: Im Deutschen steht an Stelle des Konditionals oft der Konjunktiv II: ich würde wissen = ich wüßte; ich würde kommen = ich käme; ich würde sein = ich wäre *usw.*

intransitive Konjugation – Präsens

tanul-ni	lernen	emel-ni	heben

tanul-**nék**	*ich würde lernen*	emel-**nék**	*ich würde heben*
tanul-**nál**	*du würdest lernen*	emel-**nél**	*du würdest heben*
tanul-**na**	*er würde lernen*	emel-**ne**	*er würde heben*
tanul-**nánk**	*wir würden lernen*	emel-**nénk**	*wir würden heben*
tanul-**nátok**	*ihr würdet lernen*	emel-**nétek**	*ihr würdet heben*
tanul-**nának**	*sie würden lernen*	emel-**nének**	*sie würden heben*

Merke: In der 1. Person des Singulars unterliegt das Infix nicht dem Gesetz der Vokalharmonie; es lautet immer **-nék.**

transitive Konjugation–Präsens

tanul-ni		emel-ni	

tanul-**nám**	*ich würde es lernen*	emel-**ném**	*ich würde es heben*
tanul-**nád**	*du würdest es lernen*	emel-**néd**	*du würdest es heben*
tanul-**ná**	*er würde es lernen*	emel-**né**	*er würde es heben*
tanul-**nánk**	*wir würden es lernen*	emel-**nénk**	*wir würden es heben*
tanul-**nátok**	*ihr würdet es lernen*	emel-**nétek**	*ihr würdet es heben*
tanul-**nák**	*sie würden es lernen*	emel-**nék**	*sie würden es heben*

Die Formen der 1. und 2. Person des Plurals sind mit denen der intransitiven Konjugation identisch.

Für die Konjugation der Verben mit n – sz Stammwechsel, die den Konditional aus dem -n-Stamm bilden, steht das Paradigma **lenni** in der Bedeutung „werden":

Singular		Plural	
len-nék	*ich würde*	**len**-nénk	*wir würden*
len-nél	*du würdest*	**len**-nétek	*ihr würdet*
len-ne	*er würde*	**len**-nének	*sie würden*

In der Bedeutung „sein" bildet **lenni** den Konditional von einem anderen Stamm:

Singular		Plural	
vol-nék	*ich wäre*	**vol**-nánk	*wir wären*
vol-nál	*du wärest*	**vol**-nátok	*ihr wäret*
vol-na	*er wäre*	**vol**-nának	*sie wären*

volna fungiert unverändert als Hilfsverb im Präteritum des Konditionals. Das Vollverb wird im Präteritum des Indikativs konjugiert:

Singular		Plural	
aludtam **volna**	*ich hätte geschlafen*	aludtunk **volna**	*wir hätten geschlafen*
aludtál **volna**	*du hättest geschlafen*	aludtatok **volna**	*ihr hättet geschlafen*
aludt **volna**	*er hätte geschlafen*	aludtak **volna**	*sie hätten geschlafen*

In den Fällen, in denen das Verbalpräfix vom Verb getrennt wird, erscheint **volna** zwischen dem Verb und dem Verbalpräfix:

Nem **híztam volna** meg, ha nem **hagytam volna** abba a dohányzást.
Ich hätte nicht zugenommen, wenn ich mit dem Rauchen nicht aufgehört hätte.

Die faktitiven Verbformen   B

Mit den faktitiven Formen wird ausgedrückt, daß das Subjekt die Handlung nicht selbst ausführt, sondern ausführen läßt. Im Deutschen wird in diesem Fall das Modalverb *lassen* oder die Wendung *bringen zu* gebraucht, das Ungarische dagegen bildet die faktitiven Formen mit dem Infix **-at/-et** oder **-tat/-tet**. Mit diesem Infix werden auch scheinfaktitive Verben gebildet, die im wesentlichen eine selbständige lexikalische Einheit darstellen und deshalb in den Wörterbüchern besonders angegeben werden. Auf diese Verben bezieht sich die grammatische Erläuterung nicht.

19. Lektion

Es gibt nur Anhaltspunkte dafür, wann das Ableitungssuffix der faktitiven Verben **-at/-et** und wann **-tat/-tet** ist. Die nachstehende Erläuterung ist demgemäß nicht als Aufzählung fester Regeln zu betrachten.

1. Das Ableitungssuffix ist im allgemeinen **-at/-et**:

   a) bei **einsilbigen** Verben, ausgenommen diejenigen mit n – sz Stammwechsel:

mos	er wäscht	mosat	er **läßt** waschen
tölt	er schenkt ein	töltet	er **läßt** einschenken

   b) bei mehrsilbigen auf **-szt** und **-jt** endenden Verben:

választ	er wählt	választat	er **läßt** wählen
felejt	er vergißt	felejtet	er **läßt** vergessen

2. Das Ableitungssuffix ist im allgemeinen **-tat/-tet**:

   a) bei einsilbigen auf **Vokal + t** endenden Verben:

süt	er bäckt	süttet	er **läßt** backen
lát	er sieht	láttat	er **läßt** sehen

   b) bei den Verben mit n – sz Stammwechsel, bei denen **-tat/-tet** an den kurzen, auf Vokal endenden Stamm angefügt wird:

visz	er bringt	vitet	er **läßt** bringen

   Die faktitiven Formen von **enni** (essen) und **inni** (trinken) haben selbständige Bedeutung:

etet	er **füttert**	itat	er **tränkt**

   c) die in der Gruppe mit dem Ableitungssuffix **-at/-et** nicht erwähnten mehrsilbigen Verben:

takarít	er räumt auf	takaríttat	er **läßt** aufräumen
rendel	er bestellt	rendeltet	er **läßt** bestellen

Wird im Satz auch das logische Subjekt genannt (die Person also, die die Handlung durchführt), so bekommt es das Kasussuffix **-val/-vel**:
   Egy öreg szerelővel javíttattam meg a kocsimat.
   Ich habe meinen Wagen **von einem alten Mechaniker** reparieren lassen.
   A titkárnőmmel rendeltetek asztalt estére.
   Ich lasse **meine Sekretärin** einen Tisch für den Abend bestellen.

Im **Konditional** steht das Infix **-at/-et** oder **-tat/-tet** vor dem Zeichen des Konditionals (-ná/né):
Kifestetném a lakásomat, ha találnék egy jó iparost.
Ich würde meine Wohnung malen lassen, wenn ich einen guten Handwerker fände.

Auch das Ableitungssuffix **-hat/-het** steht vor dem Infix des Konditionals. Ein besonders schwieriger Fall ist es, wenn ein im Konditional gebrauchtes Verb sowohl -**hat/-het**, als auch das faktitive Ableitungssuffix erhält. In diesem Fall stehen die Ableitungssuffixe und das Personalsuffix in der folgenden Reihenfolge: faktitives Ableitungssuffix **-at/-et** oder **-tat/-tet**, **-hat/-het**, das Zeichen des Konditionals **-ná/-né** und das Personalsuffix:

Igazán **megjavít/tat/hat/ná/d** már a rádiódat!
Du könntest dein Radio wirklich schon **reparieren lassen!**

Und derselbe Satz im Präteritum des Konditionals:

Igazán **megjavít/tat/at/hat/tad** volna már a rádiódat!
Du hättest dein Radio wirklich schon **reparieren lassen können!**

Solche Formen bereiten aber selbst Ungarn Schwierigkeiten und werden deshalb vermieden.

Wunschsätze und irreale Bedingungssätze C

Der Konditional wird vorwiegend in Wunsch- und Bedingungssätzen verwendet. Wunschsätze werden mit **bár, bárcsak** wenn ... doch (nur) eingeleitet:

Bárcsak meggyógyulnék!
Wenn ich **doch** genäse (genesen würde)!

Bár jönne el a barátom!
Wenn mein Freund **doch (nur)** käme!
oder: Käme doch mein Freund nur!

Irreale Bedingungssätze werden mit dem bereits bekannten Bindewort **ha** (wenn) eingeleitet:

Ha ráérnék, szívesen meglátogatnálak.
Wenn ich Zeit hätte, würde ich dich gerne besuchen.

Bedingte Vergleiche D

Bedingte Vergleiche werden mit dem Bindewort **mintha** als ob, als wenn eingeleitet. Der wichtigste äußere Unterschied zwischen den Bedingungssätzen und den bedingten Vergleichssätzen ist der, daß in ersteren das Prädikat auch im Hauptsatz im Konditional stehen muß, wenn es im Bedingungssatz im Konditional steht, während das Prädikat in Hauptsätzen, die bedingte Vergleiche einleiten, im Indikativ steht:

Úgy **beszél**, mintha **félne** valamitől.
Er spricht (so), **als ob** er vor etwas Angst hätte.

19. Lektion

Übungen

1. **Bilden Sie mit den angegebenen Wörtern Bedingungssätze nach dem Muster:**

> Imre — nyakkendőt kötni
> → Ha Imre nyakkendőt kötne, mi is kötnénk.
> Wenn Imre sich eine Krawatte umbinden würde (umbände),
> würden wir uns auch eine umbinden.

a) édesanya — moziba menni
b) Szabó úr — szobát rendelni
c) az igazgató — Londonba utazni
d) a kollégánk — lemondani a dohányzásról
e) Mariann — átöltözni a vacsorához
f) a barátnőnk — harisnyát húzni
g) a főmérnök — jelentést tenni
h) a nagyságos asszony — leülni
i) édesapa — sportolni
j) a külföldi vendég — tovább maradni

2. **Bilden Sie aus den angegebenen Wörtern Bedingungssätze nach dem Muster:**

> megenni a levest
> → Ha ti megennétek a levest, ő is megenné.
> Wenn ihr die Suppe essen würdet (äßet), würde er sie auch essen
> (äße er sie auch).

a) meginni a teát
b) bevenni a gyógyszert
c) megmosni az ablakot
d) kitakarítani a szobát
e) kihívni az orvost
f) meglátogatni Kovács kollégát
g) megtartani az előadást
h) elolvasni a regényt
i) megnézni a filmet
j) meghallgatni a híreket

3. **Bilden Sie mit den angegebenen Wörtern Bedingungssätze nach dem Muster:**

> elfogadni a meghívást
> → Ha elfogadnám a meghívást, talán ők is elfogadnák.
> Wenn ich die Einladung annähme, würden sie sie vielleicht auch
> annehmen (oder: nähmen sie sie ... an).

a) meginni a kávét
b) abbahagyni a dohányzást
c) feladni a levelet
d) elkészíteni a javaslatot
e) felhívni a doktort
f) folytatni a tanulást
g) elkezdeni a munkát
h) elfelejteni a sértést
i) megrendelni a festést
j) elvállalni a javítást

4. **Bilden Sie mit den angegebenen Wörtern negative Bedingungssätze nach dem Muster:**

> segíteni nekik
> → Ha nem segítenél nekik, ők sem segítenének neked.
> *Wenn du ihnen nicht helfen würdest (hülfest), würden sie dir auch nicht helfen (hülfen sie dir auch nicht).*

a) beszélni velük
b) gondoskodni róluk
c) írni nekik
d) gondolni rájuk
e) nevetni rajtuk
f) menni — jönni hozzájuk
g) vacsorázni gyakran náluk
h) kapni ajándékot tőlük
i) adni tanácsokat nekik
j) tenni annyit értük

5. **Angenommen, Sie haben die nachstehenden Wünsche. Drücken Sie sie in Wunschsätzen aus nach dem Muster:**

> Szeretne külföldre utazni.
> → Bárcsak külföldre utazhatnék!
> *Sie möchten ins Ausland reisen.*
> *Könnte ich doch auch ins Ausland reisen!*

a) Szeretne a fővárosban élni.
b) Szeretne egy modern gyárban dolgozni.
c) Szeretne a tengerparton nyaralni.
d) Szeretne fizetésemelést kapni.
e) Szeretne otthon maradni.
f) Szeretne a Royal szállóban lakni.
g) Szeretne már haza menni.
h) Szeretne tovább aludni.
ı) Szeretne valami hideget inni.
j) Szeretne zenét hallgatni.

6. **Angenommen, Sie haben die folgenden Wünsche. Drücken Sie sie in Wunschsätzen aus nach dem Muster:**

> Azt szeretné, hogy a barátnője gyorsan válaszoljon a levelére.
> → Bárcsak gyorsan válaszolna a levelemre a barátnőm!
> *Sie möchten, daß Ihre Freundin auf Ihren Brief schnell antwortet.*
> *Wenn meine Freundin doch schnell auf meinen Brief antworten würde!*

a) Azt szeretné, hogy a fia jól érettségizzen.
b) ... a férje felhívja.
c) ... a szülei hamarosan meggyógyuljanak.
d) ... a barátai már holnap megérkezzenek.
e) ... az új ismerőse ne felejtse el.
f) ... a lánya ne késsen el.
g) ... a gyerekei ne köhögjenek.
h) ... a vendége ne keljen fel korán.

19. Lektion

i) ... a professzor befejezze már az előadást.
j) ... a kollégák abbahagyják a beszélgetést.
k) ... Radó doktor ne húzza ki a fogát.
l) ... a férje ne adja el a kocsiját.

7. Formen Sie die angegebenen Sätze nach dem Muster um:

> Abbahagytad a dohányzást, és meghíztál.
> → Ha nem hagytad volna abba a dohányzást, nem híztál volna meg.
> Du hast mit dem Rauchen aufgehört und zugenommen.
> → Wenn du mit dem Rauchen nicht aufgehört hättest, hättest du nicht zugenommen.

a) Elkezdtél olvasni, és elfelejtetted a találkozót.
b) Kinyitottad az ablakot, és meghűltél.
c) Leültél kártyázni, és elkéstél a hangversenyről.
d) Feküdtél néhány napig, és meggyógyultál.
e) Idejében elmentél a fogorvoshoz, és megmenekültél a foghúzástól.
f) Leszoktam a dohányzásról, és elmúlt a légcsőhurutom.
g) Befejeztem a munkát, és meglátogattam a szüleimet.
h) Rágyújtottam egy cigarettára, és elkezdtem köhögni.
i) Megizzadtam, és levetettem a kabátomat.
j) Kipihentem magam, és kitakarítottam a szobámat.

8. Bilden Sie Fragen und Antworten mit den angegebenen Wörtern nach dem Muster:

> kitakarítani a garázst
> → Mikor takaríttatja ki a garázst? — Már kitakaríttattam.
> „Wann lassen Sie die Garage saubermachen?"
> → „Ich habe sie schon saubermachen lassen."

a) megjavítani a rádiót
b) becsomagolni az árut
c) megrendelni az új szerszámgépet
d) kitálalni az ebédet
e) felébreszteni a vendéget
f) kifizetni a számlát
g) megcsinálni a sötét öltönyt
h) megmosni az autót
i) elkészíteni a javaslatot
j) megfőzni a kávét

9. Antworten Sie mit dem angegebenen Wort auf die Fragen nach dem Muster:

> Magad veszed meg a mozijegyet? (barátaim)
> → Nem, megvetetem a barátaimmal.
> Kaufst du selber die Kinokarte?
> → Nein, ich lasse sie (durch) meine Freunde kaufen.

a) Magad viszed el a csomagot? (egy hordár)
b) Magad főzöd meg a halat? (a feleségem)

c) Magatok mossátok az ingeiteket *(Hemd)*? (a szobaasszony)
d) Magad adod fel a táviratot? (a portás)
e) Magatok festitek ki a konyhátokat? (egy vállalat)
f) Magad szúrod át a húst? (a hentes)
g) Magad hívod ide a szerelőt? (a titkárnőm)
h) Magatok varrjátok a ruháitokat? (egy ismerősünk)
i) Magad váltod be a pénzt? (a férjem)
j) Magad írod meg a jelentést? (a főmérnök)

10. **Bilden Sie Ausrufungssätze mit den angegebenen Wörtern nach dem Muster:**

megmosni az autót
→ Igazán megmosathattad volna már az autódat!
Du hättest deinen Wagen wirklich schon waschen lassen können!

a) megigazítani a sötétkék szoknyát
b) elhozni a bútorokat
c) megvarrni az új ruhát
d) kihúzni a rossz fogat
e) megjavítani a lemezjátszót
f) kifesteni a lakást
g) megcsinálni a nyári öltönyt
h) felébreszteni az ismerősöket
i) megvenni a vasútjegyet
j) megrendelni a szállodai szobát

Aufgaben

1. **Übersetzen Sie folgende Sätze ins Ungarische!**
   a) Wo lassen Sie sich Ihre Anzüge machen?
   b) Wann hast du dein Radio reparieren lassen?
   c) Ich ließ den Stoff meines neuen Kleides aus Italien kommen (bringen).
   d) Ich lasse mich von meinem Freund mitnehmen.
   e) Wir lassen uns für morgen abend Theaterkarten *(im Sing.!)* kaufen.
   f) Wen laßt ihr euere Wohnung streichen?
   g) Der Direktor läßt (durch) den Fahrer den (seinen) Wagen waschen.
   h) Ich lasse (durch) den Portier den Gast wecken.
   i) Unsere Freunde lassen sich in einem Sanatorium (szanatórium) behandeln.
   j) Ich habe (durch) meine Sekretärin ein Taxi bestellen lassen.

2. **Übersetzen Sie folgende Wunschsätze ins Ungarische!**
   a) Wenn ich doch eine andere Stellung bekäme!
   b) Könnten wir doch ein Auto kaufen!
   c) Wenn du doch noch nicht weggehen müßtest!
   d) Wenn ihr doch (nur) bald wieder kämet!
   e) Könnten wir uns doch endlich (einmal) ausruhen!
   f) Wenn ich doch morgen bis zehn Uhr schlafen könnte!

g) Wenn wir am Nachmittag doch (nur) nicht arbeiten müßten!
h) Wenn ich diese Einladung doch (nur) nicht annehmen müßte!

3. **Übersetzen Sie den folgenden Text ins Ungarische!**

Wenn ich mich nicht wohl fühlte, würde ich sofort meinen Arzt anrufen. Ich würde ihn fragen, wann ich zu ihm kommen könnte. Ich ließe mich von ihm untersuchen und die Arzneien, die er mir verschreiben würde, gleich in der Apotheke kaufen. Ich mag nicht im Bett liegen, wenn (es) aber der Arzt wünschte, würde ich (im Bett) liegen, im Bett bleiben. Ich könnte sehr schwer auf das Rauchen verzichten, ich würde mir aber auf ärztlichen Vorschlag auch das Rauchen abgewöhnen. Wenn ich mit dem Rauchen aufhörte, so nähme ich wahrscheinlich zu. Ich würde aber weniger essen und mehr Sport treiben. Man müßte sowieso gesünder leben, denn die Gesundheit ist am wichtigsten. Du tätest auch besser (daran), wenn du dich mit deinen Beschwerden an einen Arzt wenden würdest. Oder du müßtest vielleicht Urlaub nehmen. Wenn du nicht soviel an deinem Schreibtisch säßest, täte dir dein Kopf bestimmt nicht so oft weh. Geh viel spazieren und treibe mehr Sport!

20. Lektion

Über den Schriftsteller Emil Kolozsvári-Grandpierre – Ausschnitt aus seinem Kurzroman ,,Die Glückshaut"

1. Kolozsvári Grandpierre Emil, az élő magyar prózaírók idősebb nemzedékének jelentős képviselője, 1907-ben született Kolozsváron. Tanulmányai egy részét Párizsban végezte. Regényeit és novelláit kitűnő jellemábrázolás, irónikus, szatírikus stílus és szellemes párbeszédek teszik rendkívül szórakoztató olvasmánnyá. ,,A burok" című kisregényét 1965-ben írta egy öregedő főmérnökről, Bakucz Elemérről, aki beleszeret egy modern életfelfogású, fiatal lányba. A lány hozzámegy feleségül. A főmérnököt ezért barátai szerencsés embernek tartják, aki ,,burokban született". A házasság azonban nem tart sokáig. Az 51 éves főmérnök és a 22 éves lány eltérő életfelfogása számtalan konfliktust okoz, és végül váláshoz vezet.
A kisregényt tévéfilmmé is átírták, amelyet nagy sikerrel játszottak. A következő részlet a főmérnök és a lány megismerkedését mutatja be Kollár fogorvos születésnapi partiján.

2. Éjfél felé már nagyon erős volt a nyomás[1], s ez mindenkinek feltűnt, mert Kollár húsz év óta ugyanazokat a barátait hívta meg a születésnapjára. Megszólalt a csengő. Kollár ment ajtót nyitni. Egyetlen lámpa égett a szobában, sűrű selyemernyője vöröses derengéssé szűrte a fényt.
Fiatal lány volt az új vendég. Kollár a büféasztalhoz vezette.
– Mit iszik, aranyom?[2] – kérdezte.
– Ami van – felelt a lány tárgyilagosan.
– Ami van? – kérdezte Kollár széles mosollyal.
– De abból sokat.
A harmadik pohár bólét kortyolgatta, s közben a táncolókra sandított.
– Nem így kell csörögni[3] – fintorgott a lány, – ez így keringőnek is állati[4] szelíd.
– Mutassa meg aranyom, hogy kell.
– Partner nélkül?
Kollár körülnézett, majd felkiáltott:
– Tibor! Gyere csak!
A lány a szoba közepére szökkent, a magas, karcsú férfi követte. Körös-körül a nézők, kezükben pohár vagy cigaretta. Szótlanul nézték a mutatványt.
– Ki az? – hallatszott innen is, onnan is.
Bakucz főmérnök is ezt kérdezte a házigazdától.
– Fogalmam sincs róla, – vonta meg Kollár a vállát.
A főmérnök kiegyenesedett.
– Nem szeretem az ilyen szabálytalan dolgokat. Ha az ember társaságban van, tudja, hogy kinek a társaságában van. Utána akarok járni a dolognak.
– Vén képmutató, te. Nyíltan is megmondhatnád, hogy tetszik. Nem szégyen. Még egy ilyen vén szivar[5] részéről sem.
A következő pillanatban kézen fogva odavezette a lányt.
– Aranyom, – mondta, – iszogasson egy kicsit velünk is!
– A bólé állati jó, de valami töményebbet is adhatna.
– Mihez volna kedve, aranyom?
– Lötykölt medvére[6].
– Hát az mi? – kérdezte a fogorvos.
– Nem tudja? Vodka rummal.
– Sajnos azzal nem szolgálhatok. De ha egy korty locsolt kockás[7] is megfelel, csak szóljon. Látom a szemérő1, nem tudja, mi: skót whisky rummal.

3. A lány felkacagott:
- A házigazda klassz! Hanem maga, - fordult Elemérhez, - nem haragszik, ha megkérdem, hogy magát citrommal csinálták vagy utólag savanyították be? Ha beülne egy tál salátába, ecet már nem is kellene hozzá.
- Nem szoktam salátába ülni.
- Miért csinálja ezt, mondja? Egy ilyen jóképű férfi, mint maga. Egy Anthony Perkins magyarban.
- Tulajdonképpen még be sem mutatkoztam.
- Érdekes! Maguk idősebbek imádnak bemutatkozni. Hogy hívják?
- Bakucz Elemér.
- És miért állott fel? Olyan ünnepélyes, mint egy bukott vállalati igazgató. A maga korában már nem stílusos gátlásosnak lenni[8]. Miért nem ül le?
- Maga még nem mondta meg a nevét.
- Ha állva marad, reggelig sem mondom meg.
- Pedig nagyon szeretném tudni a nevét.
- Ildi.
- Milyen Ildi?
- Nem mindegy magának? Különben Orsós Ildikónak hívnak.
- Miért állott fel?
- Hogy én is szakszerűen mutatkozzam be.
Elemér ajka elkeskenyült:
- Nőnek nem kell felállni.
- Egyszerű kanászcsaládból származom. Nem tudtam.
A férfi megenyhült, a lány kedvessége, természetes bája levette a lábáról, most azonban visszaemlékezett kétségeire, és keresztkérdésekkel ostromolta:
- Maga ugye, a Maca ismeretsége?[9]
- Maca, az ki?
- A háziasszony.
- Tényleg? Melyik az?
Elemér az asszony felé intett:
- Maga nem ismeri a háziasszonyt?
- Dehogynem! Az előbb ismerkedtem meg vele.
A főmérnök előrehajolt, a szája elkeskenyedett:
- Mondja kedves, nem találja ezt furcsának?
- Mit, kedves? - kérdezte a lány ugyanazzal az arckifejezéssel.
- Hogy nem ismeri a háziasszonyt.
- Nézze, én annyi embert nem ismerek, hogy eggyel több vagy kevesebb igazán nem számít.

20. Lektion

Anmerkungen:

1 **erős volt a nyomás** (*wörtl.*: der Druck war stark) man war in Hochstimmung.
2 **aranyom** (*wörtl.*: mein Goldschatz) = *etwas altmodische Anrede, die hauptsächlich ältere Herren und Damen jungen Mädchen gegenüber benutzen.*
3 **csörögni** *(bereits veraltetes Wort im Jargon von Jugendlichen)* = tanzen.
4 **állati** (*wörtl.*: viehisch, tierisch) = *vulgär-familiäres Steigerungswort hauptsächlich im Jargon von Jugendlichen.*
5 **vén szivar** *(sehr vertraulich)* = *etwa:* alte Pfeife.
6 **lötykölt medve** (*wörtl. etwa:* geschwenkter Bär) = *Wortschöpfung des Verfassers, sonst nicht gebräuchlich.*
7 **locsolt kockás** (*wörtl.*: begossener Karierter); kockás *ist eine Anspielung auf das Muster des Schottenrocks. Als Bezeichnung nicht gebräuchlich.*
8 **lenni** *hat die Rektion -nak/-nek, wenn es in der Infinitivform mit einem Adjektiv zusammen Subjekt des Satzes ist. Das Prädikat im gegebenen Satz ist* stílusos.
9 **ismeretség** (*wörtl.*: Bekanntschaft), *hier steht das Wort für* Bekannte(r).

Vokabeln

1.

próza	Prosa	
író	Schriftsteller	
nemzedék (-et)	Generation	
tanulmányokat végezni	Studium absolvieren	
jellem (-et)	Charakter	
ábrázolás (-t)	Schilderung	
irónikus	ironisch	
szatírikus	satirisch	
szellemes	geistreich	
párbeszéd (-et)	Dialog	
rendkívül (*adv.*)	außerordentlich	
szórakoztató	amüsant	
olvasmány (-t, -ok)	Lektüre	
burokban született	ist „in der Glückshaut" geboren	
kisregény (-t, -ek)	Kurzroman	
öregedni (öregszik) (*Konj. wie* aludni), *auch:* öregedik	altern	
beleszeretni (beleszeret) vkibe	sich verlieben in j–n	
életfelfogás (-t)	Lebensauffassung	
házasság (-ot)	Ehe	
számtalan	zahlreich	
konfliktus (-t, -ok)	Konflikt	
okozni (okoz)	verursachen, führen zu	
válás (-t, -ok)	Scheidung	
átírni (átír)	umschreiben	

megszólalt a csengő	es klingelte	
sűrű	dicht	
selyemernyő	Seidenschirm	
vöröses	rötlich	
derengés (-t)	Dämmerung	
szűrni (szűr)	filtern	
fény (-t, -ek)	Licht	
tárgyilagos	sachlich	
széles	breit	
mosoly (-t, -ok)	Lächeln	
bóle	Bowle	
kortyolgatni (kortyolgat)	langsam, in Schlucken trinken, nippen	
sandítani (sandít)	verstohlen blicken	
fintorogni (fintorog)	Grimassen schneiden	
keringő	Walzer	
szelíd	sanft, zahm	
körülnézni (körülnéz)	sich umschauen	
közép (közepet)	Mitte	
szökkenni (szökken)	mit einem Satz springen	
követni (követ) vki, vmit	j–m folgen	
körös-körül	ringsherum	
szótlanul (*adv.*)	stumm	
mutatvány (-t, -ok)	Darbietung	
hallatszani (hallatszik) (*nur 3. Pers.*)	es ist zu hören	
házigazda	Gastgeber	
fogalom (fogalmat)	Begriff	
fogalmam sincs róla	ich habe keine Ahnung davon	
váll (-at)	Schulter	
vállat vonni, von	Achsel zucken	
kiegyenesedni (kiegyenesedik)	sich aufrichten	
egyenes	gerade	

2.

éjfél felé	gegen Mitternacht	
s (*Kurzform von* és)	und	
feltűnni (feltűnik) vkinek	j–m auffallen	
csengő	Klingel	

20. Lektion

szabálytalan	regelwidrig, ungehörig	imád tenni valamit	tut etw. äußerst gern
utánajárni (utánajár)	einer Sache nachgehen	bukott a maga korában	gestürzt in Ihrem Alter
vminek vén	uralt		
képmutató *(Subst. und Adj.)*	Heuchler; heuchlerisch	stílusos	stilgerecht, zur Situation passend
nyílt	offen		
szégyen	Schande	gátlásos	gehemmt
kézen fogva	an der Hand	állva maradni (marad)	stehenbleiben
iszogatni (iszogat)	gemütlich, in kleinen Schlucken evtl. mehrere Gläser nacheinander trinken	mindegy vkinek	gleichgültig, egal
		szakszerű	fachgemäß, fachlich
		ajak (ajkat)	Lippe
		keskeny	schmal
		elkeskenyülni (elkeskenyül),	
tömény (ital)	steifes (Getränk)	elkeskenyedni (elkeskenyedik)	sich verschmälern
kedve van vmihez, vmire	Lust haben zu, gern mögen	kanász (-t, -ok) *(pejorativ)*	Schweinehirt
		enyhe	mild, sanft
		megenyhülni (megenyhül)	sich besänftigen
3.		báj (-t)	Anmut
felkacagni (felkacag)	(hell) auflachen	levenni (levesz) vkit a lábáról	j–n umstimmen
klassz *(vulg.-fam.)*	Klasse, toll	keresztkérdés (-t, -ek)	Kreuzfrage
haragudni (haragszik) *(Konj. wie* aludni)	j–m böse sein	kérdésekkel ostromolni vkit	j–n mit Fragen bestürmen
vkire, vmire			
megkérdem = megkérdezem	ich frage	ismeretség (-et)	Bekanntschaft
citrom (-ot)	Zitrone	tényleg	tatsächlich
utólag *(adv.)*	nachträglich	(az) előbb	vorhin
besavanyítani (besavanyít)	einsäuern	előrehajolni (előrehajol)	sich vorbeugen
ecet (-et)	Essig	furcsa	merkwürdig, komisch
szoktam tenni vmit *(nur in der Vergangenheitsform)*	ich pflege etw. zu tun	találni (talál) vkit vmilyennek	j–n irgendwie finden
jóképű *(gewöhnlich nur vom Mann)*	fesch	arckifejezés (-t, -ek)	Miene
imádni (imád) vmit, vkit	sehr lieben, anbeten	nem számít vmi	es kommt auf etw. nicht an

Grammatik

Das Kasussuffix -vá/vé   A

Substantive mit dem Kasussuffix **-vá/vé** drücken **das Ergebnis** einer Handlung oder eines Geschehens aus. **-vá/-vé** kann an Substantive und Adjektive angefügt werden. Ähnlich wie bei **-val/-vel** gleicht sich das **-v-** von **-vá/-vé** dem Auslautkonsonanten an.

Regényeit szellemes párbeszédek teszik szórakoztató olvasmán**nyá**.
Geistreiche Dialoge machen seine Romane **zu** einer amüsanten Lektüre.
A kisregényt tévéfilm**mé** írták át.
Der Kurzroman wurde auch **zum** Fernsehfilm umgeschrieben.
A lámpa ernyője vöröses derengés**sé** szűrte a fényt.
Der Schirm der Lampe filterte das Licht **zu** rötlicher Dämmerung.

20. Lektion

Neben den Verben **válni** *werden* und **tenni** *machen, tun* kommt die Bestimmung des Ergebnisses mit **-vá/-vé** besonders nach Verben mit dem Verbalpräfix **át-** (in der Bedeutung *um*) oft vor: **át**írni *um*schreiben, **át**dolgozni *um*arbeiten, **át**alakítani *um*gestalten, **át**építeni *um*bauen usw.
Wird das Ergebnis der Handlung oder des Geschehens mit einem Adjektiv angegeben, so nimmt dieses Adjektiv statt **-vá/-vé** manchmal das Kasussuffix **-ra/-re** an:

Az elmúlt néhány – év – alatt a kisfiú **nagyra** nőtt.
Während der vergangenen (einigen) Jahre **ist** der kleine Junge **groß geworden** (gewachsen).

Verbbildung aus Adjektiven   B

Aus Adjektiven werden Verben in aktiver Bedeutung (transitiv) mit dem Ableitungssuffix **-ít**, in passiver Bedeutung (intransitiv) mit dem Ableitungssuffix **-ul/-ül** oder **-odik/-edik/-ödik** gebildet. Beim letztgenannten Suffix ist das eigentliche Ableitungssuffix nur **-od-/-ed-/-öd-**, **-ik** ist das Personalsuffix des Verbs in der 3. Person Sing. im Indikativ. In manchen Fällen kommt es vor, daß passive Verben aus demselben Adjektiv sowohl mit **-ul/-ül**, als auch mit **-odik/-edik/-ödik** abgeleitet werden können.

Adjektiv		aktives (tr.) Verb		passives (intr.) Verb	
szabad	*frei*	szabadít	*befreit*	szabadul	*befreit sich*
szép	*schön*	szépít	*verschönert*	szépül	*verschönert sich*
savanyú	*sauer*	savanyít	*säuert*	savanyodik	*wird sauer*
keskeny	*schmal*	keskenyít	*verschmälert*	keskenyül, keskenyedik	} *verschmälert sich*
erős	*stark*	erősít	*verstärkt*	erősödik	*verstärkt sich*

Wenn das Adjektiv auf einen Vokal endet, tritt das Ableitungssuffix anstelle dieses Auslautvokals: savanyú *sauer* → savanyít / savanyodik; enyhe *mild, sanft* → enyhít / enyhül; barna *braun* → barnít / barnul u. ä.
Das Adjektiv **bő** *weit* bekommt – wie vor dem Steigerungssuffix **-bb** – auch vor **-ít**, bzw. **-ül** ein **-v-**: **bővít** *erweitert*, **bővül** *erweitert sich*.
Unter der analogen Wirkung dieser abgeleiteten Verben gibt es einige aktivpassive Verbpaare, deren Stamm kein Adjektiv ist, z. B.:

| gyógyít | *heilt* | tanít | *lehrt* | alakít | *formt* |
| gyógyul | *genest* | tanul | *lernt* | alakul | *gestaltet sich* |

Bedeutungsmodifizierung von Verben durch Ableitungssuffixe   C

-ódik/-ődik leitet aus aktiven, transitiven Verben solche mit passiver oder rückbezüglicher Bedeutung ab. Einige solcher Verben sind bereits bekannt.

20. Lektion

A professzor öt órakor befejezi az előadást.
Der Professor beendet um fünf Uhr die Vorlesung.
Az előadás öt órakor befejez**ődik**.
Die Vorlesung **geht** um fünf Uhr **zu Ende**.

Ma kezdem a munkát.	Heute beginne ich die Arbeit.
A munka ma kezd**ődik**.	Die Arbeit **beginnt** heute.
Az ajtót nehéz bezárni.	Es ist schwer, die Tür zu schließen.
Az ajtó nehezen zár**ódik**.	Die Tür **schließt sich** schwer.

Im Gegensatz zur beinahe völlig gesetzmäßigen Verbbildungsmöglichkeit mit **-ít,** bzw. **-ul/-ül** wirkt **-ódik/-ödik** nicht so gesetzmäßig und eignet sich daher nicht zu individuellen Wortschöpfungen.

-gat/-get ist ein auch heute aktives Ableitungssuffix, das Wortschöpfungen gestattet. Es drückt aus, daß die Handlung mehrmals wiederholt wird:

A lány a harmadik pohár bólét kortyol**gat**ta. – (kortyolni = schlucken)
Das Mädchen trank **in mehreren Schlucken** das dritte Glas Bowle.

-gat/-get drückt aber zugleich auch aus, daß die Handlung bequem, gemütlich, eventuell ohne Lust durchgeführt wird. Die mit **-gat/-get** abgeleiteten Verben haben dadurch außer der Grundbedeutung einen besonderen Stimmungsinhalt, der im Deutschen kaum wiederzugeben ist:

Szívesen olvas**gat**ok.
Etwa: Ich lese gern ab und zu mal etwas.

Csak esze**get**, de nem éhes igazán.
Etwa: Er ißt eben nur etwas, aber er hat keinen wirklichen Hunger.

Amíg ti csak fize**get**tek, addig mi csak dolgoz**gat**unk.
Solange ihr eben nur etwas zahlt, arbeiten wir eben nur ein bißchen.

-gat/-get wird an den Stamm oft mit einem Bindevokal (-e-, -ö-, -o-) angefügt: esz**e**get (aus **enni** *essen*); gyűjt**ö**get (aus **gyűjteni** *sammeln*); ad**o**gat (aus **adni** *geben*) u. ä.

Zusammenhang zwischen Verbalpräfixen und Kasussuffixen   D

Einige Kasussuffixe und Postpositionen werden in unveränderter oder sehr ähnlicher Form auch als Verbalpräfixe gebraucht:
a) Kasussuffixe: **be-, bele-** (-ba/-be); **rá-** (-ra/-re); **hozzá-** (-hoz/-hez/-höz);
b) Postpositionen: **át-; keresztül-; szembe-** (szemben); **túl-**.
Im Falle a) nehmen die Substantive in adverbialer Funktion das mit dem Verbalpräfix identische oder verwandte Kasussuffix an:

A főmérnök **bele**szeretett a bájos fiatal lány**ba**.
Der Oberingenieur verliebte sich in das reizende junge Mädchen.
Rágyújtottam egy cigarettá**ra**.
Ich zündete mir eine Zigarette an.
Hozzákezdtem a munká**hoz**.
Ich habe mit der Arbeit angefangen.

20. Lektion

Im Falle b) nehmen die Substantive in adverbialer Funktion das Kasussuffix an, das die gegebene Postposition verlangt (bei **át-, keresztül-** und **túl-**: -n/-on/-en/-ön; bei **szembe-**: -val/-vel):

Átmegyek a híd**on**.   Ich gehe über die Brücke.
Már **túl**mentünk a házunk**on**.   Wir sind an unserem Haus schon
                                            vorbeigegangen.
Így **szembe**kerülsz az igazgató**val**.   So gerätst du mit dem Direktor
                                            in Konflikt.

Übungen

1. **Setzen Sie die fehlenden Suffixe ein! Achten Sie dabei auf die Assimilation!**

   a) A jó társaság tette a nyaralásunkat igazán kellemes-.
   b) A feleségem kosztüm- alakíttatta át az öltönyömet.
   c) Az orvos hamarosan jó barátom- vált.
   d) A szerkesztő novella- rövidítette a kisregényt.
   e) Szabó kollégát választottuk szakszervezeti titkár-.
   f) A régi kis boltot gyönyörű, modern üzlet- alakították át.
   g) A regényt tévéfilm- dolgozzuk át.
   h) A közös munka barátság- mélyítette az ismeretséget.
   i) Az apátságot múzeum- alakítják át.
   j) A külföldi árut a vám teszi drága-.

2. **Formen Sie die folgenden Sätze um, indem Sie statt der aktiven Form des Verbs die passive verwenden! Das Subjekt des aktiven Satzes wird im passiven Satz eine Begründungsangabe.**

   > A hideg ital felfrissítette a vendéget.
   > → A vendég a hideg italtól felfrissült.
   >
   > *Das kalte Getränk hat den Gast erfrischt.*
   > → *Der Gast hat sich durch das kalte Getränk erfrischt.*

   a) A mosoly megszépítette a lány arcát.
   b) A lány kedvessége megenyhítette a férfit.
   c) A közös munka elmélyítette a kollégák barátságát.
   d) A nap lebarnította a munkásokat.
   e) Az olvasás bővíti a tudást.
   f) Az érdekes beszélgetés megrövidítette a hosszú utat.
   g) Az eső megtisztította az utcákat.
   h) A düh összeszűkítette a férfi szemét.
   i) A magas vám drágítja az importot.
   j) A fáradtság elcsendesítette a gyerekeket.

20. Lektion

3. **Benutzen Sie in den folgenden Sätzen statt des passiven Verbs das aktive mit unbestimmtem Subjekt nach dem Muster:**

> A gyár már néhány évvel ezelőtt felépült.
> → A gyárat már néhány évvel ezelőtt felépítették.
> *Die Fabrik wurde schon vor einigen Jahren erbaut.*
> → *Man hat die Fabrik schon vor einigen Jahren erbaut.*

a) A beteg még nem gyógyult meg teljesen.
b) A vonat mindjárt indul.
c) A vendég minden kérése gyorsan teljesült.
d) A vacsora még nem készült el.
e) A főmérnök nem enyhült meg a lány kedvességétől.
f) Az étteremben gyorsult a kiszolgálás.
g) Az író háza múzeummá alakult át.
h) A regény a szerkesztőségben novellává rövidült.
i) A beruházás az új körülmények között lelassult.
j) Az igazgató gyorsan megszabadult kellemetlen vendégétől.

4. **Benutzen Sie in den folgenden Sätzen statt des aus dem Adjektiv abgeleiteten Verbs das Adjektiv mit ,,lenni" nach dem Muster:**

> A beszélgetés hirtelen elcsendesedett.
> → A beszélgetés hirtelen csendes lett.
> *Das Gespräch wurde plötzlich leise.*

a) A víz gyorsan mélyült.
b) A szél este felé megerősödött.
c) A költő édesanyja korán öregedett.
d) Öt órakor már világosodott.
e) A kezem a hidegtől egészen megmerevedett.
f) Az ital a napon felmelegedett.
g) Az út a kanyar *(Kurve)* után elkeskenyedett.
h) Az ég a vihar előtt elsötétedett.
i) A tej a melegben megsavanyodott.
j) A fiú a sportolástól megerősödött.

5. **Ergänzen Sie die Sätze mit dem Präsens des aus dem angegebenen Adjektiv abgeleiteten transitiven oder intransitiven Verbs!**

a) Az étel frissen (kész).
b) A gépek (gyors) a termelést, és (könnyű) a munkát.
c) Az emberek a nehéz munkától gyorsan (öreg).
d) Ez a rúzs (halvány) az arcodat.
e) A nagy meleg mindig (lassú) a munkát.

f) Az új kocsim nagyszerűen (gyors).
g) Ne vedd fel ezt a ruhát, ez (kövér).
h) Kapcsolataink az utóbbi években állandóan (bő).
i) Sportolj többet, attól (erős)!
j) Asszonyom, ön állandóan (szép)!

6. **Ergänzen Sie die Sätze mit dem Präteritum des aus dem angegebenen Adjektiv abgeleiteten intransitiven Verbs! Das notwendige Verbalpräfix ist in Klammern angegeben.**

A. Ableitungssuffix: -odik/-edik/-ödik

a) Sajnos a tej (savanyú — meg).
b) A fekvéstől egészen (merev — el) a nyakam.
c) A városon túl (széles — ki) az út.
d) Az étel néhány perc alatt (meleg — meg).
e) Az asszony a sok gondtól korán (öreg — meg).
f) Az öregedő főmérnök az új házasságtól ismét (fiatal — meg).
g) A sörtől (nehéz — el) a fejem. (*Verbalstamm*: nehez-).
h) A pihenéstől (kerek — ki) az arca.

B. Ableitungssuffix: -ul/-ül

a) Az ebéd gyorsan (kész — el).
b) A vendég a hideg zuhanytól (friss — fel).
c) A lány arca az örömtől egészen (szép — meg).
d) A dühös férfi az udvarias hangtól (szelíd — meg).
e) A munka a nagy melegben (lassú — le).
f) Minden kívánságom (teljes).
g) A hideg néhány nap múlva (enyhe).
h) Csak most (szabad — meg) a látogatómtól.

7. **Ergänzen Sie die Substantive mit den fehlenden Kasussuffixen!**

a) Belebújok a kabátom-, és megyek.
b) Az ebéd ára- a szakszervezet is hozzájárul.
c) Rá se tudok nézni a whisky-.
d) A fürdőruhámat is beleteszem a táska-.
e) Már nem lehet keresztüllátni az ablak-.
f) Az író szembekerült a barátai-.
g) Szeretnék most rágyújtani egy cigaretta-.
h) Mindjárt túlmegyünk az- a ház-, amelyben az orvos lakik.
i) Ez- a híd- kell átmennünk.
j) A főmérnök semmit sem tett hozzá a jelentésem-.

8. **Ergänzen Sie die Verben mit den fehlenden Verbalpräfixen!**

a) Ne kezdj még — a munkához!
b) Ne beszélj — a vásárlásra!

c) Bújj már — a cipődbe!
d) Tegyél még — valami pénzt az enyémhez, akkor ihatunk még egy üveg bort.
e) Menj — ezen a téren, és várj rám annál a háznál!
f) Nézz — a nehézségekkel!
g) Ezt a terítőt tedd — az asztalra!
h) Ne kerülj — az igazgatóval!
i) Ne menj — az erdőn, állj meg mellette!
j) Tedd — a pulóveredet is a táskába!

Aufgaben

1. **Übersetzen Sie die folgenden Sätze ins Ungarische! Bilden Sie dazu selbständig die notwendigen Verben aus den entsprechenden Adjektiven!**
    a) Ich muß das Essen schnell aufwärmen.
    b) Mein Mann vergrößert selbst seine Aufnahmen.
    c) Im vorigen Jahr verteuerten sich die Lebensmittel sehr.
    d) Das Mädchen macht sich hübsch für den Abend. (*Verbalpräfix*: ki-)
    e) Können Sie die Arbeit nicht etwas beschleunigen?
    f) Du machst mich ständig nervös.
    g) Der Arzt richtete sich auf seinem Stuhl auf.
    h) Das Wasser wird hier schnell tief.

2. **Übersetzen Sie den folgenden Text ins Ungarische!**
    Zahnarzt Kollár pflegt zu seiner Geburtstagparty immer dieselben Freunde (von ihm) einzuladen. Diese Freunde sind nicht mehr ganz junge Leute, sie sind im allgemeinen zwischen vierzig und fünfzig. Zu den Freunden gehört Oberingenieur Bakucz. Bakucz' Frau ist schon vor mehr als zehn Jahren gestorben. Seitdem lebt er allein. Er wollte nicht noch einmal heiraten.
    Auf der letzten Geburtstagparty von Kollár lernte er aber ein Mädchen kennen. Das Mädchen wurde von einem Freund des Zahnarztes zur Party eingeladen, der selbst aber (schließlich) nicht kam. Das Mädchen faszinierte mit ihrer frischen Anmut, ihrem Tanz und ihrem Sprechstil alle Gäste, besonders Oberingenieur Bakucz. Dem Oberingenieur gefiel nur nicht, daß niemand aus der Gesellschaft das Mädchen kannte. Er liebte die Ordnung und wollte deshalb herausfinden, wer sie ist. Das Mädchen wollte ihm zuerst nur ihren Vornamen (keresztnév) sagen und sprach mit ihm in einem nicht sehr höflichen Ton. Sie konnte ihn aber doch rasch besänftigen. Beim Gespräch hätte er aber nicht gedacht, daß Ildikó ihn bald heiraten wird und seine Freunde ihn deshalb für einen glücklichen Menschen halten werden, der „in der Glückshaut" geboren ist.

Anhang

I. Das Verb (Az ige)

1. Konjugation der regelmäßigen Verben

INDIKATIV

Präsens

Infinitiv: ad-ni *geben* kér-ni *bitten*

	intransitiv	transitiv	intransitiv	transitiv
Sing. 1.	ad-**ok**	ad-**om** / ad-**lak***	kér-**ek**	kér-**em** / kér-**lek***
2.	ad-**sz**	ad-**od**	kér-**sz**	kér-**ed**
3.	ad	ad-**ja**	kér	kér-**i**
Plur. 1.	ad-**unk**	ad-**juk**	kér-**ünk**	kér-**jük**
2.	ad-**tok**	ad-**játok**	kér-**tek**	kér-**itek**
3.	ad-**nak**	ad-**ják**	kér-**nek**	kér-**ik**

tör-ni *brechen*

	intransitiv	transitiv
Sing. 1.	tör-**ök**	tör-**öm** / tör-**lek***
2.	tör-**sz**	tör-**öd**
3.	tör	tör-**i**
Plur. 1.	tör-**ünk**	tör-**jük**
2.	tör-**tök**	tör-**itek**
3.	tör-**nek**	tör-**ik**

* Wenn das Objekt die zweite Person des Personalpronomens (dich, euch) ist.

Präteritum

	intransitiv	transitiv	intransitiv	transitiv
Sing. 1.	ad-**tam**	ad-**tam** / ad-**talak**	kér-**tem**	kér-**tem** / kér-**telek**
2.	ad-**tál**	ad-**tad**	kér-**tél**	kér-**ted**
3.	ad-**ott**	ad-**ta**	kér-**t**	kér-**te**
Plur. 1.	ad-**tunk**	ad-**tuk**	kér-**tünk**	kér-**tük**
2.	ad-**tatok**	ad-**tátok**	kér-**tetek**	kér-**tétek**
3.	ad-**tak**	ad-**ták**	kér-**tek**	kér-**ték**

	intransitiv	transitiv
Sing. 1.	tör-**tem**	tör-**tem** / tör-**telek**
2.	tör-**tél**	tör-**ted**
3.	tör-**t**	tör-**te**
Plur. 1.	tör-**tünk**	tör-**tük**
2.	tör-**tetek**	tör-**tétek**
3.	tör-**tek**	tör-**ték**

Im Präteritum gibt es keinen Unterschied in der Konjugation der Verben mit **ö, ü** und **e, é, i** als Stammvokal. Dagegen ist das Zeichen des Präteritums **-tt-**, wenn der Stamm auf **mehrere** Konsonanten endet, z. B. **ajánl**-ani *empfehlen*:

	intransitiv	transitiv
Sing. 1.	ajánl-**ottam**	ajánl-**ottam** / ajánl-**ottalak**
2.	ajánl-**ottál**	ajánl-**ottad**
3.	ajánl-**ott**	ajánl-**otta**
Plur. 1.	ajánl-**ottunk**	ajánl-**ottuk**
2.	ajánl-**ottatok**	ajánl-**ottátok**
3.	ajánl-**ottak**	ajánl-**ották**

Futur

Es wird mit der konjugierten Form von **fogni** (fogok, fogsz, fog usw., die gleiche Konjugation wie bei **adni**) und dem Infinitiv des Verbs gebildet: **fogok adni, fogsz adni, fog adni** usw.

IMPERATIV

	intransitiv	transitiv	intransitiv	transitiv
Sing. 1.	ad-**jak**	ad-**jam** / ad-**jalak**	kér-**jek**	kér-**jem** / kér-**jelek**
2.	ad-**j**	ad-**d**	kér-**j**	kér-**d**
3.	ad-**jon**	ad-**ja**	kér-**jen**	kér-**je**
Plur. 1.	ad-**junk**	ad-**juk**	kér-**jünk**	kér-**jük**
2.	ad-**jatok**	ad-**játok**	kér-**jetek**	kér-**jétek**
3.	ad-**janak**	ad-**ják**	kér-**jenek**	kér-**jék**

	intransitiv	transitiv
Sing. 1.	tör-**jek**	tör-**jem** / tör-**jelek**
2.	tör-**j**	tör-**d**
3.	tör-**jön**	tör-**je**
Plur 1.	tör-**jünk**	tör-**jük**
2.	tör-**jetek**	tör-**jétek**
3.	tör-**jenek**	tör-**jék**

KONDITIONAL

Präsens

	intransitiv	transitiv	intransitiv	transitiv
Sing. 1.	ad-nék	ad-nám/ad-nálak	kér-nék	kér-ném/kér-nélek
2.	ad-nál	ad-nád	kér-nél	kér-néd
3.	ad-na	ad-ná	kér-ne	kér-né
Plur. 1.	ad-nánk	ad-nánk	kér-nénk	kér-nénk
2.	ad-nátok	ad-nátok	kér-nétek	kér-nétek
3.	ad-nának	ad-nák	kér-nének	kér-nék

Im Präsens des Konditionals gibt es keinen Unterschied in der Konjugation der Verben mit **ö, ü** und **e, é, i** als Stammvokal, d. h. **törni** bekommt die gleichen Personalsuffixe wie **kérni**.

Präteritum

Das Präteritum des Konditionals wird mit der in jeder Person unveränderten Hilfsverbform **volna** gebildet, die mit der entsprechenden Person des Präteritums Indikativ steht: **adtam volna, adtál volna, adott volna** usw.

2. Unregelmäßige Konjugationen

A. Die Konjugation von lenni (sein):

Indikativ	Präsens	Präteritum	Futur
Sing. 1.	vagyok	voltam	leszek
2.	vagy	voltál	leszel
3.	van	volt	lesz
Plur. 1.	vagyunk	voltunk	leszünk
2.	vagytok	voltatok	lesztek
3.	vannak	voltak	lesznek

Konditional	Präsens			Präteritum
Sing. 1.	volnék	*oder*	lennék	lettem volna
2.	volnál	*oder*	lennél	lettél volna
3.	volna	*oder*	lenne	lett volna
Plur. 1.	volnánk	*oder*	lennénk	lettünk volna
2.	volnátok	*oder*	lennétek	lettetek volna
3.	volnának	*oder*	lennének	lettek volna

Im Imperativ wird lenni wie die Verben mit n – sz Stammwechsel konjugiert.

B. Die Konjugation der Verben mit n – sz Stammwechsel tenni *tun*; venni *kaufen*, *nehmen*; vinni *bringen*, *tragen*; enni *essen*; inni *trinken*; hinni *glauben*:

ten-ni *tun*

Indikativ

	Präsens		Präteritum	
	intransitiv	*transitiv*	*intransitiv*	*transitiv*
Sing. 1.	tesz-ek	tesz-em/tesz-lek	te-ttem	te-ttem/te-ttelek
2.	tesz-el	tesz-ed	te-ttél	te-tted
3.	tesz	tesz-i	te-tt	te-tte
Plur. 1.	tesz-ünk	tesz-szük (tesszük)	te-ttünk	te-ttük
2.	tesz-tek	tesz-itek	te-ttetek	te-ttétek
3.	tesz-nek	tesz-ik	te-ttek	te-tték

Imperativ

Sing.	*intransitiv*	*transitiv*	*Plur.*	*intransitiv*	*transitiv*
1.	te-gyek	te-gyem/ te-gyelek	1.	te-gyünk	te-gyük
2.	te-gyél (tégy)	te-gyed (tedd)	2.	te-gyetek	te-gyétek
3.	te-gyen	te-gye	3.	te-gyenek	te-gyék

Im Imperativ von **hinni** *glauben* ist das -gy- lang: **higgyek, higgyél (higgy), higgyen** usw.

Die Konditionalbildung erfolgt auch bei dieser Gruppe von Verben regelmäßig aus dem Infinitivstamm: **tennék, tennél, tenne** usw.

C. Die Konjugation der mit -v- erweiterten Verben lő-ni *schießen*, nő-ni *wachsen*, sző-ni *weben*:

lő-ni *schießen*

Sing.	*intransitiv*	*transitiv*	*Plur.*	*intransitiv*	*transitiv*
1.	lö-vök	lö-vöm	1.	lö-vünk	lő-jük
2.	lő-sz	lö-vöd	2.	lő-ttök	lö-vitek
3.	lő	lö-vi	3.	lő-nek	lö-vik

D. Die Konjugation von jönni (kommen):
Indikativ Präsens: jö-vök, jö-ssz, jön, jö-vünk, jö-ttök, jön-nek.
Imperativ:

Sing.		*Plur.*	
1.	jöj-jek	1.	jöj-jünk / gyerünk
2.	jöj-j / gyere	2.	jöj-jetek / gyertek
3.	jöj-jön	3.	jöj-jenek

E. Die Konjugation von menni (gehen, fahren):

Sing.		Plur.	
1.	megy-ek	1.	me-gyünk
2.	mé-sz	2.	men-tek
3.	megy	3.	men-nek

F. Die Konjugation der -ik- Verben:

Die -ik-Verben erhalten in der 3. Person des Präs. Ind. der intr. Konjugation das Personalsuffix -ik: dolgozik, reggelizik, emlékszik, öltözik, usw. Außerdem weicht die Konjugation nur noch in der 1. Person des Präs. Ind. (intr.) von den übrigen Verben ab (auch hier schon mit Schwankungen), indem die -ik-Verben in dieser Person -m statt -k erhalten, d. h. ihre Form ist mit der tr. Konj. identisch: dolgozom *ich arbeite*, reggelizem *ich frühstücke*, emlékszem *ich erinnere mich*, öltözöm *ich ziehe mich an* usw.

G. Die Konjugation der Verben mit dem Stammauslaut -s, -sz oder -z (olvas-ni *lesen*, játsz-ani *spielen*, néz-ni *schauen*):

a) Das Ps. der 2. P. des Präs. Ind. (intr.) ist **-l** statt **-sz**: olvas-ol *du liest*, játsz-ol *du spielst*, néz-el *du schaust*.

b) Das **j** des Personalsuffixes gleicht sich dem Auslautkonsonanten an, der demzufolge lang wird: olvassa *er liest es*, jàtssza *er spielt es*; olvassuk *wir lesen es*, jàtsszuk *wir spielen es*, nézzük *wir schauen es*, olvassátok *ihr lest es*, jàtsszátok *ihr spielt es*, olvassák *sie lesen es*, játszák *sie spielen es*. Ausgenommen der Imperativ, 2. P. der tr. Konj.: olvasd *lies es!*, játszd *spiel es!*, nézd *sieh es!*, schau es!

H. Der Imperativ der Verben mit dem Stammauslaut -t:

Infinitiv: nyit-ni *öffnen*   ébreszt-eni *wecken*

	intransitiv	transitiv	intransitiv	transitiv
Sing. 1.	nyis-sak	nyis-sam	ébresz-szek	ébresz-szem
2.	nyis-s	nyis-d	ébresz-sz	ébresz-d
3.	nyis-son	nyis-sa	ébresz-szen	ébresz-sze
Plur. 1.	nyis-sunk	nyis-suk	ébresz-szünk	ébresz-szük
2.	nyis-satok	nyis-sátok	ébresz-szetek	ébresz-szétek
3.	nyis-sanak	nyis-sák	ébresz-szenek	ébresz-szék

Anm.: Schreibweise des langen -sz-: -ssz- (ébresszek, ébressz usw.).

javít-ani *reparieren*

	intransitiv	*transitiv*
Sing. 1.	javít-sak	javít-sam
2.	javít-s	javít-sd
3.	javít-son	javít-sa
Plur. 1.	javít-sunk	javít-suk
2.	javít-satok	javít-sátok
3.	javít-sanak	javít-sák

3. Die wichtigsten Verbalableitungssuffixe

a) zur Ableitung eines Verbs:

-hat/-het	*können, dürfen*	ad-hat er kann geben
-at/-et	*lassen*, As. der	ad-at er läßt geben
-tat/-tet	faktitiven Verben	
-ódik/-ődik	As. von intr. bzw. rück-bezüglichen Verben	ad-ódik es ergibt sich

b) zur Ableitung eines Adjektivs:

| -ó/-ő | As. des Partizips des Präsens | kérő kisfiú der bittende kleine Junge |
| -t/-tt | As. des Partizips des Perfekts (stimmt mit der Form der 3. Pers. Prät. der intr. Konjugation überein) | egy sokat olvasott könyv ein viel gelesenes Buch |

c) zur Ableitung eines Substantivs:

-ás/-és	As. des substantivierten Infinitivs zur allgemeinen Bezeichnung des Objekts der Handlung	ad-ás das Geben
-vás/-vés		ivás das Trinken
-való		olvasnivaló etwas zu lesen

II. Das Substantiv (A főnév)

1. Die Deklination

Kasussuffixe	Beispiele			
1. Nom. ohne Suffix	ház	(das) Haus	víz	(das) Wasser
2. Akk. -t (mit Bindevokal	házat	(das) Haus	vizet	(das) Wasser
3. Dat., Gen. -nak/-nek	háznak	(dem) Haus (des) Hauses	víznek	(dem) Wasser (des) Wassers
4. -ba/-be	házba	ins Haus	vízbe	ins Wasser
5. -ban/-ben	házban	im Haus	vízben	im Wasser
6. -ból/-ből	házból	aus dem Haus	vizből	aus dem Wasser
7. -ra/-re	házra	auf das Haus an das Haus	vízre	auf das Wasser an das Wasser
8. -n/-on/-en/-ön	házon	auf dem Haus an dem Haus	vizen	auf dem Wasser an dem Wasser
9. -ról/-ről	házról	von dem Haus über das Haus	vízről	von dem Wasser über das Wasser
10. -hoz/-hez/-höz	házhoz	zum Haus	vízhez	zum Wasser
11. -nál/-nél	háznál	beim Haus	víznél	beim Wasser
12. -tól/-től	háztól	vom Haus	víztől	vom Wasser
13. -val/-vel	házzal	mit dem Haus	vízzel	mit dem Wasser
14. -vá/-vé	házzá	zu einem Haus	vízzé	zu Wasser
15. -ért	házért	für das Haus um das Haus	vízért	für Wasser um Wasser
16. -ig	házig	bis zum Haus	vízig	bis zum Wasser
17. -ként	házként	als Haus	vízként	als Wasser

2. Der Plural

Das Zeichen des Plurals ist **-k**, das den auf einen Konsonanten endenden Substantiven mit einem Bindevokal angefügt wird. Der Bindevokal ist veränderlich: házak *Häuser*, vizek *Gewässer*, borok *Weine*, mérnökök *Ingenieure*.
-a und **-e** im Auslaut werden lang: almák *Äpfel*, esték *Abende*.

3. Das Besitzzeichen
ház *Haus*

házam	mein Haus	házaim	meine Häuser
házad	dein Haus	házaid	deine Häuser
háza	sein Haus	házai	seine Häuser
házunk	unser Haus	házaink	unsere Häuser
házatok	euer Haus	házaitok	euere Häuser
házuk	ihr Haus	házaik	ihre Häuser

este *Abend*

estém	*mein Abend*	estéim	*meine Abende*
estéd	*dein Abend*	estéid	*deine Abende*
estéje	*sein Abend*	estéi	*seine Abende*
esténk	*unser Abend*	estéink	*unsere Abende*
estétek	*euer Abend*	estéitek	*euere Abende*
estéjük	*ihr Abend*	estéik	*ihre Abende*

III. Das Personalpronomen (A személyes névmás)

Nominativ	én	*ich*	mi	*wir*
	te	*du*	ti	*ihr*
	ő	*er, sie, es*	ők	*sie*
Akkusativ	engem	*mich*	minket, bennünket	*uns*
	téged	*dich*	titeket, benneteket	*euch*
	őt	*ihn, sie, es*	őket	*sie*
Dativ	nekem	*mir*	nekünk	*uns*
	neked	*dir*	nektek	*euch*
	neki	*ihm, ihr*	nekik	*ihnen*
-ba/-be	belém	*in mich*	belénk	*in uns*
	beléd	*in dich*	belétek	*in euch*
	bele	*in ihn*	beléjük	*in sie*
-ban/-ben	bennem	*in mir*	bennünk	*in uns*
	benned	*in dir*	bennetek	*in euch*
	benne	*in ihm*	bennük	*in ihnen*
-ból/-ből	belőlem	*aus, von mir*	belőlünk	*aus, von uns*
	belőled	*aus, von dir*	belőletek	*aus, von euch*
	belőle	*aus, von ihm*	belőlük	*aus, von ihnen*
-ra/-re	rám	*auf, an mich*	ránk	*auf, an uns*
	rád	*auf, an dich*	rátok	*auf, an euch*
	rá	*auf, an ihn*	rájuk	*auf, an sie*
-n/-on/-en/-ön	rajtam	*auf, an mir*	rajtunk	*auf, an uns*
	rajtad	*auf, an dir*	rajtatok	*auf, an euch*
	rajta	*auf, an ihm*	rajtuk	*auf, an ihnen*

-ról/-ről	rólam rólad róla	von mir, über mich von dir, über dich von ihm, über ihn	rólunk rólatok róluk	von, über uns von, über euch von ihnen, über sie
-hoz/-hez/ -höz	hozzám hozzád hozzá	zu mir zu dir zu ihm	hozzánk hozzátok hozzájuk	zu uns zu euch zu ihnen
-nál/-nél	nálam nálad nála	bei mir bei dir bei ihm	nálunk nálatok náluk	bei uns bei euch bei ihnen
-tól/-től	tőlem tőled tőle	von mir von dir von ihm	tőlünk tőletek tőlük	von uns von euch von ihnen
-val/-vel	velem veled vele	mit mir mit dir mit ihm	velünk veletek velük	mit uns mit euch mit ihnen
-ért	értem érted érte	für mich für dich für ihn	értünk értetek értük	für uns für euch für sie

Die anderen Pronomen erhalten die gleichen Kasussuffixe wie die Substantive. Bei **ez** *dieser* und **az** *jener* gleicht sich das **-z** dem Anlaut des Suffixes an: e**bb**e, a**bb**an, e**rr**ől, a**rr**a usw.

IV. Das Adjektiv (A melléknév)

Das Adjektiv wird als Attribut vor einem Substantiv nicht dekliniert. Steht es für ein Substantiv oder wird es als Substantiv gebraucht, so erhält es die gleichen Kasussuffixe wie das Substantiv. Im Präsens kann das Adjektiv ohne verbale Ergänzung Prädikat des Satzes sein (Nominalsatz).

Die Komparation der Adjektive:

Positiv	magas hoch	mély tief	könnyű *leicht*
Komparativ	magas**abb** *höher*	mély**ebb** *tiefer*	könny**ebb** *leichter*
Superlativ	**leg**magas**abb** *höchst-*	**leg**mély**ebb** *tiefst-*	**leg**könny**ebb** *leichtest-*

Ungarisch-deutsches Wörterverzeichnis

Die Zahlen verweisen auf die Lektionen. In der alphabetischen Reihenfolge wird kein Unterschied zwischen kurzen und langen Vokalen (a–á usw.) gemacht. Dagegen gelten ö und ü als selbständige Laute.

Die **Verben** werden im **Infinitiv** und in der **3. Pers. Präs.** der intr. Konjugation angegeben. Bei den Verben mit vollendeter Form steht das entsprechende **Präfix** in Klammern. Rektionen werden nur dann angeführt, wenn sie von den deutschen Rektionen abweichen.

Auf einen Vokal endende **Substantive** werden nur im **Nominativ** angegeben, es sei denn, die mit der 3. Person des Besitzzeichens versehene Form ist unregelmäßig, z. B. ajtó Tür – **ajtaja seine** Tür.

Bei den auf Konsonanten ausgehenden Substantiven werden auch der **Akkusativ** und die mit der **3. Person des Besitzzeichens** versehene Form bzw. – wenn das Akkusativsuffix -t ohne Bindevokal angefügt wird – der **Nominativ Plural** angeführt:
bor Wein – bor**t** den Wein – bor**ok** die Weine – bor**a** sein Wein.

Bei den **Adjektiven** wird außer der **adverbialen** Form, wenn diese die Steigerungsformen nicht bestimmt, auch der Komparativ angegeben:
szép, szépen (*Komp.* szebb) schön.

A, Á

a 3 der, die, das
abbahagyni, abbahagy vmit 18 aufhören mit
ablak, -ot, -a 6 Fenster
ábrázolás, -t 20 Schilderung
addig 4 bis dahin
adni, ad 6 geben
adó 15 die Steuer
agitáció 18 Agitation
agy, -at 18 Gehirn
ágy, -at, -a 19 Bett
ajak, ajkat 20 Lippe
ajándék, -ot, -a 9 Geschenk
ajánlani, ajánl 7 empfehlen
ajtó, ajtaja 8 Tür
 belép az ajtón (er) tritt zur Tür herein
akadályozni, akadályoz (meg) 18 (ver)hindern
akarni, akar 4 wollen
aki (*Rel. –pron.*) 18 wer; der, die, das (*nur für Personen*)
akkor 4 dann, damals
alá (*Psp. mit dem Nom.*) 8 unter + *Akk.*
alacsony, -an 6 niedrig

alak, -ot, -ja 18 Gestalt, Figur
alapos, -an 13 gründlich
alatt (*Psp. mit dem Nom.*) 8 unter + *Dat.*
alatt (*Psp. mit dem Nom.*) 12 während
alig 16 kaum
alkalmazkodni, alkalmazkodik vkihez 18 j–m sich anpassen
állam -ot, -a 9 Staat
állampolgár, -t, -ok, -a Staatsbürger
állandó, -an 18 ständig
állapot, -ot, -a 18 Zustand
állás, -t, -ok, -a 18 Stelle, Stellung, Job
állítólag 17 angeblich
állni, áll 4 stehen
állni, áll vkinek 10 stehen j–m (*Kleidung usw.*)
állomás, -t, -ok, -a 9 Station
állva maradni, marad 20 stehenbleiben
alma 7 Apfel
álmodni, álmodik vmiről 18 träumen von
általában 9 im allgemeinen
aludni, alszik 6 schlafen

ám 10 gut, nun wohl
amely (*Rel. pron.*) 17 der, die, das (*nur für Dinge*)
ami (*Rel. pron.*) 17 was (*Sachverhalte, Abstrakta*)
amikor (*Bindewort*) 6 als
Anglia 3 England
angol, -ul 6 englisch; Engländer
anyag, -ot, -a 11 Stoff, Material, Materie
anyagi helyzet finanzielle Lage
annyira derart, so sehr
anyós, -t, -ok, -a 14 Schwiegermutter
apátság, -ot, -a 13 Abtei
após, -t, -ok, -a 14 Schwiegervater
április, -t, -a 13 April
apróság, -ot, -a 11 Kleinigkeit
ár, -at, -a 6 Preis
arc, -ot, -a 9 Gesicht
arckifejezés, -t 20 Miene
ária 11 Arie
aromás, -an 12 aromatisch
áru 7 Ware
áruház, -at, -a 3 Warenhaus

árulni, árul 18 verkaufen, anbieten *(Waren)*
ásványvíz, -vizet, -vize 2 Mineralwasser
asszony, -t, -ok, -a 2 Frau
asszonyom 2 meine Dame
asztal, -t, -ok, -a 6 Tisch
át *(Psp. mit -n/-on/-en/-ön)* 14 durch, über + *Akk.*
átadni, átad 16 (über-)geben
átírni, átír 20 umschreiben
átkelni, átkel vmin 13 überqueren *(Fluß, See)*
átlag, -ot, -a 15 Durchschnitt
átlagos, -an 15 durchschnittlich
átszúrni, átszúr 7 durchstechen
átvenni, átvesz 8 übernehmen, in Empfang nehmen
augusztus, -t, -a 13 August
Ausztria 3 Österreich
autó 3 Auto
autóbusz, -t, -ok, -a 3 Autobus
autógyár, -at, -a 5 Autofabrik
az 3 der, die, das
ázni, ázik (meg) 13 naß werden *(im Regen)*
azonban *(Bindewort)* 6 aber, jedoch
azonnal 7 gleich, sofort
azután, aztán 8 dann, danach, nachher

B

bácsi 14 Onkel
baj, -t, -ok, -a 11 Übel, Unheil
Mi bajod van? Was fehlt dir? Was ist mit dir los?
báj, -t 20 Anmut
bal 6 link-
balra 6 links
balról 6 von links
bál, -t, -ok, -ja 13 Ball
baloldali 18 link- *(politisch)*
bár, -t, -ok, -ja 5 Bar, Nachtlokal
bár *(Bindewort)* 13 obwohl
bár(csak) 19 wenn ... nur; wenn
barát, -ot, -ja (-ai) 6 Freund
barátság, -ot, -a 11 Freundschaft
barna, barnán 9 braun

bátya, bátyát, bátyja 14 älterer Bruder
beadni, bead 8 abgeben, eingeben
Bécs, -et 9 Wien
befejezni, befejez 15 beenden
befejeződni, befejeződik 8 zu Ende gehen, zu Ende sein
befizetni, befizet einzahlen
befizetés, -t, -e 12 Einzahlung
befordulni, befordul 16 einbiegen
begombolni, begombol 10 zuknöpfen
begyújtani, begyújt 16 *(Motor)* anlassen
beiratkozni, beiratkozik 18 sich einschreiben, sich immatrikulieren lassen
bekapcsolódni, bekapcsolódik vmibe 18 sich einschalten in *etw.*
belebújni, belebújik 10 hineinschlüpfen, *etw.* anziehen
belépni, belép 8 eintreten
beleszeretni, beleszeret vkibe 20 sich verlieben in *j-n*
beletenni, beletesz 7 hineintun, hineinlegen
belföld, -et 13 *(kein Plur.)* Inland
belga 6 Belgier; belgisch
belső 16 innere
bélszín, -t, -e 7 Lende, Filet
belváros, -t, -ok, -a 11 Innenstadt
bemutatkozni, bemutatkozik 17 sich vorstellen
bemutatni, bemutat 17 vorstellen
benzin, -t, -ek, -e 16 Benzin
benzinkút, -kutat, -kútja 16 Tankstelle
bér, -t, -ek, -e 6 Miete; 18 Lohn
bérelni, bérel (bérli) (ki) 7 mieten
berendezni, berendez 6 einrichten
bérlakás, -t, -ok, -a 6 Mietswohnung
beruházni, beruház 8 investieren
beruházás, -t, -ok, -a 8 Investition
beruházási igazgató 8 Investitionsdirektor
besavanyítani, besavanyít 20 einsäuern

besorolni, besorol 16 einordnen
beszállni, beszáll 4 einsteigen
beszélgetni, beszélget 15 sich unterhalten, plaudern
beszélni, beszél 4 sprechen
beteg, -et, -e 19 der/die Kranke
beteg, -en 19 krank
betegállomány, -t, -ok, -a 19 Krankenstand
betegeskedni, betegeskedik 18 kränkeln
betegség, -et, -e 18 Krankheit
beváltani, bevált (pénzt) 4 umtauschen (Geld)
bevásárolni, bevásárol 11 einkaufen
bezzeg 10 jedoch, aber
bizony 14 wahrlich, gewiß
biztos, -an 8 sicher, gewiß
blúz, -t, -ok, -a 10 Bluse
bók, -ot, -ja 10 Kompliment
bólé 20 Bowle
bolt, -ot, -ja 7 Geschäft, Laden
bor, -t, -ok, -a 2 Wein
borostyán, -t, -ja 10 Bernstein, bernsteinern
borravaló 9 Trinkgeld
bors, -ot, -a 2 Pfeffer
borús 18 trüb
bő, bőven 11 weit
bő ujjú 11 weitärmelig
bölcsész, -t, -ek, -e 17 Philologe, Philologiestudent
bőrönd, -öt, -je 4 Koffer
bukott 20 gestürzt
bulgár, -ul 6 bulgarisch; Bulgare
Bulgária 3 Bulgarien
burokban született 20 ist „in der Glückshaut" geboren
buta, bután 10 dumm
bútor, -t, -ok, -a 6 Möbel
beépített bútor 6 Einbaumöbel
büfé 7 Büffet
büntetni, büntet (meg) 16 (be)strafen

C

cég, -et, -e 4 Firma
cement, -et, -je 19 Zement
cigányzenekar, -t, -ok, -a 13 Zigeunerkapelle
cigaretta 8 Zigarette

cigarettázni, cigarettázik 19 Zigarette rauchen
cím, -et, -e 10 Adresse; Titel
cipő 10 Schuh
citrom, -ot 20 Zitrone
cukor, cukrot, cukra 15 Zucker

Cs

csabai karaj, -t, -a 7 Csabaer Kotelett
csak 3 nur, erst; 11 doch, mal
csaknem 15 fast, beinahe
család, -ot, -ja 6 Familie
családi pótlék 15 Familienzulage
csap, -ot, -ja 10 Hahn
a csapot elzárni 10 den Hahn zudrehen
csárda 13 Dorfgaststätte, Gasthof auf dem Lande, „Tscharda"
csárdásozni, csárdásozik 13 Tschardasch tanzen
csarnok, -ot, -a 9 Halle
cseh, -ül 5 tschechisch; Tscheche
Csehszlovákia 3 Tschechoslowakei
csekk, -et, -je 12 Scheck
csempe 6 Fliese, Kachel
csendes, -en 8 still, leise
csengetni, csenget 10 klingeln
csengő 20 Klingel
cseresznye 8 Kirsche; *auch:* Kirschwasser
csíkos 10 gestreift
csinálni, csinál (meg) 2 machen
csinos, -an 10 hübsch
csipke 6 Spitze *(Stoffart)*
csodálni, csodál (meg) 8 bewundern
csókolni, csókol (meg) 11 küssen
csomag, -ot, -ja 8 Gepäck, Paket, Päckchen
csomagfeladás, -t, -a 12 Gepäckaufgabe, Paketaufgabe
csomagolni, csomagol (el) 3 packen
csomagoló 11 Packerei
csónak, -ot, -ja 13 Boot, Kahn

D

dán, -ul 6 dänisch; Däne
darab, -ot, -ja 13 Stück, Theaterstück

de *(Bindewort)* 5 aber
de *(Interjektion)* 10 etwa: wie
de hideg! ach, wie kalt!
december, -t, -e 13 Dezember
dehogy 11 mitnichten, ach wo
dehogynem 16 doch
dél, delet, dele Mittag
dél, délt Süden
délben 3 zu Mittag
délelőtt, -öt, -je 4 Vormittag, am Vormittag
déli part 13 Südufer
délután, -t, -ok, -ja 3 Nachmittag, am Nachmittag
derék, derekat, dereka 11 Taille
derengés, -t 20 Dämmerung
dió Nuß
diófa 14 Nußbaum
diploma 15 Diplom
divat, -ot, -ja 11 Mode
divatos, -an 11 modisch
divatüzlet, -et, -e 12 Modegeschäft
dohányozni, dohányzik 19 rauchen
doktor, -t, -ok, -a 2 Doktor, Arzt
dolgozni, dolgozik 2 arbeiten
dolgozószoba 6 Arbeitszimmer
desszertvilla 8 Dessertgabel
dolog 5 Arbeit, Sache, Ding
sok dolgom van 5 ich habe viel zu tun
drága, drágán 7 teuer
dráma 17 Drama
Dunakanyar, -t 17 Donauknie
düh, -öt, -e Wut
dühös, -en 9 wütend
dzsem, -et, -e 2 Marmelade

E, É

ebéd, -et, -je, -e 2 Mittagessen
ebédelni, ebédel (meg) 2 zu Mittag essen
ébredni, ébred (fel) 19 aufwachen
ébreszteni, ébreszt (fel) 5 (auf)wecken
ébresztés 5 Wecken
ecet, -et 20 Essig
eddig 13 bis jetzt, bislang
édes, -en 12 süß

ég, eget, ege 10 Himmel
te jó ég! du lieber Himmel
egész, -en 6 ganz
egészség, -et, -e 18 Gesundheit
egészségére! auf Ihr Wohl!
égni, ég (meg) 19 brennen
egy 4 ein
egy ideig 18 eine Zeitlang
egy keveset 8 ein wenig, ein bißchen
egy kicsit 4 ein wenig, ein bißchen
egyben 6 in einem, zugleich
egyéb 15 sonstig, ander
egyébként 9 im übrigen
egyedül 11 allein
egyenes 20 gerade
egyéni, -en 18 individuell
egyenruha 9 Uniform
egyes 15 einzeln
egyetem, -et, -e 15 Universität
egyetlen 12 einzig
egyik 6 der/die eine
egyirányú utca 16 Einbahnstraße
egymás 14 einander
egyre 18 immer, stets, fortwährend
egyrészes 12 aus einem Teil bestehend, einteilig
egyszerre 6 zugleich
egyszerű, -en 10 einfach
egyszerűség, -et, -e 10 Einfachheit
egyszínű 11 einfarbig
együtt vkivel 5 zusammen mit, beisammen
éhes, -en 12 hungrig
éhes vagyok 12 ich habe Hunger
éjfél felé 20 gegen Mitternacht
éjszaka 5 Nacht, in der Nacht
ekkora 19 so groß
eladó 11 Verkäufer
eláll az eső 13 der Regen hört auf
elárusítónő 11 Verkäuferin
elbűvölni, elbűvöl 10 faszinieren, bezaubern
elé *(Psp. mit dem Nom.)* 8 vor + Akk.
elég, eleget, elege 16 genug, es reicht
eleget ettem ich habe genug gegessen
elegem van belőle ich habe es satt
elegáns, -an 10 elegant
elégedett, -en vmivel 13 zufrieden mit

elcje vminek 14 Vorderseite, Anfang von *etw.*
elektromos, -an 16 elektrisch
élelmiszer, -t, -ek, -e 15 Lebensmittel
élénkpiros 10 hellrot
elérni, elér 14 erreichen
éles, -en 16 scharf
éléskamra 6 Speisekammer
életfelfogás, -t, -a 20 Lebensauffassung
élettárs, -at, -a 18 Lebensgefahrte
elfelejteni, elfelejt 10 vergessen
elfogadni, elfogad 12 annehmen
elhatározni, elhatározni 13 beschließen, sich entschließen
elintézni, elintéz 12 erledigen
elkeskenyedni, -kenyedik; elkeskenyülni, -kenyül 20 sich verschmälern
elkésni, elkésik vhonnan 10 sich verspäten
elkészülni, elkészül 12 fertig werden
ellen *(Psp. mit dem Nom.)* gegen
elmenni, elmegy (vhonnan, vhová) weggehen; hingehen
elmondani, elmond 13 erzählen
elnézés, -t, -ek, -e 9 Nachsicht
élni, él leben
élni, él (meg) vmiből leben von *etw.*
előadás, -t, -ok, -a 10, 17 Vortrag, Vorlesung; Aufführung
előadást tartani 10 Vortrag halten
előbb 16 vorhin
előcsarnok (*vgl.* csarnok) 4 Vorhalle
előfordulni, előfordul 17 vorkommen
előírás, -t, -ok, -a 9 Vorschrift
előkészíteni, előkészít 7 vorbereiten
elől 12 vorn
előnyős, előnyösen 15 vorteilhaft, günstig
előrehajolni, előrehajol 20 sich vorbeugen
előreláthatólag 19 voraussichtlich
előszoba 6 Flur, Vorzimmer

először (is) 7 zunächst, zuerst
előtt *(Psp. mit dem Nom.)* vor + *Dat.*
elővenni, elővesz 12 vornehmen, hervorziehen
előző 19 vorangegangen
elragadó 13 entzückend, reizend
elromlani, elromlik 14 kaputtgehen, sich verschlechtern
első 4 erste(r)
első osztályú 9 erstklassig, erster Klasse
elsőbbség, -et, -e 16 Vorfahrt
elsősorban 15 in erster Linie
elszakadni, elszakad 10 (zer)reißen (*intr.*)
eltartani, eltart vkit 18 ernähren
eltenni, eltesz 16 zu sich nehmen, einstecken
eltérni, eltér 18 abweichen
elvárni, elvár 10 erwarten
élvezni, élvez 13 genießen, Freude haben an
ember, -t, -ek, -e 14 Mensch
emelet, -et, -e 6, 17 Stock; Etage
emeletes 6 ...stöckig
emelkedni, emelkedik 15 sich erhöhen, steigen
emelni, emel 9 heben; erhöhen *(Preise)*
emlékezni, emlékszik vmire 17 sich erinnern an
én 2 ich
énekelni, énekel 11 singen
enni, eszik (meg) 2 essen
ennyi 11 soviel
enyhe 20 mild, sanft
ép, épen 16 heil, ganz, unbeschädigt
építeni, épít (meg) 14 bauen
éppen 8 gerade, eben
épülni, épül (meg) 6 gebaut werden
érdekelni, érdekel 11 interessieren
érdekes, -en 15 interessant
érdemes + *Inf.* 17 es lohnt sich zu ...
erdő, erdeje 14 Wald
eredeti 18 ursprünglich, Original
eredmény, -t, -ek, -e 8 Ergebnis
eredményes 8 erfolgreich
érettségi 4 Abitur
érettségizni, érettségizik (le) 4 Abitur machen

érezni, érez (meg) 17 fühlen, spüren
erkély, -t, -ek, -e 17 Rang *(im Theater)*, Balkon
érkezni, érkezik (meg) vhová 3 irgendwo ankommen
erőleves, -t, -ek, -e 8 Kraftbrühe
erős, -en 10 stark, kräftig
értékcikkárusítás, -t, -a 12 Wertzeichenverkauf
értelmiségi 15 intellektuell; Intellektueller
érteni, ért (meg) 12 verstehen
érteni vmihez 16 *etw.* verstehen von
érzékeny, érzékenyen vmire 19 empfindlich gegen
és 2 und
esernyő 16 Regenschirm
eset, -et, -e 15 Fall
esetleg *(nur Adv.)* 7 eventuell, unter Umständen
eső 13 Regen
esőkabát, -ot, -ja 16 Regenmantel
este 2 Abend, am Abend
estélyi ruha 10 Abendkleid
esténként 6 abends
eszébe jutni (eszembe jut) 16 es fällt ihm/ihr ein (es fällt mir ein), j–m in den Sinn kommen
eszköz, -t, -ök, -e 18 Mittel
eszpresszó 12 Espresso, Café
étel, -t, -ek, -e 8 Essen, Speise
étlap, -ot, -ja 8 Speisekarte
étvágy, -at, -a 8 Appetit
étterem, éttermet, étterme 3 Restaurant
év, -et, -e 6 Jahr
hat éves (ist) sechs Jahre alt
ez, -t, -ek 4 diese(r), dies, das
ez minden 7 das ist alles
ezelőtt, -val/-vel vor + *Dat.*
öt évvel ezelőtt 13 vor fünf Jahren
ezért (azért) 12 deshalb
ezután 7 danach, nachher
ezüst, -öt, -je 10 Silber, silbern

F

fa 14 Baum, Holz
fájdalom, fájdalmat, fájdalma 19 Schmerz

Ungarisch-deutsches Wörterverzeichnis

fájni, fáj vkinek 11 *j–m* weh tun
fal, -at, -a 6 Wand, Mauer
falat, -ot 18 Bissen
falu, falvak 14 Dorf
fáradni, fárad 7 ermüden; sich bemühen (-hoz/zu, an)
fáradt, -an 4 müde
február, -t, -ja 13 Februar
fehér, -en 8 weiß
fej, -et, -e 19 Kopf
fejbólintás, -t, -ok, -a 14 Kopfnicken
fekete, feketén 13 schwarz
fékezni, fékez (le) 14 bremsen
feküdni, fekszik 7 liegen
fél, felet, fele 4 halb; Hälfte
feladni, felad 11 aufgeben
felé *(Psp. mit dem Nom.)* 16 in Richtung von, gegen
felelni, felel 9 antworten
feleség, -et, -e 3 Ehefrau
feleségül venni vkit 14 *j–n* heiraten *(eine Frau)*
felfrissíteni, felfrissít 10 auffrischen, erfrischen
felhívni, felhív 8 anrufen
felirat, -ot, -a 12 Aufschrift
felírni, felír (gyógyszert) 19 verschreiben (Arznei)
felismerni, felismer 18 erkennen
felkacagni, felkacag 20 (hell) auflachen
felkelni, felkel 8 aufstehen
felkötni, felköt (nyakkendőt) 10 sich umbinden (Krawatte)
fellépni, fellép 15 auftreten *(auf der Bühne)*
félni, fél vmitől 9 sich fürchten, Angst haben vor
felől *(Psp. mit dem Nom.)* aus der Richtung; von ... her
felső 10 obere
feltétlenül *(nur adv.)* unbedingt
feltűnni, feltűnik vkinek 20 *j–m* auffallen
felvarrni, felvarr 12 annähen, aufnähen, ändern *(Kleidungsstück)*
felvenni, felvesz 8, 10 aufnehmen *(Bestellung)*; sich anziehen *(Kleidungsstück)*
felvétel, -t, -ek, -e 11 Aufnahme

felvilágosítás, -t, -ok, -a 9 Auskunft, Information
fennállni, fennáll 18 bestehen
fény, -t, -ek, -e 20 Licht
fénykép, -et, -e 4 Foto
fényképezni, fényképez (le) 16 fotografieren
fényképezőgép, -et, -e 9 Fotoapparat
férfi 9 Mann
férj, -et, -e 6 Ehemann
férjhez menni vkihez 14 *j–n* heiraten *(einen Mann)*
festeni, fest (meg) 19 malen, streichen
fésű 10 Kamm
fia vkinek 4 *j–s* Sohn
fiatal, -on 11 jung
figyelmeztetni, figyelmeztet vkit vmire 12 *j–n* aufmerksam machen auf etw.
figyelni, figyel vmire 13 aufpassen auf
figyelni, figyel (meg) 13 beobachten
filharmónikusok *(nur Plur.)* 5 Philharmoniker
finn, -ül 6 finnisch; Finne
finnugor 17 finnisch-ugrisch
finnugrista 17 Finnugrist
finnugrisztika 17 Finnugristik
finom, -an 8 fein
fintorogni, fintorog 20 Grimassen schneiden
fizetni, fizet (meg, ki) 6 zahlen
fizetés, -t, -ek, -e 15 Gehalt
fiú 4 Junge
focizni, focizik 6 Fußball spielen *(familiär)*
fogalom, fogalmat 20 Begriff
foglaljon helyet! 2 nehmen Sie Platz!
foglalkozni, foglalkozik vmivel 18 sich befassen, sich beschäftigen mit
foglalt, -an 10 besetzt
fog, -at, -a 11 Zahn
fogni, fog (meg) 14 nehmen *(Fisch)* fangen; werden
fogorvos, -t, -ok, -a 11 Zahnarzt
fogyókúra 19 Schlankheitskur, Abmagerungskur
fogyókúrázni, fogyókúrázik 19 Abmagerungskur machen
folyékony, -an 17 fließend, flüssig

folyóirat, -ot, -a 18 Zeitschrift
folyosó 17 Gang, Korridor
folytatás, -t, -ok, -a 16 Fortsetzung
folytatni, folytat 15 fortsetzen
fontos 6 wichtig
fordítani, fordít (le) (nyelvről, nyelvre) 17 übersetzen (aus dem ... ins)
fordítás, -t, -ok, -a 18 Übersetzung
fordulni, fordul 19 sich wenden
forgalmi engedély, -t, -ek, -e 16 Zulassung
forgalom, forgalmat, forgalma 15 Umsatz
forró, -n 10 heiß
fotel, -t, -ek, -e 6 Sessel
földműves, -t, -ek, -e 14 Landwirt
földszint, -et, -je 8, 17 Erdgeschoß; *Theater:* Parkett
a földszinten im Erdgeschoß, im Parkett
fölé *(Psp. mit dem Nom.)* 8 über + *Akk.*
főleg *(nur adv.)* 19 hauptsächlich
fölött *(auch: felett)* *(Psp. mit dem Nom.)* 8 über + *Dat.*
főpincér, -t, -ek, -e 8 Oberkellner
főzni, főz (meg) 8 kochen *(tr.)*
francia, franciául 6 französisch; Franzose
Franciaország 3 Frankreich
friss, -en 7 frisch
fröccs, -öt 18 Wein mit Soda, Schorle
furcsa 20 merkwürdig, komisch
fúrni, fúr 19 bohren
függöny, -t, -ök, -e 6 Vorhang, Übergardine
fülke 9 Kabine; Abteil
fürdőköpeny, -t, -ek, -e 12 Bademantel
fürdőruha 12 Badeanzug
fürdősapka 12 Badekappe
fürdőszoba 6 Badezimmer
fürödni, fürdik (meg) 10 baden
füstölt, -en 7 geräuchert
fűteni, fűt heizen
fűtés, -t, -e 6 Heizung
fűtésszerelő 14 Heizungsmonteur
füzet, -et, -e 6 Heft

Ungarisch-deutsches Wörterverzeichnis

G

garanciális *(attr.)* 7 Garantie-
garázs, -t, -ok, -a 3 Garage
gátlásos 20 gehemmt
gazdálkodni, gazdálkodik 15 wirtschaften
gazdaság, -ot, -a 18 Wirtschaft
gáz, -t, -ok, -a Gas
gáztűzhely, -et, -e 6 Gasherd
gép, -et, -e 7 Maschine
gépésztechnikus, -t, -ok, -a, 14 (Maschinen-)Techniker)
gépgyár, -at, -a 7 Maschinenfabrik
gimnázium, -ot, -a 18 Gymnasium
gomb, -ot, -ja 10 Knopf
gombaleves, -t, -ek, -e 8 Pilzsuppe
gond, -ot, -ja 10 Sorge
gondolni, gondol vmire 8 denken an
gondolkozni, gondolkozik vmin 11 nachdenken über
gondoskodni, gondoskodik vmiről 7 sorgen für
görög, -öt 6 griechisch; Grieche
Görögország 3 Griechenland
gőzölögni, gőzölög 12 dampfen

Gy

gyakorolni, gyakorol 13 üben
gyakran *(nur adv.)* 4 oft
gyalog 11 zu Fuß
gyámolítani, gyámolít 18 stützen, unterstützen
gyár *(vgl. gépgyár)* 5 Fabrik
gyártási szám 9 Fabrikationsnummer
gyerek *(auch: gyermek)*, -et, -e 3 Kind
gyógyítani, gyógyít (meg) 18 heilen
gyógyszer, -t, -ek, -e 19 Arznei
gyógyszertár, -at, -a 19 Apotheke
gyógyulni, gyógyul (meg) 19 genesen, gesund werden
gyors, -an 8 schnell
gyors (vonat), gyorsot, gyorsa Schnellzug

gyönyörű, -en 7 wunderschön
gyűjteni, gyűjt (össze) vmire 16 sammeln für; sparen für

H

ha 4 wenn
háború 18 Krieg
hagyni, hagy 11 stehenlassen, sitzenlassen, liegenlassen, lassen
hagyományos, -an 18 traditionell
haj, -at, -a 9 (Kopf-)Haar
hajó 3 Schiff
hajú 9 -haarig, mit ... Haar
hal, -at, -a 8 Fisch
haladni, halad 16 fortschreiten, vorangehen
haladó 18 fortschrittlich
halál, -t, -a 18 Tod
hálás, -an 13 dankbar
halászlé, -levet, -leve *(auch: -lét, -léje)* 13 Fischsuppe
hál'isten (nek) 11 Gott sei Dank
hall, -t, -ok, -ja 13 Eingangshalle (Hotel-)Halle, Flur
hallani, hall (meg) 10 hören
hallatszani, hallatszik *(nur 3. Pers.)* es ist zu hören
hallgatni, hallgat (meg) 3 zuhören
hallgató 17 Student
háló 9 Netz
hálószoba 6 Schlafzimmer
halvány, -an 10 matt; bleich
halványkék 10 mattblau
hamarosan *(nur adv.)* 12 bald darauf
hanem *(Bindewort)* 12 sondern
hang, -ot, -ja 9 Stimme, Ton
hangulat, -ot, -a 13 Stimmung
hangverseny, -t, -ek, -e 5 Konzert
hány? 5 wieviel?
hányadika? 13 der wievielte?
haragudni, haragszik vkire, vmire 20 *j–m* böse sein
harapni, harap (meg) 14 beißen
harisnya 10 Strumpf
három, hármat 4 drei
háromnegyed 4 dreiviertel
has, -at, -a 19 Bauch

hat, hatot 4 sechs
hát, -at, -a 19 Rücken
határ, -t, -ok, -a 4 Grenze
határállomás, -t, -ok, -a 9 Grenzstation
határőr, -t, -ök, -e 9 Grenzer, Grenzsoldat
határőrség, -et, -e 9 Grenzschutz, Grenzwache
hátha 14 vielleicht
hatóság, -ot, -a 15 Behörde
hátrahúzni, hátrahúz 19 nach hinten ziehen
hátszín, -t, -e 7 Rumpsteak
hátul 11 hinten
havi *(nur attr.)* 15 ,
havonta *(nur adv.)* 14 monatlich
ház, -at, -a 6 Haus
házasság, -ot 20 Ehe
házigazda 20 Gastgeber
hegy, -et, -e 3 Berg
hely, -et, -e 13 Platz, Stelle, Ort
helyes, -en 19 richtig
helyet foglalni 4 Platz nehmen
helyi 18 örtlich
helyiség, -et, -e 4 Raum
helyjegy, -et, -e 9 Platzkarte
helyzet, -et, -e 18 Lage, Situation
hentes, -t, -ek, -e 8 Metzger, Fleischer
hentes módra 8 nach Metzger Art
hét, hetet 4 sieben
hét, hetet, hete 4 Woche
hetenként 15 wöchentlich
heverni, hever 6 (herum-)liegen
híd, hidat, hídja 16 Brücke
hideg, -en 7 kalt
hinni, hisz (el) vmiben 10 glauben an
híres, híresen 11 berühmt
hiszen *(Bindewort)* 10 denn
hit, -et, -e 18 Glaube
hitel, -t, -ek, -e 6 Kredit
hitelt törleszteni, törleszt Kredit tilgen
hivatalos, -an 4 offiziell
hivatkozni, hivatkozik vmire 18 sich berufen auf
hívni, hív vminek 14 anreden als
hízni, hízik (meg) 19 zunehmen, dick werden
hogy 10 daß
hogy(an)? 2 wie?
hogy van? 2 wie geht es Ihnen?
hol? 3 wo?

holland, -ul 6 holländisch; Holländer
holmi 9 Zeug, Sachen
holnap 3 morgen
holnapután 5 übermorgen
hónap, -ot, -ja 13 Monat
honnan? 3 woher?
hordani, hord 9 tragen
hordár, -t, -ok, -a 4 Gepäckträger
horgászás, -t, -a 14 Angeln
horgászfelszerelés, -t, -ek, -e 14 Anglerausrüstung
horgászni, horgászik 14 angeln
hosszú, hosszan 10 lang
hová? 3 wohin?
hölgy, -et, -e 4 Dame
hőmérő 19 Thermometer
hőmérőzni, hőmérőz 19 Temperatur messen
húg, -ot, -a 14 jüngere Schwester
hús, -t, -ok, -a 7 Fleisch
húsbolt, -ot, -ja 7 Fleischladen, Fleischerei
húsz, huszat 14 zwanzig
húzni, húz 10 ziehen, anziehen
hűtőszekrény, -t, -ek, -e 6 Kühlschrank
hűvös, -en 13 kühl

I, Í

ide 8 hierher
ideg, -et, -e 18 Nerv
ideges, -en 16 nervös
idejében 19 rechtzeitig
idén 14 dieses Jahr *(als Adverb)*
idő, ideje 5 Zeit; Wetter
jó időben bei schönem Wetter
van ideje? haben Sie Zeit?
nincs időm ich habe keine Zeit
idős 18 bejahrt, alt
igaz 6 wahr, es ist wahr
igaza van 12 (er) hat recht
igazán 7 wirklich
igazgató 3 Direktor
igazolvány, -t, -ok, -a 10 Ausweis
igen 2 ja
illegális, -an 18 illegal
illeni, illik, 19 es gehört sich, schickt sich
ilyen 8 so, solcher
ilyenkor 15 in solchen Fällen, zu solcher Zeit
imádni, imád vmit, vkit 20 sehr lieben, anbeten
indítani, indít (meg) 16 losfahren

indulni, indul (meg) 3 abfahren, losgehen, starten
ing, -et, -e 19 Hemd
inkább 8 eher, lieber
inni, iszik (meg) 2 trinken
integetni, integet 16 winken
inteni, int 9 winken *(nur einmal)*
internátus, -t, -ok, -a 18 Internat
ipar, -t, -ok, -a 15 Industrie, Gewerbe, Handwerk
iparcikk, -et, -e 15 Industrieerzeugnis
iparos, -t, -ok, -a 14 Handwerker
írni, ír (meg) 2 schreiben
irány, -t, -ok, -a 16 Richtung
irányvonal, -at, -a 18 Richtlinie
író 20 Schriftsteller
íróasztal, -t, -ok, -a 6 Schreibtisch
iroda 2 Büro
irodalmi 17 literarisch
irodalom, irodalmat, irodalma 17 Literatur
irónikus 20 ironisch
is 2 auch
iskola 3 Schule
ismeretség, -et 20 Bekanntschaft
ismerni, ismer 7 kennen
ismerős, -t, -ök, -e 13 Bekannte(r)
ismét 8 wieder
isten, -t, -ek, -e 10 Gott
iszogatni, iszogat 20 in kleinen Schlucken trinken
ital, -t, -ok, -a 8 Getränk
itt 2 hier
itthon 3 zu Hause
izgatni, izgat (fel) 16 aufregen
izleni, izlik 12 schmecken
izzadni, izzad (meg) 19 schwitzen

J

jaj 10 o weh
január, -t, -ja 13 Januar
járni, jár 17 *(regelmäßig)* gehen
jár vmi után 19 einer Sache nachgehen
játék, -ot, -a 6 Spiel, Spielzeug
játszani, játszik (el) 5 (vor-) spielen
javaslat, -ot, -a 8 Vorschlag

javasolni, javasol 12 vorschlagen
javítani, javít (meg) 7 reparieren, verbessern
javítás, -t, -ok, -a 7 Reparatur
javulni, javul (meg) 18 sich (ver)bessern
jegy *(vgl.* **helyjegy)** 5 Karte
jelenleg *(nur adv.)* 7 gegenwärtig, zur Zeit
jelenteni, jelent bedeuten
jelentés, -t, -ek, -e 2 Bericht
jelentkezni, jelentkezik 11 sich melden
jelentős, -en 18 bedeutend
jelentőség, -et, -e 18 Bedeutung
jelleg, -et, -e 18 Charakter *(von Dingen)*
jellem, -et, -e 20 Charakter *(von Personen)*
jó, jól 2 gut
jobb 6 rechtjobbra** 6 rechts
jobbról 6 von rechts
jobban *(nur adv.)* 10 besser
jog, -ot, -a 17 Jura, Rechtswissenschaft
jogosítvány, -t, -ok, -a 16 Führerschein
jókedvű, -en 13 gut gelaunt
jóképű 20 fesch
jönni, jön (jövök) 3 kommen (ich komme)
jövedelem, jövedelmet, jövedelme 15 Einkommen
jövő hét 11 nächste Woche
Jugoszlávia 3 Jugoslawien
július, -t, -a 13 Juli
június, -t, -a 13 Juni
jutni, jut (el) vhová 18 gelangen
jutni, jut (hozzá) vmihez 18 kommen zu
jutalék, -ot, -a 15 Provision

K

kabát *(vgl.* **esőkabát)** 8 Mantel
kabin, -t, -ok, -ja 11 Kabine
kagyló 10 Hörer *(Telefon)*
kakaó 2 Kakao
kanál, kanalat, kanala 8 Löffel
kanász, -t, -ok, -a 20 Schweinehirt
kapaszkodni, kapaszkodik vmibe 13 sich festhalten an

kapcsolat, -ot, -a vkivel 18 Verbindung, Beziehung
kapni, kap (meg) 5 bekommen
kapu 9 Tor
kar, -t, -ok, -ja 10 Arm
kár, hogy ... 10 schade, daß ...
karácsony, -t, -ok, -a 10 Weihnachten
karcsú, -n 12 schlank
karóra 10 Armbanduhr
kartel, -t 18 Kartell
kártyázni, kártyázik 13 Karten spielen
kaszinótojás, -t, -ok, -a 12 Kasinoei
katona 9 Soldat
kávé 2 Kaffee
kávédaráló 16 Kaffeemühle
kedv, -et, -e 18 Lust, Laune
kedve van vmihez, vmire 20 Lust haben zu, gern mögen
kedvenc, -et, -e 14 Liebling; Lieblings-
kedves, -en 10 lieb, nett
kedvesség, -et, -e 13 Freundlichkeit, Liebenswürdigkeit
kék, -en 10 blau
kelleni, kell 5 müssen, notwendig sein
mennem kell ich muß gehen
nem kell sietnem ich brauche mich nicht zu beeilen
kellemes, -en 13 angenehm
kelni, kel 5 aufstehen
kényelmes, -en 6 bequem
kenyér, kenyeret, kenyere 2 Brot
kényelem, kényelmet, kényelme 18 Bequemlichkeit
kép, -et, -e Bild
képmutató 20 Heuchler; heuchlerisch
képviselni, képvisel 7 vertreten
kéviselő 4 Vertreter
képzelni, képzel (el) 17 sich vorstellen
kérdés, -t, -ek, -e 4 Frage
kérdésekkel ostromolni vkit 20 *j-n* mit Fragen bestürmen
kérdezni, kérdez (meg) vkitől 8 *j-n* fragen
kerek, -en 7 rund
kereset, -et, -e 15 Erwerb
kereskedelem, kereskedelmet, kereskedelme Handel
kereskedelmi vállalat 4 Handelsunternehmen

keresni, keres (meg) 9, 15 suchen; verdienen
kereszteződés, -t, -ek, -e 16 Kreuzung
keresztkérdés, -t 20 Kreuzfrage
keresztül *(Psp. mit -n/-on/-en/-ön)* 14 durch, über + *Akk.*
keringő 20 Walzer
kerítés, -t, -ek, -e 14 Zaun
kérni, kér(el) vmit vkitől 2 *j-n* bitten um
kert, -et, -e 3 Garten
kerület, -et, -e 10 (Stadt-)Bezirk
kerülni, kerül vmibe 7 kosten
25 forintba kerül kilója 7 das Kilo kostet 25 Forint
kerülni, kerül vhová 15 geraten, gelangen, kommen
kerüljetek beljebb! 17 kommt herein! *(familiär)*
kés, -t, -ek, -e 8 Messer
keserű, -en 8 bitter
keskeny 20 schmal
később 18 später
kész(en) 4 fertig
keszeg, -et, -e 14 Weißfisch
készpénz, -t, -e 6 Bargeld
készülni, készül vmire 6 sich vorbereiten auf
készülni, készül vminek 17 lernen, studieren, um etw. zu werden
két *(nur attr.)* 4 zwei
kétrészes 12 zweiteilig
kétség, -et, -e vmiben 18 Zweifel an
kettő 4 zwei
kevés, keveset 8 wenig
kevésbé *(nur adv.)* 13 weniger
kevéssé *(nur adv.)* wenig
kéz, kezet, keze Hand
kézen fogva 20 an der Hand
kezdet, -et, -e 10 Beginn
kezdődni, kezdődik (meg) 5 beginnen *(intr.)*
kezicsókolom 2 küß die Hand
kézimunka 9 Handarbeit
kézitáska 9 Handtasche
ki? 2 wer?
kiabálni, kiabál 16 rufen, schreien
kiadás, -t, -ok, -a 15 Ausgabe
kibújni, kibújik 10 schlüpfen aus

kicsikarni, kicsikar 18 erzwingen
kicsi *(nur Prädikat)* 6 klein
kié? 14 wessen?
kiegyenesedni, kiegyenesedik 20 sich aufrichten
kiemelkedni, kiemelkedik 18 herausragen, hervorragen
kiemelni 9 herausholen
kiengedni, kienged 19 hinaus-, herauslassen
kifesteni, kifest 10 schminken
kifogástalan, -ul 10 einwandfrei
kigombolni, kigombol 10 aufknöpfen
kihozni, kihoz 8 hinaus-, heraustragen
kihúzni, kihúz (fogat) 19 ziehen (Zahn), (her)ausziehen
kihűlni, kihűl 17 kalt werden
kijelenteni, kijelent 18 aussagen, erklären
kilátás, -t, -ok, -a 13 Aussicht
kilenc, -et 4 neun
kilépni, kilép 4 hinaus-, heraustreten
kiló 7 Kilo(gramm)
kirakat, -ot, -a 11 Schaufenster
kirándulás, -t, -ok, -a 13 Ausflug
kirándulást tenni 16 e-n Ausflug machen
kirándulni, kirándul 13 e-n Ausflug machen
kis *(keine adv. Form!)* 6 klein
kisasszony, -t, -ok, -a 2 Fräulein
kísérni, kísér (el) 17 begleiten
kisfiú 6 Junge
kiskanál, -kanalat, -kanala 8 Kaffeelöffel
kisregény, -t, -ek, -e 20 Kurzroman
kiszállni, kiszáll 9 aussteigen
kiszolgálás, -t, -a 8 Bedienung
kiszolgáló 7 Verkäufer
kitölteni, kitölt (űrlapot) 4 ausfüllen (Formular)
kitűnő, -en 10 ausgezeichnet
kivágott 12 ausgeschnitten
kiválasztani, kiválaszt 9 auswählen

kivándorolni, kivándorol 18 auswandern
kívánni, kíván 2 wünschen
kivinni, kivisz 7 hinausbringen, hinaustragen
kívül *(Psp. mit -n/-on/-en/ -ön)* 14 außer, außerhalb
klassz 20 *fam.* Klasse!, toll!
klasszikus, -an 11 klassisch
koccintani, koccint 14 anstoßen
kockás 10 kariert
kocsi 4 Wagen
kolléga 3 Kollege
kolbász, -t, -ok, -a 7 Wurst
kommunista 18 Kommunist; kommunistisch
komoly, -an 11 ernst
komp, -ot, -ja 13 Fähre
konfliktus, -t, -ok, -a 20 Konflikt
konyak, -ot, -ja 2 Kognak
konyha 3 Küche
kopogtatni, kopogtat 19 klopfen
kor, -t, -ok, -a 18 (Zeit-) Alter
kora délután 3 am frühen Nachmittag
koráll, -t, -ja 10 Koralle, korallen
korán *(nur adv.)* 6 früh
kórház *(vgl. ház)* 18 Krankenhaus
kormány, -t, -ok, -a 13 das Steuer; Regierung
kormányozni, kormányoz 13 steuern; regieren
kortyolgatni, kortyolgat 20 langsam trinken, nippen
kő, követ, köve 13 Stein
köhögni, köhög 19 husten
költeni, költ (el) 6 ausgeben *(Geld)*
költészet, -et, -e 18 Dichtung
költő 18 Dichter
könyv, -et, -e 2 Buch
könyvespolc, -ot, -a 6 Bücherregal
könyvtár, -at, -a 17 Bibliothek
körös-körül 20 ringsherum
körút, -utat, -útja 16 Ring(straße)
körülbelül 5 ungefähr
körülmény, -t, -ek, -e 18 Umstand
körülnézni, körülnéz 20 sich umschauen
körzeti orvos 19 Kreisarzt
köszönni, köszön vkinek 4 *j-n* grüßen
köszönet, -et, -e 14 Dank
köszönöm 2 danke

kötél, kötelet, kötele 13 Seil
kötelesség, -et, -e 9 Pflicht
a kötelességet teljesíteni 9 die Pflicht erfüllen
kötet, -et, -e 18 der Band
kötözött sonka 7 Rollschinken
kövér, -en 12 dick *(Mensch)*, fett *(Fleisch)*
következni, következik 4 folgen *(in der Reihe)*
követni, követ vki, vmit 20 *j-m* folgen
közbejönni, közbejön 19 dazwischenkommen
közben 8 inzwischen
közé *(Psp. mit dem Nom.)* zwischen + *Akk.*
közel vmihez *(nur Prädikat)* nahe
a közelben 14 in der Nähe
közeledni, közeledik vmihez, vmi felé 16 sich nähern
közeli *(nur attr.)* 13 nahe (-liegend)
közép, közepet 20 Mitte
középen 12 in der Mitte
közgazdasági 15 volkswirtschaftlich
közölni, közöl 18 veröffentlichen
közönség, -et, -e 18 Publikum
közös, -en 6 gemeinsam
között *(Psp. mit dem Nom.)* 8 zwischen + *Dat.*, unter + *Dat.*
központ, -ot, -ja 4 Zentrum
közvetlen, -ül 15 unmittelbar
KRESZ 16 *etwa:* Verkehrsordnung
kulcs, -ot, -a 5 Schlüssel
kulturális, -an 18 kulturell
kuncogni, kuncog 18 kichern
külföld, -et 12 Ausland
külkereskedelem *(vgl. kereskedelem)* 6 Außenhandel
külön 6 besonder-, gesondert, getrennt
különben 9 ansonsten, übrigens
különbség, -et, -e 15 Unterschied, Differenz
különösen 9 besonders

L

lakbér, -t, -ek, -e 6 (Wohnungs-)Miete

lakás, -t, -ok, -a 6 Wohnung
lakni, lakik 6 wohnen
lakószoba 6 Wohnzimmer
lámpa 8 Lampe
langyos, -an 10 lau
lány, -t, -ok, -a 4 Mädchen
lánya vkinek 4 Tochter
lap, -ot, -ja 18 Blatt, Zeitung
lapos, -an 8 flach
lassú, lassan langsam
látni, lát 7 sehen
látogatni, látogat (meg) 13 besuchen
láz, -at, -a 19 Fieber
lázas 19 fiebrig
lebarnulni, lebarnul 13 braun werden *(von der Sonne)*
lebeszélni, lebeszél vkit vmiről *j-m* von etw. abraten
ledobni, ledob 13 hinunterwerfen
leesni, leesik 18 hinunterfallen
legalább 12 mindestens, wenigstens
légcsőhurut, -ot, -ja 19 Luftröhrenkatarrh
legfőbb ideje, hogy ... 12 höchste Zeit, daß ...
legközelebbi *(nur attr.)* 15 nächste
legyőzni, legyőz 19 besiegen, bewältigen
lehet 5 möglich, kann sein
lehetőleg 19 möglichst
lehetőség, -et, -e 19 Möglichkeit
lejönni, lejön 5 herunterkommen
lélegezni, lélegzik 19 atmen
lélegzet, -et, -e Atem
lélegzetet venni 19 Atem holen
lemenni, lemegy 8 hinuntergehen
lemez, -t, -ek, -e 6 Schallplatte
lemezjátszó 6 Plattenspieler
lemondani, lemond vmiről 19 verzichten auf
lengyel, -ül 6 polnisch; Pole
Lengyelország 3 Polen
lenni (van; volt; lesz) 2 sein (ist; war; wird sein)
lépni, lép 4 treten, schreiten
leszokni, leszokik vmiről 19 sich *etw.* abgewöhnen
leülni, leül 8 sich setzen
levegő 13 Luft

Ungarisch-deutsches Wörterverzeichnis

levél, levelet, levele 4 Brief
levélfelvétel, -t, -e 12 Briefannahme
levélírás, -t, -a 13 Briefschreiben
levenni, levesz vkit a lábáról 20 *j–n* umstimmen, *j–n* herumkriegen
leves, -t, -ek, -e 8 Suppe
levetni, levet (ruhát) 10 ausziehen (Kleid)
levonni, levon 18 abziehen
liszt, -et, -je 15 Mehl
ló, lovat, lova 13 Pferd
lógni, lóg 10 hängen *(intr.)*
lovaglás, -t, -a 13 Reiten, Ritt
lovasiskola 13 Reitschule

Ly

lyuk, -at, -a 19 Loch
lyukas, -an 19 kariös, schlecht *(Zahn)*

M

ma 3 heute
maga 2 Sie *(höfliche Anrede)*
magas, -an 6 hoch
magánrendelő 19 Privatpraxis *(nur beim Arzt)*
magával vinni, visz 9 mitnehmen, mitbringen
magyar, -ul 6 ungarisch; Ungar
magyar nyelvű 5 ungarischsprachig
magyar származású 9 von ungarischer Herkunft, Abstammung
majdnem 10 fast, beinahe
május, -t, -a 13 Mai
mánia 10 Wahn
már 3 schon
maradni, marad 4 bleiben
március, -t, -a 13 März
máris 7 bereits, gleich
más 5 anderMás egyebet szabad? 7 darf es etwas anderes sein?
másfél 5 anderthalb
másik 6 anderMáskor 14 ein andermal
második 13 zweit**másutt** 12 anderswo
meddig? 4 wie lange? bis wann?
meg *(Konjunktion)* 10 und
még 3 noch
megállítani, megállít 12 anhalten

megállni, megáll 9 halten, stehenbleiben
megbeszélni, megbeszél 8 besprechen
megbeszélés, -t, -ek, -e 8 Besprechung
megélhetési viszonyok 15 Lebenshaltung
megelőzni, megelőz vmit 19 vorbeugen *(einer Sache)*
megenyhülni, megenyhül 20 sich besänftigen
megfelelni, megfelel 15 entsprechen
meghaladni, meghalad 15 überschreiten
meghalni, meghal 18 sterben
meghívás, -t, -ok, -a 5 Einladung
méghozzá 13 noch dazu
meghűlni, meghűl 19 sich erkälten
megigazítani, megigazít 10 in Ordnung bringen, ordnen
megijedni, megijed vmitől 13 erschrecken vor, über
mégis 14 dennoch, trotzdem
mégiscsak 6 dennoch, doch
megismerkedni, megismerkedik vkivel 13 *j–n* kennenlernen
megjelenni, megjelenik 18 erscheinen
megkérdem, megkérdezem 20 ich frage
megkínálni, megkínál vkit vmivel 12 *j–m etw.* anbieten
megmenekülni, megmenekül vmitől 18 entfliehen *(einer Sache)*
megőrülni, megőrül 18 irre werden
megsérteni, megsért 14 beleidigen
megszakadni, megszakad 18 brechen *(intr.)*
megszokni, megszokik vmit 18 sich gewöhnen an
megszólalni, megszólal 14 zu sprechen beginnen
megtartani, megtart 15 (bei)behalten
megteremtő 11 Schöpfer
megtudni, megtud 8 erfahren
meleg, -en 8 warm
melegíteni, melegít 16 warmlaufen lassen *(Motor)*
mell, -et, -e 19 Brust
mellé *(Psp. mit dem Nom.)*

8 neben + *Akk.*, an + *Akk.*
mellékhelyiség *(vgl. helyiség)* 6 Nebenraum
mellény, -t, -ek, -e 12 Weste
mellett *(Psp. mit dem Nom.)* neben + *Dat.*
megelőzni, megelőz vmit 19 an + *Dat.*
mély, -en 8 tief
melyik? 9 welcher?
menekülni, menekül vmi elől 13 flüchten vor
menetidő, -ideje 9 Fahrzeit
menetjegy *(vgl. jegy)* 9 Fahrkarte, Fahrschein
menni, megy (el) 3 gehen
meny, -t, -ek, -e 14 Schwiegertochter
mennyi? 6 wieviel?
mennyibe kerül? 7 wieviel kostet (es)?
méret, -et, -e 11 Größe
merev, -en 18 steif, starr
mérleg, -et, -e 12 Waage
mérni, mér (meg) 12 wiegen, messen *(tr.)*
mérnök, -öt, -e 2 Ingenieur
messze *(nur adv.)* 4 weit, fern
metró 3 U-Bahn
mezítláb 10 barfuß
mezőgazdaság, -ot, -a 15 Landwirtschaft
mi? 2 was?
mi 3 wir
miatt *(Psp. mit dem Nom.)* 18 wegen
miért? 10 warum?, weshalb?
mikor? 3 wann?
miközben 17 während
milyen? 6 was für ein(e)?, wie?
mindegy vkinek 20 gleichgültig, egal
mindegyik 15 jeder
mindenekelőtt 7 vor allem
mindenki 14 alle, jeder
mindenütt 6 überall
mindez, -t, -ek 12 all diese, all das
mindig 5 immer
mindjárt 7 gleich, sofort
mindkettő, mindkét 14 beide
minél előbb, annál jobb 8 je eher, desto besser
miniszter, -t, -ek, -e 7 Minister
minta 11 Muster
mintás, -an 11 gemustert
mintegy 15 etwa
mintha 19 als ob, als wenn
miután 17 nachdem

molnár, -t, -ok, -a 14 Müller
mondani, mond (meg) 8 sagen
morogni, morog 16 murren
mosakodni, mosakodik (meg) 19 sich waschen
mosni, mos (meg) 18 waschen
mosógép *(vgl.* **gép)** 15 Waschmaschine
mosoly, -t, -ok, -a 20 Lächeln
mosolyogni, mosolyog 12 lächeln
most 4 jetzt
mostanában 6 neuerdings
mostani 17 jetzig
motor(kerékpár), -t, -ok, -ja 14 Motorrad, Motor
motorszerelő 14 Mechaniker
mozdulatlan, -ul 13 regungslos
mozgalom, mozgalmat, mozgalma 18 Bewegung
mozi 15 Kino
mögé *(Psp. mit dem Nom.)* 8 hinter + Akk.
mögött *(Psp. mit dem Nom.)* 8 hinter + Dat.
múlva: egy óra múlva 4 in einer Stunde
munka 8 Arbeit
munkahely *(vgl.* **hely)** 15 Arbeitsplatz
munkásmozgalom *(vgl.* **mozgalom)** 18 Arbeiterbewegung
munkásnegyed, -et, -e 18 Arbeiterviertel
mutatni, mutat (meg) 9 zeigen
mutatvány, -t, -ok, -a 20 Darbietung
mű, -vet, -ve 18 Werk
működés, -t, -e 8 Funktionieren
működni, működik 8 funktionieren, laufen *(Maschine)*
műsor, -t, -ok, -a 5 Programm
műszaki 7 technisch
művelődés, -t, -e 15 Bildung
művész, -t, -ek, -e 15 Künstler

N

nadrág, -ot, -ja 13 Hose
nagy 6 groß
nagyapa 14 Großvater
nagyon 2 sehr

nagyság, -ot, -a 18 Größe
nagyságos asszony 2 gnädige Frau
nagyszerű, -en 5 großartig
nap, -ot, -ja 2, 13 Tag; Sonne
a napon feküdni 13 in der Sonne liegen
napokig 19 tagelang
napos, -an 6 sonnig
napozni, napozik 13 sich sonnen
nászút, -utat, -útja 17 Hochzeitsreise
natúr sertésszelet 8 Schweineschnitzel
NDK (Német Demokratikus Köztársaság) 3 DDR
ne! 10 nicht *(beim Imperativ)*
négy, -et 4 vier
negyed, -et, -e 4 Viertel
négyzetméter, -t, -ek, -e 6 Quadratmeter
néha 12 manchmal
néhány, -at 3 einige
nélkül *(Psp. mit dem Nom.)* 15 ohne
nem 2 nein, nicht
néma 18 stumm
nemcsak – hanem 8 nicht nur – sondern auch
német, -ül 6 deutsch; Deutsche(r)
nemzedék, -et, -e 20 Generation
név, nevet, neve 10 Name
nevelőszülő 18 Pflegeeltern
nevelni, nevel (fel) 13 erziehen
nevetni, nevet vmin 16 lachen über
nézni, néz vhová 6 schauen auf
az ablak a térre néz das Fenster geht zum Platz
nézni, néz (meg) schauen
nincs *(Plur.* **nincsenek)** 6 es gibt kein(e)
norvég, -ül 6 norwegisch; Norweger
nos *(Interjektion)* 8 nun
november, -t, -e 13 November
nő 14 Frau
nőni, nő 15 wachsen
nős 14 verheiratet *(nur Mann)*
nősülni, nősül (meg) *intr.* 14 heiraten *(eine Frau)*
nővér, -t, -ek, -e 14 ältere Schwester
NSZK (Német Szövetségi Köztársaság) 3 Bundesrepublik Deutschland

Ny

nyak, -at, -a Hals
nyakkendő 10 Krawatte
nyakkivágás, -t, -ok, -a 10 Dekolleté
nyaklánc, -ot, -a 10 Halskette
nyár, nyarat, nyara 14 Sommer
nyaralás, -t, -ok, -a 13 Sommerfrische, Ferien
nyaralni, nyaral 13 zur Sommerfrische sein
nyári ruha 11 Sommerkleid
nyelni, nyel (le) 19 schlucken
nyelv, -et, -e 5 Sprache; Zunge
nyelvpótlék, -ot, -a 15 Sprachzulage
nyelvtudás, -t, -a 6 Sprachkenntnisse
nyelvvizsga 15 Sprachprüfung
nyereségrészesedés, -t, -ek, -e 15 Gewinnanteil
nyilatkozat, -ot, -a 9 Erklärung, Äußerung
nyílni, nyílik 6 sich öffnen
nyílt 20 offen
nyitni, nyit 5 öffnen *(tr. u. intr.)*
nyolc, -at 4 acht
nyomban 13 gleich, auf der Stelle
nyomor, -t, -a 18 Elend
nyomorogni, nyomorog 15 in großer Not leben
nyugatnémet 8 westdeutsch
nyugdíj, -at, -a 14 Rente
nyugdíjas, -t, -ok, -a 15 Rentner
nyugdíjjárulék, -ot, -a 15 Rentenbeitrag
nyugodt, -an 8 ruhig
nyugtalan, -ul 18 unruhig

O, Ó

oda dorthin
odaérni, odaér 16 hingelangen
ok, -ot, -a 19 Grund, Ursache
okozni, okoz 20 verursachen, führen zu
október, -t, -e 13 Oktober
olasz, -ul 6 italienisch; Italiener
Olaszország 3 Italien
olcsó, -n 7 billig
oldal, -t, -ak, -a 17 Seite
oldalpáholy, -t, -ok, -a 17 Seitenloge

olvasmány, -t, -ok, -a 20 Lektüre
olvasni, olvas (el) 2 lesen
olyan..., mint 12 so ... wie
onnan 16 von dort
opera 11 Oper
operett, -et, -je 11 Operette
óra 4 Uhr; Stunde
ordítani, ordít 18 brüllen
orosz, -ul 6 russisch
ország, -ot, -a 15 Land
országház (vgl. ház) 15 Parlament
oszlop, -ot, -a 8 Säule
osztály, -t, -ok, -a 9 Klasse
osztani, oszt (el) 15 dividieren, teilen
óta (Psp. mit dem Nom.) 13 seit
ott 4 dort
otthon 3 zu Hause
óvatos, -an 16 vorsichtig
óvónő 14 Kindergärtnerin

Ö, Ő

ő (Plur. ők) 2 er, sie
öblíteni, öblít (ki) 19 spülen
öcs, -öt, öccse 14 jüngerer Bruder
ököl, öklöt, ökle 16 Faust
öltöny, -t, -ök, -e 10 Anzug
öltözés (öltözködés) 10 Kleiden
öltözni, öltözik (fel) 10 sich anziehen
ön, -t, -ök 2 Sie (höfliche Anrede)
öngyilkosság, -ot, -a 18 Selbstmord
öngyilkosságot elkövetni Selbstmord begehen
öngyújtó 12 Feuerzeug
öreg, -en 11 alt
öregedik; öregedni, öregszik 20 altern
öröklakás (vgl. lakás) 6 Eigentumswohnung
öröm, -öt, -e 8 Freude
örülni, örül vminek 8 sich freuen über
összejönni, összejön 17 zusammenkommen
összeg, -et, -e 4 Betrag, Summe
összehasonlítani, összehasonlít vmivel 17 vergleichen mit
összekészíteni, összekészít 7 fertig machen
összesen 15 insgesamt
összetörni, összetör (intr. összetörik) 16 zerbrechen, beschädigen, kaputtmachen

öt, ötöt 4 fünf
ötlet, -et, -e 17 Idee, Einfall

P

paciens, -t, -ek, -e 19 Patient
páholy (vgl. oldalpáholy) 17 Loge
pályaudvar, -t, -ok, -a 9 Bahnhof
panasz, -t, -ok, -a 19 Beschwerde, Anliegen
panzió 18 Pension
papír, -t, -ok, -ja 8 Papier
paprika 2 Paprika, Paprikafrucht
papucs, -ot, -a 12 Pantoffeln
paradicsom, -ot, -a 7 Tomate
parancsolni: mit parancsol? 2 was wünschen Sie?
párbeszéd, -et 20 Dialog
park, -ot, -ja 3 Park
parkolóház (vgl. ház) 11 Parkhaus
part, -ot, -ja 13 Ufer
párt, -ot, -ja 18 Partei
partner, -t, -ek, -e 4 Partner
pedig (Bindewort) 6 und, aber
pénz, -t, -e 4 Geld
pénztár, -át, -a 7 Kasse
pénztárca 10 Portemonnaie
perc, -et, -e 4 Minute
persze 10 freilich, versteht sich
pettyes, -en 12 getupft
pici 6 sehr klein, winzig
pihenés, -t, -e 3 Erholung, Ruhe
pihenni, pihen 2 sich erholen, ruhen, rasten
pillanat, -ot, -a 13 Augenblick
pillantás, -t, -ok, -a 10 Blick
pince 8 Keller
pincér, -t, -ek, -e 5 Kellner
pincérnő 12 Kellnerin
pizsama 19 Pyjama
pogácsa 14 Pogatsche
pohár, poharat, pohara 12 Glas
polc, -ot, -a 6 Regal
politika Politik
pontos, -an 5 genau, pünktlich
pontosság, -ot, -a 10 Pünktlichkeit, Genauigkeit

portás, -t, -ok, -a 5 Portier, Pförtner
portóköltség, -et, -e 12 Portokosten
portugál, -ul 6 portugiesisch; Portugiese
posta 11 Post
postahivatal, -t, -ok, -a 12 Postamt
pörkölt, -et, -je 17 Gulasch
prágai sonka 7 Prager Schinken
próbafülke 11 (Anprobe-)Kabine
professzor, -t, -ok, -a 17 Professor
program, -ot, -ja 4 Programm, Beschäftigung
progresszív, -en 15 progressiv
próza 20 Prosa
pulóver, -t, -ek, -e 10 Pullover

R

rábeszélni, rábeszél vkit vmire 12 j–n überreden zu
rádió 3 Radio, Rundfunkgerät
rádiót hallgatni Radio hören
ráérni, ráér 8 Zeit haben
raffinált, -an 10 raffiniert
rágni, rág (meg) 19 kauen
ragu 8 Ragout
rágyújtani, rágyújt vmire 12 sich anzünden (eine Zigarette usw.)
rajongani, rajong vmiért 11 schwärmen für
rázni, ráz (meg) 16 schütteln (Faust) ballen
recept, -et, -je 19 Rezept
regény, -t, -ek, -e 17 Roman
reggel, -t, -ek, -e 2 Morgen, am Morgen
reggelizni, reggelizik (meg) 2 frühstücken
régi 15 alt (nur Dinge)
rekamié 16 Couch
remélni, remél vmit 8 hoffen auf
rend, -et, -je 6 Ordnung
rendelni, rendel (meg) 5 bestellen
rendelés, -t, -ek, -e 8 Bestellung
rendelő 19 Sprechzimmer, Praxis
rendes, -en 15 ordentlich, üblich
rendezni, rendez (meg) 17 inszenieren

Ungarisch-deutsches Wörterverzeichnis

rendkívül 20 außerordentlich
rendőr, -t, -ök, -e 16 Polizist
repülőgép (*vgl.* **gép**) 3 Flugzeug
repülőtér, -teret, -tere 4 Flughafen, Flugplatz
rész, -t, -ek, -e 6 Teil
részére (részemre, részedre *usw.*) 17 für ihn/sie (für mich, dich *usw.*)
részlet, -et, -e 6 Rate *(Teilzahlung)*
részlet 8, 11 Einzelheit, Detail; Ausschnitt
retikül, -t, -ök, -je 10 Damenhandtasche
rettenetes, -en 19 schrecklich
rév, -et, -e 13 Überfahrtstelle
ricsaj *(familiär)* 18 Lärm
rokon, -t, -ok, -a 18 Verwandte(r)
román, -ul 6 rumänisch; Rumäne
Románia 3 Rumänien
romlani, romlik (el) 18 sich verschlechtern
rossz, -ul 6 schlecht
rövid, -en 11 kurz
rúgni, rúg (meg) 18 e–n Fußtritt versetzen
ruha 9 Kleid
ruhatár, -at, -a 8 Garderobe
ruhatári jegy 8 Garderobenschein
ruházati cikk 15 Bekleidungsartikel
rum, -ot, -ja 2 Rum
rúzs, -t, -ok, -a 10 Lippenstift

S

s, *Kurzform von* **és** 20 und
saját 14 eigen
sajnos 4 leider
sandítani, sandít 20 verstohlen blicken
sapka 9 Mütze
sárga, sárgán 6 gelb
sarok, sarkot, sarka 12 Ecke
sarki presszó 12 Espresso um die Ecke
sáv, -ot, -ja 16 Fahrbahn
-sávos 16 -spurig
savanyú, -an 8 sauer
segíteni, segít vkinek, vkin 18 helfen
segítség, -et, -e 11 Hilfe
selyemernyő 20 Seidenschirm
sem 6 auch nicht
semmi 12 nichts
sertésborda 8 Schweinerippchen
séta 13 Spaziergang
sétálni, sétál 4 spazierengehen
sietni, siet 9 eilen, sich beeilen
siker, -t, -ek, -e 18 Erfolg
sikerülni, sikerül 13 gelingen
sincs (*Plur.* **sincsenek**) 12 ist (sind) auch nicht
smink, -et, -je 10 Schminke
só 2 Salz
sofőr, -t, -ök, -je 3 Fahrer
sógor, -t, -ok, -a 18 Schwager
soha 14 nie(mals)
sóhajtani, sóhajt 16 seufzen
sok, -at 8 viel
sokáig 4 lange
sokszor 6 vielmals, oft
sonka 7 Schinken
sonkatekercs, -et, -e 12 Schinkenroulade
sor, -t, -ok, -a 17 Reihe
sort, -ot, -ja 16 kurze Hose, Shorts
sovány, -an 7 mager
sör, -t, -ök, -e 2 Bier
söröspohár, -poharat, -pohara 8 Bierglas
sőt 15 sogar
sötétkék, -en 10 dunkelblau
sötétszürke 10 dunkelgrau
spanyol, -ul 6 spanisch; Spanier
spárga 7 Spargel
sportbolt, -ot, -ja 12 Sportgeschäft
sportolni, sportol 19 Sport treiben
stílusos 20 stilgerecht, zur Situation passend
strandcikk, -et, -e 11 Strandartikel
strandruha 16 Strandkleid
súly, -t, -ok, -a 12 Gewicht
sülni, sül (meg) 13 braten, backen *(intr.)*
sűrű 20 dicht
sütni, süt (meg) braten, backen *(tr.)*
süt a nap 13 die Sonne scheint
sütemény, -t, -ek, -e 12 Kuchen, Gebäck
Svájc 3 Schweiz
svéd, -ül 6 schwedisch; Schwede

Sz

szabad? darf ich?
szabad, -on 11 frei
szabadság, -ot, -a 12 Urlaub
szabálytalan 20 regelwidrig, ungehörig
száj, -at, -a 19 Mund
szak, -ot, -ja 18 Fach
szakszerű 20 fachgemäß, fachlich
szakszervezet, -et, -e 15 Gewerkschaft
szalámi 3 Salami
szállás, -t, -ok, -a 4 Unterkunft
szállítólevél, -levelet, -levele 12 Frachtbrief, Paketkarte
szálló, szálloda 4 Hotel
szállodai szoba 5 Hotelzimmer
szalonna 8 Speck
szám, -ot, -a 9 Nummer, Zahl
számítani, számít vmire 17 rechnen mit *j–m*
nem számított vmi 20 es kommt auf *etw.* nicht an
számla 11 Rechnung
számlázni, számláz (le) 11 in Rechnung stellen, fakturieren
számolni, számol (meg) 15 zählen, rechnen
számtalan 20 zahlreich
szappan, -t, -ok, -a 18 Seife
származás, -t, -ok, -a 9 Herkunft, Abstammung
szatirikus 20 satirisch
század, -ot, -a 18 Jahrhundert
századforduló 18 Jahrhundertwende
százalék, -ot, -a 15 Prozent
szegény, -en 18 arm
szégyen 20 Schande
szék, -et, -e 8 Stuhl
szekrény, -t, -ek, -e 6 Schrank
szél, szelet, szele 13 Wind
a szél elül 13 der Wind hört auf
széles, -en 20 breit
szelet, -et, -e 7 Scheibe, Schnitzel
szelíd, -en 20 sanft, zahm
szellem, -et, -e 18 Geist
szellemes, -en 20 geistreich
szellőkés, -t, -ek, -e 13 Windstoß
szembekerülni, szembekerül vkivel 18 in Konflikt geraten mit *j–m*

szemben állni vmivel 18 entgegenstehen *(einer Sache)*
szemben *(Psp. mit -val/-vel)* 14 gegenüber
személy, -t, -ek, -e Person
szemfesték, -et, -e 10 Augenfarbe
szemhéj, -at, -a 10 Lid
szeminárium, -ot, -a 18 Seminar
szemöldök, -öt, -e 10 Augenbraue
a szemöldökét kihúzni 10 die Brauen nachziehen
szemüveg, -et, -e 16 Brille
szén, szenet, szene 18 Kohle
szendvics, -et, -e 12 Sandwich, belegtes Brot
szenvedés, -t 18 Leiden
szép, -en *(Komp. szebb)* 7 schön
szeptember, -t, -e 12 September
szerb, -ül 6 serbisch
szerelő 8 Monteur
szerencse 10 Glück
szerencsét próbálok 14 ich versuche mein Glück
szerencsére 13 zum Glück
szerep, -et, -e Rolle 1
szereposztás, -t, -ok, -a Rollenbesetzung
szeretni, szeret (meg) 7 lieben
szerintem 11 meiner Meinung nach
szerkesztő 18 Redakteur
szerszámgép *(vgl. gép)* 8 Werkzeugmaschine
szervusz *(Plur.* **szervusztok)** 18 Servus!
szín, -t, -ek, -e 11 Farbe
színész, -t, -ek, -e 17 Schauspieler
színház, -at, -a 5 Theater
színpad, -ot, -a 17 Bühne
szintén 17 auch, ebenfalls
szivar, -t, -ok, -ja 15 Zigarre
szívélyes, -en 13 herzlich
szíves: légy/legyen szíves 16 sei (seien Sie) so freundlich!
szívesen 2 gern
szívesség, -et, -e 17 Gefallen
szívességet tenni Gefallen tun
szoba 3 Zimmer
háromszobás lakás Dreizimmerwohnung
szoknya 10 Rock
szokni: szokott lenni *(nur im Prät.)* 16 es pflegt zu sein
szoktam tenni vmit 20 ich pflege etw. zu tun
szólni, szól 4 Bescheid geben
szolgálni, szolgál vkit, vkinek 11 *j–m* dienen
mivel szolgálhatok? 7 womit kann ich Ihnen dienen?
szólítani, szólít vminek 14 anreden als ...
szomjas, -an 12 durstig
szórakozás, -t, -ok, -a 14 Vergnügen, Unterhaltung
szórakoztató 20 amüsant
szótlanul *(adv.)* 20 stumm
szóval 16 mit einem Wort
Szovjetúnió 3 Sowjetunion
szökkenni, szökken 20 mit einem Satz springen
szőnyeg, -et, -e 6 Teppich
szőnyegpadló 6 Teppichboden
szörnyű, szörnyen *(Komp.* **szörnyűbb)** 10 schrecklich
szövetkezet, -et, -e Genossenschaft
szövetkezeti lakás 6 genossenschaftliche Wohnung
szövőlány 18 Weberin
szuvas (fog) 19 kariös (Zahn)
szuvasodni, szuvasodik 19 kariös werden
szűk, -en 11 eng, knapp
szükség van vmire 12 notwendig sein
szobára van szükségem 4 ich brauche ein Zimmer
szükséges 4 notwendig, nötig
születésnap, -ot, -ja 11 Geburtstag
születni, születik 18 geboren werden
szülő; szüleim 6 Elternteil; meine Eltern
szürke, szürkén 9 grau
szűrni, szűr 20 filtern

T

takarítani, takarít (ki) 18 aufräumen, reinmachen
takarító vállalat 19 Reinigungsunternehmen
tál, -at, -ja 8 Schüssel
találkozni, találkozik vkivel 4 sich treffen mit, *j–m* begegnen
találkozó 10 Verabredung
találni, talál (meg) 4 finden
tálalni, tálal (ki) 8 servieren, auftragen
tálaló asztal 8 Anrichtetisch
talán 5 vielleicht
tanács, -ot, -a 13 Rat (-schlag)
tanácsos, -t, -ok, -a 2 Rat *(Person)*
tanár, -t, -ok, -a 3 Lehrer
táncolni, táncol 12 tanzen
tanfolyam, -ot, -a 16 Kurs
tankolni, tankol 16 tanken
tanulmányok *(nur im Plur.)* 18 Studium
iskolai tanulmányok 18 Schulstudium
tanulmányokat végezni 20 Studium absolvieren
tanulni, tanul (meg) 2 lernen
tanulságos, -an 15 lehrreich, aufschlußreich
tányér, -t, -ok, -ja 8 Teller
tapéta 6 Tapete
tárcsázni, tárcsáz 11 wählen *(Telefon)*
tárgyalni, tárgyal 2 verhandeln
tárgyalás, -t, -ok, -a 4 Verhandlung
tárgyilagos 20 sachlich
társ, -at, -a 18 Gefährte
társadalom, társadalmat, társadalma 18 Gesellschaft
társadalmi rend 18 Gesellschaftsordnung
társaság, -ot, -a 17 Gesellschaft
tartani, tart *(intr.)* 4 dauern
tartani, tart vkit vminek 15 *j–n* halten für
tartalom, tartalmat, tartalma 12 Inhalt
tartozni, tartozik vmihez 6 gehören zu
tartozni, tartozik vkinek vmivel 19 *j–m etw.* schuldig sein
távfűtés, -t, -e 6 Fernheizung
távirat *(vgl. felírat)* 12 Telegramm
taxi 3 Taxi
tea 2 Tee
téesz (termelőszövetkezet) 14 LPG (landwirtschaftliche Produktionsgenossenschaft)
tegeződni, tegeződik 17 sich duzen
tegnap 13 gestern

Ungarisch-deutsches Wörterverzeichnis 268

tegnapelőtt 13 vorgestern
tehát 5 also
tehervonat, -ot, -a 18 Güterzug
tehetség, -et, -e 18 Begabung, Talent
tej, -et, -e 2 Milch
tekinteni, tekint vkire 18 schauen auf
tele vmivel 16 voll von
telefonálni, telefonál vkinek 2 telefonieren mit
telefonbeszélgetés 12 Ferngespräch
távolsági telefonbeszélgetés 12 Ferngespräch *(außerhalb des Ortes)*
televízió *(oft auch:* tévé*)* 15 Fernsehen, Fernsehgerät
teljes, -en 19 vollständig
teljesíteni, teljesít 9 erfüllen
telni, telik vmire 18 reichen für
téma 19 Thema
temetés, -t 18 Beerdigung
templom, -ot, -a 14 Kirche *(Gebäude)*
tengerpart *(vgl.* part*)* 13 Küste
tényleg 20 tatsächlich
tér, teret, tere 2 Platz
teríték, -et, -e 8 Gedeck
terítő 8 Decke (Tischdecke, Bettdecke)
termelni, termel (meg) 14 produzieren
természetes, -en 7 natürlich
termosz, -t, -ok, -a 16 Thermosflasche
tessék! 2 bitte!
testvér, -t, -ek, -e 14 Geschwister
tető, teteje 14 Dach
tetszeni, tetszik (meg) vkinek 10 *j–m* gefallen,
típus, -t, -ok, -a 9 Typ, Marke
Tisza 14 Theiß *(ungar. Fluß)*
tiszt, -et, -je 9 Offizier
tiszta, tisztán sauber, rein
tisztaság, -ot, -a 6 Sauberkeit
tisztviselő 3 Beamte(r), Angestellte(r)
titkár, -t, -ok, -a 2 Sekretär
titkárnő 4 Sekretärin
tíz, tizet 4 zehn
tó, tavat, tava 13 der See
torok, torkot, torka 18 Kehle, Hals
több, -et 7 mehr
többi 9 andere
tökéletes, -en 11 vollkommen

tölteni, tölt 12 einschenken
tölteni, tölt (el) 13 verbringen
tömény 20 konzentriert, rein; *alkohol.* Getränk; steif
tömés, -t, -ek, -e 19 Füllung *(Zahn)*
tömni, töm 19 füllen *(Zahn)*, plombieren
törleszteni, törleszt (hitelt) 15 tilgen (Kredit)
török, -öl 6 türkisch; Türke
törölközni, törölközik (meg) 10 sich abtrocknen
törölköző 10 Handtuch
tragédia 17 Tragödie
tranzithelyiség *(vgl.* helyiség*)* 4 Transitraum
troli 3 Obus
tudatos, -an 18 bewußt
tudni, tud vmiről 4 wissen von
túl 11 zu
túl drága, nem tudom megvenni es ist zu teuer, ich kann es nicht kaufen
túl *(Psp. mit -n/-on/-en/-ön)* 14 jenseits
tulajdonképpen 10 eigentlich
tulajdonos, -t, -ok, -a 9 Besitzer, Inhaber
tulipán, -t, -ok, -ja 14 Tulpe
tüdő 19 Lunge
tüdőgyulladás, -t, -ok, -a 19 Lungenentzündung
tükör, tükröt, tükre 10 Spiegel
türelmetlen, -űl 13 ungeduldig
tűz, tüzet, tüze 12 Feuer
tüzes, -en 13 feurig
tűzhely, -et, -e 6 Herd

U, Ú

uborka 7 Gurke
udvar, -t, -ok, -a 6 Hof
udvarias, -an 9 höflich
úgy 8 so
ugyanakkor 18 zugleich
ugyanez, ugyanaz 18 derselbe, der gleiche
ugyanis 6 nämlich
ugye? 5 nicht wahr?
úgyhogy 17 so daß
úgyis 10 sowieso
új 6 neu
ujj, -at, -a 11 Ärmel; Finger
ujjatlan 10 ärmellos
újság, -ot, -ja 2 Zeitung

mi újság? was gibt's Neues?
unoka 14 Enkel
úr, urat, ura 2 Herr
úszni, úszik 19 schwimmen
út, utat, útja 14 Fahrt; Straße; Weg
után *(Psp. mit dem Nom.)* 3 nach
utána 4 danach
utánajárni, utánajár vminek 20 e–r Sache nachgehen
utas, -t, -ok, -a 4 Passagier, Reisende(r)
utazni, utazik (el) 3 reisen
utazótáska 16 Reisetasche
utca 6 Straße, Gasse
útközben 12 unterwegs
útlevél, útlevelet, útlevele 4 Paß
utólag *(adv.)* 20 nachträglich
utoljára 13 zuletzt, das letztemal
utolsó 13 letzt-
utolsó sorban 13 zuletzt
útvonal, -at, -a 16 Strecke, Fahrtroute
uzsonna 15 Nachmittagskaffee

Ü, Ű

üdítő (ital) 12 Erfrischungsgetränk
üdvözölni, üdvözöl vkit 8 *j–n* begrüßen
üdülőhely *(vgl.* hely*)* 13 Kurort
ügyfél, ügyfelet, ügyfele 7 Klient, Kunde
ügyfélszolgálat, -ot, -a 7 Kundendienst
ügyvéd, -et, -e 18 Rechtsanwalt
ülés, -t, -ek, -e 9 Sitz
ülőgarnitúra 6 Sitzgarnitur
ünnepélyes, -en 10 feierlich
űrlap, -ot, -ja 4 Formular
üveg, -et, -e 8 Flasche; Glas *(Material)*
üzlet, -et, -e 7 Geschäft
üzleti partner 4 Geschäftspartner
üzletkötő 4 Sachbearbeiter *(bei Handelsunternehmen)*

V

vacsora 4 Abendessen
vacsorázni, vacsorázik (meg) 2 zu Abend essen
vágány, -t, -ok, -a 9 Gleis

Ungarisch-deutsches Wörterverzeichnis

vagon, -t, -ok, -ja 18 Waggon
vagy oder
vaj, -at, -a 2 Butter
valaha 14 einst
valami 2 etwas
válás, -t, -ok, -a 20 Scheidung
válaszolni, válaszol vmire 19 antworten auf
választani, választ 11 wählen
váll, -at, -a 20 Schulter
vállat vonni (von) 20 Achsel zucken
vállalat, -ot, -a 4 Unternehmen
vállalkozó kedvű 18 unternehmungslustig
vállalni, vállal (el) 19 übernehmen, unternehmen, auf sich nehmen
valóban 11 tatsächlich
valószínűleg 5 wahrscheinlich
válság, -ot, -a 18 Krise
váltani, vált (jegyet) 9 lösen *(Fahrkarte)*
váltani, vált (pénzt) 4 wechseln, umtauschen *(Geld)*
valuta 9 Währung; Devisen
vám, -ot, -ja 9 Zoll
vámvizsgálat, -ot, -a 9 Zollkontrolle
várni, vár vmit, vmire 7 warten, erwarten
város, -t, -ok, -a 3 Stadt
várószoba 19 Wartezimmer
varrni, varr (meg) 12 nähen
varrónő 11 Schneiderin
vásárolni, vásárol (meg) 3 kaufen, einkaufen
vastag, -on 9 dick
vécé 6 WC
védelem, védelmet 18 Schutz, Verteidigung
vég, -et, -e 7 Ende
vége van 5 (es) ist zu Ende
végre 10 endlich
végtelen, -ül 18 endlos
végül 10 schließlich
vej, -et, -e 14 Schwiegersohn
vélni, vél 18 meinen
vén 20 uralt
vendég, -et, -e 4 Gast

vendéglátás, -t, -ok, -a 14 Gastfreundschaft
venni, vesz (meg) 6, 8 kaufen; nehmen
veranda 14 Veranda
vermut -ot, -ja 2 Wermut
vers, -et, -e 18 Gedicht
vételár, -at, -a 6 Kaufpreis
vetkőzni, vetkőzik (le) 10 sich ausziehen
vetni, vet 18 werfen
vezető 14 Fahrer, Leiter
vezetni, vezet 7 führen
vidék, -et, -e 18 Land
vihar, -t, -ok, -a 13 Sturm
vihar támad ein Sturm bricht los
világ, -ot, -a Welt
világháború 18 Weltkrieg
világítóudvar *(vgl.* udvar) 6 Lichthof
világos, -an 6 hell; klar
világoskék, -en 12 hellblau
világosság, -ot, -a 19 Licht, Helligkeit
világviszonylatban 18 im Weltmaßstab
villa 8 Gabel
villamos, -t, -ok, -a 3 Straßenbahn
villanyfény, -t, -ek, -e 6 elektrisches Licht
virsli 12 Würstchen
viselni, visel 12 tragen *(Kleidungsstück)*
viszont *(Bindewort)* 7 dagegen
viszontlátásra 2 auf Wiedersehen
viszony, -t, -ok, -a 15 Verhältnis
viszonylag 15 verhältnismäßig
vissza 3 zurück
visszatérni, visszatér 12 zurückkehren
visszautazás, -t, -ok, -a 9 Rückfahrt
vitorlás, -t, -ok, -a 13 Segelboot, Segler
vitorlázni, vitorlázik 13 segeln
víz, vizet, vize 2 Wasser
vízmelegítő 19 Wassererhitzer, Warmwasserspeicher

vízum, vízumot, vízuma 4 Visum, Sichtvermerk
vízumkiadás, -t, -ok, -a 4 Visaerteilung
vizsga 6 Prüfung
vizsgát (le) tenni, (le) tesz eine Prüfung ablegen
vizsgálat, -ot, -a 9 Untersuchung, Kontrolle
vizsgálni, vizsgál (meg) 19 untersuchen, nachsehen
volán, -t, -ok, -ja 16 Lenkrad
vonal, -at, -a 11 Amtsleitung *(Telefon)*
vonat, -ot, -a 3 Zug
vöröses 20 rötlich

Z

zárni, zár (be) 10 schließen, sperren
zavarni, zavar 2 stören
zene 10 Musik
Zeneakadémia 10 Musikakademie
zenekar, -t, -ok, -a 5 Orchester
zokogni, zokog 18 schluchzen
zöld, -en 7 grün
zöldpaprika 7 Paprikafrucht
zöldség, -et, -e 7 Gemüse *(roh)*
zöldségbolt *(vgl.* bolt) 7 Gemüseladen
zöldségfélék *(nur im Plur.)* 15 Gemüsearten
zúgni, zúg 18 brausen, tosen
zuhanyozni, zuhanyozik (le) 10 sich duschen
zuhogni, zuhog (eső) 13 gießen (Regen)

Zs

zseb, -et, -e 16 Tasche
zsebpénz, -t, -e 15 Taschengeld
zsemle 2 Brötchen
zsíroskenyér, -kenyeret, -kenyere 17 Schmalzbrot

Sachregister

Die Zahlen verweisen auf die Lektionen, die Großbuchstaben auf die Abschnitte der Grammatik.

-a/-e: Besitzzeichen 4 A, B; 5 E
Ableitungssuffixe 1 A; 6 E; beim Adj. 1 E; beim Subst. 2 G; beim Adv. 8 F; beim Attr. 9 D; beim Verb 11 B, 20 C
Adjektiv 1 E; 6 F; 8 F; 9 E; 18 C–F; 20 A, B; Übersicht im Anhang; Steigerung 12 A, C, D
Adverb 8 F; 12 B; 15 H; 17 F; 18 E; Kausal-, Finaladverbien 11 C; Steigerung 12 B; -ul/-ül 6 E
adverbiale Nebensätze 15 H
akarni (wollen) 8 A
Akkusativ 2 G; 3 B; beim Personalpron. 14 C; 16 C, D
Akkusativobjekt 1 C; 7 B
Aktionsarten 8 A; 13 A; 20 A
-ál/-él: Verbalsuffix 2. Pers. Sg. Imp. 16 B
Alphabet: das ungarische ~ 1 J
als beim Komparativ 12 C
an (Präposition) 6 D; 10 F
-an/-en: Ableitungssuffix 8 F; 12 B; 15 G
Anrede im Ungarischen 2 A; 3 C; 4 B; 8 E
Artikel 3 A, Übungen
-ás/-és: Ableitungssuffix 12 F
Aspekte s. Aktionsarten
Assimilation 1 M
-at/-et: Ableitungssuffix 19 B
át-: Verbalpräfix 20 A, D
-atlan/-etlen: Ableitungssuffix 18 E
-atok/-etek, -átok/-étek: Verbalsuffix 2 Pers. Pl. Prät. 17 A
Attribut 6 F; 9 D; 10 D; 12 E; 17 G

Attributivsätze 17 G
auf (Präposition) 6 D; 10 F
aus (Präposition) 3 E; 10 F
Aussprache des Ungarischen 1 J–N
az (jener) 10 D; 17 G
azt 10 D; 12 G
-ba/-be: Kasussuffix 3 E; 10 F
-ban/-ben: Kasussuffix 3 E; 6 D; 10 F
bár(csak) 19 C
-bb: Komparativsuffix 12 A
be-: Verbalpräfix 20 D
Bedingungssätze 19, C, D
bei (Präposition) 4 E; 10 F
bele-: Verbalpräfix 20 D
Berufsbezeichnungen 2 A; 12 E
Besitzverhältnis 4 A–C; 8 E; 14 E, G
Besitzzeichen 5 E; 6 A, B; 10 E, G, I; 13 D; 14 H, M; 16 F; 17 E; Übersicht im Anhang
Betonung 1 K
Bindevokal 2 B, C, G; 3 B
Bindewort 12 C, G; 15 H; 17 G; 19 C, D
-ból/-ből: Kasussuffix 3 E; 10 F
Bruchzahlen 15 B, F
-d: Verbalsuffix 2. Pers. Sg. Präs., Prät. 16 A; Imp. 16 B; Suffix der Pronominaladverbien 16 D; des Reflexivpron. 16 E; des Besitzzeichens 16 F
daß-Satz 12 G
Dativ 9 C; 10 F
Datum 13 H
-dd: Verbalsuffix 2. Pers. Sg. Imp. 16 B
Deklination s. Nominativ, Genitiv, Dativ, Akkusativ; Übersicht im Anhang
Demonstrativpronomen 10 D; 12 C; 15 C; 17 G

-dik: Ableitungssuffix 13 G
Diphthonge 1 L
Distributivzahlen 15 E, F
Doppelbuchstaben 1 M
dürfen 8 A, E; 11 B
-e: Fragewörtchen 16 H
-é: Besitzsuffix 14 H
egymás (einander) 14 E
Eigennamen 1 D; 2 A; 17 G; s. Familiennamen, Vornamen
-ék: Ableitungssuffix 6 E
-en/-on: Kasussuffix 15 A
Entscheidungsfragen 8 B; 16 H
-ért: Kasussuffix 11 C
ez (dieser) 10 D
ezelőtt (vor) 13 F
Familiennamen 6 E
Finalsätze 18 G
finnisch-ugrische Sprachfamilie 1 A
fogni (werden) 17 F
Frage 8 B; 9 F
Fragesätze 9 F; indirekte — 12 G; 16 H
Fragewörter 12 G; 15 G
Fremdwörter 1 K, L
Futur 17 F; von lenni 7 A
Gegenwart s. Präsens
Gegenwartsform 1 C
Genitiv 8 E
Genus 1 D
-gy: Imperativsuffix 9 B
-gyatok/-gyetek, -gyátok/-gyétek: Verbalsuffix 2. Pers. Pl. Imp. 17 B
haben 4 C; 8 E
Handlungsarten s. Aktionsarten
Handlungspassiv 1 C
-hat/-het: Ableitungssuffix 11 B
-ható/-hető: Ableitungssuffix 18 D, E
heißen 14 A
Hilfsverb 1 C; s. haben, sein, werden
hogy (daß) 12 G; (ob) 16

Sachregister

H; (damit, um ... zu) 18 G
-hoz/-hez/-höz: Kasussuffix 4 E; 10 F
hozzá-: Verbalpräfix 20 D
-i: Pluralzeichen 6 B; 14 H; Ableitungssuffix 9 E; Verbalsuffix 3. Pers. Sg. Präs. 7 C
-ig: Kasussuffix 4 F; 5 C, D
-ik: Verbalsuffix 3. Pers. Sg. Präs. 2 B, E; 3. Pers. Pl. Präs. 9 A; Ableitungssuffix 15 B; 18 F
ik-Verben 2 B; 3 C; 7 C; Imp. 9 B; 10 A
Imperativ 1 C; 1. Pers. Sg. 10 A; 1. Pers. Pl. 11 A; 2. Pers. Sg. 16 B; 2. Pers. Pl. 17 B; 3. Pers. Sg./Pl. 9 B; im Nebensatz 12 G; 18 G; von hinni 12 H
Imperfekt s. Präteritum
in (Präposition) 3 E; 10 F
Indefinitpronomen 14 I, J; 16 G
Indikativ 1 C; 16 A; 17 A
Infinitiv 2 B; 16 G; mit Besitzzeichen 5 E; 6 A
Instrumentalsuffix 3 F
Interrogativpronomen s. Fragewörter
intransitive Konjugation 1 C; 2 B; 3 C; 7 E; 10 H; 16 A, B; 17 A, B; 19 A
-ít: Ableitungssuffix 20 B
-itek s. -játok
-j: Imperativsuffix 9 B; 16 B
-ja: Verbalsuffix 3. Pers. Sg. Präs. 7 C
-ja/-je: Besitzzeichen 4 B
Jahreszahlen 13 H
-ják: Verbalsuffix 3. Pers. Pl. Präs. 9 A
-jak/-jek: Imperativsuffix 10 A
-ják/-jék: Imperativsuffix 9 B
-jam/-jem: Imperativsuffix 10 A
-jatok/-jetek, -játok/-jétek: Verbalsuffix 2. Pers. Pl. Imp. 17 B
-játok/-itek: Verbalsuffix 2. Pers. Pl. Präs. 17 A
jönni (kommen) 3 D; 11 B; Imp. 9 B; 16 B; 17 B; Part. 12 E; Prät. 13 A; Präs. 16 A
-jú/-jű: Ableitungssuffix 9 D
-juk/-jük: Besitzzeichen 3. Pers. Pl. 6 A; Verbalsuffix

1. Pers. Pl. Präs. 9 A;
1. Pers. Pl. Imp. 11 A
-junk/-jünk: Verbalsuffix 1. Pers. Pl. Imp. 11 A
-k: Verbalsuffix 1. Pers. Sg. 2 C, E; Pluralzeichen 3 B; 6 B, F
Kardinalzahlen 4 (Übungen); 15 A
Kasussuffixe 1 A, B; 2 G; 4 E, F; 5 C; 8 C; 10 F; 11 C; 20 D; s. Genitiv, Dativ, Akkusativ, Instrumentalsuffix
Kausalsätze 11 C
kell (müssen) 5 E; 8 A, E
-ként: Kasussuffix 18 B
keresztül-: Verbalpräfix 20 D
Kleidungsstücke 10 I
Komparativ 12 A–D; 18 F
Konditional 19 A–D
Kongruenz (Übereinstimmung) 1 H
Konjugation 1 C; Übersicht im Anhang; s. Futur, Imperativ, Perfekt, Präsens, Präteritum; intransitive, transitive ~
Konjugationsstam 2 B
Konjunktion s. Bindewort
Konjunktiv 1 C; 19 A
können 8 A, E; 11 B
Konsonanten 1 M
-kor: Zeitsuffix 5 A
Körperteile 10 I
-l: Verbalsuffix 2. Pers. Sg. Präs., Prät. 16 A
-lak/-lek: Verbalsuffix 1. Pers. Sg. Präs. 16 C
Ländernamen 3 (Übungen)
lassen 19 B
Lautschrift 1 J
lenni (sein) 2 F; 3 D; 18 A; Futur 7 A; Part. 12 E; Prät. 13 B; Präs. 16 A; Kond. 19 A (haben) 4 C; (werden) 13 B; 19 A
-m: Possessivsuffix 1. Pers. Sg. 4 B; 5 E; 6 B; Personalsuffix 1. Pers. Sg. 2 C, E; 7 C
maga 14 D; 16 E
majd 17 F
Maßunterschiede 12 D
melyik 9 F
Mengenbezeichnung 1 H
menni (gehen) 3 D
milyen 9 F
mint (wie, als) 12 C; 18 B
mit (Präposition) 3 F; 10 F
Modaladverbien 8 F; 15 G
Modalverben 8 A, E; s. dürfen, können, müssen, sollen, wollen

Modus 1 C; 2 D; 18 G
Monatsnamen 13 H
müssen (kell) 5 E; 8 A, E
-n: Ableitungssuffix 8 F; Kasussuffix 13 H
-n/-on/-en/-ön: Kasussuffix 6 D; 14 B
-ná-/-né-: Infix des Konditionals 19 A
-nak/-nek: Verbalsuffix 3. Pers. Pl. Präs. 3 C; Kasussuffix 8 E; 9 C; 10 F
-nál/-nél: Kasussuffix 4 E; 10 F; 12 C
ne (nicht) 10 B
nem Verneinung 2 H; 8 A;
nem is 10 B
-ni: Infinitivsuffix 2 B
nincs 6 D; Plural 6 C
-nk: Besitzzeichen 1. Pers. Pl. 6 A, B
Nominalsatz 6 F; 14 F
Nominativ 2 G
n–sz Stammwechsel 2 B; 3 C; 7 D; 11 B; 19 B; Imp. 9 B; 12 H; 16 B; Prät. 13 A; Part. 18 A; Kond. 19 A
-ó/-ő: Ableitungssuffix 12 E
ob: indirekter Fragesatz 16 H
Objekt 7 B; 9 F; 10 H; 11 D; 14 C–F, J; 16 C; 18 G
Objektsatz 7 B; 12 G; 16 H; 18 G
-od/-ed/-öd: Ableitungssuffix 20 B
-ódik/-ődik: Ableitungssuffix 20 D
-on: Kasussuffix 13 E
Ordinalzahlen 13 G; 18 B
Orthographie 1 D, M; 9 E
Ortsnamen 6 D; 9 E; 17 G
Ortssuffixe 3 E; 4 E; 6 D; 8 C
-os/-es/-ös: Ableitungssuffix 15 D
óta (seit) 13 D
Partizip: Präs. 12 E; Perfekt 13 C; adverbiales ~ 18 A
Partizipialkonstruktionen 12 E
Passiv s. Zustandspassiv
Perfekt 13 C
Personalpronomen 1 C, F; 2 A, D; 10 E–G; 15 G; Akk. 11 D; 14 C; 16 C, D; Dat. 8 E; 2. Pers. Pl. 17 C; Übersicht im Anhang

Sachregister

Personalsuffixe 1 F; 2 C, D; 3 C; -ik 2 B
phonetische Zeichen 1 J
Plural 3 B; 6 B
Positiv (Steigerung der Adjektive und Adverbien) 12 A, B
Possessivpronomen 1 F; 4 B; 14 F, G; 16 F; 17 E
Possessivsuffixe *s*. Besitzverhältnis, Besitzzeichen
Postpositionen 1 B; 10 D, G; 13 D, F; 14 B; 18 E; 20 D; zur Ortsbestimmung 8 D
Prädikat 6 F; 12 E; 14 H; 18 G; 19 D
Präpositionen 1 B
Präsens: intr. Konj. 2 B; 3 C; 7 E; 16 A; 17 A; 19 A; tr. Konj. 7 B, C; 9 A; 16 A; 17 A; 19 A; n–sz Stammwechsel 7 D
Präteritum 13 A, B
Pronomen *s*. Demonstrativ-, Indefinit-, Personal-, Possessiv-, Reflexiv-, Relativpronomen; reziprokes Pron., Fragewörter; mit negativer Bedeutung 14 I
Pronominaladverb 10 E–G; 11 C; 14 I; 16 D; 17 C
-ra/-re: Zeitsuffix 5 D; Kasussuffix 10 F; 20 A
-rá: Verbalpräfix 20 D
Reflexivformen 14 D; 16 E; 20 C
Reflexivpronomen 10 I; 14 D; 17 D
Relativpronomen 17 G; 18 F
Relativsatz 17 G
reziprokes Pronomen 14 E
-ról/-ről: Kasussuffix 8 C; 10 F
-s: Ableitungssuffix 6 E; 11 E; 18 E; Imperativsuffix 9 B; 16 B
-ság/-ség: Ableitungssuffix 18 C
se 10 B; 14 I, J
sein (Hilfsverb) 1 C; 2 F; 3 D; Futur 7 A; Part. 12 E; Prät. 13 B; Präs. 16 A; Kond. 19 A
sem 10 B; 14 J
sincs(enek) 10 B
Singular 1 H
sollen 10 A; 12 H
Stammwechsel 2 B
Steigerung 12 A
Subjekt 1 H; 8 E; 14 J; 17 G

Substantiv 1 D, H; 2 G; 3 F; 6 F; 12 E; 13 I; 14 H; 16 G; 17 G; 18 C, E; 20 A, D; Plural 3 B; 6 B; Übersicht im Anhang
Suffixe 1 A, L
Superlativ 12 A, B; 18 F
-sz: Verbalsuffix 2. Pers. Sg. Präs. 16 A
szabad (dürfen) 8 A, E
szembe-: Verbalpräfix 20 D
-szor/-szer/-ször: Ableitungssuffix 15 C, D
-t: Akkusativsuffix 2 G; Verbalsuffix Prät. 13 A
-talan/-telen: Ableitungssuffix 18 E
-tat/-tet: Ableitungssuffix 19 B
temporaler Nebensatz 15 H; 18 A
Titel 2 A
-tlan/-tlen: Ableitungssuffix 18 E
transitive Konjugation 1 C; 7 B, C; 9 A; 16 A, B; 17 A, B; 19 A
-tok/-tek/-tök: Verbalsuffix 2. Pers. Pl. Präs. 17 A; Besitzzeichen 17 E
-tól/-től: Kasussuffix 4 E; 5 D; 10 F
-tt: Verbalsuffix 3. Pers. Sg. Prät. 13 A
tudni (können) 8 A
túl-: Verbalpräfix 20 D
-ú/-ű: Ableitungssuffix 9 D
über (Präposition) 8 C; 10 F
-uk/-ük: Besitzzeichen 3. Pers. Pl. 6 A
-ul/-ül: Ableitungssuffix 6 E; 12 B; 18 E; 20 B
-unk/-ünk: Verbalsuffix 1. Pers. Pl. Präs. 3 C; Besitzzeichen 1. Pers. Pl. 6 A
-v- in Substantivstämmen 13 I; in Verbalstämmen 20 B
-va/-ve: Ableitungssuffix 18 A
-vá/-vé: Kasussuffix 20 A
-val/-vel: Kasussuffix 3 F; 10 F; 12 D; 13 F; 14 B; 19 B
-való: Ableitungssuffix 16 G
-vás/-vés: Ableitungssuffix 12 F
Verb 1 C; 19 B; 20 B, C; *s*. Aktionsarten, Futur, Hilfsverb, Imperativ, Indikativ, intransitive Konjugation, Konditional,

Konjunktiv, Modalverben, Modus, n–sz Stammwechsel, Partizip, Präsens, Präteritum, Reflexivformen, transitive Konjugation, Verneinung; Übersicht im Anhang
Verbalpräfixe 8 A, B; 10 B; 13 C; 14 B; 17 F; 18 A; 20 D
Verbalsubstantiv 12 F
Verbote 10 B
Verbstamm 1 C
Vergangenheit 1 C; *s*. Präteritum
Vergleich 12 C, D; 15 C; 19 D
Verneinung: nem 2 H; 14 J; nincs 4 D; sem 10 B; 14 J; sincs(enek) 10 B
Verteilungszahlwörter 15 E, F
Vervielfältigungszahlen 15 D, F
Verwandtschaftsverhältnisse 14 M
-vó/-vő: Ableitungssuffix 12 E
Vokale 1 K, L
Vokalharmonie 1 L
Völkernamen 6 (Vokabeln), E
volna 19 A
von (Präposition) 8 C; 10 F
Vornamen 6 E
werden (Hilfsverb) 1 C; 17 F; 20 A
Wiederholungszahlwörter 15 C, E
wollen 8 A
Wortarten 1 B
Wortstellung 1 I; 2 H; 4 A; 7 C; 9 B, C; 10 B, G; 12 G; 13 H; 18 A
Wunschsätze 19 C
Zahladverbien 15 C
Zahlen: Bruchzahlen 15 B; Kardinalzahlen 4 (Übungen); 11 E; 15 A; Ordinalzahlen 13 G; Verteilungszahlwörter 15 E; Vervielfältigungszahlen 15 D; Wiederholungszahlwörter 15 C; Fragewörter 15 E
Zeitangaben 5 B, C; 13 D–F; Monatsnamen 13 H; Datum 13 H
Zeitsuffixe 4 F; 5 A; C, D
zu (Präposition) 4 E; 10 F
Zukunft *s*. Futur
Zukunftsform 1 C
Zustandspassiv 1 C; 18 A